Sebastiana
Quebra-Galho

Outras obras da autora

Maria Melado
Tira-manchas
Simpatias da Eufrázia
Contos que te conto
Sebastiana quebra o galho da mulher independente (organizado por Rosa Amanda Strausz)
Sebastiana quebra o galho do homem solteiro, divorciado etc... (organizado por Alexandre Raposo)

Nenzinha Machado Salles

Sebastiana
Quebra-Galho

um guia prático para o dia-a-dia das donas de casa

Nova edição atualizada

44ª EDIÇÃO

EDITORA RECORD
RIO DE JANEIRO • SÃO PAULO
2016

CIP-Brasil. Catalogação-na-fonte
Sindicato Nacional dos Editores de Livros, RJ.

S165s
44ª ed.

Salles, Nenzinha Machado (1921-2000)
Sebastiana Quebra-Galho: um guia prático para o dia-a-dia das donas de casa / Nenzinha Machado Salles. - 44ª ed. - Rio de Janeiro: Record, 2016.

ISBN 978-85-01-05482-1

1. Economia doméstica. I. Título.

98-1729

CDD - 640
CDU - 64

Projeto gráfico e capa: Felipe Vaz

EDITORA RECORD LTDA.
Rua Argentina 171 - Rio de Janeiro, RJ - 20921-380 - Tel.: (21) 2585-2000

Impresso no Brasil

ISBN 978-85-01-05482-1

À memória de
Mário A. C. Salles
— meu marido.

Sumário

Introdução

Como tudo na vida, o dia-a-dia de uma dona de casa também é cheio de problemas. A finalidade deste livro é oferecer, pela experiência recolhida, uma maneira simples, econômica e prática de resolvê-los e, sem qualquer pretensão ou veleidade criativa, desvendar todos os segredinhos que uma dona de casa guarda consigo.

Este livro foi elaborado pacientemente, recolhendo, coletando, registrando, ordenando e selecionando o dia-a-dia doméstico, aparentemente insípido e monótono, mas realmente rico de ensinamentos que nos chegam pelo convívio, pelos conselhos, pelas informações e por vezes pelas tentativas improvisadas do "quebra-galho".

Seguindo a estrutura de um manual prático, aqui se trata do uso de alimentos (não contém receitas culinárias), da conservação e limpeza de móveis e utensílios (não sugere formas de decoração ou arranjo), oferecendo, também, sugestões para pequenos socorros de emergência, ao alcance de sua iniciativa, enquanto aguarda ou providencia a assistência médica que o caso exigir.

Inicialmente, para uso próprio, organizamos um registro de pequenas "coisas", informações, ensinamentos ou conselhos que pudessem ser de utilidade na solução de nossos problemas domésticos.

Mais tarde, com a soma de resultados obtidos na comprovada eficiência destas pequenas "coisas", desenvolvemos um sistemático trabalho de coleta e pesquisa, para enriquecer e completar nosso fichário.

Depois de algum tempo, o material acumulado mostrou-se suficiente para responder às mais variadas consultas que formulávamos, hipotéticas ou reais, próprias ou de terceiros, sempre oferecendo aquelas características de simplicidade ao alcance prático dos recursos usuais de uma dona de casa.

A consciente avaliação desta utilidade, bem como a certeza de sua importância nos momentos de "aperto", centenas de vezes testada, encorajou e justificou a iniciativa de preparar sua divulgação.

A única concessão que nos permitimos na estrutura da informação objetiva e prática foi preceder cada assunto de um comentário ameno, procurando externar, na interpretação singela do objetivo, uma forma sensível e carinhosa de enfrentar, com alegre disposição de espírito, o chamado insípido, insosso e monótono dia-a-dia.

As donas de casa sabem, e a elas oferecemos este trabalho, que o trivial pode, na sua modéstia, ser degustado como um quitute, quando guarnecido com carinho e temperado com amor; muito carinho e amor foram dedicados para guarnecer e temperar o insípido das informações que compõem este livro.

Saboreado como trivial ou como quitute, esperamos que ele satisfaça a necessidade daqueles que nos consultarem em busca de uma solução, ou por mera curiosidade.

Vocês estão convidadas a consultar este livro de informações e a encontrar nele um companheiro da máxima utilidade.

Nenzinha Machado Salles

Acondicionamentos

Todos os alimentos, frescos ou não, para serem guardados, devem ser bem protegidos.

É muito importante que cada tipo de alimento tenha um acondicionamento adequado; isto prolongará sua duração e permitirá melhor conservação.

Para sua orientação, indicamos a melhor maneira de acondicionamento de que você dispõe, para proteger aquilo que irá ser guardado.

ALUMÍNIO — Para ser usado na cozinha, é encontrado sob forma de papel fino laminado, vendido em rolo. Por ser metal, é impermeável ao ar, umidade, odores, gorduras, líquidos e luz, resistindo também a temperaturas elevadas. É ótimo para guardar alimentos já preparados (carnes, sanduíches etc.).

PLÁSTICO — De material plástico, os sacos, caixas, potes e garrafas, rijos ou flexíveis, quadrados, redondos ou retangulares, são os mais indicados para se guardar alimentos crus ou cozidos, na geladeira, permitindo também melhor aproveitamento dos espaços disponíveis.

Os sacos plásticos servem para guardar frutas, verduras e legumes.

VIDRO — Recipientes de vidro, porcelana ou refratário, são usados para guardar alimentos já prontos.

Os potes, grandes e pequenos, são muito convenientes para guardar conservas, doces ou salgados.

Estoque de Alimentos

Providencie seu estoque de alimentos semanal, quinzenal ou mensalmente; além de ser mais prático, é também a melhor maneira de controlar seu orçamento doméstico. De acordo com os recursos disponíveis, estabeleça uma prioridade: desde o essencial e indispensável até o supérfluo.

O importante é saber prontamente o que existe e o que deve ser reposto para manter seu estoque abastecido.

Para não "fundir a cuca" mantenha uma lista de todos os mantimentos, incluindo enlatados, na parte interna da dispensa ou armário onde ficarão guardados; isto facilitará a verificação nos momentos em que for necessário repô-los.

Na organização do estoque de alimentos ou utilidades, considere sempre os seguintes pontos:

- Qual o orçamento disponível para alimentação e utilidades domésticas.
- Qual o espaço ou meios disponíveis para armazenamento.
- Qual a durabilidade ou conservação de cada alimento, ou utensílios em particular.
- Quais as facilidades de repô-los, procurando as fontes de abastecimento.

E guarde sempre esta regra de ouro: mais vale o necessário caro do que o desnecessário barato. O maior desperdício consiste em comprar artigos supérfluos a bom preço.

Pequeno Vocabulário da Culinária

A

ABRIR A MASSA — Estender com o rolo, ou sujeitar com as mãos e dedos (numa assadeira ou pirex), qualquer massa preparada para frituras ou assados no forno.

AFERVENTAR — Ferver rápida e ligeiramente o alimento (sem cozinhar).

ALOURAR — Dourar.

AMASSAR — Misturar fortemente a massa com as mãos, até ficar úmida, uniforme e solta.

AROMATIZAR — Dar sabor e perfumar os alimentos com essências.

ASSAR — Cozer ao forno ou em panelas, com bastante gordura (no caso de carnes) ou até secar e corar (no caso de massas).

B

BANHO-MARIA — Maneira de cozinhar ou dissolver alimentos que estão dentro de um recipiente (panelas ou fôrmas), o qual deverá, por sua vez, ser colocado dentro de outra vasilha maior, onde deverá haver água fervendo, permanecendo assim durante todo o cozimento; será necessário, portanto, algum cuidado para que a água fervendo não penetre no recipiente em que está o alimento. Essa água deverá chegar ao nível da metade do recipiente de dentro. O banho-maria poderá ser preparado para assar no forno ou cozinhar na chama do fogão.

BORRIFAR — Respingar alimentos ou tabuleiros com líquidos ou farinhas.

BOUQUET-GARNI — Expressão francesa. Designa um pequeno amarrado de "cheiros" (salsa, louro, manjericão, aipo e/ou outras plantas aromáticas), tendo por base o tomilho.

BRANQUEAR — Mergulhar carnes ou legumes em água fervente, durante alguns minutos.

C

CHAMUSCAR — Passar o alimento rapidamente por chama viva.

CLARAS EM NEVE FIRME — Claras que, após terem sido bem batidas, não escorregam dentro do recipiente em que estão, ao fazermos menção de entorná-las.

CLARIFICAR — Tornar o caldo limpo e claro. Quando o caldo estiver fervendo, despejar sobre ele uma clara batida em neve. Manter uma fervura suave, para que a clara não se misture ao caldo. Após alguns minutos, retirar com uma escumadeira a clara, que deverá trazer consigo as impurezas contidas no caldo.

CORAR — Dar ao alimento uma cor dourada, seja tostando-o ao fogo, ou assando-o no forno.

COZER OU COZINHAR — Processo para tratar alimentos, que consiste em levá-los ao fogo ou ao forno por alguns minutos ou algumas horas, para ficarem tenros e macios.

D

DECANTAR — Deixar um líquido em repouso por horas ou dias, até que o sedimento se deposite.

DESENGORDURAR — Retirar o excesso de gordura de caldos, molhos, carnes etc.

DESOSSAR — Tirar ossos de aves ou peixes, conservando-lhes a forma.

DESSALGAR — Retirar o excesso de sal.

DOURAR — Alourar ou corar.

DORÉ OU DORÊ — Alimento passado em farinha de trigo e ovos batidos, frito imediatamente em bastante gordura quente.

E

EMBEBER — Emprega-se no sentido de ensopar, impregnar de líquidos.

EMPANAR — Passar o alimento em ovos batidos e farinha de rosca (pão), ou simplesmente em farinha de trigo, antes de fritá-lo ou levá-lo ao forno.

ENFARINHAR — Polvilhar, com farinha, tábuas, mesas ou alimentos.

ENGROSSAR — Encorpar com qualquer tipo de farinha, ou com gemas, os molhos, caldos e cremes.

ESCABECHE — Molho avinagrado, com vários temperos, ótimo para conservar peixes fritos ou carnes.

ESCALDAR — Derramar água fervente sobre o alimento, sem contudo cozinhá-lo.

ESCALOPE — Fatias finas de carne (principalmente vitela ou peixe), cortadas geralmente em forma oval.

ESFARINHAR — Reduzir o alimento sólido e seco a pó ou farinha. Esmigalhar.

ESFOLAR — Retirar a pele de um animal.

F

FARINHA DE PÃO OU FARINHA DE ROSCA — Pão torrado, moído e reduzido a pó.

FLAMBAR — Embeber o alimento com uma bebida alcoólica e atear-lhe fogo. Podem-se flambar tanto doces como salgados.

FONDANT — Palavra francesa. Designa preparado de açúcar cozido e essências, que se amassa ou se bate com uma espátula, até tomar a consistência de creme. Usado para coberturas de doces e bombons.

G

GALANTINA — Gelatina salgada em que se misturam carnes de galinha, peixes ou legumes, podendo também cobrir apenas as carnes. É um prato frio que serve geralmente de entrada.

GLACÉ — Palavra francesa. É um preparado à base de açúcar, empregado para coberturas de bolos, doces, tortas etc.

GRATIN — Palavra francesa. Cobertura de creme polvilhado com queijo ralado, ou simplesmente queijo e farinha de rosca.

GRATINAR — Levar o alimento ao forno, com o preparado acima explicado, até adquirir uma cor dourada. Tais pratos são designados *au gratin*.

GUARNIÇÃO — São alimentos que servem para decoração e acompanhamento de um prato (tal como a farofa é guarnição de um churrasco, por exemplo).

H

HORS-D'OEUVRE — Expressão francesa. Alimentos frios variados, que se servem como aperitivos ou como entrada para um almoço ou jantar.

I

INFUSÃO — Deixar uma substância sólida em conservação num recipiente contendo água fria ou quente, até extrair-lhe o sabor ou aroma (tal como chá ou café).

J

JARDINEIRA — Variedade de vegetais, apresentados e arrumados em um só prato; poderá também servir de guarnição para carnes.

L

LARDEAR — Fazer incisões na carne; muito usado para assados.

LIGAR — Dar consistência a um molho, deixando-o cremoso. Podem-se usar claras ou gemas, manteiga ou farinha.

M

MACEDÔNIA — Mistura de vegetais ou de frutas variadas cortadas da mesma forma. Pode ser enformada ou gelatinada, se assim se preferir.

MACERAÇÃO — É uma infusão deixada por vários dias ou meses, em que o líquido deverá absorver o aroma e o sabor, através dos princípios solúveis da substância nele introduzida.

MEIA-COZEDURA — Metade do tempo no processo de cozimento de um preparado.

MILANESA OU ENCAPADO — Carnes ou legumes passados em farinha de rosca, ovos batidos e novamente em farinha de rosca, antes de fritar.

P

PELAR — Tirar as peles (de amendoim, castanhas, amêndoas, avelãs etc.), o que é feito mergulhando esses alimentos por alguns instantes em água bem quente ou (no caso do amendoim), aquecendo bem ou torrando em forno quente.

POLVILHAR — Espalhar levemente, com as pontas dos dedos, farinha, açúcar, canela etc. sobre alimentos, mesas, tábuas, fôrmas, tabuleiros etc.

PURURUCAR — Pipocar. Deixar o couro (de porco, leitão etc.) empipocar, depois de assado.

R

REDUZIR — Levar ao fogo um molho ou caldo, deixando ferver até que o líquido diminua pela evaporação. Isto se faz para melhor apurar o seu sabor.

REFOGAR — Levar ao fogo um pouco de gordura, à qual se juntam, depois de quente, cebola, alho, deixando fritar um pouco; em seguida colocam-se tomates e outros temperos, continuando a fritar até secar a água que soltou dos temperos. Coloca-se então o alimento, que deverá também fritar mais um pouco. O refogado poderá levar tomates, ou não, dependendo do prato que se vai preparar.

S

SALMOURA — Água com sal. É muito empregada para a conservação de alguns alimentos.

SAPECAR — Chamuscar. Fazer desaparecer a penugem de uma ave (após depenada), girando-a sobre as chamas do fogo.

SAUTÉ — Palavra francesa. Alimento passado em manteiga ou óleo (pouco) quente; não é frito.

SOVAR — Após preparada a massa, pegá-la com as mãos e batê-la fortemente contra uma mesa, tábua ou tampo de mármore, até a massa abrir bolhas.

VINHA-D'ALHOS — Tempero, tendo como base vinho, vinagre, ou limão, ao qual se acrescentam alhos, cebolas, pimenta e outros temperos e especiarias. Nele introduzem-se carnes, que aí deverão ficar por várias horas, para tomar gosto.

XAROPE — Calda grossa, licorosa, preparada com um líquido (água, sucos etc.), açúcar e substâncias aromáticas.

☙Tabelas e Referências Úteis

PESOS E MEDIDAS

Ninguém se privará de fazer o doce predileto, ou um gostoso prato para o jantar, só porque a balança da cozinha quebrou, ou não se tem como medir a quantidade de líquido exigida na receita.

Quase todas calculadas para colheres de sopa, xícaras de chá e copos de água, essas medidas aproximadas irão substituir perfeitamente os gramas necessários que o litro ou a balança acusariam com exatidão. Portanto, consulte essas pequenas tabelas e... mãos à obra.

Explicamos para as medidas que quando se fala em:

- *Cálice* — é o de vinho do Porto.
- *Colher* — quando não especificada, é a de sopa.
- *Copo* — é o de água comum.
- *Pitada* — é o que as pontas do polegar e indicador podem apanhar.
- *Punhado* — é o que a mão pode apanhar.
- *Xícara* — é a de chá comum.

COMO MEDIR

- *1 xícara* — é a quantidade obtida mergulhando a xícara no fundo do pó, retirando-a e balançando-a ligeiramente.
- *1 xícara cheia* — quando se mergulha a xícara no fundo do pó e esta sai bem cheia; não balançar.
- *1 xícara rasa* — é a xícara cheia, depois nivelada com uma faca por cima, junto à borda da xícara.
- *Colher* — para se medir com colheres o processo é o mesmo.

MEDIDAS PARA LÍQUIDOS

- 1 litro — equivale a 1.000g
- 1 litro — contém 6 xícaras
- 1 litro — contém 5 copos
- 1 garrafa — contém 4 xícaras ou 3 copos
- 1 copo — contém 2 xícaras ou 200g
- 1 cálice — contém 3 colheres

MEDIDAS PARA SÓLIDOS

Alguns dos alimentos mais usados:

- 1 xícara cheia de açúcar — equivale a 200g
- 1 xícara rasa de açúcar — equivale a 150g
- 1 xícara de açúcar cristal — equivale a 200g
- 1 xícara de arroz — equivale a 140g
- 1 xícara de banha — equivale a 160g
- 1 xícara (rasa) de chocolate em pó — equivale a 100g
- 1 xícara de coco ralado — equivale a 115g
- 1 xícara (rasa) de farinha de trigo — equivale a 100g
- 1 xícara de fubá — equivale a 130g
- 1 xícara de manteiga ou margarina — equivale a 200g
- 1 xícara de maisena — equivale a 100g
- 1 xícara de polvilho — equivale a 100g
- 1 xícara de semolina — equivale a 115g
- 1 tablete de margarina — equivale a 100g
- 1 tijolo (caixinha) de manteiga — equivale a 200g
- 1 colher (cheia) de açúcar — equivale a 40g
- 1 colher (rasa) de açúcar — equivale a 20g
- 1 colher (cheia) de farinha de trigo — equivale a 30g
- 1 colher (rasa) de farinha de trigo — equivale a 15g
- 1 colher (cheia) de manteiga ou margarina — equivale a 40g

TEMPERATURAS DO FORNO

- *Bem fraquinho* — 120 a 130 graus
- *Brando* — 150 graus
- *Médio (regular)* — 170 a 180 graus
- *Forte* — 200 graus
- *Bem forte* — 230 graus
- *Fortíssimo* — o máximo possível

Se o forno não tiver graduador (termostato), faça o seguinte para conhecer sua temperatura:

- *Forno brando* — quando colocar um papel branco dentro do forno aquecido por alguns minutos e ele sair branco mesmo.
- *Forno regular* — quando o papel ficar amarelado.
- *Forno quente* — quando o papel ficar logo escuro.

Um lembrete: Seja qual for a temperatura usada, coloque o prato, fôrma ou assadeira dentro do forno somente após tê-lo(a) previamente aquecido(a). Caso contrário, além de ser prejudicial para o alimento que vai ser assado, este também poderá ficar com gosto de fumaça.

Alimentos em geral

Pela ordem alfabética, passamos a enumerar os diversos alimentos usuais e convencionais da vida brasileira. Não nos detivemos no óbvio, isto é, sua finalidade, uso habitual, maneira de preparar etc.; todavia, procuramos resolver e informar sobre os pequenos problemas e utilidades menos freqüentes que esses alimentos oferecem.

Açúcar

O açúcar, que o doce transformou em guloseima, deveria ser o símbolo da felicidade, pois doces são os momentos felizes de nossas vidas, e doces são os momentos de amor.

Em dias de festas, insinuando um toque mágico, o açúcar se apresenta na forma das mais variadas e irresistíveis guloseimas, tal como descrito nos contos da carochinha, onde as fadas tudo em doces transformavam, para melhor atrair as crianças.

Nas ocasiões festivas, bolos e confeitos se confraternizam com o champanhe, brindando alegremente um acontecimento feliz.

O açúcar é uma das maiores fontes naturais de energia. Os atletas resistem mais às exigências de seu esporte comendo alguns tabletes de açúcar durante as provas. Isto neutralizará a ação da câibra, tão freqüente no decorrer dos exercícios. Além disso, o tradicional copo d'água com açúcar é ótimo calmante.

E não se esqueça do conselho do compositor popular: com açúcar e com afeto faça o doce predileto de seu amado, para ele ficar em casa...

AÇÚCAR REFINADO

ACONDICIONAMENTO — Para evitar que o açúcar empedre quando guardado na lata, coloque dentro dela algumas bolachinhas salgadas, ou algumas frutas secas.

Se numa emergência necessitar de açúcar de confeiteiro (encontra-se em mercearias e supermercados), e não o tiver em casa, bata o açúcar refinado no liquidificador, ou soque-o bem e passe por peneira de seda.

AÇÚCAR MASCAVO

Há muitas maneiras para se conservar bem o açúcar mascavo:

1) Ele não endurece se for guardado em vidro grande, bem fechado, junto com algumas ameixas pretas.

2) Também não empedra, se for guardado em recipientes hermeticamente fechados, onde se colocou também uma casca de laranja ou de limão; apenas elas devem ser trocadas, quando estiverem secas.
3) Este açúcar também poderá ser bem conservado se for guardado no congelador, desde que esteja bem acondicionado e protegido da umidade. O melhor será colocá-lo dentro de um vidro bem fechado, e este colocado dentro de saco plástico também bem vedado.

Mas, se nenhuma dessas providências foi tomada, e o açúcar mascavo estiver endurecido, coloque dentro do seu recipiente ou pote uma fatia de pão mole, que dentro de poucas horas ele estará macio.

BALAS e CARAMELOS — Para conservá-los, guarde-os em frascos bem secos, onde se tenha colocado um saquinho de cal; este, absorvendo o excesso de umidade, evitará que as balas derretam.

Para quem gosta de fazer balas de coco ou de café, evite que elas açucarem, juntando, no momento de levar a panela ao fogo, 1 colher (sopa) de vinagre branco.

CALDAS e CARAMELOS — Para que uma calda não açucare, basta não mexê-la quando estiver no fogo ou esfriando.

Uma a duas colherzinhas de manteiga na calda, no momento de retirá-la do fogo (não mexer), também evitará que ela açucare.

Após queimar o açúcar para caramelar uma fôrma, joga-se este dentro dela para forrá-la, sem remexer a calda; deve-se apenas balançar a fôrma de um lado para o outro até que ela fique bem coberta e a calda, endurecida.

GELÉIA — GELATINA — As geléias preparadas em casa devem ser guardadas em vidros bem lavados; depois de secos, devem ser enxaguados por dentro com álcool, deixando secar normalmente; só depois de bem secos poderão receber as geléias, devendo ficar hermeticamente fechados.

A geléia feita em casa também se conservará intacta até por 1 ano inteiro se, depois de fria e colocada no vidro ou pote onde vai ser guardada, for despejada por cima dela uma camada de parafina (não se preocupe que ela não vai se misturar com a geléia). Guarde-a bem vedada e em lugar fresco. Na hora de saboreá-la, é só remover a camada de parafina.

As geléias que não forem guardadas por esse processo (o da parafina), assim como as compotas (ambas caseiras), após terem sido guardadas por algum tempo, poderão apresentar um leve cheirinho de mofo e paladar azedo.

Leve então esses doces ao fogo para uma pequena fervura (retirando antes — se houver — os vestígios de mofo). O gostinho desagradável desaparecerá, e eles ficarão em condições de serem novamente saboreados.

Quando usar folhas de gelatina ou gelatina em pó, elas devem ficar primeiro de molho, por alguns minutos, em um pouco de água fria (para se reidratarem), e só então levadas ao fogo ou banho-maria, para serem dissolvidas, sem necessidade de ferver. Então misturá-las aos ingredientes que a receita pedir.

MEL — Para sua perfeita conservação, guarde-o em lugar fresco e escuro, ou pelo menos em vidros pouco transparentes.

Se o mel açucarou, mergulhe o vidro dentro de um recipiente com água quente, deixando assim por alguns minutos. Logo ele voltará à consistência normal.

Quando necessitar retirar o mel com uma colher, mergulhe-a primeiro em água quente, assim o mel não ficará grudado nela.

Mas, se tiver que medi-lo numa xícara, para colocá-lo em alguma receita, evite que ele fique grudado na xícara, polvilhando-a primeiro com farinha de trigo, ou manteiga. Assim, o mel (bem como o melado) escorrerá até a última gota. Em vez de manteiga, pode também untar com óleo.

Pureza do mel — Dificilmente você encontrará mel de abelha puro em supermercados ou casas de comestíveis. Mas, se você já tem em casa um vidro ou pote de mel, há várias maneiras para você testar a sua pureza:

1) Aqueça levemente o mel; se ele se tornar líquido, é puro, porque o falsificado, isto é, o que contém mistura, torna-se espesso.
2) Pegue um vidro transparente, com tampa de plástico, e coloque dentro dele 1 colher (sopa) de mel e 3 colheres (sopa) de álcool. Tampe e agite bem e fortemente, até que o conteúdo fique leitoso; deixe então descansar por algum tempo. Então, verifique: se o mel continuar turvo, ele não é puro; quando legítimo, o mel se separa do álcool.
3) O mel puro também se conhece por ele se cristalizar uniformemente, ao contrário do impuro, falsificado, cujo cheiro também não é de mel e sim de calda.
4) Pegue um copo branco e coloque dentro dele 1 dedo de mel e 20 gotas de água, misturando bem. Adicione, então, 2 gotas de acetato de chumbo líquido, e deixe a mistura repousar por 20 minutos. Se verificar que não houve alteração, ele é o puro mel de abelha, mas se surgir um precipitado em forma de flocos, pode ter a certeza de que você foi "tapeada".

5) Você ainda poderá se divertir, fazendo mais essa experiência: em um copo, misture 3 dedos de água e 1 dedo de mel, e pingue algumas gotas de iodeto de potássio. Num instante você vai ficar sabendo se esse mel contém glicose, pois, sendo assim, surgirá uma cor pardacenta.

O uso habitual do mel regulariza o intestino e perfuma o hálito.

MELADO — Para que o melado feito em casa não fique açucarado, acrescente 1 colherzinha de manteiga para cada litro de melado.

Para medir melado em colher ou xícara, proceda como em MEL.

O melado puro é aquele feito diretamente com caldo-de-cana; porém, um bom melado também se pode fazer com rapadura, desde que esta seja de ótima qualidade.

~Alho

O alho já nasce com os gomos agarradinhos uns aos outros, talvez para melhor guardar suas propriedades — tanto alimentícias como terapêuticas.

Vaidoso como a cebola, forma com ela a dupla perfumada da nossa culinária salgada; mas, sendo mais forte, o alho é o "cabeça" dos temperos, neles sempre exigido, até nos mais sofisticados pratos, porque "o paladar não sorri, se estiver sem os seus dentes de alho".

E, como o alho custa muito caro, é bom conservar seus dentes dentro de um vidro, cobertos com óleo de cozinha. Além de eles não secarem, isto vai favorecer o paladar e o aroma do óleo, que ficará ótimo para ser usado na comida, saladas etc., dando-lhes um sabor todo especial.

Quando tiver que descascar uma grande quantidade de alho, coloque-o primeiro de molho em água fria por 1/2 hora. Será muito mais fácil descascá-lo.

Se você costuma socar alho todos os dias para temperar a comida, dispense esse trabalho; compre uma porção deles, soque tudo de uma vez com sal (e cebola se desejar), e guarde dentro de um vidro de boca larga, bem fechado (com rosca) na geladeira. Vá tirando um pouco de cada vez. Dura bastante tempo, é muito mais econômico e de melhor paladar do que os encontrados prontos nos supermercados.

Coma alho cru sempre que puder, principalmente pela manhã, em jejum (pode ser com pão preto ou integral).

Se gostar de alho cru, não se prive de comê-lo com receio de provocar ferimentos na boca. Misture-o com suco de verdura ou de carne.

Mas, se sofre de estômago, abstenha-se de comê-lo cru. Se tem o hábito de tomar chá de alho para gripes (o que é muito bom), não deve nunca abusar dele, pois poderia ser prejudicial.

ODOR DE ALHO NA BOCA — Mas se o alho é muito bom para a saúde, não o é para o olfato alheio. Por isso, todas as vezes que comer alho ou algum alimento que tenha seu paladar muito pronunciado, não tente tapear, procurando neutralizar seu odor (da boca e do hálito), chupando pastilhas de hortelã, mascando chicletes ou mesmo usando desodorante bucal, porque assim "a emenda seria pior que o soneto"; o hálito ficaria com um cheiro insuportável. Para anular o odor do alho, você poderá:

1) Tomar 1 copo de leite.
2) Trincar, com os dentes, alguns grãos de café.
3) Pegar um pouco de açúcar e esfregar nos dentes e na boca, por fora e por dentro.
4) Na falta dos já citados, você poderá tomar 1 xícara de chá ou de café, que, embora não sejam tão eficientes como o leite, sempre amenizam um pouco o mau hálito deixado pelo alho.

ODOR DE ALHO NAS MÃOS — O cheiro do alho vai desaparecer das mãos se elas forem esfregadas com tomates. Também poderá esfregar açúcar nas mãos umedecidas com água.

Na parte "S.O.S. — socorros de emergência", o alho aparece como grande auxiliar, inclusive para amenizar dores.

~Aromas, Sabores e Condimentos

Hum!... Que cheirinho bom!

É nessa hora que o Mestre Paladar, *com toda a sensibilidade gastronômica, testa o sabor de algumas ervas perfumadas que, aliadas ao gosto, ao colorido e afinadas pela experiência cotidiana, enriquecem com seu aroma os mais variados pratos, tornando-os apetitosos e requintados.*

Certas ervas aromáticas, ativando a secreção do suco gástrico, estimulam também o olfato do maridinho que, chegando em casa, ao beijar sua esposa, murmura carinhosamente: "Hum!... Que cheirinho bom!..."

A maneira correta de usar as especiarias é adicioná-las aos poucos, experimentando até chegar ao ponto que se deseja; assim elas não cobrirão o gosto da comida.

As especiarias são um gostinho novo na comidinha de sempre. Vamos a elas.

AÇAFRÃO — De cor amarela-alaranjada, é usado mais para dar cor do que sabor. Usa-se, em pequenas quantidades, em arroz, risotos, *paellas* etc... Também em pães, molhos etc., amassando bem antes de misturar.

AIPO — Usado sempre fresco em canapés, saladas, ensopados e sopas.

ALECRIM — Fresco, serve para carnes, ensopados, aves, peixes, sopas, omeletes e bolos. Também serve para molhos. Não deve faltar no bacalhau ao forno.

ALHO-PORÓ — Usado fresco no tempero de sopas, saladas e ensopados.

ALTÉIA — Suas raízes são conhecidas, pois é com seu amido que se fabrica o *marshmallow*.

BAUNILHA — FAVA — Excelente para dar seu sabor aos cremes, caldas e doces que vão ao fogo em estado líquido, porque a fava deve ser bem fervida para dar gosto. Além do seu paladar ser muito superior ao da sua essência, depois de usada, ela deve ser lavada e guardada bem enxuta, pois ainda poderá ser reutilizada muitas vezes. Para sua melhor conservação, guarde-a dentro de um pote contendo açúcar; ou dentro da própria lata onde é guardado o açúcar.

Essência de baunilha — Líquida, ela é usada em gotas ou medida em colheres para dar sabor a qualquer tipo de doce: massas, caldas, pudins, sorvetes, bolos, tortas etc.

BASILICÃO — É usado normalmente fresco, mas também se usa seco. Serve para molhos de tomates, pratos fortes e que levem queijos. Também chamado alfavaca.

CARDAMOMO — É uma semente cremosa, que contém um caroço escuro. Tem sabor forte e adocicado. Usado em bolos para o café, em saladas e tortas de frutas, biscoitos, pudins etc.

CARIL ou *CURRY* — Muito usado em pratos orientais, com carnes, camarões, frangos etc. É de cor amarela e de sabor muito forte; é necessário ir colocando aos pouquinhos, para que o prato não se torne um fracasso.

CEBOLINHA VERDE — Como o nome diz, só se usa fresca, em quase todos os pratos salgados, principalmente em refogados.

COENTRO — Suas folhas são semelhantes às da salsa; indispensável no tempero de pratos à base de peixes, camarões e todos os frutos do mar. A semente é empregada no tempero de aves, carne de porco, nos bolos e biscoitos.

COLORAU — É encontrado em forma de ramos secos ou em pó. Como o nome indica, serve para dar mais cor aos alimentos.

COMINHO — Pode ser encontrado em sementes ou moído. Seus grãos são usados para perfumar pães, queijos, salsinhas, molho de tomate etc. Um pouco de cominho corta o cheiro ativo da cebola.

ERVA-DOCE — Usada em pães e bolos, não pode faltar numa broa de fubá.

ESTRAGÃO — Usado fresco, no tempero de aves, carne de porco, peixes, ovos, saladas e sopas.

FINOCCHIO — Plantinha silvestre, que além de servir para peixes e grelhados, também é usada na preparação de doces e biscoitos.

GENGIBRE — Pode ser encontrado fresco, em raiz ou em pó; o gengibre fresco é usado em bebidas ou conservas; em pó, para bolos, biscoitos, pudins e pratos orientais. A raiz, quando ralada, substitui o coco nos doces de leite.

HORTELÃ — Em folhas frescas ou desidratadas, é usada nos temperos de saladas, carnes e na preparação de licores e doces. Ótima para aromatizar canjas, e indispensável nos molhos que acompanham o assado de carneiro. Algumas folhinhas nos pratos que levam muito alho quebram seu cheiro forte. Um chazinho de hortelã é gostoso e estomacal.

KETCHUP — De paladar forte mas adocicado, é muito usado para dar colorido e paladar às musses e cremes salgados e gelados, para servir acompanhando drinques e coquetel (em torradinhas ou pão preto), e em alguns ensopados de camarão e carne. Adquirido em vidrinhos (pequenos ou grandes), muitas vezes, ao tentarmos usá-lo, ele se recusa a sair do recipiente, e ficamos batendo no seu fundo, sem sucesso. Mas não se irrite nem fique fazendo força à toa. Basta pegar um canudinho de refresco, introduzi-lo até o fundo da garrafinha, retirando-o logo em seguida (enfiar e tirar). Assim, ele vai sair facilmente, na quantidade desejada.

KÜMMEL — Semente pequena, alongada e marrom, não deve ser usada em grande quantidade. Ótimo em chucrute, nos biscoitos salgados, patês, queijos, ensopados de repolho, beterraba e com costelas de porco.

LOURO — Fresco ou seco, usado na preparação de vinha-d'alhos, molhos, verduras, ensopados e conservas.

MANJERICÃO — Seco ou fresco, para peixes, camarões e ovos.

MANJERONA — Pode substituir o orégano, pois seu aroma é bem semelhante. O óleo destilado desta planta cura queimaduras.

MENTA — Muito usada na cozinha meridional. Ótima para molhos, fritadas, saladas e carnes.

MOSTARDA — Em grãos, pó, ou em consistência cremosa. Esta é muito usada para cachorro-quente, sanduíches etc. Em grãos, é utilizada no preparo de picles, carnes em conserva, chucrute etc., e em pó, em grande variedade de pratos, para lhes dar um sabor picante; é empregada também em laboratórios. (Ver MOSTARDA em "Cremes e molhos".) A mostarda em pó é excelente vomitório, em casos de emergência, como em envenenamentos etc.

NOZ-MOSCADA — Encontrada inteira ou em pó; a inteira terá que ser ralada. É imprescindível nos pudins de pão. Usada tanto em pratos salgados como em doces, sempre em pequenas quantidades. Aromatiza também algumas bebidas quentes. Deve ser usada em doses mínimas, porque tem ação narcótica.

ORÉGANO ou ORÉGÃO — Fresco ou seco, é indispensável nas *pizzas*, e muito usado em pratos italianos. Onde entram tomates e queijos, uma pitada de orégano favorece o paladar do prato. Para molhos, bifes, caças etc.

PÁPRICA — Contendo mais vitamina C do que as frutas cítricas, é encontrada sob a forma de um pó vermelho. Existem 2 tipos de páprica: a doce e a apimentada. A doce pode ser usada em quantidades maiores, pois é fraca; principalmente em cozidos de carnes e aves ou também em patês de ricota e em temperos de saladas. A páprica apimentada pode ser usada em substituição à pimenta, pois seu pó é feito de um tipo especial de pimenta.

PIMENTAS — Muito usadas em todo o Brasil.

Do reino — Apresenta-se em grãos, e tem 2 tipos: a branca e a preta. Em grãos inteiros, é especial para pratos fortes, como o escabeche; moída, é usada mais comumente, e até vai à mesa, em seu próprio vidrinho, para ser usada individualmente. A pimenta branca é usada em pratos claros, e a preta, também moída, para temperos, especialmente a vinha-d'alhos. Mas essas pimentas em pó costumam entupir os buraquinhos do seu vidrinho. Para evitar que isso aconteça, coloque dentro dele alguns grãos de pimenta inteiros. Isso fará com que a pimenta em pó conserve seu sabor de fresca.

Malagueta — Esta pimenta é fresca e usada tanto a verde como a vermelha. Ela é indispensável nos pratos picantes, principalmente os pratos baianos. As pimentas são guardadas em vidros, cobertas com azeite ou vinagre; depois de curtidas no vidro por algum tempo, usam-se à mesa, em gotas, para dar seu paladar na comida do prato de quem as utiliza. À medida que o azeite ou o vinagre for terminando, vai-se cobrindo a pimenta do vidro novamente com eles. Bem fechado e bem guardado o vidro, se as pimentas forem frescas e de boa qualidade, as que ficam no azeite podem durar até mais de 5 ou 6 anos. Quando conservadas no azeite, o paladar das pimentas fica mais forte do que o das que estiverem no vinagre, e esta conserva tem duração menor que a outra.

ROSMANINHO — Tem folhas verde-escuras e flores arroxeadas, agrupadas. Usado para carnes, peixes, verduras e todos os tipos de grelhado.

SAL DE AIPO — É uma mistura de sal e aipo. Usado em grande número de receitas (saladas, croquetes, carnes, molhos etc.).

SALSA e CEBOLINHA VERDE — Como o nome diz, são sempre usadas frescas, em refogados e em quase todos os pratos salgados.

SALSÃO — Sempre fresco, para sopas, cozidos, molhos e saladas.

SALVA ou SÁLVIA — São folhinhas aromáticas e ligeiramente amargas, por isso devem ser usadas em pequenas quantidades, geralmente em carnes, principalmente em vinha-d'alhos. Dão gosto e ajudam a conservar carne de porco. Usadas também em farofas e recheios para aves e carnes.

TIMO — O aroma desta planta é muito definido. Tem propriedades digestivas, por isso é indicada para pratos pesados e de cozimento demorado.

TOMILHO — Só cresce perto do mar. Fresco ou seco, é usado principalmente para temperar carnes, peixes e, especialmente, aves e caças. Misturado com manteiga derretida é um ótimo molho para derramar sobre frutos do mar grelhados. Também em pratos com queijo e tomate.

O alecrim, a sálvia e outros temperos frescos se conservarão melhor se forem guardados em geladeira, dentro de vasilhas de plástico tampadas; se ficarem soltos, logo murcharão.

CONDIMENTOS E TEMPEROS QUE NÃO SE ENTENDEM

Alguns desses temperos, embora ótimos e indispensáveis para enriquecer o paladar, dando seu sabor especial ao prato, não surtem o mesmo efeito quando misturados a certos temperos, pois não casam bem, podendo, mesmo, neutralizar um ao outro. Alguns deles:

- A salsa não combina com a maçã.
- A salsa também "briga" com o creme de leite; provoca um sabor amargo.
- Segurelha não se dá com aipo (salsão).
- O rosmaninho "briga feio" e "derruba" o orégano, pois anula seu paladar.
- As nozes odeiam o creme de leite quando ambos se juntam na comida que está fervendo no fogo, pois seu molho fica roxinho, o que torna seu visual nada agradável e pouco apetitoso, embora não altere nem estrague o paladar da comida.

~ Arroz

O arroz é um alimento universal, básico à alimentação de bilhões de pessoas.

Mas, na sua modéstia de cereal, nunca poderia imaginar que seus pequeninos grãos seriam o elo entre os augúrios de esperança e felicidade de um futuro auspicioso. Como uma bênção, o arroz é lançado sobre os novos casais na hora do "enfim sós", simbolizando, segundo a lenda, a fartura, a riqueza, a felicidade.

Para os chineses, a fartura tem como talismã a figura do Buda sentado sobre três fardos de arroz; e para o pobre o arroz representa, também, menos um dia de barriga vazia.

ARROZ QUEIMADO — Não leve à mesa o arroz com gosto de queimado. Siga rapidamente (enquanto está bem quente e com o vapor) um destes conselhos:

1) Enfie a panela destampada imediatamente dentro de uma bacia ou recipiente maior que ela, contendo água fria. Após alguns minutos o cheiro desaparecerá. Transfira, então, o arroz para outra panela, sem raspar o fundo que queimou.
2) Destampe a panela ainda bem quente, retire dela um punhadinho de arroz, ponha-o sobre a pia ou mesa, colocando sobre ele a panela. Depois, proceder como acima.
3) Destampe a panela e enfie imediatamente — bem no meio do arroz e até o fundo — um garfo (desses comuns — inoxidáveis). Deixe-o assim espetado por alguns segundos; quando sair toda a fumaça terão saído, também, o cheiro e o gosto do queimado. Depois, proceda como nas vezes anteriores.
4) Destampe a panela e coloque dentro dela, sobre o arroz, um pedaço de pão, tampando-a imediatamente, e espere alguns minutos. Depois destampe a panela e jogue o pedaço de pão fora. Ele terá absorvido todo o cheiro e o gosto de queimado. Transfira o arroz para outra panela, desprezando o fundo queimado.

5) Com tantas boas sugestões para se aproveitar o arroz (e o feijão) que queimou, creio que esta é a mais simples e mais interessante: destampe a panela e bata palmas 3 vezes; faça isso não muito depressa (o normal) e a cada palma conte mentalmente "1, 2, 3". Aguarde então até que saia toda a fumaça e o arroz esfrie um pouco. Depois, proceda como sugerido anteriormente.

ARROZ SOLTO — Faça seu arroz bem soltinho, com uma das seguintes alternativas:

1) Colocar uma colher de vinagre na água do arroz, na hora do cozimento.
2) Pôr um pouco de água fria com umas gotas de limão, quando a primeira água estiver secando.
3) Se o arroz cozinhou demais e empapou, despeje-o dentro de uma peneira ou escorredor, e ponha-o debaixo de uma torneira de água fria, lavando-o (como se faz com macarrão), até os grãos soltarem bem. Deixe escorrer por bastante tempo, e leve-o a esquentar no forno, ou sobre o vapor de água fervendo (nesse caso, coloque o arroz numa fôrma toda furada, como, por exemplo, a fôrma de cuscuzeiro).
4) Mais simples ainda é colocar a panela do arroz empapado, destampada, dentro de um recipiente alto, contendo água fria até a altura de 2 dedos a menos da boca da panela. Deixar assim por uns 10 a 15 minutos.

Se você gosta de um arroz bem seco e não o consegue fazer, experimente o seguinte: 5 minutos antes de terminar de cozinhar, ponha dentro de sua panela 1 fatia de pão, tampe e deixe por alguns minutos. O pão absorverá o excesso de água e os grãos incharão.

Se você "errar a mão" e o arroz não ficar soltinho, quando estiver pronto, destampe a panela e jogue dentro 1 colher (sopa) de água fria. É tiro e queda.

Se o arroz for daquele tipo feio, muito escuro, lave-o com sal e limão antes de levá-lo ao fogo.

O arroz não entorna, enquanto cozinha, se colocarmos dentro da panela um pedacinho de manteiga.

ARROZ CRU — *Conservação* — Para preservar dos insetos arroz, feijão, lentilhas e outros alimentos em grãos crus, que ficam guardados em latas ou potes de mantimentos, é só derramar um pouco de sal dentro dessas vasilhas.

Aves

Certas aves domésticas entraram na vida da gente de uma maneira muito desabusada.

Se não, vejamos:

Na vida o pato é o bobão, está sempre levando a pior; no jogo, sai de mãos vazias, pois é sempre "a leite de pato".

O peru... bem, significa muita coisa...

O galo, ah!, este é sempre o gostosão, o machão; nada melhor que "cantar de galo". Somente a galinha não leva vantagem, pois uma "galinha morta", além de ser ótimo negócio, é também saborosa na panela.

E tudo isso sem falar nas histórias do papagaio...

Na falta de geladeira, as aves cruas ou cozidas (essas principalmente) se conservam frescas por muitos dias se forem guardadas envoltas ou mergulhadas totalmente em manteiga ou banha derretida.

FAISÃO — Não tenha receio de adquirir essa ave já congelada; isso é até muito bom, porque o próprio gelo se encarrega de amaciar sua carne. Mas, ao assá-la no forno, não deixe de cobrir toda a parte do peito com fatias de gordura (amarre para ela não se soltar), pois assim sua carne não fica ressecada.

FRANGO — *Assar* — Quando for assar apenas o peito do frango, coloque-o na assadeira com a parte da carne (peito) voltada para baixo, por uns 40 minutos; então vire ao contrário para corar. Assim se procede para que ele fique mais úmido e saboroso.

Uma pitada de bicarbonato ou de fermento em pó vai deixar macio o frango que está cozinhando na panela.

GALINHA — Quem tem galinhas soltas no quintal está sempre tendo problemas, porque ou elas voam para a casa da vizinha (e não vemos mais essas galinhas) ou se empoleiram no galho mais alto de uma árvore. Se não tiver no momento uma tesoura para aparar uma das asas, é o bastante juntar umas 3 ou 4 penas (de uma das asas) e amarrá-las com um barbante.

Para as pessoas que gostam de criar galinhas em casa é bom saber que se deve colocar na água que elas bebem um comprimido antitérmico/analgésico cada vez que for trocar a água. Isso é para não dar gogo (uma doença que ataca as galinhas).

Também evite que a peste (outra doença) extermine sua criação, colocando uma pedra de enxofre na água de beber.

Para que suas galinhas botem ovos com gemas bem amarelinhas, é só colocar um pouco de sulfato de ferro na água que elas bebem.

Se houver necessidade de descongelar rapidamente um frango, uma galinha, ou qualquer outra ave, a melhor maneira de fazê-lo é mergulhá-la completamente em água fria, que em poucos minutos estará pronta para ir à panela.

Para tirar a gosma da carne, lave a galinha, corte os pedaços e cubra-os com água fria e 2 colheres de sopa de vinagre. Depois, é só lavá-los em água corrente.

Quando uma galinha não muito nova está no fogo cozinhando e demorando para amolecer, coloque dentro da panela uma colher ou outro objeto de prata (de prata mesmo); tampe a panela e deixe continuar cozinhando, que logo poderá ir à mesa.

Uma galinha assada é mais saborosa quando sua pele fica bem corada e tostada. Para conseguir isto basta respingar um pouco de água salgada fria um pouco antes (uns 5 minutos antes) de ser retirada do forno.

Galinhas e aves assadas ficam mais crespas quando respingadas com cerveja enquanto estão assando. Isso também serve para pernil, carne assada etc. A galinha caipira vai cozinhar mais depressa, colocando-se 1/2 copo de cerveja clara no seu cozimento.

Galinhas ou galinhas-d'angola velhas tornar-se-ão saborosas como frangos novos se forem deixadas na vinha-d'alhos e cozidas ou assadas com uma boa porção de leite e manteiga derretida. Esse processo também é válido para o preparo de galo velho. Ou colocar no seu cozimento um pedaço de cortiça (rolha).

Quando fritar frango em óleo na frigideira (frango frito ou a passarinho) adicione algumas gotas de corante amarelo (para alimentos) depois que já estiver aquecido. Isso dará uma bonita cor dourada, como se tivesse sido frito na manteiga. Ou, então, coloque 1 colher de maisena na sua gordura bem quente. O frango não vai grudar e vai ficar dourado e sequinho.

PATO — Ele morrerá rapidamente e sua carne ficará macia se, no momento em que o matarem, houver absoluto silêncio a sua volta. Suas penas também sairão facilmente, colocando-se um pedaço de sabão na água que vai ferver para depená-lo.

PERU — Para que um peru congelado fique com a carne mais tenra e úmida, deixe-o descongelar lentamente dentro da própria geladeira, em vez de ficar em temperatura ambiente. O descongelamento rápido faz com que o peru perca muito de seu próprio líquido.

Sua carne ficará bem branquinha se, depois de limpo, for mergulhado em água fria, ficando assim pelo menos de 3 a 5 horas. Após esse período, ele estará em condições de receber a vinha-d'alhos.

POMBO e PERDIZ — Após a caça dessas aves, se não houver geladeira nem banha para conservá-las, faça o seguinte: dê um talho, abra um pouco a ave por baixo e, por aí, retire as tripas. Não lave. Encha então a cavidade toda com fubá fresco.

Quanto ao resto da ave, ela deverá ficar inteira, inclusive com as penas. Deixe-as guardadas em lugar fresco e ventilado. Poderão durar até por 1 semana.

ꟹ Batatas

Alguém disse: "Vá plantar batatas." E, desde então, as batatas são plantadas, colhidas e servidas como vedete de salão.

Nas grandes homenagens, em que impera o coquetel, aparecem as batatinhas vestidas de palha, torradinhas e fresquinhas, excitando o paladar dos presentes, para estimular o consumo das bebidas. Nos banquetes, entre os mais requintados pratos, aparecem as batatas; de um lado, guarnecendo os mais excelentes filés, e do outro, o peixe, que não dispensa o seu purê.

Alguém também disse: "Ao vencedor, as batatas." Prêmio muito compensador, pois este tubérculo, mundialmente apreciado, é base de algumas das mais deliciosas receitas, além de ser ótimo alimento.

BATATAS-INGLESAS

COZIDAS COM CASCA — Ao cozinhar dessa forma as batatas, e também as holandesas ou batatas-doces, coloque dentro de sua panela umas 3 ou 4 folhas de couve; assim, a panela não ficará escura, poupando trabalho na hora de lavá-la.

Se a batata for muito grande, economize gás, enterrando nela um prego novo e limpo. Parece uma simpatia, mas funciona, porque ela vai cozinhar mais depressa, por dentro e por fora.

Mas se for assar essas batatas grandes, antes de levá-las ao forno fure-as com um garfo fino. Isso fará com que cozinhem por igual, ficando perfeitas, sem rachar.

Quando tiver que cozinhar aquelas batatinhas redondinhas, pequeninas (*noisette* — do tamanho de uma noz), coloque na água de seu cozimento um pouco de sal. Isso vai facilitar muito na hora de descascá-las depois de cozidas. Poderá também juntar à sua água algumas gotas de limão ou um pouco de leite. Verá como ficarão ótimas.

COZIDAS SEM CASCA — No momento de cozinhar, coloque um pouco de óleo na água em que as batatas serão cozidas. Elas ficarão perfeitas, não desmancharão e não grudarão no fundo da panela.

Você esqueceu suas batatas cozinhando no fogo? A água secou e elas começaram a queimar? Não tem importância; basta transferi-las para outra panela (sem raspar o fundo) e colocar outra água, deixando ferver novamente. O gosto de queimado desaparecerá e estarão salvas suas batatas. Aproveite e experimente fazer com elas um gostoso purê substituindo o leite por creme de leite. Ficará leve e saborosíssimo.

BATATAS CRUAS — Não jogue fora aquelas batatas que estiveram guardadas por muito tempo só porque estão murchas e com as cascas enrugadas. Elas ficarão como novas misturando-se um pouco de vinagre à água em que serão cozidas.

As batatas murchas também adquirem frescor tirando-se, do centro, uma tira de casca e colocando-as de molho por algum tempo em água fria.

Uma maneira muito gozada de reaproveitar essas batatas é enfiando-as num barbante como se fossem contas de um colar, deixando-as depois mergulhadas na água fria por bastante tempo.

Se acabou de descascar um montão de batatas cruas e o marido telefona dizendo que não vem almoçar em casa, não brigue com ele por causa disso. Você poderá guardá-las (até por 3 dias) perfeitas, colocando-as numa tigela coberta com água e 1 colherzinha de vinagre. Tampe e deixe guardada na geladeira. Ficarão como descascadas na hora.

BATATAS-DOCES

Estas batatas são normalmente cozidas com casca, e deixam a panela muito escura por dentro depois de cozidas, o que dá um trabalhão para limpá-la. Evite que isso aconteça, colocando um pouco de óleo dentro de sua panela, antes de levá-la ao fogo. Porém, se você esquecer de colocar óleo ou banha na sua água, jogue fora toda a água em que cozinhou as batatas-doces, coloque água limpa até cobrir todo o escuro da panela, ponha um pouco de óleo, tampe a panela e leve-a ao fogo para ferver por alguns minutos. O escuro vai sair todinho.

A batata-doce cozinha mais rapidamente quando levada ao fogo somente com a água; deixe para acrescentar o sal assim que a água ferver. Tampe a panela em seguida.

O suco de batata-doce fresca é ótimo para quem sofre de úlcera do estômago ou do duodeno.

Este suco, logo depois de tomado, alivia dores e estimula o apetite.

FRITAS — Colocando sal depois das batatas fritas e prontas, elas não murcharão. E, para que elas também não murchem depois de prontas, nada de cobri-las para mantê-las quentes logo que retiradas da gordura; espere até que elas amornem para cobri-las. Ou então, para conservá-las quentes até o momento de ir à mesa, depois de escorridas, coloque-as dentro de uma assadeira, forrada com papel de pão, e deixe no forno aceso bem fraquinho, deixando sua porta um pouquinho aberta.

Antes de fritar as batatas palha, deixe-as ficar de molho em água gelada, na geladeira, por no mínimo 1/2 hora antes de fritar. Isso vai fazer com que elas fiquem bem sequinhas.

PURÊ DE BATATAS — Quando cozinhar batatas para fazer um purê, é preferível que o faça com batatas descascadas, pois um purê só ficará leve e saboroso se as batatas forem espremidas imediatamente após terem saído do fogo. Assim como seu preparo deverá ocorrer logo em seguida, com as batatas bem quentes, mesmo que ele não vá ser consumido logo. Bata muito bem, e vá acrescentando o leite aos poucos. Se o purê for servido mais tarde ou mesmo no jantar, basta levá-lo ao fogo novamente, acrescentando mais um pouco de leite, que ele voltará a ficar fofinho como na hora em que foi preparado.

Ao bater um purê de batata, experimente colocar uma boa pitada de fermento em pó; assim ele ficará mais fofo ainda.

Ele também vai ficar fofo como um suflê, se, quando estiver batendo, acrescentar um pouquinho de leite em pó.

Ou então, bem na hora de retirar o purê do fogo para ir à mesa, misture, suavemente, 1 clara batida em neve.

Quando sobrar um bocado de purê do almoço e for reaquecê-lo para o jantar, pode proceder da mesma maneira descrita acima (bater acrescentando mais leite), ou coloque o purê numa panela em banho-maria, por 20 minutos, mexendo e batendo vigorosamente (nos dois casos) com uma colher de pau. Com qualquer desses dois processos, ele vai ficar leve e uma delícia.

Mas, se a sobra do purê for pouca, prepare-o para fazer bolinhos.

QUALIDADE DAS BATATAS — Se você quiser saber se as batatas que vai usar são de boa qualidade, isto é, farinhentas ou não, basta cortar cada uma em duas metades, esfregar uma parte contra a outra, e verificar: se aparecer espumas ou, se uma parte aderir à outra com facilidade, esteja certa de que elas são farinhentas. Isso porém não quer dizer que elas estejam estragadas, apenas não são gostosas.

E saiba que 1 ou 2 batatas com casca, lavadas e bem secas, colocadas dentro de móvel ou armário onde se encontram as pastelarias, conservam-nas frescas.

BOLINHOS DE BATATA e BATATAS FRITAS — Ver em "Gorduras — óleo — frituras".

~Bebidas

Tim-tim... À saúde!...

Os copos e as taças se erguem, enquanto os olhos brilham, ávidos para sorverem, num gole, os preciosos líquidos.

É, bebe-se muito pela saúde de todos, mas parece que, quanto mais se ouve o tinir dos copos, menos a saúde agradece. Mas o nosso assunto são as bebidas.

E entre elas destacamos a nossa nacional e tradicional aguardente, popularizada como "pinga". Dela nasceram as batidas, que têm como vedete a caipirinha. *Bebida popular, talvez por convicção ou por hábito, muitos têm na pinga um "santo remédio", pois para esses ela cura tanto a dor de dente como a dor de barriga. Se alguém está nervoso, um golinho acalma; se é apatia, outro golinho anima, e até mesmo nos velórios servem-se uns traguinhos, para amainar um pouco a tristeza dos presentes. Um gole de vez em quando é bom; e ficar um pouco grogue não faz mal a ninguém. Há os que tomam um traguinho para festejar um momento; e outros, para os quais qualquer momento é motivo para mais um gole.*

Os boêmios têm na cerveja sua preferência. Reunidos à mesa de um bar, cantam suas alegrias e tristezas, ao som arranhado de um violão, e de copo em copo, de garrafa em garrafa, vêem a madrugada chegar; e quase sempre, quando a noite termina, nasce uma nova canção.

Mas é nos coquetéis que se encontram as maiores variedades. Combinações, das mais divinas às mais perigosas, podem ser feitas quase infinitamente.

O uísque e o champanhe são para os mais sofisticados. Não estão ao alcance do povo.

Bebida e amor também se misturam, e embora muito se beba por ele ou por causa dele, a bebida não é como o amor: perfumes e vinhos, quanto mais velhos, melhores...

Mas... estamos todos alegres e felizes!

Vamos tomar um traguinho? E a que brindaremos? Já sei! A essa coisa muito linda e boa que sentimos dentro de nós, que sempre tivemos e pedimos a Deus que tenhamos para sempre.

Brindemos, pois... à saúde!...

PRECAUÇÕES

Certos povos europeus costumam ingerir 1 colher de azeite de oliva antes de suas libações. Outra forma de evitar qualquer conseqüência maléfica do álcool é comer um pouco de manteiga, ou tomar um copo de leite antes da bebida. Manteiga, leite e comida ajudam a suportar melhor os efeitos do álcool.

Para se conservar fresca por muito tempo qualquer bebida já aberta, tampe a garrafa, guardando-a na geladeira, com o gargalo para baixo.

AGUARDENTE — Conhece-se sua boa qualidade quando, ao sacudir a garrafa, o rosário (anel de bolinhas) que se forma à superfície demorar para se desmanchar. Caso contrário, a aguardente é de qualidade inferior.

Uma aguardente, assim como o conhaque, não pode ser guardada por muito tempo em garrafa, pois, em vez de envelhecer, ela degenera.

BATIDAS — Na maioria das batidas de aguardente é essencial que se incorpore o sumo da casca do limão, para assim "quebrar a dureza" da bebida. Isso se obtém amassando ou espremendo a casca do limão.

CERVEJA — Uma cerveja deverá permanecer em temperatura aproximada de 4 graus, para que não degenere (ficar choca).

CHAMPANHE — As garrafas de champanhe, assim como as de vinho, que irão ficar guardadas por muito tempo, deverão permanecer deitadas, até o seu uso. Isso evitará que a rolha resseque e apodreça, o que prejudicaria ou inutilizaria as bebidas.

CHOPE — De maneira alguma poderá ser guardado, pois, não sendo pasteurizado como a cerveja, tem fermentação contínua e sua degeneração é rápida.

UÍSQUE — Para saber se o uísque que está na garrafa é falsificado, sacuda-a e verifique: se o líquido não borbulhar, devolva essa garrafa porque certamente ele é falsificado.

VINHOS — Saiba que vinhos tintos são degustados à temperatura ambiente, com carnes e aves; os brancos, gelados, acompanham peixes e crustáceos; e os *rosés* são servidos de preferência com assados, embora acompanhem perfeitamente qualquer prato.

O vinho verde acompanha pratos fortes. Este vinho não pode ser envelhecido.

Devem-se evitar os vinhos espumantes obtidos apenas com a adição de gás carbônico.

Ao escolher um vinho estrangeiro, ignore a beleza da garrafa; o rótulo deverá ser a única garantia de sua qualidade e procedência; mas, para saber escolher, é necessário que se entenda um pouco da bebida.

COMO CONHECER

Vinho branco — Como este vinho tem sempre a aparência cristalina, se seu líquido estiver opaco pode estar ruim; sendo assim, pode rejeitá-lo.

Vinho tinto — Este, infelizmente, não se pode saber se está bom apenas "pelo olho"; ele tem que ser tomado mesmo. O paladar é que vai acusar se ele está bom ou estragado.

BEBIDAS ENGARRAFADAS — *Cuidados* — Guarde as bebidas carbonatadas ou gaseificadas em lugares frescos, longe de qualquer calor e do sol, pois estes elevariam a pressão, podendo provocar uma explosão. Garrafas com essas bebidas, ainda cheias e fechadas, poderão também explodir quando apenas sujeitas à agitação, como no caso de uma viagem de automóvel em estradas ruins.

As bebidas enlatadas não oferecem esse risco.

BEBIDAS ENGARRAFADAS GASEIFICADAS — *Conservação* — Quantas vezes já aconteceu de alguém ficar morrendo de sede, e deixar de abrir uma garrafa de refrigerante ou de cerveja geladinha apenas para tomar um copo, com receio de desperdiçar o que sobrar na garrafa. Pois poderão tomar tranqüilamente porque o que sobrar se conservará fresco (com o gás) até mesmo por uns dias. Para isso, em vez de recolocar a tampinha (que deve ser desprezada) na garrafa, introduza no gargalo o cabo de uma colherzinha (de café) de aço inoxidável e guarde logo em seguida na geladeira; ela substituirá a tampinha e deve ser conservada até que o conteúdo acabe.

Outro procedimento para conservar bem a bebida gasosa depois de aberta é tampar muito bem a garrafa com uma rolha e guardá-la na geladeira ao contrário, isto é, com o gargalo para baixo.

Para tirar o gás de uma bebida que está no copo, quando não se tem uma colher ou algo semelhante à mão, coloque dentro da bebida 1 pitadinha de açúcar.

Quando estiver louco para tomar uma bebida e não encontrar o saca-rolhas para abrir a garrafa, não precisa ficar nervoso; basta deixar correr pelo gargalo um pouco de água quente, que a rolha, "assustada", vai pular sozinha, e você poderá degustar o seu vinhozinho ou outra bebida que esteja vedada com rolha.

ROLHA SECA — Para não esfacelar uma rolha seca que esteja presa na garrafa, o melhor é não ficar furando-a com o saca-rolhas; antes disso, enrole primeiro um pano que foi molhado em água quente, ao redor do gargalo, e aguarde alguns instantes. Então, poderá usar o saca-rolhas, que a rolha irá sair com muita facilidade.

ENVELHECER UMA BEBIDA — Você sabia que a gente pode fazer uma bebida envelhecer rapidamente, mais ou menos em 48 horas? E veja como é simples e fácil: é só colocar dentro da bebida, onde está curtindo, decantando ou descansando, um pedaço de carvão vegetal. Ela vai ficar como se tivesse sido envelhecida há anos. Não é um barato?

~Bolos

Bolo enfeitado, bolo confeitado, bolo complicado ou simplesmente bolo, todos têm um sabor de festa.

Sem distinção, é o único doce que testemunha todas as datas alegres que marcam os dias mais importantes de nossas vidas, fazendo-nos lembrar os momentos felizes já comemorados.

Ele também carrega nosso passado contado à luz de cada velinha, anos que o tempo guardou e que ficaram para trás.

O bolo de tal maneira se popularizou que passou a ser "caixinha de sorte", e para dela se participar basta "entrar no bolo"; se a sorte favorece, é dividido o "bolão", mas quando não, leva-se até o bolo da namorada.

Está na hora de preparar o bolo? Tome então as seguintes precauções, para que ele seja um sucesso; assim, quererão levar a receita para casa.

A primeira sugestão é colocar todos os ingredientes à mão, de forma que nenhum seja esquecido.

Ao bater a massa, coloque um pano úmido sob a tigela, evitando que ela escorregue a todo momento.

Antes de escolher os ovos para preparar a massa do bolo, convém saber que é das poucas coisas que ficam melhores, usando-se ovos médios em vez de graúdos; com estes o bolo não cresce muito, e geralmente abaixa depois de frio.

Ponha o sal diretamente sobre as gemas; é um segredinho que ajuda a deixá-lo fofo.

As claras, quando batidas, devem ser em ponto de neve, bem firmes, colocadas por último juntamente com o fermento; este deverá ser antes dissolvido em um pouco de leite. (Não use leite gelado nem quente, apenas ligeiramente amornado ou em temperatura normal.) Ao serem adicionadas à massa, esta não deverá ser mais batida, apenas misturada com cuidado. Estes conselhos são para receitas de bolos simples.

Quando a receita manda colocar o fermento durante a preparação da massa, dará melhor resultado se for acrescentado primeiro um pouco de farinha ao líquido, e só depois o fermento, com a segunda leva de farinha.

Uma colher de sopa de qualquer bebida alcoólica aromatizada, mesmo que seja a pinga, colocada ao final na massa, dará mais leveza e um sabor especial ao bolo.

Se a receita pede uvas passas, ou frutas secas, estas devem ser antes passadas por farinha de trigo, evitando assim que afundem na massa quando o bolo estiver assando.

Para untar fôrmas sem sujar as mãos, ou se tiver unhas muito compridas, use um pincel, separado especialmente para essa finalidade. Na falta do pincel, usar a parte interna do papel em que vem embrulhada a margarina ou a manteiga.

Antes de levar ao forno para assar a massa de um bolo comum, mas já com ela na fôrma, borrife-a com leite, pois o bolo, depois de assado, vai ficar muito mais bonito e apetitoso.

Se o forno for muito forte, e o bolo correr o risco de queimar no fundo, ponha sobre a placa, debaixo do forno, um pouco de sal grosso; ou coloque, na altura da grelha, a fôrma do bolo sobre uma assadeira limpa virada ao contrário.

Excetuando o pão-de-ló, ou outros bolos de rápido assamento, o forno nunca deverá ser aberto antes que tenham decorrido 20 minutos de cozimento.

E saiba também que, enquanto não se sentir o cheirinho de assado, é sinal de que a massa ainda está crua e não começou a assar; por isso será inútil e contraproducente ficar abrindo o forno.

Ao abrir o forno e verificar que o bolo ficou dourado por fora, mas não assou por dentro, experimente colocar uma assadeira ou panela com água na grade superior do forno, acima do bolo. O resultado será ótimo.

Estando ele muito escuro, pode-se evitar que queime cobrindo-o, imediatamente, com um papel bem engordurado.

Mas, se acontecer de tirar o bolo do forno e depois verificar que ele não ficou bem assado, molhe-o com um pouco de leite frio e coloque-o novamente no forno, na temperatura média, por mais alguns minutos.

Ao retirar o bolo do forno, cubra-o imediatamente com um pano seco, tendo antes o cuidado de manter todas as portas da cozinha fechadas. Isto evitará que alguma corrente de ar faça com que o bolo murche. Após alguns minutos, retire o pano. Mais 7 a 8 minutos e o bolo já poderá ser desenformado.

Se o bolo queimar no fundo da fôrma, utilize um ralador comum, passando-o levemente sobre a parte queimada, até que esta saia por completo.

Para facilitar a retirada do bolo da fôrma, embrulhe-o ainda quente em um pano, até que esfrie; assim ele soltará facilmente.

Também para desenformar um bolo sem dificuldades, coloque a fôrma dentro de uma vasilha com água quente, durante alguns minutos, que ele sairá inteirinho.

Mas se acontecer de ele sair todo quebrado, aproveite para fazer, de um simples bolo, uma apetitosa torta. Junte os pedaços com geléia, ou qualquer creme, cubra com suspiro ou creme *chantilly*, e enfeite.

É mais fácil cortar um bolo muito fresco molhando-se primeiramente a faca em água fria.

Quando quiser fazer um bolo e verificar que não tem manteiga ou margarina, use para cada colher de manteiga 1 colher rasa de azeite (do melhor) e bastante essência de baunilha. O bolo ficará perfeito.

Conservação: Seu bolo simples se conservará fresco, mesmo depois de cortado por alguns dias (se sobrar), das seguintes maneiras:

1) Deixar sempre dentro ou coberto com a mesma fôrma em que foi assado, tendo porém o cuidado de não lavá-la nem limpá-la, o que será feito quando o bolo tiver terminado.
2) Colocar no lugar onde foi cortado uma fatia de pão fresco, espetada com um palito.
3) Mas se costuma usar bolos em pacote (desses que se compram prontos), guarde junto dele uma maçã fresca e tampe o pacote. Esse mesmo processo serve também para bolos feitos em casa, porém eles terão que ficar bem cobertos, bem fechados.

Se o bolo for de assadeira, basta que se retire dela apenas os pedaços que serão comidos. Os que continuarem dentro serão conservados.

BOLO DE CHOCOLATE — Sempre que a receita de um bolo pedir chocolate, não deixe de acrescentar à sua massa umas 2 colheres (sopa) de café forte; além de acentuar o gosto do chocolate, vai impedir que o bolo, depois de pronto, fique ressecado.

Mas quando a receita desse bolo pedir bicarbonato, acrescente 1 colher (chá) de bicarbonato de sódio, para que o bolo fique macio e úmido.

E quando levar fermento em pó, incorporar à massa de 1/2 a 1 maçã ralada, que também dará umidade, além de um sabor especial.

CONFEITAR — Se você não sabe, o tempo influi muito no sucesso de alguns confeitos, coberturas de bolo. Por isso, quando tiver que confeitar um bolo em dia de chuva, com muita umidade, lembre-se de colocar no glacê 1 colherzinha de maisena para cada clara, evitando, assim, que ela escorra.

FÔRMA DE BOLO (DE LATA) — Se, depois de usada, essa fôrma ficar guardada por algum tempo, depois de lavada e bem seca, guarde-a dentro de um saco contendo farinha de mandioca (farinha de mesa). Isso vai evitar que ela enferruje.

PUDINS — Nunca desenforme um pudim (como o de leite, por exemplo) enquanto quente ou mesmo morno, porque ele iria quebrar todo. Eles devem, de um modo geral, ser desenformados gelados.

TORTAS — Quando for colocar bananas em bolos ou tortas que vão assar, mergulhe-as primeiro em suco de frutas, que assim elas não queimarão.

Será mais fácil cortar uma torta (de massa de bolo) para recheá-la no meio, usando-se um fio de náilon ou fio dental passado em torno da torta, o qual vai-se apertando, lenta mas firmemente, até dividi-las completamente.

DICAS PARA SEU BOLO

FERMENTO — Se a massa do bolo que você está preparando levar fermento em pó, mas sua latinha está vazia, não adianta brigar com a cozinheira; nessa altura, o melhor que você tem a fazer é "quebrar o galho" substituindo o fermento por... adivinhe só... sal de frutas! Use a medida de 1/2 colher (sopa) de sal de frutas para cada colher (sopa) do fermento. Ele não deve ser dissolvido em nada, apenas deve ser colocado diretamente na massa.

FRUTAS CRISTALIZADAS ou PASSAS — Quando estas forem misturadas à massa crua do bolo, em vez de passá-las por farinha de trigo (para não ficarem no fundo do bolo) experimente polvilhá-las com um pouquinho de fermento em pó, retirando em seguida o excesso, antes de misturá-las à massa. Elas vão ficar bem envolvidas na massa e não afundam mesmo.

~Café

O café é a bebida da cortesia, marca registrada da hospitalidade brasileira.

De bar em bar, entre uma pausa e outra, o café acompanha um bate-papo informal, um negócio que se realiza, uma esperança que se concretiza.

Bebida importante que é, o café, servindo de elo entre grandes figuras nacionais e internacionais, está presente nos momentos decisivos, participando da responsabilidade de selar um acordo político ou reforçar laços de amizade.

Em outras ocasiões, embora involuntariamente, o café torna-se cúmplice daqueles que, na hora do cafezinho, aproveitam os minutos de folga para a "paquera" habitual; e é um excelente pretexto para se interromper o trabalho por alguns minutos, quando se está com muita preguiça.

Uma xícara de pó de café fresco, colocada dentro da geladeira, elimina qualquer odor.

Um pouquinho desse pó, colocado dentro do armário da cozinha, vai impedir que as formiguinhas se banqueteiem com os petiscos que estão guardados.

Conservação: Para conservar melhor o aroma e o sabor do café junte um pouco de açúcar ao pó fresco antes de guardá-lo no seu recipiente adequado.

Grãos ou pó se conservarão frescos por muito mais tempo, além de conservarem seu aroma natural, se estiverem guardados bem protegidos da umidade e em recipientes bem fechados, na geladeira ou no congelador.

O GOSTOSO CAFEZINHO — Seu café ficará com o cheirinho gostoso dos de um bar ou botequim (cujo aroma atrai até quem está do outro lado da rua), se for adicionada ao pó 1 colher de sopa de chocolate em pó para cada quilo. Ou então basta acrescentar uns grãozinhos de sal à água da infusão.

Não requente o café levando o bule diretamente à chama do fogo, mas se o fizer, e acontecer de ele ferver, retire então do fogo e deixe cair imediatamente dentro do bule algumas gotas de água fria. Isto ajudará a manter o paladar do café fresco.

Na hora de tomar seu cafezinho, experimente substituir a colher que vai mexê-lo por um pau de canela. Vai ver, que sabor! Mas, para que adquira esse sabor, é preciso que o café esteja "pelando", para puxar bem o gosto da canela.

COANDO O CAFÉ — Se você ainda mantém o autêntico, antigo e gostoso hábito de coar o café em coador de pano, não basta apenas enxaguá-lo para guardar; mantenha-o sempre limpo, lavando-o, ou melhor, coando-o com sal. Coloque o sal dentro do coador e despeje água em seguida. Depois enxágüe muito bem, que ele ficará como novo.

Mas se você faz o café em cafeteira automática, naturalmente já percebeu que muitas vezes ele demora a descer. Enrole, então, uma toalha úmida de cozinha na parte de baixo do aparelho, que ele descerá bem mais rápido.

BORRA DE CAFÉ — É ótima para esfregar em sua pia branca, depois do serviço terminado.

Reserve um pouco dela para lavar e clarear o chão da cozinha.

Terminada a faxina, esfregue um pouco desse pó usado em suas mãos; ficarão claras e macias.

É ótima também para lavar galheteiros e vidros de azeite. Agitar com um pouco de água, enxaguar e deixar secar bem.

Se as formiguinhas tomarem conta do seu armário, um pouco da borra colocada dentro dele fará com que elas desapareçam.

É um bom adubo para se colocar nas plantas. Sem contar que um algodão molhado em café frio e esfregado nas folhas de suas plantas (antúrios, begônias etc.) deixa-as de um verde viçoso e brilhante.

CAFÉ *CAPPUCCINO* — Se preferir tomar em casa seu café *cappuccino*, então prepare-o da seguinte maneira:

- 1 lata (pequena) de leite em pó instantâneo
- 2 colheres (sopa) de chocolate em pó instantâneo
- 1 lata (100g) de café solúvel
- A mesma medida de açúcar

Peneire tudo 3 vezes e guarde em vidro bem fechado. Na hora de servir, tire a quantidade de pó desejado e acrescente então água fervida bem quente.

MANCHAS DE CAFÉ EM MÓVEIS — ver MÓVEIS ESTOFADOS, em "Móveis".
MANCHAS DE CAFÉ EM TAPETES — ver TAPETES, em "Casa em geral".
MANCHAS DE CAFÉ EM TECIDOS — ver "Tecidos e roupas".

Carnes

Quando se trata de carne, a vida oferece uma contraditória interpretação entre as duas carnes que a natureza doou e que, de uma maneira ou de outra, têm seu grande consumo garantido no mercado. Uma, regulada pela saúde pública, que, alimentando o estômago, leva-nos à gulodice; a outra, ditada pela força filosófica do 9º mandamento da Bíblia, sustenta o espírito e nos transporta ao Paraíso.

Mas há também uma espécie de paraíso na carne do primeiro tipo: o paraíso do paladar. Quem resiste a um belo churrasco, a um suculento filé ou aos assados caseiros? Mas mesmo a carne, que nos é tão familiar, requer muita atenção e cuidados especiais. Aqui vão algumas dicas que podem ser de muito valor. Mas só para a carne do primeiro tipo. Quanto à outra... cada qual que ache as suas próprias dicas...

CLASSIFICAÇÃO DAS CARNES — As carnes chamadas de segunda são assim classificadas, comercialmente, apenas porque são menos macias que o filé, a alcatra e o contrafilé, considerados carnes de primeira; mas são todas igualmente ricas e nutritivas.

A carne chamada de terceira também é rica em proteínas, e poderá ser tão saborosa quanto as outras.

São consideradas:

- *Carnes de primeira* — coxão mole (chã de dentro), patinho, lagarto, alcatra, contrafilé, filé e filé mignon.
- *Carnes de segunda* — paleta, acém, aba, capa de filé, fraldinha e peito.
- *Carnes de terceira* — ponta de agulha (costelas), pescoço, músculos, ossobuco.

COMO CONHECER UMA CARNE FRESCA — Há 3 tipos de carne: a de vaca, a de vitela ou de carneiro, e as carnes brancas.

A carne de vaca de boa qualidade conhece-se pela cor vermelho-púrpura; os ossos são rosados.

As de vitela ou de carneiro são rosa-vivos, e sua gordura ou sebo, bem brancos.

As chamadas carnes brancas (cabrito, leitão etc.) têm carne pálida, e os ossos são de um branco leitoso.

AMACIAR CARNES CRUAS — A carne que veio hoje do açougue não é nada macia e um bife nessas condições ninguém conseguirá comer. Não deixe que à mesa percebam que esta carne não é uma alcatra e muito menos um filé.

As enzimas mais usadas para amaciar carnes são: a papaína de mamão e a bromelina de abacaxi.

Para amaciar, use um dos seguintes procedimentos:

1) Ponha no tempero algumas gotas de leite de mamão.
2) Misture aos bifes temperados alguns pedaços de mamão verde, ou perfure-os com um garfo, colocando sobre eles folhas perfuradas de mamão.
3) Corte fatias finas de abacaxi e coloque-as sobre os bifes.
4) Também misturar aos bifes duros e temperados um pouco de mamão verde ralado (temperar de véspera).
5) Esfregue suco de lima, ou de laranja azeda, por toda a carne, algum tempo antes de levá-la ao fogo.
6) Mas poderá também tapear derramando sobre os bifes crus um pouco de conhaque, deixando repousar por algum tempo antes de usar. Não tenha receio porque o conhaque não altera o gosto e a carne ficará bem macia.
7) Ou, ainda, jogue sobre eles um pouco de refrigerante tipo cola.
8) A pinga pode substituir o conhaque; é muito mais barata e... quem é que não tem em casa uma garrafinha de pinga?
9) O presunto ou o toucinho duros poderão ser amaciados quando colocados por alguns minutos em água quente.

AMOLECER CARNES COZIDAS — Se a carne refogada e ensopada estiver no fogo e continuar dura, coloque dentro da panela 1 colherzinha de café ou de chá de fermento em pó, dependendo da quantidade da carne.

Uma laranja espremida dentro do ensopado de carne que não amolece vai deixá-lo logo macio e com uma bonita cor avermelhada. Esse procedimento é muito bom também para amolecer a carne-de-sol (ou carne-seca) ensopada.

Se a carne ensopada já estiver há muito tempo no fogo e não amolecer, junte a ela 1 colher (sopa), ou mais, de uísque.

Para a carne assada amolecer, adicione um pouco de conhaque ou de pinga e deixe cozinhando por mais alguns minutos.

CONSERVAR CARNES COZIDAS — Assim como as aves fritas ou assadas, elas também se conservarão por 6 meses a 1 ano, quando guardadas inteiramente mergulhadas em banha, permanecendo todo esse tempo em lugar fresco, para que a banha se mantenha sólida. Isso, na falta de um *freezer* ou congelador.

CONSERVAR CARNES CRUAS — Na falta de uma geladeira, há várias maneiras para se conservar as carnes cruas:

1) Colocar a carne dentro de uma vasilha de barro esmaltada e cobrir com leite. Este, após 24 horas, talha e azeda; isto em nada prejudicará a carne, até pelo contrário, melhora o gosto e fica mais tenra.
2) Colocar a carne dentro de uma vasilha esmaltada de barro e derramar sobre ela uma água que se deixou ferver durante 3 minutos após ter levantado a fervura. Feito isso, regue toda a superfície da água com óleo ou azeite, formando uma película que isolará o ar.
3) Para conservar por períodos mais curtos, afervente a carne, ou passe-a em gordura bem quente, sem contudo cozinhá-la; ela se conservará por uns 4 a 5 dias.
4) Se for necessário guardá-la por longo período, é preferível recorrer à salmoura, defumação, ou ainda secá-la ao sol e ao ar (carne-seca ou de vento).
5) Por período menor, basta embrulhá-la num pano embebido em vinagre.

No congelador: quando guardar carnes frescas no congelador, faça-o de preferência dividindo-as aos pedaços, para que não seja necessário descongelar o peso todo.

Para que a carne ao ser descongelada não apresente aquele aspecto escuro, antes de guardar os pedaços espalhe sobre eles um pouco de óleo de oliva (azeite). Guarde-os no congelador, bem acondicionados em sacos plásticos.

PREPARO DAS CARNES

BIFES COMUNS — Os bifes, quer sejam bem passados, ao ponto ou malpassados, deverão ser feitos sempre em frigideira de ferro previamente bem aquecida, antes mesmo de se colocar a manteiga ou margarina, as quais também deverão estar bem quentes, até atingirem aquela cor marrom dourada (não queimada).

Os bifes deverão também ser fritos um a um, para que não soltem água, pois se isso acontecer eles ficarão rijos e cozidos.

BIFES À MILANESA — Ficarão mais saborosos e com melhor aspecto se forem passados primeiramente em farinha de rosca, em seguida nos ovos batidos e novamente na farinha de rosca, fazendo um pouco de pressão sobre eles com as mãos, para que a farinha fique bem aderida.

Não devem ser fritos imediatamente, pois as cascas se soltariam; aguarde pelo menos uns 15 minutos. Depois, é só fritar em gordura quente e abundante.

Quando sobrarem alguns desses bifes já prontos, transforme-os em outro prato saboroso, colocando-os em um pirex e, sobre cada um, fatias de mozarela, molho de tomate, queijo parmesão e orégano. Leve ao forno por uns quinze minutos (filé à parmegiana).

CARNE DE VACA

Sempre que preparar lombo, pernil, costeleta e carne assada (lagarto ou outra), mergulhe-os inteiramente num recipiente cheio de água fria, por mais ou menos 1 hora, antes de colocar qualquer tempero. Isso fará com que, depois de assadas, as carnes fiquem branquinhas por dentro.

Antes de colocar essas peças em vinha-d'alhos, fure-as e esfregue por toda a superfície sal com alho amassado e pimenta-do-reino, deixando repousar por alguns instantes. Assim procedendo, a carne ficará mais saborosa, pois absorverá melhor todos os temperos da sua vinha-d'alhos.

CARNE ASSADA DE PANELA — Essa carne tanto pode ser assada na panela (carne de panela) como no forno. Se for assar na panela um lagarto redondo, este deverá ser enrolado fortemente com um barbante grosso, para que não encolha muito; depois de corado, cozinhar em fogo brando.

Se essa carne que está assando estiver demorando muito para amolecer, coloque dentro de sua panela alguns tomates maduros, que logo ela ficará macia.

Se você se descuidou e a carne que está no fogo queimou, passe-a rapidamente para outra panela, junte uma cebola inteira (com a casca) lavada, ponha água quente e deixe ferver por algum tempo, até que desapareça o gosto de queimado. Faça então um refogado com óleo, cebola e tomate, ponha aí a carne e termine de assá-la.

CARNE ASSADA NO FORNO — O melhor peso de carne para assar no forno é o lagarto redondo. O papel alumínio é ótimo para cobrir assados no forno até que a carne esteja macia (não desmanchando), quando então ele deve ser retirado, para corar a carne.

Se, ao retirar a carne assada do forno, verificar que ela está grudada na assadeira, coloque esta sobre uma vasilha contendo água fria por alguns minutos. Assim será bem mais fácil soltar o assado, sem perigo de desmanchar.

Quando o assado estiver correndo o risco de queimar, coloque dentro do forno uma vasilha contendo água fria.

CARNE PARA SOPA — Quando refogar carne para sopa, ou mesmo para fazer um ensopado, não use panelas muito pequenas, pois a carne, se amontoando, sora (solta água) em vez de corar.

BUCHO — DOBRADINHA — Antes de limpar a dobradinha, esfregue bem nela fubá ou farinha de trigo ou ainda suco de limão, para que ela fique mais agradável.

Ao cozinhar dobradinha (bucho), coloque uma rolha dentro da panela; além de apressar seu cozimento, também vai absorver aquele cheiro desagradável que invade toda a casa.

É muito bom também, para que ela cozinhe mais depressa, colocar um pouco de bicarbonato dentro da panela.

Uma laranja ácida, com casca e cortada ao meio, colocada na água do seu cozimento, vai reduzir muito seu odor.

FÍGADO — Mergulhando esta carne em água fervendo, sua pele sairá com mais facilidade.

Para atenuar seu gosto forte e tornar sua carne mais digestiva, antes de ser temperada, deixe seus bifes ficarem de molho em leite frio por uns 40 minutos. Jogue então esse leite fora, lave-os e tempere a gosto.

HAMBÚRGUER — Se você está em cima da hora para sair, e tem poucos minutos para preparar seu hambúrguer para o almoço, antes de colocá-lo na frigideira finque um dedo seu bem no meio dele fazendo um buraco; só assim o hambúrguer vai ficar pronto muito mais depressa, e você não chegará atrasada em seu compromisso. E, depois do hambúrguer pronto... era uma vez um buraco...

RIM — Muito apreciado pelos gastrônomos, mas por outros rejeitado por causa do seu cheiro e sabor fortes. No entanto, eles poderão ser atenuados se, antes de se limpar o rim, o deixarmos mergulhado completamente num recipiente fundo, onde se colocou água fria e pó de café (2 colheres de sopa para cada 1/2 litro de água), deixando assim de molho por 1 hora a 1 1/2, mas nunca menos de 1 hora. Depois, tratar e limpar como de costume.

SALSICHA — Se quiser guardar salsichas frescas até por cinco ou seis dias, deixe-as mergulhadas dentro de uma tigela contendo água com 1 colher (sopa) de vinagre (ou mais, dependendo da quantidade de salsicha), e um pouquinho de sal. Guarde na geladeira. Na hora de usar, é só lavar em água pura.

Não mande à mesa, nem sirva salsichas estouradas, arrebentadas; além de feias, vai tirar todo o prazer de comê-las. Porém, isso não irá acontecer se, antes de irem ao fogo para cozinhar, forem deixadas de molho no leite, por algum tempo.

VITELA — Essa carne não deve levar pimenta nos temperos, pois ficará completamente amarga.

CARNE DE ANIMAIS CASEIROS

São assim chamados por serem criados dentro de terrenos grandes, sítios ou fazendas. Além de nos deliciarmos com suas carnes saborosíssimas, todos os seus couros ou peles (os de boi também) são aproveitados na indústria de artefatos de couros, peles, mantas, tapetes, cobertas etc.

CARNEIRO — Use para temperar esta carne vinagre e bastante cebola ralada; isso vai tirar aquele gosto doce, próprio de sua carne.

Uma perna de carneiro assada fica perfeita quando servida acompanhada de um molho de hortelã.

COELHO — Esta carne, de que os franceses tanto gostam (e que nós comemos tão pouco), é de fácil criação e reprodução, pois em muito pouco tempo a reprodução se multiplica. E... haja cenouras e nabos...

Com seu couro macio, além de fazer muitos objetos, como bichinhos de brinquedo para crianças, podemos até comprar um "casaco de pele de coelho".

Mas vamos falar de sua carne, que também tem um paladar delicado.

Você sabia que, dependendo da maneira como se mata um coelho, ele poderá dar duas "qualidades" diferentes de carne? Como? Veja só: se o matarem cortando o pescoço, sua carne ficará mais tenra e aromática e... com sabor de galinha! Porém, se ele for morto com pancadas na nuca, você vai jurar que está comendo (veja que delícia)... uma caça! Você pode escolher.

Quando fizer coelho assado, deixe-o ficar com a aparência apetitosa juntando suco de limão ao seu tempero.

CABRITO — Taí um bom animalzinho para se criar, até mesmo em sua casa, se tiver um bom quintal para isso. Dele você aproveita o leite, que é forte e delicioso (experimente tomá-lo ordenhado na hora com um pouquinho de conhaque misturado); dá também um queijo maravilhoso.

Sua pele poderá, depois de curtida, enfeitar o chão de sua casa; e sua carne... nem é bom falar... Mas é bom saber que ela só ficará saborosa (tanto ensopada como assada) se antes do cabrito ser temperado suas glândulas forem retiradas (uma em cada parte interna das coxas) para eliminar o mau cheiro. Se essa providência não for tomada, ninguém vai poder saboreá-lo, mesmo que esteja corado e bonito; sua carne ficará realmente intragável.

CARNE DE PORCO

Puxa! Parece que a única coisa que sobra e não se aproveita desse animal são suas unhas (será?). Nossa legítima "feijoada" não existiria sem o porco; usamo-lo dos pés à cabeça.

Então, vamos por partes.

BACON — Quem não gosta de comer *bacon* com ovos fritos? Mas será que você sabe que o *bacon* é feito da gordura da barriga do porco, e depois defumado (o legítimo)?

Quando cortado em fatias finas, ele se enrola ao ser frito no fogo; para evitar isso, mergulhe-o antes, por alguns segundos, em água fria. Então, pode prepará-lo à vontade, que ele ficará esticadinho, ou fure as fatias com um garfo.

Seus torresmos vão ficar mais macios e saborosos se respingar cachaça quando estiverem dourando.

COSTELETA — Quando fizer costeletas fritas, evite que elas encolham ao fritar, fazendo assim: antes de levá-las ao fogo dê um pequeno corte, com a ponta da faca, rente ao osso (como desgrudando a carne do osso), e também onde tiver a gordura grossa.

LINGÜIÇA — A tripa de porco depois de limpa e recheada com sua carne e toucinhos crus, moídos e bem temperados, resulta na deliciosa lingüiça.

Mas é muito comum a lingüiça estourar quando se está fritando, e não temos coragem de servir assim toda arrebentada. Para não passar por esse vexame, antes de fritar uma lingüiça fresca lave-a, enxugue e fure-a com um alfinete. Arrume-a dentro da gordura fria e leve ao fogo baixinho, para que frite e cozinhe lentamente. Assim ela ficará crocante, perfeita e não arrebentará. Usar de preferência frigideira de ferro.

Se a lingüiça que vai fritar para o almoço estiver com um cheiro muito pronunciado (não é estragada), antes de prepará-la coloque-a numa panela com água fria e leve ao fogo para dar uma fervura (1 a 2 minutos), revolvendo-a de vez em quando para que ferva de todos os lados. Em seguida, lave-a bem com água fria, enxugue-a e empregue.

Para evitar que ela respingue ao fritar, coloque 1 colher de água fria na sua gordura ainda fria.

SALAME — Eis uma coisa gostosa que, com um pouco de cuidado, poderá manter-se perfeita por bastante tempo, mesmo sem sua embalagem comum. Passando clara de ovo em volta do salame, ele não resseca e vai permanecer macio por muito tempo. Se ele já estiver cortado, passe também um pouco de manteiga ou óleo na parte descoberta, mantendo-o assim fresco e vermelhinho.

O salame também poderá ser conservado por muito tempo se for embrulhado em papel alumínio, preso com elástico. Isso evitará seu ressecamento.

TOUCINHO — TORRESMO — Quem ainda tem o delicioso hábito de derreter toucinho em casa deve passar por eles um pouco de farinha de trigo antes de fritá-los. Isso evita que respingue e provoque queimaduras. Depois, hum!... Vamos aproveitar o torresmo que ficou, para comer com um delicioso "viradinho ou tutu de feijão"...

Mas para os torresminhos ficarem mais saborosos e com uma cor rosada, corte a banha (gordura) em cubos, derrame sobre eles 1 1/2 xícara (chá) de leite e 1 1/4 xícara de água, e leve-os ao fogo. Ninguém vai resistir, e... haja torresminho...

CAÇAS

É nas férias que os apreciadores da carne de caça aproveitam para, nos campos e nas montanhas, ir em busca de uma presa, garantindo assim um delicioso e supimpa almoço. Quem não aprecia uma boa carne desses animais que vivem quase como animais selvagens?

Mas alguns desses animais requerem um certo cuidado para que ninguém torça o nariz, na hora de saboreá-los.

Então vejamos:

GAMBÁ — Apreciado por muitos que vivem em fazendas, tem a carne branquinha e saborosíssima, embora alguns não acreditem e não a aceitem por causa do seu forte odor característico (muito conhecido por todos). Mas basta retirar suas glândulas para que todo o mau cheiro desapareça e ele esteja em condições de ser preparado, saboreado e... elogiado!

LAGARTO — Segundo muitos caçadores, não se deve comer essa caça no mês de janeiro, porque sua carne deve estar impregnada com veneno de cobra, o que não ocorre durante o resto do ano. Ao limpar, corta-se um bom pedaço do seu rabo, que se joga fora.

SERIEMA — Como essa bonita caça se alimenta também de cobras, é necessário que, enquanto estiver sendo cozida ou assada na panela, se coloque dentro dela uma colherzinha ou um objeto de prata (tem que ser prata mesmo); se após alguns minutos a prata pretejar, não fique com pena: jogue imediatamente tudo no lixo, pois assim estará se livrando de uma grande intoxicação, ou, o que é muito pior, de um envenenamento. Mas, se a prata continuar clarinha, aproveite e saboreie-a bem, porque não é todo dia que podemos ter essa caça à nossa mesa.

TATU — Quando caçar tatu para comer, prefira o tatu-galinha, pois tem a carne mais tenra e branca. O tatu-peba, bem menor, também é muito bom, porém o maior de todos, o testa-de-ferro, já é mais selvagem e sua carne é bem mais dura.

UM CONSELHO IMPORTANTE

Quando cismar que a carne (qualquer carne, peixe, ou outro alimento), que está no fogo sendo preparada, está estragada, coloque dentro da panela uma colher ou um pequeno objeto de prata (tem que ser prata mesmo); se este pretejar, não pense duas vezes, e não prove dessa comida.

Nada de ficar com pena e com raiva de perder esse quitute; jogue tudo no lixo, porque assim estará livrando sua família de um possível envenenamento.

~Cebola

Esta maravilhosa iliácea, que deu seu nome a uma Maria, ao lado do tomate ficou mui formosa, transformando-se em vedete do refogado e, como personagem principal da peça "acebolada", representou tão bem que, ao final, conseguiu fazer todo mundo chorar.

Sua maneira graciosa de ficar dependurada nas tranças de palhas, formando as réstias, fez também com que se transformasse em motivo de adorno e de decoração.

Nas festas de São João e de São Pedro, entre fogos e balões, entre o quentão e a fogueira, está a cebola presente junto ao colar e ao balangandã da bela caipirinha, ajudando-a a pedir a Santo Antônio que lhe dê um namorado.

DESCASCAR CEBOLAS — Não fique chorando como uma pessoa infeliz, só por estar descascando uma cebola. Vamos pôr um fim às suas lágrimas com as seguintes sugestões:

1) Aperte 3 palitos de fósforos novos entre os dentes, com as pontas de riscar para fora da boca, permanecendo assim enquanto descasca as cebolas.
2) Mergulhe as cebolas, por alguns minutos, em água bem quente; o tempo dependerá do tamanho da cebola. Isto também facilitará o trabalho de descascá-las.
3) Colocar um pedaço de miolo de pão entre os dentes também ajuda.
4) Encher a boca com água, enquanto se descasca a cebola.
5) Na hora de descascar e cortar cebolas, reserve suas lágrimas para outra ocasião, enfiando, na ponta da faca, uma batata descascada, deixando-a até que termine esse trabalho.
6) Mas, se não tiver tomado nenhuma das providências citadas, o remédio é molhar as mãos debaixo de uma torneira de água fria.

CEBOLAS CRUAS — Todas as vezes que empregar cebolas cruas em saladas e salpicões, convém deixá-las de molho por uns 30 minutos em água gelada com 1 pitada de açúcar.

A cebola se tornará mais digestiva quando empregada crua, deixando-a de molho com a casca, por uns 5 minutos, em água quente.

Se quiser extrair seu suco, corte uma fatia da extremidade, ou uma metade, comprima-a sobre um ralador fino (desses que se usam em pedicure), girando-a de um lado para outro.

CEBOLAS COZIDAS — Quando tiver que cozinhar cebola inteira, faça primeiro um pequeno corte na parte do caule em forma de cruz, porque assim depois de cozida ela ficará inteira, perfeita e não se desmanchará.

Conservação: Se você quiser ter o trabalho de descascar algumas cebolas, lave-as, enxugue-as e coloque-as dentro de uma vasilha plástica (tirar bem o ar) bem fechada e na geladeira; elas vão durar perfeitinhas por uns 10 dias.

Mas se for apenas guardar a metade da cebola que sobrou, evite que ela resseque, passando um pouco de manteiga na parte onde ela foi cortada.

ODOR NA BOCA — Se comeu muita cebola crua, não chegue perto nem beije seu namorado, antes tome um copo de leite, para anular o cheiro desagradável que ela deixou na boca. Use também os processos de ALHO.

ODOR DE CEBOLA NAS MÃOS — Ver MÃOS em "Beleza".

ODOR NA CASA — Há muita cozinheira que coloca um recipiente contendo vinagre perto do lugar onde está fritando cebolas; assim não exalam seu cheiro característico pela casa, que muitas pessoas não apreciam nem suportam.

~Chá

Essa infusão, cuja origem se perde no tempo, tem sua utilidade, na maioria dos casos, para fins medicinais.

Como alimento são usados o mate, na forma comum ou chimarrão, e o chá preto, mundialmente conhecido.

Embora o chá faça parte dos hábitos de muitos povos, alguns mesmo cultuando seus rituais, foi no cotidiano inglês que a tradição reservou uma hora sagrada, capaz de interromper uma importante sessão do Parlamento; assim como lá, aqui essa tradição infiltrou-se na Academia Brasileira de Letras, onde a mais brilhante tertúlia também é suspensa, para renderem sua homenagem ao "chá das cinco".

Há 3 maneiras de se usar uma infusão: como bebida (chá), em aplicações locais e como tintura.

Das plantas aqui selecionadas e mencionadas em relação aos respectivos tipos de doenças, serão utilizados seus frutos ou sementes, flores ou folhas, cascas ou raízes, preparados por decocção ou infusão, todos ingeridos como chá.

Se tiver em sua casa um pequeno canteiro, plante algumas delas, pois no momento oportuno lhe trarão alívio, calma e bem-estar.

ÁCIDO ÚRICO — Cordão-de-frade verdadeiro.

ANEMIA — Carqueja, gervão-roxo, picão-preto.

ARTRITE — Açoita-cavalo.

BAÇO — Pariparoba.

CALMANTE — Erva-doce, erva-cidreira, folhas frescas de laranjeira, casca de maçã, alface, maracujá, folhas de canela, hortelã, flores de tília.

CAXUMBA — Erva-cidreira; chá e inalação de tanchagem.

CIÁTICA — Eucalipto, aroeira, taiuiá, tília.

DIABETE — Carqueja, casca de romã, cajueiro, jurubeba, pau-ferro.

EPILEPSIA — Raiz de anil, erva-cidreira, velame do campo.

ESTÔMAGO — *Acidez*: poejo, tomilho. *Boa digestão*: alecrim, camomila, erva-doce, hortelã. *Cólicas espasmódicas*: camomila com gotas de limão. *Enjôo*: poejo, losna, hortelã. *Gases*: erva-doce, casca de canela. *Indigestão*: camomila. *Indisposição provocada por alimento*: louro com casca de cebola, misturados. *Má digestão*: salva bem quente. *Náusea*: camomila. *Úlcera*: losna. *Vômitos*: salva, funcho, hortelã.

FEBRE — Marcela, pitanga, quina, cardo-santo, eucalipto.

FÍGADO — *Mal-estar*: boldo, folhas de alcachofra, losna. *Cólica*: mil-em-ramos, bardana. *Obstrução*: jurubeba. *Hepatite*: erva-tostão, fedegoso (não deve ser usado por mulher grávida). *Icterícia*: pariparoba, erva-tostão. *Indisposição*: louro com casca de cebola.

INSÔNIA — Poejo, mulungu, maracujá, erva-doce, hortelã, erva-cidreira.

INTESTINOS — *Adultos*: cardamomo, funcho, camomila, erva-doce, casca-santa. *Recém-nascidos*: erva-doce, funcho. *Disenteria ou diarréia*: brotos de goiabeira, camomila, guaraná, tamarindo (polpa do fruto). *Gases*: erva-doce, casca de canela. *Lombriga*: arruda. *Prisão de ventre*: fedegoso (não deve ser tomado por mulher grávida), batata-de-purga, alcaçuz, bardana; também deixar dormir 3 ameixas-pretas em um copo d'água, e pela manhã, em jejum, tomar essa água e comer as ameixas.

MENSTRUAÇÃO — *Cólicas*: louro, chá preto bem forte e bem quente, sem açúcar. *Regras abundantes*: cavalinha (usam-se os brotos). *Regras suprimidas bruscamente*: arruda. *Regulador*: mil-em-ramos, batata-de-purga.

PRESSÃO — *Alta*: folhas de chuchu branco, folhas de limão, alpiste. *Baixa*: (ver PRESSÃO BAIXA, em "S.O.S.").

REUMATISMO — Caroba, cardo-santo, cordão-de-frade, borragem, tília, batata-sucupira, canela, açafrão.

RINS, BEXIGA — *Bexiga*: losna, ulmaria, parietária. *Cistite*: quebra-pedra. *Cólicas renais* (cálculos, pedras): quebra-pedra. *Diurético*: cana-do-brejo, barba-de-milho, picão-branco, chapéu-de-couro, folha de abacateiro, carrapichinho, beldroega. *Inflamação*: borragem, carqueja.

RUBÉOLA — Mil-em-ramos, flor de sabugueiro (ver "S.O.S.").

SANGUE — *Depurativo*: salsaparrilha, japecanga, pau-ferro. *Má circulação*: carqueja.

SARAMPO — Flor de sabugueiro, violeta, borragem (ver "S.O.S."). Para evitar que o sarampo afete os olhos, pendure no quarto um pano ou papel vermelho, ou então faça com o batom um círculo em torno dos olhos.

VERMES — Erva-de-santa-maria (não deve ser usada por mulher grávida; tomar um gole de hora em hora, sem ultrapassar 3 xícaras por dia), jatobá, hortelã.

VIAS RESPIRATÓRIAS — *Asma:* celidônia, cordão-de-frade, cambará. *Bronquite:* salva, eucalipto, agrião, guapo, cambará. *Coqueluche:* folhas de cambará, timo. *Gripe, resfriado*: folhas de laranja, cardo-santo (nunca se toma muito quente), canela em rama, folhas de eucalipto. *Pneumonia:* cardo-santo e eucalipto. *Tosse (adultos)*: flor de mamão-macho. *Tosse (crianças)*: altéia, poejo, raiz de alcaçuz (expectorante).

CHÁ PRETO

"Venha tomar um chazinho comigo amanhã à tarde." Esse é um convite sempre agradável que recebemos, pois o chá vem sempre acompanhado de sanduíches, bolos, tortas, torradas, geléias etc., além de um bom bate-papo. Mesmo que o chá seja substituído por chocolate, refrigerantes, ou outra bebida, essa "refeição" será sempre a "hora do chá".

O chá preto, que pode ser tomado por qualquer pessoa, é ótimo para quem tem enjôos ou intestino desarranjado (diarréia).

Conservação: Se você usa pouco o chá preto (folhas) ou tem grande quantidade dele em casa, coloque-o dentro de um vidro bem fechado (de preferência com rosca) e guarde-o dentro da geladeira. Assim ele não ficará com gosto de mofo, e permanecerá perfeito por muito tempo.

~Chocolate

Balas... bombons... chocolates...

Era a voz dos baleiros que se ouvia entre a algazarra da criançada, outrora, nos intervalos das matinês dos cinemas.

Mas a evolução do cinema, trazendo as sessões contínuas de longa-metragens, aboliu os intervalos, deixando bem distante essa figura pitoresca, tão característica de uma época.

O chocolate, por vezes substituindo as flores, na forma de bombons, tem a incumbência de uma homenagem ou uma cortesia. E, na forma de ovos, os chocolates são escondidos pelos coelhinhos nos canteiros dos jardins, para quando as crianças os encontrarem, festejarem o dia da Páscoa.

Para tornar mais forte o sabor do chocolate, junte um pouco de extrato de baunilha enquanto ele estiver no fogo.

Nos bolos de chocolate (ver BOLOS), acrescentar à massa 1 ou 1/2 maçã ralada, dependendo da quantidade; também poderá juntar à massa 1 colher de café bem forte.

Tanto um quanto o outro servirão para que o bolo, depois de pronto, não fique ressecado, dando-lhe também um ótimo sabor.

Ao derreter chocolate para fazer caldas ou glacês, acrescente uma bolinha de manteiga, que a massa não grudará na panela.

RALAR CHOCOLATE — Quando tiver que ralar chocolate, principalmente se for em tiras ou escamas, deixe-o antes pelo menos 2 horas na geladeira, em sua própria embalagem; assim ele ficará duro, facilitando o trabalho.

Ao ralar, faça-o segurando no invólucro, para evitar que o chocolate se derreta com o calor da mão.

Se ralar no liquidificador, corte-o primeiro em pedacinhos.

Na falta de uma barra de chocolate exigida na receita que já começou a fazer, substitua-a por chocolate em pó, calculando da seguinte maneira: 30 gramas de chocolate em barra equivalem a 3 colheres (sopa) de chocolate em pó e 1 colher (sopa) de manteiga ou margarina.

Derreta a manteiga ou margarina em banho-maria, dissolva bem o chocolate em pó e empregue frio ou quente, conforme a receita pedir.

BOMBONS — Os bombons e chocolates em barra, pedaços, ovos (de Páscoa) ou bichinhos se conservarão perfeitos e durinhos se forem guardados na geladeira, dentro de seus próprios invólucros ou embalagens, ou bem cobertos com plástico, papel alumínio e em caixas plásticas bem fechadas, ou ainda nas próprias caixas dos bombons.

Mas se os bombons que recebeu são daqueles que vêm desembrulhados, o melhor (se sobrarem) será polvilhá-los bem com açúcar, deixando-os bem fechados em sua própria caixa. Assim, eles não vão grudar entre si. Essa caixa também poderá ficar na geladeira.

Cremes e Molhos

Alguém disse que a gastronomia é uma arte; e, sem dúvida alguma, suas obras-primas são os cremes e os molhos que complementam, enriquecem e compõem um prato, transformando-o, de um simples trivial, no mais sofisticado quitute.

Molhos simples ou complicados, suaves ou picantes, sua imagem carrega o toque do requinte e do bom gosto.

BECHAMEL — Para que fique cremoso, leve e espumoso, junte ao creme uma clara batida em neve. Cozinhe-o em seguida em fogo brando.

CREME CHANTILLY — Para "esticar" o creme, quando necessitar de maior quantidade, adicione uma clara batida em neve bem firme, mexendo cuidadosamente, depois do creme já batido.

Uma pitadinha de sal colocada no creme *chantilly* que se acabou de bater dará um sabor todo especial.

Ao preparar creme *chantilly* em casa, use o creme de leite fresco bem gelado; bater na batedeira em baixa velocidade (senão pode virar manteiga), até engrossar. Se o creme de leite for de lata, deixar também bem gelado e, quando for abrir a lata, fazê-lo do lado contrário (o lado que ficou embaixo) para assim retirar todo o soro (água). Em seguida proceda da mesma maneira como se faz com o creme fresco.

CREME INGLÊS — Se acontecer de esse creme talhar, bata-o no liquidificador, que ele voltará ao normal. Mas acontece que, às vezes, batido no liquidificador poderá desandar (voltar) logo depois de batido; recupere-o, levando-o novamente ao fogo, misturando mais um pouco de maisena dissolvida em um pouco de leite, mexendo sempre até que engrosse novamente.

Habitue-se a pulverizar o creme inglês com um pouquinho de açúcar, assim que despejá-lo na vasilha, evitando que se forme uma película sobre a superfície.

CREME DE LEITE — Não se deve bater o creme de leite em recipiente de alumínio, pois, além de adquirir uma cor acinzentada, seu paladar ficará alterado, com gosto de metal.

Se o creme de leite fresco demorar a encorpar ao ser batido, adicione 3 a 4 gotas de limão; ou, então, salpique um pouco de gelatina em pó.

Na falta do creme de leite para completar uma receita substitua-o por iogurte natural (verificar sua data). Nos pratos salgados, use o iogurte naturalmente; para os pratos doces, coloque um pouco de açúcar.

Evita-se que o creme de leite talhe, quando adicionado a um molho quente, juntando-se ao creme ou ao molho um pouquinho de farinha de trigo ou maisena. Nunca deixe ferver demasiadamente.

Para poder guardar o creme de leite que sobrou na lata por alguns dias, coloque-o num vidro de tampa plástica, limpo e bem seco, e guarde na geladeira.

PASTA DE CREME DE LEITE — Esta não poderá ser guardada por muito tempo; se não for consumida no mesmo dia (o que seria o ideal), guardá-la no máximo por 24 horas.

CREME DE LIMÃO — Este creme não talha, quando levar gema, se no momento em que for preparado para ir ao fogo juntarmos primeiro as gemas no caldo de limão, e não o limão sobre as gemas.

PREPARAR UM CREME — Ao preparar qualquer creme no fogo — seja de maisena, farinha de trigo etc. —, assim que começar a engrossar retire a panela do fogo, mexendo e batendo vigorosamente por uns minutos, até ficar por igual. Volte novamente para o fogo, ainda mexendo, para acabar de cozinhar. Assim procedendo, evitará que o creme fique empelotado, cheio de grumos.

***CURRY* ou CARIL** — Quando este molho estiver muito forte, misture, para "cortar" o sabor, um pouquinho de vinagre.

MAIONESE (FEITA EM CASA) — Se você costuma fazer sempre maionese em casa, seria bem interessante variar um pouco o paladar dessa maionese.

Experimente substituir o limão por vinagre, por caldo de laranja ou tangerina, e um pouquinho de suas cascas raladas. Tenho a certeza de que todos vão apreciar e gostar da novidade.

Ao bater um molho de maionese acrescente um pouquinho de mostarda junto à gema que se vai bater para evitar que a maionese desande.

Mas, quando a maionese que se está batendo talhar (desandar), ela poderá ser recuperada usando-se um dos seguintes procedimentos:

1) Junte mais sal e limão e bata vigorosamente.
2) Acrescente 1 colherzinha de vinagre fervendo e continue a bater.
3) Pingue algumas gotas de água fervendo na maionese desandada, sem deixar de bater, até que volte à consistência normal.
4) Coe a maionese talhada numa peneira, deixando cair naturalmente sem mexer, ponha o coalho (que ficou na peneira) de volta à tigela e junte aos poucos — sempre batendo — 1 gema crua, pingando também o mesmo óleo que foi coado. Acrescente, de vez em quando, umas gotinhas de limão.
5) Coloque numa vasilha 4 colheres (sopa) de manteiga derretida e, sempre batendo, junte aos poucos a maionese talhada.
6) Um pedacinho de batata cozida, bem amassado, evita que a maionese feita em casa desande.
7) Ponha 1 colher (sopa) de água numa tigelinha limpa, e vá juntando a ela, aos poucos, a maionese talhada, batendo bem após cada adição.
8) Também poderá juntar à maionese talhada 1 colher (sopa) de leite, que deve ser colocado aos poucos, e sempre batendo muito bem. De vez em quando pingar umas gotinhas de limão.

Conservação: Para se guardar uma maionese feita em casa por alguns dias coloque-a, depois de pronta, dentro de um vidro limpo e bem seco, e feche ou vede muito bem com tampa de rosca, ou papel alumínio ou ainda com papel plástico ou vasilha plástica com tampa (tire bem o ar) e guarde na geladeira. Assim, ela vai durar por bastante tempo. Porém, quando o vidro for aberto, a maionese deverá ser consumida toda, e não poderá mais voltar à geladeira.

Se sobrar muito molho de maionese do almoço, também poderá guardá-lo sem perigo de estragar; para isso, acrescente 1 colher (sopa) de vinagre, coloque também em recipiente bem fechado e vedado, e guarde na geladeira. Assim, poderá durar até por 1 semana.

Mas, se tiver que preparar um molho de maionese com antecedência, quando estiver pronto junte 1 colher (sopa) de água fervente e misture muito bem. Assim, o molho se conservará perfeito.

MOSTARDA — Se a mostarda em vidrinho, guardada há muito tempo, ressecou, adicione umas gotas de azeite, um pouquinho de vinagre e 1 pitada de sal. Mas poderá conservá-la sempre fresca colocando 1 rodela de limão sobre a tampa do vidro.

Evita-se que a mostarda fique endurecida, quando se vai guardar por algum tempo, acrescentando a ela umas gotas de leite; assim ficará fresquinha.

Uma boa é você mesma preparar a mostarda em casa, gostou da idéia? Proceda, então, da seguinte maneira: num recipiente coloque o tanto de farinha de mostarda que desejar; vá misturando a ela, aos poucos, vinagre forte (de vinho), até obter uma boa liga. Junte então um pouco de azeite, sal e um pouquinho de açúcar (este opcional). Coloque em pote ou vidro bem fechado, e guarde na geladeira.

SUFLÊ — Se quiser receber elogios pelo suflê que vai servir no jantar, atente para o seguinte: ao assar um suflê, seja ele doce ou salgado, faça-o com o forno ligeiramente entreaberto (serve usar um palito). Essa pequena entrada de ar no forno impedirá que o suflê murche depois de pronto.

Mas, ao retirar o suflê do forno, evite que haja corrente de ar ou vento na cozinha, o que prejudicará o seu assado. E nunca é demais lembrar que este prato deve ser servido imediatamente após ser retirado do forno.

Mas existe uma boa maneira para o suflê crescer muito melhor: depois de colocado no pirex (para ir ao forno), passe o dedo à volta dele, em cima, pelo lado de dentro; em seguida passe a lâmina de uma faca por toda a volta do suflê, até o fundo (como se faz para soltar um bolo da fôrma). Coloque então no forno para assar. Verá como ele vai crescer!

E veja: se seu suflê não crescer, não será por falta de sugestões. Aqui vai mais uma: seu suflê também vai ficar bem "puff" e crescerá muito se antes de colocar a massa dentro do pirex você polvilhar seus lados com açúcar se o suflê for doce, e com farinha de trigo, se salgado.

Este prato tanto pode servir de "entrada" (que deve ser apresentado em pequenos pirex individuais) ou como acompanhamento de carnes. Evidentemente, falamos de suflê salgado, porque o doce é uma ótima, delicada e sofisticada sobremesa.

~Enlatados

Muito cuidado se deve tomar em relação aos alimentos enlatados ou melhor dizendo, à lata em que estão acondicionados.

Na compra de uma conserva, rejeite sempre as latas que estiverem muito defeituosas.

Se as latas ficarem guardadas por muito tempo em seu armário ou despensa, verifique, no momento de usá-las, se as tampas não estão estufadas ou muito enferrujadas.

Se isso acontecer, não relute em jogá-las fora: porque o destino delas será a lata de lixo, e o seu será o hospital.

Não aqueça o alimento em conserva na própria lata, principalmente estando ela fechada. Retire primeiro o alimento e esquente-o em uma vasilha ou panela.

Depois de uma lata aberta, o conteúdo que nela sobrou deverá ser guardado em recipientes de louça, vidro ou plástico, na geladeira.

Ver ENLATADOS em "Aditivos em alimentos industrializados".

~ Farinhas

A farinha, que as nossas glamourosas antepassadas usavam nas faces, quando ainda não existia o pó-de-arroz, era então um elemento que saía do toucador feminino para se exibir nos salões, ao mesmo tempo em que tortas, bolos e outros quitutes representavam-na numa requintada mesa.

Se antes as mulheres abusavam da farinha para ganhar charme, hoje esta é por elas consumida em doses homeopáticas, evitando assim que algumas polegadas a mais lhes roubem esse charme.

FARINHA DE FUBÁ — Quando acontecer de o angu ou a polenta queimarem, retire um pouquinho desse angu, coloque em cima de uma mesa ou tampa de pia, e ponha imediatamente a panela sobre ele. Continue a mexer o angu, até que a fumaça pare de sair. Retire então da panela, e... bom apetite.

FARINHA DE ROSCA — Deve ser guardada em recipiente de louça, vidro ou lata bem fechados. Coloque dentro deles uma folha de louro, para absorver a umidade, evitando que mofe. Troca-se a folha, à medida que for secando.

FARINHA DE TRIGO — Para evitar que essa farinha encaroce quando guardada, basta misturar a ela um pouquinho de sal. Isso é importante nos lugares onde o clima é úmido.

Mas a farinha de trigo ficará perfeita e não estragará (dura meses) se for guardada na geladeira, dentro do seu próprio invólucro e dentro de um saco plástico bem fechado, resguardado da umidade.

Se a quantidade de farinha é muito grande, e vai levar muito tempo para consumi-la, o melhor será deixá-la guardada no congelador, também bem protegida com plástico ou papel alumínio.

FERMENTO

EM TABLETE (BIOLÓGICO) — Saiba que cada tablete deste fermento equivale a 15 gramas.

Conservação: Seu tempo de duração é variável, pois depende de sua procedência. Se for realmente fresco, ele durará de 3 a 4 dias fora da geladeira; dentro da geladeira, cuja temperatura deve ser de 4 graus, o fermento poderá durar, aproximadamente, 1 1/2 mês. Se for necessário guardar por mais tempo (como é o caso de quem mora distante das cidades), coloque o fermento dentro de um saquinho plástico bem fechado (para não entrar umidade) e guarde no congelador; porém, quando for usar, deixe-o primeiro voltar à temperatura normal para então dissolvê-lo em água ou leite morno (conforme o caso), mas nunca quente ou fervendo.

Uma observação: quando o tablete se apresentar com uma cor escura, não o despreze, porque não está estragado; é apenas uma oxidação superficial, que em nada altera o produto; basta tirar essa casquinha escura e usá-lo tranqüilamente.

GRANULADO (SECO) — O fermento biológico se apresenta em latas com pequenas bolinhas. É usado (e é substituto) como o em tablete. Como o granulado é mais concentrado, deve-se atentar para o seguinte: 10 gramas desse fermento equivale a 30 gramas do em tablete, ou 1 tablete equivale a 1 colher (sobremesa) ou 5 gramas do seco.

Conservação: Esse fermento dura muito tempo; estando a lata bem fechada, ele se conservará fresco por, no mínimo, 6 meses.

EM PÓ (QUÍMICO) — Quem usa pouco desse fermento, deve sempre adquiri-lo em latas pequenas, principalmente se não tiver geladeira, porque depois de aberta, seu tempo de duração não é longo.

Mas esse fermento vai durar até o fim, mesmo que leve meses para ser consumido, se sua latinha for guardada sempre na geladeira; porém, com sua tampinha bem fechada.

Quem mora em lugares afastados, ou mesmo longe de comércio, de armazéns ou supermercados, deve ter em seu armário de cozinha (ou na geladeira) este preparado — que numa emergência poderá "quebrar o seu galho", substituindo o fermento em pó —, que, além de ser econômico, é idêntico ao comprado pronto:

- 100 gramas de bicarbonato de sódio
- 120 gramas de cremor de tártaro
- 200 gramas de maisena

Misturar bem todos os ingredientes, peneirá-los 4 vezes em peneira fina e depois usar.

Esta receita dá para 4 latinhas pequenas.

O fermento em pó, em tabletes ou em bolinhas só entra em função em temperatura ambiente ou ligeiramente amornado; nunca em leite ou água gelada, nem tampouco fervendo, o que eliminaria a ação do fermento, principalmente se for em tablete.

E é bom saber que o fermento (qualquer deles) é um alimento rico e fortíssimo; 50% de sua composição é de proteínas, além de inúmeras vitaminas e sais minerais.

∾Feijão

Comida nacional por excelência, o feijão é encontrado entre nós principalmente em 3 tipos: branco, mulato e preto. Ao contrário dos seres humanos, para os quais a integração das raças é muito benéfica, os feijões não devem ser misturados. Cada macaco em seu galho, cada feijão em sua panela. Da simples e saborosa salada de feijão à mais requintada feijoada; das mesas mais simples aos mais fartos almoços nas mansões milionárias, este pretinho nacional está sempre "por cima da carne-seca".

AMACIAR e COZINHAR FEIJÃO — O feijão deve ficar de molho de véspera ou durante algumas horas; deverá estar lavado, para que possa ir ao fogo na mesma água em que repousou.

Uma colher de gordura ou um pouco de óleo, acrescentados na hora do cozimento, evitarão a formação de espumas e deixarão o feijão macio.

Muito bom para o feijão cozinhar mais depressa é colocar dentro dele 3 grãos de milho; ele fica macio e vermelhinho. Um pouco de bicarbonato também serve para amaciar o feijão.

Mas, na falta do milho ou do bicarbonato, quando o feijão estiver demorando muito para cozinhar, coloque dentro da panela água fria em vez de água fervendo.

AZEDO — Ao levar ao fogo um feijão cozido que esteve guardado e sentir um leve cheirinho de azedo quando ele começar a ferver, não precisa jogar fora. Poderá recuperá-lo usando um dos seguintes processos — quando o feijão começar a ferver e formar espuma:

1) Coloque dentro da panela 1 galho de salsa e deixe continuar fervendo. Logo terá desaparecido o cheiro e o gostinho de azedo.
2) Substitua a salsa por um objeto de metal dourado.
3) Muito simples também é colocar dentro da panela uma colher comum (de sopa).
4) Se achar mais fácil, poderá colocar dentro da panela 1 rolha de cortiça.

5) O azedinho também vai desaparecer ao colocar água na sua panela, levar ao fogo e, quando estiver fervendo, jogar dentro dela 3 pedacinhos de carvão.
6) Depois de ter colocado água, misture a ela um pouquinho de bicarbonato, deixando ferver por alguns minutos.
7) Vamos recuperar esse feijão, colocando mais água na sua panela, deixando-o ferver e tampando-o. Porém, essa tampa deverá ser colocada ao contrário, e por cima dela derrame um pouco de vinagre. Deixe o feijão ficar fervendo até que esse vinagre seque, então... está na hora de levar o feijão à mesa.
8) Primeiro refogue esse feijão; coloque água, deixe ferver, e, então, coloque um garfo dentro dele. Quando o feijão estiver grossinho e no ponto, é só retirar o garfo, que o azedinho... sumiu...
9) Na falta desses objetos, faça o seguinte: quando começar a ferver, retire toda a espuma e deixe continuar fervendo até que seque toda a água. Coloque então outra água, deixe ferver novamente, e verá que o cheirinho terá desaparecido.

Nota: Em qualquer dos casos citados, depois de ter colocado o objeto dentro da panela, deixe continuar fervendo. Mas, veja bem: se o feijão estiver realmente azedo, o jeito é mesmo jogá-lo fora.

ENGROSSAR FEIJÃO — Se o feijão não quer engrossar, não deixe que à mesa percebam sua qualidade inferior. Misture ao seu caldo mais ou menos 1 colher (sopa) de maisena e 2 colheres (sopa) de chocolate em pó, não muito doce, dissolvidos em um pouco de água fria (a quantidade de ambos vai depender da quantidade de feijão). Ficará uma delícia! Além do caldo ficar grossinho, o chocolate dará um novo sabor ao feijão.

Se não tiver chocolate, pode usar apenas a maisena.

Conselho: Quando derramar a maisena dissolvida na água fria dentro do caldo do feijão, faça-o aos poucos e mexendo sempre, até conseguir o ponto desejado.

QUEIMADO — Não mande à mesa um feijão queimado, porque ninguém vai conseguir comer. Também não precisa jogar fora, pois ele pode ser recuperado e ficar tão gostoso que ninguém irá perceber nem notar o mais leve cheiro ou vestígio de queimado.

Pode escolher e usar qualquer um dos seguintes procedimentos:

1) Troque o feijão de panela, sem raspar o fundo; ponha água fria e 1 cebola inteira (tirando apenas a barba) e leve ao fogo para ferver até que engrosse um pouco seu caldo.
2) O mesmo procedimento, trocando a cebola por 1 batata inteira, com casca e bem lavada.
3) Mergulhar imediatamente a panela com o feijão queimado em uma vasilha maior, contendo um pouco de água fria; deixar a panela destampada. Depois de alguns minutos, terão saído o cheiro e o gosto do queimado; transfira então o feijão para outra panela, desprezando o fundo queimado. Coloque água e leve ao fogo para terminar de cozinhar, ou até que seu caldo engrosse um pouco.
4) Tire da panela um pouco do feijão que queimou, ponha sobre a mesa ou pia e coloque em cima dele a panela com o feijão queimado, deixando-a destampada. Com uma colher vá mexendo em círculo (só a parte de cima), até que tenha saído toda a fumaça. Transfira então esse feijão para outra panela, sem raspar o fundo queimado. Coloque mais água e leve ao fogo para ferver.
5) Ponha dentro da panela com o feijão queimado um pequeno chumaço de algodão; coloque mais água, e deixe ferver até engrossar um pouco. Na hora de servir o feijão, é só retirar o algodão e jogar fora.

SALGADO — Se o feijão salgou, use um dos seguintes procedimentos:
1) Coloque na panela algumas gotas de limão.
2) Adicione 2 ou 3 batatas inteiras descascadas, ou em rodelas grossas.
3) Coloque folhas de couve.

Em qualquer desses processos, deixar o feijão ferver bastante até que tenha absorvido o excesso de sal.

TUTU e VIRADO DE FEIJÃO — Estes 2 deliciosos quitutes já incorporados à cozinha folclórica brasileira, grandes e próprios acompanhamentos para uma carne de porco (costeletas, lingüiças fritas etc.), tão semelhantes são, que pouca gente sabe diferenciá-los. Mas, se você quer saber, há uma distinção: o tutu (mineiro) é feito com farinha de mandioca (farinha de mesa) e o viradinho (paulista) é preparado com farinha de milho, bem mais úmido do que o tutu, que é mais esfarinhado.

FEIJÃO CRU — *Conservação* — Evite que o feijão cru crie bicho (caruncho) colocando dentro da lata, junto com o feijão, um pedaço de pão.

Se você tiver uma grande quantidade de feijão cru, coloque-o dentro de um saco plástico bem fechado e guarde-o na gaveta de baixo da geladeira.

FEIJOADA — Se a feijoada ficou muito salgada, acrescente um pouquinho de açúcar, que ela vai melhorar muito.

Ela ficará mais leve se for acrescentado 1 copo de suco de laranja quando estiver pronta.

E, se a feijoada ficou muito gordurosa, coloque dentro dela, durante a fervura, 1 limão-galego inteiro com a casca e cortado em cruz. (Até parece "simpatia"...)

~Frutas

A natureza foi pródiga ao esculpir e colorir as frutas: tanto assim, que foi num punhado delas que alguns poetas se inspiraram para cantar e definir a beleza de suas deusas. Mas tão bem as descreveram e tão suculentas pareceram, que a cotação subiu no mercado, fazendo com que levassem suas "uvas" e os poetas acabaram perdendo suas inspiradoras.

Mas, e a maçã? Seria mesmo um fruto proibido?

Não sei. O fato é que, depois de Adão e Eva a terem comido, passou a ser a fruta mais desejada por este mundo todo...

COMO SABOREAR UMA FRUTA

Do ponto de vista nutritivo, as frutas não têm contra-indicação; todas são de fácil digestão, podendo-se unir umas às outras, bem como serem utilizadas com leite.

Mas, numa mesa requintada, onde um pequeno talher especial aparecerá à sua frente, é preciso saber como saborear uma fruta. Com a mão, pode-se comer as de pequeno porte, como jabuticabas, morangos, cerejas, uvas, ameixas, nêsperas etc.

A tangerina é descascada com a faca, ou cortada em 4, e seus gomos destacados com o talher.

Para um correto manuseio, o garfo deverá ficar na mão esquerda, com os dentes sempre voltados para baixo, para espetar a fruta e levá-la à boca; a faca na mão direita. Assim se faz para comer laranja, melancia, pêra, mamão, maçã etc. O melão, quando servido como prato de entrada, é comido com talher de sobremesa, e quando servido em bolinhas, em taças, usam-se a colher e o garfo para ajudar.

O caqui, parte-se ao meio: quando mole, isto é, bem maduro, come-se com a colher; quando bem durinho, utilizar o garfo e a faca normalmente.

A fruta-de-conde, também partida ao meio, é saboreada com ajuda da colher de sobremesa; a banana é descascada com o talher e depois cortada em pedaços, e levada à boca com o garfo.

No caso de frutas servidas em taças, usa-se o garfo na mão esquerda para auxiliar a colocar os pedaços na colher que os levará à boca. Nas compotas, o garfo poderá ser introduzido nas taças, para segurar a fruta enquanto é cortada pela colher.

A colher de chá só é permitida, em substituição à espátula, no serviço de sorvete.

FRUTAS COZIDAS — Se estas frutas tiverem perdido o sabor original, experimente molhá-las com suco de laranja ou de limão antes de servir; elas assim ganharão um sabor delicioso.

FRUTAS CRISTALIZADAS — Estas frutas, que vão ficar guardadas por algum tempo, não vão melar e colar entre si se forem guardadas dentro da lata do açúcar (o que será ótimo, pois elas vão evitar que o açúcar fique empedrado) ou em recipiente fechado e bem polvilhado com ele.

Essas frutas, depois de guardadas por muito tempo, acabam ficando duras e ressecadas. Isso não quer dizer que elas estejam estragadas, por isso nem pense em jogá-las fora. Coloque as frutas numa panela com um pouco de água e deixe ferver por algum tempo em fogo lento. Elas vão ficar macias, e poderão ser aproveitadas em bolos, tortas, pães doces, sorvetes, ou ainda serão um gostoso e sofisticado acompanhamento para carnes assadas.

FRUTAS FRESCAS — Para impedir que uma fruta perca a cor depois de descascada, borrife-a com suco de limão ou de abacaxi.

FRUTAS SECAS — Estas frutas não devem ser guardadas em geladeira. Experimente guardar algumas junto com o açúcar, num recipiente bem fechado; o açúcar não empedra, e as frutas ficarão mais gostosas.

As uvas passas, quando utilizadas em doces, ficarão mais macias e saborosas se, após lavadas, forem colocadas numa peneira ou escorredor sobre o bafo de uma panela com água fervendo. Deixe por 5 minutos, recebendo esse vapor, e depois esfrie e empregue-as. O mesmo processo é usado para retirar caroços de ameixas-pretas.

SEGREDOS DAS FRUTAS

As frutas também têm suas manhas e segredinhos, que aos poucos vamos desvendando na conservação, na melhor maneira de degustá-las, de usá-las, além de se descobrir como amadurecê-las quando ainda verdolengas. Vamos a elas?

Em primeiro lugar, evite que as frutas que ficam nas fruteiras apodreçam, colocando dentro dessa fruteira alguns dentes de alho, cortados em 2 partes.

ABACATE — *Conservação* — Sendo uma fruta muito perecível, é natural que sua polpa escureça logo depois de aberta; por isso, alguns cuidados teremos que tomar, para que isso não aconteça. Use um dos seguintes procedimentos, quando tiver que guardar uma metade de abacate cortado:

1) Passar um pouco de limão ou vinagre na sua superfície.
2) A manteiga também poderá ser usada.
3) Passar farinha de trigo ou farinha de rosca nas partes descobertas.
4) A metade do abacate cortado que sobrou ou o abacate descascado não vão escurecer se forem guardados assim: recoloque o caroço no seu lugar (no abacate), do jeito que o tirou, isto é, sem limpar nem lavar, e envolva todo o abacate em um invólucro ou plástico, ou papel alumínio, hermeticamente fechados, colocando-o na geladeira.

Sempre que preparamos o delicioso creme de abacate o fazemos em cima da hora e na quantidade exata porque, mesmo guardado na geladeira, ficaria logo com a parte de cima escurecida, o que deixaria um desagradável gostinho amargo.

Mas pode-se preparar tranqüilamente esse creme até com algumas horas de antecedência, sem alterar a cor ou o paladar. Para isso, basta enfiar no centro do prato o caroço inteiro do próprio abacate, como ele foi retirado da fruta, isto é, sem limpar nem lavar; guarde o creme na geladeira até a hora de servir, quando então se retira o caroço.

Mas se você se distraiu e jogou fora o caroço, pode guardar esse creme em vasilha plástica com tampa bem fechada, tirando bem o seu ar.

O creme de abacate também não vai escurecer nem amargar, colocando dentro dele uma colher (dessas de sopa) de aço inoxidável, que só deve ser retirada na hora de servir.

Em todas essas sugestões, sejam as do abacate cortado ou do creme, eles devem ser guardados na geladeira.

Amadurecer — Se o abacate que tem em casa ainda está meio verde, e você está louca para comê-lo, faça-o amadurecer mais rapidamente, guardando-o mergulhado dentro da farinha de trigo. Ou, então, coloque-o dentro de um saco de papel bem fechado (não na geladeira), onde se colocou também 1 maçã madura.

Abacateiro — Se quiser que o abacateiro que tem no quintal dê bastante abacate no próximo ano, pegue um facão ou uma machadinha e dê várias lanhadas ao redor do seu tronco. O pé vai ficar tão carregado que você poderá até presentear os amigos com os abacates do seu quintal. Ele também vai ficar carregadinho de frutos se tiver outro abacateiro plantado por perto.

ABACAXI — Quando preparar sorvete ou gelatina com esta fruta ao natural, é necessário fervê-la previamente ou cozinhar seu suco ou polpa; caso contrário, ela não se solidificará. E aproveite a casca deixando-a ferver bastante tempo com pouca água e açúcar, até obter um xarope. Coe e guarde na geladeira, misturando com água na hora de servir. É um ótimo refresco.

AMÊNDOA — Retira-se facilmente suas peles mergulhando as amêndoas por 3 minutos em água fervente. Escorrer e pôr água fria, porque assim também ficarão branquinhas.

BANANA — É a mais completa das frutas; é a que contém maior quantidade de vitaminas e sais minerais.

Todos apreciam uma banana cozida com açúcar e canela; mas, ao cozinhá-la, não deixe de colocar na panela um pedaço de limão, a fim de que a nódoa não grude na panela, facilitando assim sua limpeza.

Se a bananeira do seu quintal deu cachos pequenos ou bananas miúdas, depois de cortado o cacho de banana corte a bananeira bem rente ao chão (ao rés do chão). Verá, então, que da próxima vez as bananas virão bem maiores e mais bonitas.

Amadurecer — As bananas verdolengas vão amadurecer bem mais depressa se forem deixadas junto delas 1 ou mais bananas maduras.

CAQUI — Para que você não espere muito tempo para comer um caqui que ainda está meio verde, basta fazer um furinho junto ao seu cabinho e colocar aí 1 gota de vinagre ou de álcool. Ele vai amadurecer logo, logo.

CASTANHA (DE NATAL) — Ao cozinhar castanhas, acrescente à água 1 colher (sopa) de banha ou de óleo; assim, depois de cozidas as peles se soltarão mais facilmente.

Antes de levar as castanhas para cozinhar, faça primeiro, em cada uma, um pequeno corte na parte chata; além de também facilitar a retirada das cascas, as castanhas vão cozinhar mais rápido e por igual.

Mas, para que elas não se quebrem, coloque-as na água da panela somente quando a água estiver fervendo.

E não deixe de colocar 1 punhadinho de erva-doce na água do seu cozimento, porque assim elas ficarão com o "doce" bem mais acentuado, e, por isso, mais saborosas.

CASTANHA-DO-PARÁ — Deixando as castanhas por alguns minutos no forno e em seguida esfregando-as com um pano, as peles sairão todinhas. Se elas forem cozidas em panela de pressão, escorra sua água quente, e logo em seguida mergulhe-as em água gelada, deixando por algum tempo. Verá como suas cascas sairão facilmente.

COCO — Para saber se um coco está bom, sacuda-o perto do ouvido, para escutar o barulho de sua água; ao comprar, escolha o que tem mais líquido; os secos já não servem mais. Também se conhece o coco bom, batendo na casca com um objeto duro; se o som for oco, não servirá para consumo.

O coco fresco fechado conserva-se por 2 meses; mas quando aberto, deverá ser consumido logo. Quando utilizar apenas uma parte do coco descascado, guarde o que sobrou dentro de uma vasilha tampada, com água bastante para cobrir. Desta maneira os pedaços se conservarão frescos por 2 a 3 dias, tendo somente o cuidado de trocar a água a cada dia. Guardar de preferência na geladeira.

O coco solta mais facilmente da casca quando bem aquecido sobre a chama do fogo antes de ser quebrado.

Quando desejar uma massa mais fina de coco, deve-se ralar pela parte côncava, ou seja, a parte arredondada que fica grudada na casca.

Se um coco for comprado já ralado (fresco) deverá ficar guardado dentro de saco plástico na geladeira; poderá durar de 3 a 4 dias. Se for comprado seco, durará mais tempo.

Não rale seus dedos junto com o coco (ou cenoura, parmesão etc.); use para isso um dedal de metal.

Para se tirar mais facilmente o leite de coco da garrafinha, é só enfiar um canudinho (de refresco) até o fundo da garrafa para entrar ar.

FIGO — Este fruto é vendido coberto por um pozinho branco (sulfato de cobre, e que é venenoso) para protegê-lo das pragas. Ao comê-los não os lave, pois o pó, se dissolvendo com a água, poderá penetrar facilmente dentro do figo; apenas descascar (nunca comer a casca) e retirar um pedaço de cima, onde o figo está exposto ao ar. Poderá comê-lo, também, cortando-o pela metade, e com auxílio de uma colher.

Figo verde — Se você ainda tem o antigo hábito de descascar figos verdes (com faquinha ou gilete) para fazer seu delicioso doce (em calda ou cristalizado), evite, então, que o leite dos figos queime seus dedos ou toda a sua mão, passando neles, antes de começar a descascar, um pouco de óleo ou de manteiga.

LARANJA — Se vai mandar à mesa laranjas descascadas inteiras, não deixe que elas estraguem ao retirar suas membranas brancas. Esse trabalho ficará mais fácil e perfeito se, antes de descascar as laranjas, as deixar de molho por 5 minutos em água fervente, ou, se preferir, 5 minutos no forno quente. Depois de descascadas, deixe-as na geladeira até a hora de servir.

Quando a laranja que vai chupar estiver muito azeda, corte-a ao meio (no sentido do comprimento, dos gomos) e esfregue um pouquinho de sal, em ambas as partes, que ela vai ficar docinha.

LIMÃO — Use e abuse do limão. Sendo esta fruta uma das que maior teor de vitamina C contêm, são dela extraídas a pectina e a pectona, extratos esses que, embora um diferente do outro, são usados em laboratórios e indústrias; é grande auxiliar das donas de casa e da medicina.

Comece o dia tomando em jejum 1 copo de água morna com gotas de limão.

Para quem, de manhã, qualquer bebida é motivo de repugnância, uma rodela de limão em bebidas normais facilitará sua ingestão.

Um limão não serve apenas para se fazer uma gostosa limonada. O seu bagaço terá grande utilidade.

Coloque os bagaços na água de enxaguar pratos; também é ótimo para tirar cheiro da panela ou do recipiente onde se cozinhou peixe.

Sempre que usar banho-maria, ou precisar cozinhar ovos, um pedaço de limão ou o bagaço colocado dentro da água evitará que a panela escureça por dentro.

Ao terminar o serviço na cozinha esfregue o bagaço do limão nas mãos, para que fiquem claras e macias.

Se as mãos ficarem com manchas de frutas, uma mistura de limão e vinagre bem esfregada as eliminará.

Limões inteiros — Para se conservar limões frescos inteiros por algum tempo, mesmo por semanas, guarde-os numa vasilha contendo sal.

Eles também podem se conservar perfeitos, até por 2 meses, se forem guardados dentro de um vidro, com tampa de rosca, hermeticamente fechado.

Esses limões verdes também se conservam por muito tempo se forem colocados em vasilhas e cobertos com água, a qual deverá ser mudada diariamente. Eles vão amadurecendo e criando mais sumo.

Mas, se quiser conservar os limões verdes por alguns meses, guarde-os em caixotes entre camadas de areia de rio bem seca, de maneira que fiquem isolados uns dos outros, mas que estejam completamente cobertos.

Limões cortados — O limão cortado se conservará com o mesmo paladar se usarmos os seguintes truques:

1) Coloque a parte cortada do limão num pratinho e cubra-a com uma xícara. Guarde na geladeira.
2) Coloque em um pirex contendo um pouco de água o pedaço de limão, com a parte cortada junto à água. Guarde na geladeira.
3) O limão partido também se conservará fresquinho colocando a parte cortada num pires contendo vinagre.

Para se obter mais caldo de um limão, principalmente quando estiver meio seco, coloque-o, antes de cortar, dentro de uma panela onde tiver acabado de ferver água, mas já com o fogo apagado, deixando-o assim por 4 a 5 minutos. Depois, é só cortar e espremer.

Se for usar apenas algumas gotas do limão, não há necessidade de cortá-lo; basta fazer um furo com um palito e espremer. Depois, é só "obturar" com um pedaço do próprio palito.

Se o pé de limão carregou muito este ano e não tem como aproveitar tanto suco, faça o seguinte: esprema os limões e guarde todo o suco em garrafas bem fechadas, no congelador.

Verá que, decorridos 6 meses (quando já não é mais tempo de limão), poderão tomar muita limonada com o suco fresco que esteve guardado.

O sumo de limão tira odores, podendo também ser usado para desinfetar feridas, favorecendo sua rápida cicatrização.

E saiba que o limão é uma tinta poderosa para documentos secretos. Escrevendo-se com suco de limão e uma pena nova as letras somente aparecerão quando a folha de papel for exposta ao sol.

MAÇÃ — PÊRA — Essas frutas não ficam escuras, quando descascadas para salada de frutas, se forem mergulhadas em vasilhas contendo água fria e suco de limão.

As maçãs não escurecem quando cortadas se, antes de usá-las, forem colocadas por 10 minutos dentro de água ligeiramente salgada.

Para que as maçãs não se desmanchem ao serem assadas no forno, fure-as antes com um garfo em toda a sua volta; evitará que elas percam a forma natural.

MANGA — MANGUEIRA — Se sua linda mangueira quase não deu frutos, faça com que no próximo ano ela fique carregada de mangas. Para que isso aconteça, junte sob ela toda a varredura (lixo) do quintal, e ali mesmo queime todo esse lixo acumulado, sem deixar fazer labaredas. Deverá ir queimando lentamente, para que a fumaça desprendida suba por entre as folhas e galhos. Fazer isso o ano inteiro.

MELANCIA — Muita gente adora melancia, mas não come, porque acha pesada, de difícil digestão. Colocando-se um pouco de açúcar na fatia que se vai saborear ela se tornará bem mais digestiva.

MELÃO — Quando o melão não for doce, e estiver aguado, não use açúcar, e sim pulverize a fatia cortada com 1 pitadinha de sal.

MORANGO — Conservam-se os morangos frescos por alguns dias colocando-os na geladeira, na própria caixa da embalagem, cobertos com papel impermeável ou papel pardo (de pão).

Eles também poderão ser retirados cuidadosamente, separando os que estiverem estragados; os bons e perfeitos colocam-se sem lavar num pirex bem fechado. Duram pelo menos quatro a cinco dias.

NOZ — Quando houver necessidade de usar nozes inteiras deixe-as antes, por bastante tempo, de molho em água fria. Assim, as cascas não se quebrarão muito, e as nozes serão perfeitas. Ou então deixe-as no congelador por uma noite, e quebre-as ainda congeladas.

Quando uma receita de doce pedir nozes (moídas ou picadas) para juntar a um suspiro batido, é muito importante que essas nozes sejam apenas misturadas, isto é, o suspiro não mais deverá ser batido porque as nozes soltam óleo e o suspiro iria desandar (voltar).

A mesma coisa ocorrerá quando forem misturados amêndoas, amendoins, castanhas de caju ou avelãs.

PÊRA — Quando for descascar grande quantidade de peras, proceda como em MAÇÃ, para que elas não escureçam.

Uma pêra que esteja ainda meio verdinha vai ficar logo no ponto, colocando-a dentro de um saco pardo, juntamente com uma maçã madura. Porém, fazer uns furinhos no papel, e deixar em lugar fresco.

PÊSSEGO — Para amadurecerem mais depressa, usar o mesmo procedimento de PÊRA.

PINHÃO — Dê primeiro uma fervura, escorra essa água, coloque nova água fria e leve-o a cozinhar. Sem sal, para que não endureça. Em mais ou menos 40 minutos ele estará pronto e aberto.

SAPOTI — Esta fruta tão gostosa não deve ser plantada perto de casa, porque os morcegos a apreciam muito mais do que nós; é sua fruta preferida.

UVA — Para eliminar aquele pozinho branco que envolve as uvas e as protege (potassa), que, todos nós sabemos, é venenoso, não basta apenas lavá-las; é necessário deixá-las mergulhadas em água açucarada por alguns minutos, para que possamos chupá-las e nos deliciarmos à vontade, sem correr o risco de uma intoxicação.

CONSERVAÇÃO DAS FRUTAS

Se gostou muito das frutas deste ano, escolha algumas e guarde-as até o ano seguinte. Para isso, proceda da seguinte maneira: pegue uma caixa (o tamanho é de acordo com a quantidade de frutas a serem conservadas), e coloque no fundo uma camada de cortiça em pó. Sobre esta vá colocando as frutas (não juntá-las), depois outra camada de pó de cortiça, e assim sucessivamente, sendo que a última camada deverá ser de cortiça e bem espessa, para que cubra tudo muito bem. Guarde em lugar fresco.

Após alguns meses, quando for retirar as frutas da caixa, elas devem ser lavadas. Veja como continuam saborosas e frescas.

ÁRVORES FRUTÍFERAS

Para impedir a infestação de formigas nessas árvores, circunde o tronco, a 10 centímetros do solo, com um cordão formado por fios de lã de várias espessuras, previamente embebidos em solução de nicotina.

~Gorduras — Óleos — Frituras

Sempre lembramos com saudades dos pratos que vovó preparava.

Sua comida era bem mais apetitosa, pois tinha aliados no seu preparo: o fogão a lenha e a banha de porco.

O toucinho, derretido em casa, resultava no torresmo, que chegava à mesa espalhado numa grande travessa, abraçando o "tutu de feijão". Era uma delícia!

Mas as vovós se foram, e o tempo ficou para trás, deixando na lembrança o típico paladar de suas comidas.

Hoje, com a restrição quase obrigatória da gordura ou da banha de porco, foram estas substituídas pelos óleos vegetais. São poucas as pessoas que ainda conservam seu uso. Ignorando o colesterol, não dando bola às calorias, dão margem para as surpresas que a realidade da balança acusará, subtraindo, dessa forma, todo seu prazer gastronômico.

AZEITE E ÓLEO

Para quem gosta de azeite mas não pode quase usá-lo por motivo de saúde (ou de economia), veja só o que você pode fazer para comer uma salada saborosa e... com gosto de azeite! Coloque algumas azeitonas (de preferência pretas) num vidro, cubra-as com óleo, feche bem, deixando assim guardado por alguns dias. Além de o óleo ficar com gostinho de azeite, as azeitonas também estarão se conservando.

ACIDEZ — Não se desfaça do seu óleo de oliva, só porque você não suporta sua excessiva acidez; é só você pô-lo para ferver rapidamente junto com a casca de 1 limão pequeno, que essa acidez desaparecerá.

RANÇO — Quando se gasta pouco óleo, é comum o que restou na lata ficar rançoso. Evite isso, misturando a ele 1 colher de aguardente de vinho.

Mas é claro que ninguém consegue usar um óleo de oliva que ficou rançoso; e, como ele está muito caro, vamos aproveitá-lo até sua última gota, fervendo-o um pouco, com um bom pedaço de miolo de pão.

Sempre é melhor ser previdente; por isso, se você colocar 1 pitada de sal dentro do azeite que é novo, o que vai acontecer é que ele não ficará rançoso por muito tempo.

CALDOS GORDUROSOS — Toda a gordura que sobrar de uma fritura pode ser reaproveitada (desde que não esteja queimada); basta coá-la ainda quente num pano fino e guardar numa latinha.

Para retirar o excesso de gordura que ficou no molho ou na sopa, deixe-os esfriar destampados e, em seguida, leve-os ao refrigerador. Toda a gordura virá à tona, facilitando sua retirada com a escumadeira.

O mesmo processo se aplica para tirar nata do leite.

Mas, se não houver tempo para o caldo gorduroso ir à geladeira, passe por toda sua superfície algumas folhas de alface ou miolo de pão, o que atrairá grande parte da gordura.

Outro processo é o de coar o caldo através de um guardanapo molhado e bem torcido. A gordura ficará retida no pano. Ou, antes de tirar o caldo ou molho do fogo, acrescente uma pitada de bicarbonato.

Muito mais simples ainda para se retirar o excesso de gordura de um caldo ou de uma sopa que está no fogo fervendo, e que deverá ir logo à mesa, é puxar a panela do fogo de maneira que fique a metade da panela sobre o fogo e a outra metade fora dele. Mantenha-a assim por alguns segundos. Logo a gordura se acumulará toda em um só lado. Assim, com o auxílio de uma colher, poderá facilmente recolher todo o excesso.

FRITURAS

Sempre que fizer frituras use bastante óleo ou gordura; só assim elas ficarão sequinhas.

Mas para que não salpique tanto quando está no fogo, coloque dentro da frigideira um pedaço de pão, que ficará fritando junto.

A gordura também não vai respingar se, antes de colocá-la na frigideira, você salpicar esta com um pouco de sal.

Antes de fazer uma fritura ou *sauté*, seja com manteiga ou óleo, aqueça muito bem a panela ou frigideira (vazia) para só então colocar as gorduras. Isso é para que os alimentos não grudem no fundo; assim, nem mesmo os ovos fritos ficarão agarrados nelas.

Para ajudar as frituras a ficarem sequinhas, acrescente também 1 colherzinha de álcool à gordura, quando ainda fria e fora do fogo.

As massas fritas feitas em casa não ficam gordurosas se for acrescentada a elas (durante o preparo) 1 colher (sopa) de vinagre.

Quando fizer qualquer fritura com manteiga, não deixe de juntar a esta um pouquinho de óleo, porque a manteiga sozinha queima rapidamente com a temperatura elevada, e o óleo, além de evitar que a manteiga se queime, em nada altera o seu sabor.

Não estrague suas frituras amontoando na peneira os pastéis, bolinhos, peixes, milanesas etc. Coloque-os de pé na peneira, um ao lado do outro, e nunca um sobre o outro, porque o que estiver por baixo irá receber toda a gordura do que está em cima e, conseqüentemente, ficará gorduroso em excesso. Deixe o escorredor ou peneira sobre um recipiente fundo e alto, para que a gordura ultrapasse a peneira.

Ao preparar bifes à milanesa deixe-os repousar depois de encapados pelo menos por 15 a 20 minutos; assim, eles não soltarão a capa no momento em que estiverem sendo fritos.

Quando não tiver mais ovos, e ainda restarem alguns bifes ou croquetes para serem encapados, poderá substituir o ovo por leite.

Para fritar bacon, deve-se colocar a parte gordurosa sobre a magra, para que ele não enrugue.

PASTÉIS — BOLINHOS — BATATAS — Ao fritar bolinhos, pastéis, batatas etc., coloque dentro da gordura 1 rolha, 1 pedaço de pão, ou ainda 1 dente de alho inteiro e com a casca. Isso evitará que a gordura escureça ou queime, conservando as frituras coradas, porém claras. Poderá também usar dentro da gordura 1 cenoura pequena; ela vai tirar qualquer cheiro de queimado.

Seus pastéis ficarão ainda mais bonitos, coradinhos e não se queimarão se colocar dentro da gordura 1 batatinha crua.

Não deixe que mandem à mesa bolinhos de batata estourados e arrebentados; além da horrível aparência, vai tirar todo o prazer de comê-los. Por isso, antes de serem fritos no óleo quente (e abundante) passe-os primeiro por clara de ovo batida. Eles ficarão perfeitos, não se desmancham e todos ficarão loucos para saborear seus bolinhos.

Quando for fritar os bolinhos, croquetes ou pastéis, coloque na gordura quente apenas 3, 4, ou no máximo 5 deles, para evitar que se abram ou fiquem encharcados. Quando terminar de fritar vá colocando no escorredor e nunca diretamente nas travessas.

Tire o cheiro de fritura da frigideira adicionando vinagre na hora de enxaguar.

É muito fácil e divertido saber a temperatura exata do óleo para se colocar as batatas que irão ser fritas. Faça o seguinte: coloque dentro da frigideira — no óleo ainda frio — um palito de fósforo novo (sem uso) que ficará boiando. Aqueça o óleo. Quando estiver suficientemente quente — isto é, no ponto — o palito, como um foguetinho, se acende, e zás... poderá até saltar da frigideira! É a hora de colocar as batatas para fritar.

REAPROVEITAMENTO DE UMA GORDURA USADA — Toda gordura que sobrar de uma fritura pode ser reaproveitada (desde que não esteja queimada). Basta coá-la ainda quente num pano fino (ou um chumaço de algodão) e guardar numa latinha ou vidro tampados.

Sobre gordura de peixe, ver em seguida, em PEIXES.

PEIXES — O óleo em que se fritou peixe poderá ser novamente aproveitado se for colocado para ferver durante 15 minutos com pedaços de maçã e cebola. Espere esfriar e, em seguida, passe pelo coador. Você também poderá proceder da seguinte maneira, para não ter que jogar fora o óleo que fritou o peixe: pegue pedacinhos de limão, coloque-os dentro do recipiente onde foi feita a fritura e deixe o óleo aquecer novamente. O cheiro desaparecerá completamente e o óleo poderá ser usado novamente.

Antes de fritar as postas de peixe, esfregue primeiro um pouco de sal na frigideira seca e fria. Tire o excesso e poderá colocar a gordura para fritar. Isso é para que o peixe não grude na frigideira, a qual deverá ser de ferro.

SUBSTITUIÇÃO DE GORDURAS

Quantas vezes nos atrapalhamos com uma receita que pede um certo tipo de óleo ou gordura que não temos no momento em casa; então, arriscamos a substituir por outro que temos no armário da cozinha. Às vezes dá certo, outras, nos estrepamos.

Veja como e quando uma gordura pode substituir outra:

1) O óleo substitui o azeite e vice-versa em: temperos, saladas ou em massas.
2) A banha de porco substitui o óleo e o azeite e vice-versa em: frituras, refogados e assados.
3) A banha de coco pode substituir todos os do nº 2; porém, a banha de coco jamais poderá substituir qualquer das gorduras (todas elas) quando se tratar de massas, a não ser que a receita indique.

TIPO E QUALIDADE DE UM ÓLEO OU DE AZEITE — Se você não sabe o tipo ou a qualidade do óleo ou azeite que já está aberto na lata, num instante irá saber: coloque um pouco dele dentro de um copo e pingue nele algumas gotas de água oxigenada; agite bem e verifique: se o azeite (ou óleo) ficar com a cor verde, esse óleo é puro de oliva; se ele apresentar uma cor cinza-amarelada, certamente esse óleo é de amendoim, porém, se a cor ficar vermelho-vivo, esse óleo é de gergelim.

Legumes e Verduras

Ao nos depararmos com uma horta, onde cada legume tem seu lugar certo e cada verdura seu canteiro próprio, temos a impressão de estar diante de um jardim.

A simetria das linhas, contrastando com o matizado dos verdes, por vezes quebrado pelo vermelho de um tomate ou pelo branco da couve-flor, forma em seu conjunto um quadro que nos deslumbra, embora estejamos acostumados a vê-lo por esses caminhos afora.

No caso de uma verdura como o espinafre, celebrizado nas deliciosas histórias do marinheiro Popeye, esta ganhou tanta popularidade que passou a ter sua quota diária incluída nas papinhas dos nenéns, pois as mamães passaram a ver no espinafre o "Tarzan" das verduras.

Aos legumes e verduras creditamos um pouco da energia de nossas vidas, obtida nas vitaminas que o alfabeto classificou; e a indústria, inspirando-se na beleza de sua policromia, acrescentou alguns de seus nomes às cores do arco-íris, para com elas tingir, colorir e dar nova vida às nossas roupagens.

Quando for usar legumes que estiveram guardados na geladeira, deixe-os voltar à temperatura normal antes de serem levados ao fogo; cozinham mais depressa e não perdem nada do seu sabor. Devem ser cozidos até ficarem macios, porém com os pedaços inteiros e perfeitos, principalmente se forem destinados à salada. Neste caso, habitue-se a escaldá-los em água fria assim que forem escorridos; isto ajudará a deixá-los mais soltinhos e coloridos.

Legumes que já não estão muito frescos melhorarão se forem colocados em água fria antes de serem lavados e cortados, repousando assim pelo menos por 1/2 hora.

Habitue-se a acrescentar 1 colherzinha de açúcar ao cozimento dos legumes, para que não percam seu colorido.

ABÓBORA — A abóbora só não dá bicho quando plantada nos meses que não têm R no nome (maio, junho, julho e agosto).

Ao comprar uma abóbora, rejeite as que tiverem manchas marrons; estas já não são novas e podem estar estragadas.

AGRIÃO — Não deve ser consumido o agrião que cresce junto a águas paradas ou de pouco movimento, pois a eles podem prender-se insetos aquáticos, portadores do tifo.

O uso prolongado do agrião tem efeito depurador do sangue, é antiescorbútico.

AIPIM ou MANDIOCA — Quando não for muito novo e estiver demorando para amolecer no fogo, adicione ao seu cozimento 1 xícara de água fria. O aipim deve ser plantado na Lua minguante; e os melhores são os colhidos nos meses que não têm a letra R no nome.

Depois de colhida (ou comprada) a mandioca, se quiser guardá-la por uns 8 dias (ou mais), faça com que elas se conservem fresquinhas enterrando-as em algum canteiro do quintal. Quando desenterrá-las, verá que estarão como se tivessem sido colhidas na hora.

AIPO ou SALSÃO — Para conservá-lo sempre fresco, assim como suas folhas, depois de lavado, coloque-o de pé numa jarra contendo água e 1 pitada de sal, e guarde na geladeira.

Ao prepará-lo no fogo, não deixe de colocar na sua água um pouquinho de açúcar, pois ficará lindo e não alterará seu paladar.

ALCACHOFRA — Na hora de comprar uma alcachofra, verifique se ela está boa para o consumo; a alcachofra está ainda verde quando seu talo está muito duro; passada, isto é, já meio velha, quando o talo estiver mole e quebradiço; porém se o talo da alcachofra estiver levemente flexível, ela está no ponto, prontinha para ir para a panela.

Mas deixe que a alcachofra conserve sua bonita cor depois de cozida, fazendo assim: antes de levá-la ao fogo, deixe-a ficar de pé, de molho, por 1 hora, em água fria contendo 1 colher (sopa) de vinagre.

Ou, então, deixe sua ponta cortada submersa em suco de limão.

E, para evitar que o fundo da alcachofra escureça durante o cozimento, adicione à água um pouco de suco de limão e 1 colherzinha de manteiga.

Conservação: Ao guardar uma alcachofra crua, evite que ela murche, e conserve-a fresca, enrolando-a em um pano bem úmido e colocando-o dentro de um saco plástico fechado, guardado na geladeira. Assim, ela poderá durar até 5 dias.

ALCAPARRA — Para o sabor das alcaparras ficar bem mais suave, escorra-as logo que forem retiradas do vidro e deixe-as de molho em vinho branco por 1/2 hora; isso vai tirar todo o acre do vinagre.

ALFACE — Ao desfolhar um pé de alface para usar, não jogue fora suas primeiras folhas, só porque estão verde-escuras. Elas são até mais fortes do que as bonitinhas que estão por dentro. Quanto mais verdes, mais vitamina C contêm.

Mas, se você vai querer tirar o meio inteiro do pé de alface (o "coração"), bata o fundo da alface, com força, sobre a pia; em seguida, é só torcê-lo que ele sairá facilmente.

Sempre que for usar uma alface (principalmente se ela estiver murchinha, mas não ainda velha), habitue-se primeiro a lavar suas folhas e a deixá-las mergulhadas em água fria, por mais ou menos 1/2 hora. Então, escorra toda a água e sacuda bem as folhas, uma a uma, para ficarem sequinhas. Coloque então na geladeira, até a hora de servir. Verá como ficarão fresquinhas, estalando como novas.

Também poderá passá-las rapidamente em água quente e, depois, deixá-las de molho em água gelada; em seguida, proceda como na dica anterior. Esse mesmo procedimento se usa para AGRIÃO.

Conservação: Para se conservar bem um pé de alface por alguns dias, use qualquer dos seguintes procedimentos:

1) Borrife a alface com água, e embrulhe-a em um pano ou jornal molhado com água, tendo o cuidado de manter essa umidade até o momento de usá-la.
2) As folhas também se conservarão como novas se forem guardadas na geladeira, tendo, por perto delas, 1 limão partido.
3) Muito bom, também, é retirar as folhas velhas, lavar e escorrer muito bem, colocá-las dentro de uma caixa plástica ou vasilha plástica com tampa bem fechadas e deixar na geladeira.

ALHO-PORÓ — Se quiser guardar esta verdura por algum tempo (3 a 5 dias) coloque-a dentro de um saco plástico fechado e conserve na geladeira, resguardado da umidade.

ASPARGO — Se os aspargos frescos que estão guardados ficaram moles, reviva-os, colocando-os de pé, dentro de um recipiente fundo (uma jarra, por exemplo), contendo água gelada. Cubra tudo com um saco plástico e leve à geladeira por 1/2 hora. Em seguida, leve-os a cozinhar.

Se for usar aspargos de lata, ao retirá-los evite que eles se quebrem e estraguem suas pontas, abrindo a lata pelo lado contrário (fundo) e puxando os aspargos por baixo. Assim, eles vão ficar perfeitos.

ALMEIRÃO — Para quem gosta do seu amargor, deve-se antes dar uma fervura e jogar fora essa primeira água; na segunda, juntar 1 colherzinha de açúcar.

AZEITONA — As de paladar muito forte só devem ser adicionadas aos recheios no último momento, ou melhor, assim que eles forem retirados do fogo. Isto para evitar que os recheios fiquem amargos e escurecidos.

BERINJELA — Não devem ficar expostas ao sol. Ao comprá-las, prefira as que estiverem rijas, pois as enrugadas e murchas são sempre amargas.

Antes de usar as berinjelas, corte-as ao meio no sentido do comprimento e deixe-as de molho por alguns minutos em água fria salgada, com a parte cortada mergulhada nessa água. Depois, lave e empregue.

Elas ficarão ainda mais clarinhas se for colocado um pouco de leite na sua água salgada.

Um processo também muito bom para que ela não escureça é colocar na água, onde ficará de molho, um pouco de suco de limão.

BETERRABA — As menores são mais gostosas, e as lisas, sem manchas, melhores.

As beterrabas devem ser cozidas com casca e um pedacinho do talo; adicione também 1 pitada de açúcar, para conservar a cor viva e apurar seu paladar.

Para as beterrabas não mancharem as saladas às quais vão ser misturadas, depois de cozidas e frias coloque-as no congelador, apenas para ficarem bem geladas (não deixar congelar). Então, empregue.

BRÓCOLIS — Quantas vezes acontece de estarmos comendo uma deliciosa salada de brócolis e encontrarmos no meio deles um ou mais bichinhos que tiram instantaneamente nosso apetite. Evite essa circunstância desagradável cuidando um pouco mais desta verdura antes de prepará-la. Para que se soltem os bichinhos que se agarram no meio do brócolis (assim como também na couve-flor), depois de lavado mergulhá-los por algum tempo em água salgada. Quando despejar essa água, verá que estará cheia de bichinhos.

Não use o brócolis que estiver amarelado; prefira também os de cabeça compacta.

Ao cozinhar esta verdura, faça-o como com a couve-flor, para evitar que exale mau cheiro pela casa.

Os caules do brócolis vão cozinhar muito mais depressa (olhe que economia de gás!) se antes de irem para a panela fizermos neles um X de cima para baixo.

CENOURA — Ao escolher cenouras para comprar, prefira as lisas e sem curvas; são as melhores. Também escolha as que não tiverem a parte escura em cima; mas se não tiver outro jeito, despreze essa parte escura para não amargar o seu ensopado.

CHAMPIGNON — COGUMELO — Aí está uma coisa deliciosa, fina e de sabor delicado. Mas só devem ser comidos se conhecermos sua procedência ou se os soubermos comprar. Quando tiver dúvidas sobre se estão realmente frescos, leve-os ao fogo numa panela com água colocando dentro dela uma colher de prata (tem que ser prata mesmo) e deixe ferver por alguns segundos. Se a colher pretejar, jogue-os fora sem pena, porque assim estará se livrando de um envenenamento; mas, se a colher estiver brilhando como antes, aproveite-os para acompanhar um bom prato, porque ao preço que estão não são para se comer todos os dias.

Os cogumelos ou *champignons* frescos não escurecem e poderão ser guardados por alguns dias desde que se proceda da seguinte maneira: lave rapidamente, ou limpe com um paninho úmido, os *champignons* (meio quilo); coloque-os numa panelinha com um copo de água fria e outro copo de vinho branco seco. Tampe a panela, leve ao fogo e, quando começar a ferver, conte três minutos. Apague então o fogo e deixe esfriar completamente com a panela tampada. Despeje tudo em vidro bem fechado e guarde na geladeira até o momento de ser usado. Poderá durar alguns dias.

Nota: É muito importante, desde que se leva a panela tampada ao fogo, não mais abri-la até o momento em que esteja bem frio.

CHICÓRIA — Se você não aprecia o amargor típico dessa verdura, em vez de deixá-la de molho numa vasilha lave cada folha em água corrente, que seu gostinho amargo irá desaparecer.

Mas, se a chicória for usada em salada crua, seu amargor vai desaparecer misturando a ela, antes de temperar, 1 colher bem cheia de miolo de pão bem esmigalhado.

Com a chicória também se faz um ótimo xarope expectorante, ótimo para quem tem bronquite.

CHUCHU — Para não ficar com as mãos pegajosas, ao descascá-los, parta-os ao meio, no sentido do comprimento, e esfregue uma metade na outra, fazendo com que o leite saia pelos lados. Depois é só cortá-los e empregar. Ou unte as mãos com óleo de cozinha.

Poderá também, se preferir, antes de cortar o chuchu, mergulhá-lo em água fervente por segundos. Corte-o e descasque-o.

COUVE — Não use as que têm pintas amarelas ou que estejam completamente amareladas. Mas se estiverem verdes, porém um pouco murchas, deixe-as com os cabos mergulhados dentro de água fria por mais ou menos 1/2 hora. Ela ficará novamente fresquinha, como se tivesse sido colhida na hora.

COUVE-FLOR — Antes de lavar, deixe alguns minutos de molho em água com um pouco de vinagre, para soltar as impurezas ou bichinhos que porventura estiverem agarrados a ela.

Esta verdura, assim como o brócolis e o repolho, exala um cheiro muito forte e desagradável enquanto está cozinhando. Para evitar isso, coloque dentro da panela, durante o cozimento, um pedaço de pão; se não tiver pão, coloque uma rolha de cortiça.

Poderá ainda cobrir a panela com um guardanapo molhado em vinagre. Não use tampa.

Para que a couve-flor fique branquinha após ter sido cozida, ponha na água do cozimento 1/2 xícara (café) de leite e 1 colherzinha de açúcar para os talos ficarem verdinhos.

Colocando um pouco (1 colher de sobremesa) de farinha de trigo na sua água, a couve-flor vai ficar também bem branquinha e macia, além de amenizar seu forte odor.

ERVILHA FRESCA — Devem ser cozidas rapidamente em fogo forte; e não se esqueça da pitadinha de açúcar.

Ervilhas ficam mais tenras e com um sabor requintado quando fervidas por alguns minutos em água gasosa.

Aqui vai mais um segredinho para que as ervilhas frescas fiquem tenras e firmes: cozinhe as ervilhas em água fervente e com sal; quando elas estiverem macias, escorra e jogue-as imediatamente numa vasilha previamente contendo água gelada e com cubos de gelo, deixando por alguns minutos. Então, escorrer. Elas podem ser usadas logo em seguida, ou guardadas na geladeira dentro de vidro ou recipiente bem fechado.

Sopa de ervilhas — Quando for preparar uma sopa de ervilhas (secas), coloque dentro de sua panela uma fatia de pão. Assim, as ervilhas não afundam e não grudam no fundo da panela.

ESPINAFRE — Perde um pouco do seu sabor ácido se colocarmos 1 pitada de açúcar na água do cozimento.

JILÓ — Muitas pessoas não toleram o jiló por causa do gosto amargo, característica desse legume. Para melhorar seu sabor e sua aparência, isto é, para que não fique escuro, faça o seguinte: com uma faca inoxidável vá descascando e cortando — de um a um — cada jiló em fatias ou pedaços, deixando-os cair dentro de uma tigela contendo água, cubos de gelo, sal e suco de limão. Quando terminar, deixe-os ficar de molho por 20 minutos. Depois é só prepará-los do jeito que mais gostar.

Os jilós verdinhos podem substituir os figos verdes feitos em compotas; basta que coloque dentro da panela (na calda) do doce de jiló umas 3 a 4 folhas de figueira. Todos quererão repetir esse delicioso "doce de figos verdes".

MILHO CRU — Saiba escolher uma espiga de milho verde: uma espiga nova tem os grãos amarelo-claros e são, portanto, macias, o que não acontece quando a cor amarela for bem forte.

Poderá saber se uma espiga é nova fincando a unha do polegar em seus grãos: se a unha penetrar facilmente e aparecer um pouco do seu líquido, pode comprar; caso contrário, rejeite-a.

Quando tiver que limpar espigas de milho frescas não fique catando seus cabelos, fio por fio. Será bem mais fácil limpá-las esfregando-as de cima para baixo com uma toalha de papel absorvente úmida; ou uma toalha comum também úmida.

Se preferir, pode esfregar com uma escovinha (pode ser de dentes).

Se quiser guardar espigas de milho frescas por alguns dias, coloque-as inteiras e com as cascas numa vasilha com água — com as extremidades voltadas para cima — e guarde na geladeira. Vão ficar como se fossem colhidas na hora.

MILHO COZIDO — Se tiver algumas espigas de milho verde em casa e não estiverem muito novas, mas mesmo assim desejar comê-las cozidas, faça o seguinte: coloque primeiramente a panela com água no fogo e espere até que ferva; só então coloque as espigas a serem cozidas. Deixe para colocar o sal apenas quando faltarem uns 5 minutos para retirá-las do fogo. Verá que apenas isso fará com que fiquem tenras e saborosas, e o que é ainda mais importante: leva quase o mesmo tempo que as novas para cozinhar.

Esse mesmo processo vai fazer com que qualquer espiga de milho cozinhe mais depressa.

E se quiser que as espigas de milho fiquem bem bonitas, de cor amarelo-vivo, depois de prontas, faça o seguinte: quando o milho já estiver no ponto, jogue dentro de sua panela 1 colher (sopa) de suco de limão, e aguarde apenas 1 minuto. E... veja como sua aparência ficou bem mais apetitosa. E... pode retirar e saborear, mas nada de comer com muita pressa para não queimar a boca.

Angu de fubá — Fazer um angu de fubá não é tão fácil como parece. Ao levá-lo ao fogo, mexa sempre a panela, fazendo com a pá (ou colher de pau) a forma de um oito. Assim, ele ficará bem mexido e bem cozido.

Enquanto o angu de fubá estiver no fogo deverá ser bem vigiado porque poderá queimar. Se isso acontecer, não fique blasfemando e nem pense em jogá-lo fora. Coloque imediatamente a panela destampada dentro de um recipiente maior contendo um pouco de água fria e espere alguns minutos, até que tenha saído toda a fumaça, porque com ela terá saído o cheiro e o gosto de queimado. Transfira então o angu para outra panela, desprezando o fundo queimado, e... bom apetite.

Outra maneira para se tirar o queimado do angu é botar um pouco em cima de uma mesa ou pia e colocar a panela sobre esse pouco de angu. Depois, proceder como acima.

Curau — Ao levar ao fogo a panela contendo o caldo extraído do milho para fazer o curau é necessário que, desde o princípio, se mexa com colher de pau, virando sempre numa só direção, para que este "não volte", ou "desande"; só assim ele engrossará.

Pipoca — Quem tem criança em casa vira e mexe está comprando milho para fazer pipoca. Escolha sempre um milho de boa qualidade, pois só assim eles renderão bastante e todos os grãos serão aproveitados.

O milho se conservará fresco e não terá muitos piruás se for guardado no congelador. Ou então deixe-o de molho em água gelada antes de fritar.

E agora, veja como é fácil estourar pipocas: coloque uma panela média no fogo contendo óleo (não muito pouco) e deixe aquecer bem. Estando quente, coloque 1 punhado de milho e tampe a panela, mexendo de vez em quando. Num instante os grãos começarão a estourar (só destampe a panela quando pararem de estourar). Depois de prontas coloque sal e... sirva-se à vontade acompanhado também de um bom aperitivo.

MOSTARDA — Se as folhas estiverem murchas, use o mesmo procedimento da ALFACE.

PALMITO — Deve ser cortado com faca inoxidável e não pode encostar em nada feito de ferro, para não ficar escuro. Para que ele não escureça, deve-se também juntar à água do seu cozimento 1 colherzinha de limão e usar, de preferência, panelas esmaltadas ou refratárias.

PEPINO — Atenue seu gosto amargo, mergulhando-os por alguns instantes em leite morno açucarado; em seguida corte-os. Não se esqueça de que, antes de descascá-los, deve-se cortar suas pontas e esfregá-las no próprio pepino.

O pepino vai ficar muito mais digestivo, comendo com ele, também, um pedaço de sua própria casca.

PIMENTA — Quando desejar um paladar mais acentuado da pimenta-malagueta, misture a ela um pouco de azeite de oliva. Se, ao contrário, desejar atenuar o gosto, deixando-o mais suave, use então um pouco de vinagre.

PIMENTÃO — Este legume, a acelga e outros vegetais do gênero se conservarão melhor na geladeira se forem embrulhados em folhas de jornal. O pimentão ficará muito mais digestivo se, antes de prepará-lo, tirarmos sua película; isso poderá ser feito, espetando-o num garfo e passando-o demoradamente na chama do fogo.

Sua casca também vai sair com facilidade, untando-o com azeite e óleo e colocando-o sobre uma chapa bem quente. Quando formar bolhas, é só raspar com a faca.

QUIABO — Para quem não gosta da gosma (baba) do quiabo, pode-se eliminá-la das seguintes maneiras:

1) Antes de cortá-los ou molhá-los, esprema sobre eles 1 a 2 limões, revolva-os bem para que recebam bastante suco, deixe-os assim descansando por vinte minutos. Depois lave, enxugue bem e corte-os; não mergulhá-los mais na água.
2) Lavá-los e enxugá-los bem antes de serem cortados; durante o cozimento, juntar 1 colher (sopa) de vinagre.

RABANETES e NABOS — Conservam-se frescos se mergulhados com as folhas — e não com as raízes — dentro da água.

REPOLHO — Os repolhos menores e branquinhos são mais tenros. Ao refogar repolho acrescente ao seu cozimento um pouquinho de leite, e ele ficará claro e macio. Para eliminar o forte odor do repolho quando está cozinhando, proceda como no caso da couve-flor. Ou ponha umas rodelas de limão.

REPOLHO ROXO — Para conservar a cor do repolho roxo, assim como da beterraba, adicionar à água em que serão fervidos umas gotinhas de limão ou de vinagre.

Se quiser guardar repolho cru por alguns dias retire primeiro as folhas estragadas (se houver) e guarde-o — sem lavar nem molhar — dentro de um saco plástico bem fechado. Pode também embrulhá-lo muito bem em papel vegetal ou papel alumínio. Assim ele durará até 8 dias.

SALSA e CEBOLINHA — Antes de guardar na geladeira, queime bem as partes onde foram arrancadas na chama do fogo. Isso lhes dará vida mais longa. Também durarão muito mais se forem logo picadinhas e guardadas em um vidro fechado na geladeira.

A salsa e cebolinha vão se conservar frescas umedecendo-as e embrulhando-as em jornal também bem umedecido com água; manter essa umidade até quando tiver que usá-las. E se for para guardar por uns 2 dias, se elas estiverem bem fresquinhas, basta deixá-las de pé dentro de 1 copo com água, mudando-a todo dia.

TOMATE — *Conservação* — Se tiver que guardar alguns tomates maduros fora da geladeira, coloque na parte onde se arrancaram os cabinhos um pouco de farinha de trigo. Assim, se conservarão frescos e durarão por algum tempo.

Os tomates também podem ser guardados, durando até por 1 mês, se forem colocados bem secos dentro de um saco plástico e cobertos com farinha de trigo. Fechar bem o saco e guardar na geladeira em lugar onde não pegue umidade.

Mas, se tiver grande quantidade de tomates, pode guardá-los por tempo indeterminado, ou mesmo indefinidamente, colocando-os dentro de um vidro de boca larga com sal, água e vinagre suficientes para cobri-los bem (100g de sal para cada litro de água e 1 décimo de vinagre). Em seguida, regue com azeite doce até formar sobre a água uma camada de 1cm para impedir a entrada de ar. Tampe bem o frasco com papel atado com barbante ou com papel alumínio bem amarrado.

Amadurecer — Se quiser que os tomates, ainda meio verdes, amadureçam mais depressa, coloque-os dentro de um saco plástico (fazer nele alguns furinhos) bem fechado, tendo junto com eles, também, uma maçã madura. Deixe guardado em lugar fresco.

Mas, se acontecer de os tomates estarem muito maduros e moles para serem cortados e usados em saladas, mergulhe-os por alguns minutos em água fria salgada.

Massa (extrato) de tomate — Ao abrir uma lata de massa de tomate, bata primeiro, com força, o seu fundo sobre uma superfície dura; assim, ao furá-la com o abridor vai evitar que a massa transborde. Se não for usar toda a massa da lata, transfira-a para um recipiente de louça ou de vidro, tampe bem e guarde na geladeira. Se não for usá-la logo, antes de fechar o vidro cubra a massa com um fio de azeite ou de óleo. Dessa maneira, a massa não mofará e durará bastante tempo.

Se em vez de lata a massa vier em recipiente de papel ou papelão, guarde sua sobra no mesmo recipiente em que veio; porém coloque-o dentro de um saco plástico bem fechado, e deixe no congelador, usando um pouco de cada vez, retornando-o para o congelador. Assim vai durar perfeito por muito tempo.

Molho de tomate — Se você não quiser colocar um pouco de açúcar para tirar sua acidez, é só deixar sua panela destampada, enquanto ele está sendo preparado no fogo.

Saladas — Se você "errou a mão" e colocou molho demais na salada (qualquer salada), evite que ela fique encharcada, colocando no fundo da saladeira um pires invertido (virado ao contrário).

Sopa-creme de tomate — Quando quiser enriquecer com creme de leite e tornar mais sofisticada sua sopa-creme de tomate, evite que o creme de leite talhe, fazendo assim: na hora de misturar o creme de leite na sopa, coloque antes um pouco da sopa nesse creme desmanchando e misturando um pouco, e não jogue o creme de leite diretamente dentro da sopa.

VAGEM — Ao cozinhá-las para salada, acrescente à água 1 pitada de bicarbonato, pois, além de verdinhas, também ficarão bem macias. Mas tome cuidado para não cozinhá-las demais (cozinham muito depressa), senão ficam uma papa. E cozinhe com a panela destampada.

ꝏLeite

O leite, cuja nata simboliza o fino da sociedade, foi também motivo de luxo na época da Roma Antiga, quando mulheres como Messalina tomavam seu banho numa banheira transbordante de leite. Isso era para amaciar a pele e torná-la mais branca. Um luxo...

Mas os tempos são outros, as coisas mudaram e tudo se tornou mais fácil e simples.

Sempre camuflado, mas de presença constante na culinária, o leite se consagrou quando se misturou ao café, e dessa mistura, ai-Jesus!... nasceu a cor mulata, cor-orgulho nacional, único produto que o Brasil não negocia, não abre mão, não faz qualquer acordo, nem mesmo com seu amigo Portugal.

Tome pelo menos 2 copos de leite por dia.

LEITE PURO — Se houver dúvidas sobre a pureza do leite, isto é, para saber se não está misturado com água, faça os seguintes testes:

1) Mergulhe no leite uma agulha presa por uma linha, na posição vertical. Ao retirá-la, verifique: se a agulha ficar completamente limpa, é sinal que houve a mistura; caso contrário, ela conservará resíduos.
2) Proceda do mesmo modo com uma agulha de tricô: se o leite for puro, uma gota se apresentará na ponta da agulha; se for impuro, a agulha ficará limpa.

O leite que foi comprado em embalagem de cartão deve, depois de aberto, ser passado para uma garrafa de vidro; se ficar na embalagem primitiva, o leite se estragará muito mais depressa.

Ao esvaziar as garrafas de leite, basta enchê-las com água fria, que elas ficarão limpas.

Antes de derramar o leite na leiteira, para ir ao fogo, passe água internamente e não enxugue. Assim o leite quase não grudará, facilitando sua limpeza.

Depois de fervido o leite, e retirado da leiteira, encha-a sempre com água fria, pois a água quente fará com que o leite agarre mais no fundo, dificultando a limpeza.

Para o leite não derramar, coloque no fundo da leiteira um pires virado para baixo, ou passe um pouco de manteiga à sua borda.

O leite também não vai derramar quando ferver, se for colocada uma colher dentro da leiteira.

Mas, se não foi tomada nenhuma das providências e o leite derramou, tire o cheiro desagradável que ficou despejando sal ou cinza sobre a parte derramada. O cheiro sairá instantaneamente.

Evite que o leite queime, colocando 1 pitada de açúcar antes de levá-lo ao fogo.

LEITE CRU — *Desnatar na hora* — Para se conseguir desengordurar um leite na hora, ele terá que ser cru (não fervido) e do tipo C (o normal) e supergelado.

Proceder então da seguinte maneira: colocar o leite no liquidificador, ligar no máximo, e bater um pouco. Desligue. Com uma colher, tire a espuma que está por cima, pois ela é a gordura. Torne a ligar e bater mais um pouco; desligue e retire novamente a gordura. Se necessário, bater mais uma vez. (É importante bater só um pouco de cada vez.) Pronto, o leite agora desnatado pode ser tomado na hora, ou então fervido.

O leite cru não vai azedar, se for misturado a ele um pouquinho de bicarbonato dissolvido em um pouco de água.

LEITE TALHADO — Se necessitar guardar o leite de um dia para outro e não puder colocá-lo em geladeira, faça o seguinte para que ele não talhe: para cada litro de leite, adicionar 2,5 gramas de bicarbonato de sódio. Mas se o leite talhou, não o jogue fora. Faça com ele um gostoso doce de leite. Escorra o soro (água), utilizando somente o coalho; adicione 1 colher de bicarbonato de sódio, açúcar e leve ao fogo brando, mexendo sempre. E o soro que restou é um ótimo desinfetante intestinal.

Mas, se desejar que o leite talhado volte ao normal, basta dissolver um pouquinho de bicarbonato em um pouco de leite fresco, aquecer no fogo, e misturar ao leite talhado, mexendo bem.

CONSERVAÇÃO DO LEITE — Quanto tiver necessidade de conservar o leite fresco por vários dias adicione 60 gramas de açúcar para cada litro de leite; se preferir (quando não se quer usar açúcar), misture ao leite 1 grama de ácido bórico para cada litro de leite. Este ácido não altera o sabor nem prejudica a saúde.

Também, se for adicionado ao leite, no momento de ferver, um pouco de maisena dissolvida em água (2 colheres das de chá de maisena para cada litro de leite), isso vai evitar que ele estrague.

LATICÍNIOS

COALHADA — É o leite fermentado, que não deve ser confundido com o talhado. A coalhada é um prato comum na cozinha árabe. O leite, para coalhar, deverá ser cru; basta deixá-lo descansar por várias horas, fora da geladeira.

O primeiro leite a ser usado demora mais para coalhar (2 a 3 dias), mas reservando uma colherada desse leite coalhado, para misturar ao próximo leite cru, terá então a coalhada de um dia para outro. Se por acaso esqueceu de guardar um pouco do coalho, basta colocar o leite cru na mesma vasilha onde coalhou o leite, sem que a mesma tenha sido lavada. Os resíduos que ficaram no recipiente são suficientes para servirem de base a uma nova coalhada. Pode-se também fazer uma boa coalhada misturando, para cada copo de leite, dois tubinhos de antidiarréico, encontrado em farmácia. Guardar em recipiente coberto, por 24 ou 48 horas. Assim que o soro se separar do resto do leite, a coalhada estará pronta. Se necessitar de uma coalhada de um dia para outro, esprema 1/2 limão no leite cru; da noite para o dia, terá uma coalhada delicada, diferente e saborosa. Para se conseguir uma coalhada sem soro, basta acrescentar ao leite 2 colheres de leite em pó desnatado.

Se quiser que sua coalhada fique bem consistente, junte ao leite alguns grãos de milho.

Na coalhada síria, o leite é fervido.

CREMES FEITOS COM LEITE — Ver "Cremes e molhos".

DOCE DE LEITE — Para evitar que o doce de leite talhe, adicione um pouquinho de manteiga sem sal e bata bastante.

LEITE CONDENSADO — Que tal fazer um leite condensado em casa? Não é uma boa? Quer experimentar?

Entre várias receitas que existem para sua preparação, aqui poderá experimentar duas delas:

1) *Para 5 latas* — Leve ao fogo 2 litros de leite com 700g de açúcar. Assim que começar a ferver, misture 1 colher (sopa) de maisena e 1 colher (sobremesa) de fermento em pó dissolvidos em um pouco de leite frio. Deixe em fogo brando até engrossar, mexendo umas 5 vezes.
2) *Para 1 lata* — Bata no liquidificador 1 xícara (chá) de leite instantâneo em pó, a mesma medida de açúcar cristal; sempre batendo, vá acrescentando aos poucos 1/2 xícara (chá) de água fervendo e deixe bater bastante. E... está pronto!

MANTEIGA — Uma boa economia para quem consome muito leite é fazer sua manteiga caseira...

Para isso recolha as natas diariamente do leite fervido, guardando-as em recipiente fechado na geladeira; e quando obtiver quantidade suficiente, faça sua manteiga em casa.

Receita caseira — Bata bem as natas, até que o creme se transforme em manteiga. Em seguida lave a manteiga, colocando água na tigela, até cobrir, e com uma colher de pau vá amassando (sem bater) para que a água penetre nela. Quando a água estiver turva, leitosa, jogue-a fora, ponha nova água e continue procedendo da mesma maneira, até que a água saia limpa. A manteiga é assim lavada para tirar a acidez. Se quiser, coloque sal.

Para que a manteiga não absorva outros sabores quando guardada na geladeira, deve-se colocá-la em recipiente de vidro ou de louça esmaltada, bem tampados.

Ranço — Tira-se o ranço da manteiga colocando-a em uma vasilha, que se encherá com água até cobrir. Adiciona-se 1 colher de sopa de bicarbonato, deixando assim de molho por 24 horas. Depois é só lavá-la com água limpa. (Diminui-se ou aumenta-se o bicarbonato, de acordo com a quantidade de manteiga.)

Se lhe faltar geladeira, ou se quiser manter a manteiga de uso diário fora do gelo, coloque a quantidade necessária em uma vasilha de barro vitrificado, cobrindo-a com água e deixando-a onde houver uma corrente de ar.

Ela também não vai ficar rançosa se for colocado um pouco de mel na vasilha onde a manteiga irá ficar guardada.

Congelar manteiga — Se quiser guardar a manteiga no congelador, atente para o seguinte: a manteiga sem sal, estando bem fechada e embrulhada em papel alumínio ou saco plástico, poderá se conservar indefinidamente; porém a manteiga com sal só poderá ficar por algum tempo, assim mesmo se ela estiver na sua própria embalagem original.

Atenção: Para poder se congelar alguns laticínios (iogurte, coalhada etc.), é necessário que primeiro se verifique sua data de fabricação, que não poderá ultrapassar 15 dias depois de preparados.

Qualidade de uma manteiga — Quando quiser saber se uma manteiga é de boa qualidade faça o seguinte: coloque um pouco da manteiga numa panelinha, leve ao fogo e verifique: se a manteiga queimar logo, ela é de boa qualidade, porque a inferior, além de levar mais tempo para queimar... (cuidado)... respinga longe...

QUEIJOS — Se você é um grande apreciador de queijos, sabe que cada um tem o seu jeito de cortar e conservar, além de merecerem diferentes graus de temperatura, fora ou no refrigerador.

Assim, a maioria dos queijos de massa cozida (*gouda*, *ementhal*, *gruyère*, itálico etc.) resiste apenas poucas horas fora do refrigerador, tendo que voltar a ele logo depois de servidos.

Os de massa mole (*camembert*, *brie*, *roquefort* ou gorgonzola), se ficarem muito tempo fora da geladeira, vão diminuir seu tempo de duração.

Fresco (de minas, branco) — Esse queijo permanecerá fresco, mesmo fora da geladeira, se for embrulhado em um pano embebido em vinagre.

Pode-se comê-lo fresquinho e macio até o fim, mesmo que dure alguns dias, mantendo-o guardado na geladeira dentro de um recipiente meio fundo (serve um prato de sopa), contendo um pouco de água levemente salgada. Muito importante é que esse queijo seja virado pelo menos de manhã e de noite, para manter os dois lados úmidos; isso o conservará fresquinho.

Para recuperar um queijo-minas que ficou duro, é só deixá-lo de molho no leite, de um dia para o outro.

Parmesão — Não jogue fora o queijo parmesão só porque está duro; se não sabe como fazer para aproveitá-lo, porque está muito difícil de ralar, embrulhe-o em um pano molhado por 24 horas (manter o pano molhado durante todo esse tempo). Decorrido esse tempo, é só raspar a superfície e ele poderá ser ralado facilmente.

Prato — Guarde seu queijo, tendo cuidado para que ele não endureça. Mas se isso acontecer, tornando-se seco e quebradiço ao ser cortado, embrulhe-o em um pano embebido em vinho branco, durante um certo tempo, após o qual o queijo voltará a ser macio, como quando fresco. Na falta do vinho branco, substitua-o por vinagre branco.

O queijo prato também fica macio por muito tempo se for guardado na geladeira embrulhado em papel alumínio. Suas fatias não arrebentam ao serem cortadas se for usada uma faca previamente aquecida em água fervente.

Uma das qualidades desse queijo é que é bem molinho, mas, para se cortar, "não é mole". Evite que o queijo agarre na faca, untando sua lâmina com óleo ou azeite.

Se o queijo ficou embolorado (com bolor), coloque-o dentro de um recipiente com tampa juntando a ele algumas colheres de açúcar. Ficará novamente fresco e macio.

Sempre que guardamos esse queijo a parte que foi cortada fica ressecada e, ao usá-lo novamente, desperdiçamos a primeira fatia que ficou endurecida. Ora, com o alto custo do queijo, devemos aproveitá-lo todinho. Por isso, ao guardar, passe um pouco de manteiga na parte cortada e ele ainda vai dar para preparar muitos sanduíches.

Se preferir guardar o queijo prato na gaveta da geladeira, coloque então ali 1 tablete de açúcar; assim, vai evitar que a umidade prejudique o paladar do queijo.

Ricota — Esta também deve ser conservada na geladeira.

Se ela for do tipo *cottage*, guarde-a de maneira a durar por mais tempo. Como? Deixando seu recipiente ficar de cabeça para baixo.

Sempre que fizer uma pasta à base de ricota, esta deverá ser da melhor qualidade, isto é, cremosa e sem acidez. Assim, ela poderá se conservar por muito tempo na geladeira, porém desde que esteja num recipiente bem fechado.

Fondue de queijo — Taí uma sugestão ótima para ser preparada em dias frios. Mas, quando oferecer (ou você mesma comer) o *fondue*, tenha o cuidado de não ingerir, nem oferecer aos seus convidados, líquidos (água, cerveja etc.) durante e até 1 hora após sua ingestão, porque o queijo se solidificaria, causando distúrbios digestivos.

Porém, pode-se e deve-se tomar vinhos ou chá quente, que até facilitarão a digestão.

CREPES DE CREME — Ver em "Massas".

~Massas

As massas devem ser tratadas de modos diferentes. Umas, pacientemente; outras espancadas a tal ponto que será necessário um longo repouso, para só então ficarem em condições de serem usadas.

Entre tanta variedade de massas, a que atinge o ápice da tentação é a folhada; sendo delicada e coquete, torna-se irresistível quando acompanhada pelo chantilly.

As massinhas, suaves, leves e delicadas, são extremamente vaidosas. Aparecem empacotadas no seu invólucro transparente, mostrando os cabelinhos de anjo todos arrumadinhos e encaracolados, os anéis, as estrelinhas, as conchinhas etc., sendo assim distribuídas e adquiridas para o consumo.

Se não tiver muita experiência na cozinha, evite malograr uma receita colocando as medidas a olho, ou calculando o tempo de cozimento "no escuro". Para o sucesso de uma receita, use recipiente graduado, ou uma balança para medir e pesar. O tempo de assar deverá ser controlado pelo relógio; assim, não ficará abrindo o forno a cada minuto. Saiba que enquanto do forno não exalar o agradável aroma do assado, é sinal de que a massa ainda está crua, seja ela massa de torta, de bolo, pizza, *suflês etc.*

Para dissolver o fermento, quando exigido na receita, use água ou leite ligeiramente amornado, nunca gelado ou quente, para não eliminar a ação do fermento, nem a massa ficar rija.

Conhece-se o ponto de uma massa que contém fermento em pó quando ela se desprende das mãos, da colher de pau ou da vasilha onde está sendo preparada.

A massa preparada com fermento em tablete ou granulado deverá descansar dentro de tigelas cobertas com pano grosso, flanela e jornal, abrigando-as do vento, e, de preferência, dentro do forno (apagado). Assim, ela crescerá melhor e mais depressa.

BISCOITOS e BOLACHAS — Podem-se obter ótimos biscoitos com as sobras da massa de pastel; poderão ser fritadas e passadas numa mistura de açúcar e canela. Também o restante da massa de torta: depois de pincelada com gemas, polvilhar com açúcar cristal e assar.

Se gosta de fazer biscoitos em casa, use açúcar de confeiteiro em vez de farinha de trigo para polvilhar a superfície onde vai abrir a massa dos biscoitos. Assim evitará que fiquem duros.

Alguns biscoitos ficaram agarrados depois de assados. Coloque o tabuleiro por alguns segundos sobre a chama do fogo, sacudindo-o. Eles facilmente se despregarão.

Se após algum tempo guardados estiverem moles, denunciando um gostinho de velho, leve-os ao forno quente por alguns minutos, que ficarão frescos, como novos.

Conservação: Quando comprar bolachas empacotadas e verificar que não tem mais lata, vidro ou pote para guardá-las, tanto melhor, porque elas durarão fresquinhas por muito mais tempo se forem guardadas na geladeira dentro dos próprios invólucros de embalagem. Mesmo depois de abertos os pacotes elas se conservarão fresquinhas e estalando se você mantiver o pacote fechado num lugar onde não pingue água.

Os biscoitos, se forem colocados dentro de recipientes hermeticamente fechados, podem ser conservados na geladeira.

Eles também se conservarão frescos, colocando-se dentro de seu recipiente um pedaço de pão fresco ou uma maçã inteira, bem fechados. Porém, o pão deverá ser trocado, dia sim, dia não, o qual poderá ser aproveitado para torrada.

Colocando-se alguns grãos de arroz junto aos biscoitos que vão ser guardados, eles se conservarão muito bem.

Mas, se quiser guardar os biscoitos por um tempo mais longo, coloque-os dentro de um recipiente grande (de vidro ou de louça) hermeticamente fechado, untando a tampa por fora, com parafina.

MACARRÃO — Quando for cozinhar massas (não só de macarrão), coloque uma espátula ou colher grande por cima da panela, para evitar que a água derrame ao ferver.

A massa deverá ser cozida em abundância de água, na qual se colocou 1 colher de óleo, para que a massa fique soltinha e não grude no fundo da panela.

Para melhorar o paladar da macarronada, junte gengibre ralado ao queijo parmesão.

CREPES — DE CREME DE LEITE — Esses crepes só podem ser feitos com creme de leite fresco; jamais usar creme de leite enlatado.

PANQUECAS — Um pouco de cerveja acrescentada à massa fará com que fique mais leve.

PASTEL — Sempre que preparar com muita antecedência os tipos de massa exigidos para pastéis, risoles etc., procure, na hora de abrir a massa, no lugar do rolo, usar uma garrafa contendo água quente. O calor da garrafa fará com que a massa fique novamente macia e fácil de trabalhar. Assim poderá ser feito quando uma massa tiver estado guardada na geladeira. Uma boa massa de pastel pode ser obtida adicionando-se um pouco de cerveja à farinha; não encharca e fica leve. Também poderá usar um pouquinho de vinagre, que deve ser o normal, de vinho, e nunca vinagre de maçã, pois este deixaria a massa pesada; pode-se substituir o vinagre por álcool ou pinga.

Sempre que quiser dar um sabor especial na massa de pastel feita em casa, uma boa sugestão é misturar a ela um pouco de casca de laranja ralada. Os pastéis ficam deliciosos.

PIZZA — Experimente juntar 1 colher (café) de cebola ralada à massa, que ela não só ficará mais gostosa, como também perfumada e macia.

Ao assar uma *pizza*, poderá substituir sua assadeira por prato de papel de alumínio. Ela assará mais depressa e o prato, depois de lavado, poderá ser novamente utilizado.

TORTAS e EMPADAS — Antes de utilizar farinha e fermento nas massas, esses devem ser primeiramente peneirados.

Uma pitada de sal é sempre necessária em todas as massas doces, assim como 1 pitada de açúcar não deve faltar às massas salgadas, mesmo que a receita não a recomende.

Um dente de alho muitíssimo bem socado, adicionado à massa "podre" para empadas, tortas e pastelões, fará com que fiquem mais saborosos.

Essas massas levam muita gordura e devem ser trabalhadas em lugares frescos; quando necessitarem repousar devem ficar dentro de vasilhas frescas, ou na geladeira. Isso é para a gordura não sorar (derreter) e sim endurecer.

Mas com as massas que levam fermento biológico procede-se ao contrário; elas devem descansar (para crescer) em lugares protegidos de vento e onde a temperatura esteja acima do normal (principalmente no inverno).

A melhor maneira para se deixar uma massa descansar é cobri-la com utensílio alto e côncavo; evitar cobrir com pano úmido, para que não mele.

Quando pincelar coberturas de tortas ou empadas, faça-o misturando as gemas com um pouquinho de óleo e 1 pitadinha de açúcar. Ficarão douradinhas e brilhantes.

Na falta do ovo para pincelar as massas, substitua-o por um pouco de café bem forte.

Quando o fundo de uma torta, isto é, a massa que forra a fôrma, tiver que ser primeiramente assada para depois receber o recheio, essa massa deverá ser toda furada antes de ir ao forno, para que não estufe nem crie bolhas.

E, ao contrário, se ela for assada já completa, isto é, contendo o recheio sobre sua massa crua, esta não poderá ser furada.

Se as tortas forem assadas em pirex, coloque-as no forno, sobre um tabuleiro ou assadeira, para evitar que a parte de baixo endureça ou queime.

Se acontecer de vazar o recheio e derramar quando do assamento, ponha um pouquinho de sal sobre o líquido derramado, evitando que o cheiro de queimado prejudique o paladar da torta ou do empadão.

Ao tentar soltar a massa assada das tortas e pastelarias, use uma espátula flexível, evitando assim que elas se quebrem.

∾Ovos

Colombo nada teve a ver com a descoberta do ovo, e até hoje se pergunta: "Quem nasceu primeiro: o ovo ou a galinha?"

O ovo, cuja forma a geometria roubou a patente tornando-o uma figura geométrica, tem, na sua aparente delicada formação, duas irresistíveis "mulheres": a Gema, que, de tão doce, até se transforma num "papo de anjo", e a Clara, branquinha e sonhadora, dá cada "suspiro"... mas elas sempre "enganam um bobo na casca do ovo"...

Mas, tão popular e tão importante o ovo se tornou que, ao lado do coelhinho (camuflado e enfeitado com fitas e papéis coloridos), foi eleito o símbolo da Páscoa, nossa festa máxima da Ressurreição.

Sempre que uma receita pedir ovos, subentende-se que sejam graúdos; se usar ovos médios, para cada 3, coloque mais 1; porém, se forem daqueles ovos muito pequenos, dobre a quantidade, senão o resultado poderá ser desastroso.

ESTE OVO ESTARÁ BOM? — Para tirar a dúvida e verificar se um ovo está estragado, coloque-o dentro de um litro de água salgada; se vier à tona, pode jogar fora; se permanecer no fundo, use-o sem susto.

Poderá também usar este teste: encoste suas duas extremidades no seu rosto e verifique: se a parte pontuda do ovo estiver mais fria do que a outra, pode aproveitá-lo à vontade, porque esse método é infalível.

Conservação: Há várias maneiras para se conservar os ovos frescos por um bom tempo:

1) Colocar os ovos numa vasilha contendo água e salicilato de sódio, a 6%; só deverão ser retirados no momento de serem usados. Esta solução oferece a vantagem de não perfurar a casca do ovo.
2) Pincelar as cascas com óleo de semente de algodão.
3) Colocá-los em caixotes contendo serragem de madeira. Aqui, os ovos deverão ser virados de vez em quando, e o leve gostinho de serragem não impedirá o seu uso.

4) Colocar os ovos numa lata bem fechada, contendo feijão ou arroz (ambos crus).
5) Mergulhá-los — e retirá-los rapidamente — em água fervendo.
6) Derreter cera, passar os ovos por ela e deixar secar.
7) Mas, se ganhou muitos ovos e não sabe como nem quando gastá-los, guarde-os então no congelador. Dessa maneira não precisará se preocupar, porque eles durarão indefinidamente sem perder suas propriedades. Porém, quando forem descongelados, deverão ser usados imediatamente, e jamais poderão voltar ao congelador, ficar guardados no armário ou na parte comum da geladeira.

CLARAS — Algumas receitas, especialmente quando se trata de doces, exigem as "claras finas" ou as "claras grossas" dos ovos. Saiba então que "clara grossa" é quando se quebra o ovo, se inclina para retirar a clara e essa sai encorpada, pesada, gelatinosa. O que ficou dentro da casca é a "clara fina".

Ao tirar os ovos da geladeira, para serem batidos, deixe-os antes voltarem à temperatura normal, para não prejudicar o crescimento das claras.

Não bata as claras em recipiente de alumínio; elas ficarão escuras, com aspecto muito feio.

Claras em neve crescerão mais, se a elas forem acrescentadas 1 pitada de açúcar ou 3 gotas de limão; também 1 pitada de sal, quando estiver quase em neve, fará com que elas rendam mais.

Para que as claras batidas em neve fiquem firmes, coloque 1 pitada de bicarbonato de sódio antes de bater.

Se não souber o que fazer com tantas claras que sobraram, coloque-as dentro de um recipiente de plástico bem fechado e guarde no congelador.

Elas podem se conservar perfeitas até por 1 ano, e com a vantagem de que, quando for necessitar de apenas um pouco de suas claras, pode descongelá-las, tirar o necessário e torná-las ao congelador porque em nada vai alterá-las.

GEMAS — Quando usar apenas as claras e sobrarem as gemas, guarde-as dentro de um recipiente (xícara ou tigelinha) cobertas com água filtrada na geladeira. Na falta de geladeira, troque a água diariamente.

Mas as gemas que vão ser guardadas também ficarão perfeitas, por até 3 a 4 dias, se forem guardadas apenas em recipientes tampados, na geladeira, sem necessidade da água.

Coar Gemas — Ver adiante, em SUSPIROS.

OMELETE — A omelete ficará bonita, se juntar o sal depois que os ovos estiverem crescidos; se o sal for colocado antes, a omelete não crescerá muito, e poderá se desmanchar.

Um pouquinho de leite, ou mesmo de água, acrescentados enquanto estiver batendo, deixará a omelete mais leve e maior. Também fará o mesmo efeito, se for acrescentada 1 pitada de fermento, ou de maisena, antes de serem batidas.

Antes de levar a omelete ao fogo, esfregue um pouco de sal por toda a frigideira fria, retirando o excesso. Isto é para evitar que elas grudem e desmanchem.

Se preferir fritar na manteiga, coloque também um pouquinho de óleo, para que não queime.

OVOS COZIDOS — Se o ovo que vai cozinhar está rachado, coloque 1 colher de sal na água fria; ou passe na fenda um pouco de suco de limão e deixe secar. Depois de seco coloque-o então com muito cuidado na panelinha, contendo já água quente e uma pitada de sal.

Para que eles não se rachem, ao serem colocados na água, acrescente 1 colherzinha de vinagre antes de levá-los ao fogo.

Quando cozinhar ovos não tampe a panela, pelo menos nos primeiros minutos, pois poderão rachar.

E lembre-se de colocar um pedacinho de limão na água do cozimento, para a panela não ficar preta.

Descasca-se com facilidade um ovo, cozinhando-o em água com sal. Mas se o sal foi esquecido, ao retirar do fogo deixe-o um pouco dentro da água fria, ou descasque-o sob a torneira de água fria corrente.

Não deixe que os ovos que têm de ser bem cozidos fiquem com as gemas moles. Para se ter a certeza que os ovos ficarão bem cozidos marque 10 minutos a partir do momento em que a água começar a ferver.

Muitas vezes esquecemos os ovos cozinhando no fogo e suas cascas ficam rachadas, estouradas, por ter ultrapassado muito o tempo de cozimento. Se desejar que as cascas fiquem perfeitas, antes de levá-los ao fogo faça um furinho (pode ser com agulha) na sua base.

A casca do ovo cozido vai sair com facilidade, quebrando sua ponta e soprando fortemente por esse orifício. A casca sairá inteira.

Quando for cortar ovos cozidos em rodelas, e não tiver o aparelhinho especial, evite que eles se esfarelem mergulhando antes a faca em água fervente.

OVOS FRITOS — Estes ovos "se saboreiam com a boca e se comem com os olhos", porque além de serem deliciosos são também muito decorativos quando se apresentam inteiros e com as claras bem branquinhas. Mas, geralmente, quando fritamos um ovo ele gruda na frigideira e se rompe ao tentarmos tirá-lo. Isso não mais acontecerá se antes de colocarmos o ovo na frigideira misturarmos 1/2 a 1 colherzinha (café) de farinha de trigo na gordura — dependendo da quantidade. Se esta for muito pouca, use apenas uma pitada de farinha.

Eles também ficarão perfeitos, se depois da manteiga ou margarina aquecidas, colocar nelas o sal, para então quebrar os ovos. As gemas ficarão perfeitas.

Mas os ovos depois de fritos não vão grudar *mesmo* na frigideira, se esta for bem aquecida antes de colocar a manteiga ou gordura. Experimente e comprove.

Ovos fritos ficarão com as claras bem branquinhas, sem aquele horrível queimado nas beiradas se, logo após o ovo ter sido colocado na frigideira, molhar sua mão na água fria e der uma borrifada (apenas uma) sobre o ovo. Isto será o suficiente.

OVOS POCHÉS — Seja qual for a sua maneira de fazer estes ovos, é indispensável que se acrescente 1 colher (café) de vinagre à água em que eles vão ser preparados; isto manterá as claras inteirinhas e as gemas amarelinhas.

Seja cautelosa; antes de colocar o ovo na água fervente, quebre-o primeiro em um pires, para então deitá-lo cuidadosamente na água. Esta deverá permanecer apenas "tremendo" e não borbulhando, para evitar que o ovo se desmanche. Mas a maneira mais simples e segura para se fazer esse ovo é levar uma frigideira com água ao fogo e, assim que começar a ferver, colocar o vinagre e o ovo dentro dessa água fervente. Tampe a frigideira e apague o fogo. Aguarde por 4 a 5 minutos. Então com a ajuda de uma escumadeira, retire o ovo, e... saboreie-o à vontade.

OVOS QUENTES — É sempre bom e saudável tomar ovos quentes pela manhã. Mas cada qual os prefere numa consistência e nem sempre se acerta o ponto desejado. Veja: é só marcar os minutos enquanto estão no fogo; coloque os ovos na água já fervendo e conte 2 minutos para quem gosta do ovo quase cru; 3 minutos para quem o prefere nem tão cru nem tão cozido; 4 minutos para quem o aprecia mais grosso.

Durante esses minutos de cozimento a água deverá permanecer em ebulição.

SUSPIROS — Ao preparar suspiros para cobrir tortas ou bolos coloque 1/2 colher (café) de fermento químico nas claras, antes de começar a bater. Assim, elas ficarão mais altas e mais encorpadas. Poderá substituir o fermento químico por 1 pitada de bicarbonato.

Qualquer gordura, ou mesmo um pouco de gema, que se misture nas claras fará com que elas se percam, porque não crescerão.

Quando acrescentar nozes ou semelhantes num suspiro (o que deve ser feito depois de pronto), ele não deve ser mais batido, apenas revolver ou misturar cuidadosamente, pois o suspiro poderá se liquidificar (por causa do óleo que as nozes contêm).

Ao cortar uma torta ou bolo coberto com suspiro unte primeiramente a faca com óleo; assim as fatias sairão perfeitas, sem que o suspiro se quebre.

COAR GEMAS CRUAS — Passam-se gemas cruas na peneira para que sua pele fininha fique retida nela, pois é a pele que dá o gosto forte (e às vezes desagradável) do ovo. Então, quando passar as gemas por peneira, deixe-as cair normalmente, sem forçar com o garfo ou colher — apenas furando-as. Tenha paciência, porque demoram um pouco até que terminem de cair. Quando tiver passado todas as gemas verá que as pelinhas ficaram todas em cima da peneira.

Na falta de uma peneira, coloque a gema na mão; faça nela um furinho (com palito mesmo) e incline a mão. A gema cairá todinha. Segura-se a pele com os dedos.

OVOS CRUS E COZIDOS MISTURADOS (COM CASCA) — Se acontecer de ovos cozidos e crus com casca se misturarem, não fique atrapalhada como se estivesse fazendo um jogo de adivinhação para separar os crus dos cozidos. Difícil? Não. Você vai "acertar na mosca" e sem dificuldade, "brincando" de fazer rodar cada ovo sobre uma mesa. Se ele rodar mesmo, este ovo é o cozido, porque o cru não roda, apenas fica balançando regularmente. Até que esse jogo é divertido, não acha?

~ Pão

Ele é macio... é quente... é gostoso... ele é "um pão"!

Nada disso; estou falando do "pão nosso de cada dia", gostoso quando sai quente do forno e, junto com a manteiga, forma a dupla deliciosa do café da manhã.

De uso universal, suas variedades e qualidades são inúmeras. Só quem não se destaca é o "pão-duro"; este não dá nada mesmo, e quem dele espera alguma coisa, passa mesmo a "pão e laranja".

Mas o pão também tem o seu outro lado. É quando dele nos lembramos com respeito, pois, junto com o vinho, formou a última ceia servida a Jesus, o mesmo Cristo, o Redentor, que vemos lá no alto do Corcovado, de braços abertos, parecendo abençoar o maior pão do mundo, que é o nosso Pão de Açúcar.

MASSA PARA PÃO — Antes de tudo, o fermento que se vai usar para preparar a massa do pão deve estar bem fresco, senão, além de o pão não crescer no forno, ele vai ficar pesado, podendo mesmo causar distúrbios digestivos.

Por isso, nunca compre desse fermento em grande quantidade, porque seu tempo de duração é curto.

Ao preparar o fermento para fazer o pão, escalde antes a vasilha em água quente, abreviando, assim, seu tempo de crescimento.

Quando uma massa para pão (ou outra que leve fermento biológico) estiver preparada, e se tiver que aguardar algum tempo para que cresça, será mais fácil conhecer seu ponto fazendo uma bolinha da própria massa e colocando-a dentro de um copo cheio com água fria. Após algum tempo, a bolinha subirá à tona. Marque mais 10 minutos e então a massa estará no ponto para ir ao forno.

A massa do pão ficará bem fofa e leve, se você acrescentar a ela 1 batata cozida, fria ou morna, passada no espremedor.

Se não aprecia o gosto desse fermento, ao prepará-lo para fazer o pão junte a ele 1 colher (sopa) de farinha de mandioca (de mesa). Isso vai tirar por completo seu gosto.

ASSAR PÃO — Qualquer tipo de pão deve ser assado em forno quente, mas sem deixar aquecer demais, senão a casca vai dourar rapidamente e o miolo ficará cru.

Para os pãezinhos ficarem brilhantes, misture à gema que vai pincelá-los um pouquinho de óleo. Também poderá usar leite cru ou café forte, assim que a casca começar a se formar.

Se quiser que a casca do pão fique macia, pincele-as com manteiga antes de ir ao forno. Mas se, ao contrário, quiser obter uma crosta (casca) bem dura do pão feito em casa, coloque um recipiente com água na parte de baixo do forno, enquanto ele assa.

Para mudar o gostinho do pão e dar a ele um sabor especial, pincele-o com a mistura de clara de ovos com 1 colher (sopa) de água e polvilhe com sementes ou folhinhas de gergelim, de orégano ou de erva-doce.

Se os pães forem doces, pode polvilhar com nozes, amêndoas ou castanhas de caju, bem picadinhas. Vão ficar deliciosos.

Se os pãezinhos que acabou de assar para o lanche (hum, que cheirinho apetitoso...) grudaram na assadeira (tabuleiro), coloque-a imediatamente sobre um pano molhado com água fria, que eles se soltarão num minuto.

E, na hora de comer o pão fresco... calma, não se afobe... antes de cortar o pão mergulhe primeiramente a faca de pão em água bem quente e enxugue-a rapidamente, pois ela assim bem aquecida não deixará que o pão esfarele todo. Agora, então... Bom apetite.

PÃO INTEGRAL — Os pães integrais vão se conservar muito melhor se forem guardados na geladeira, bem embrulhados em plástico ou papel alumínio. Por mais tempo, guarde-os no congelador.

PÃO ITALIANO — O pão italiano que vai assar no forno vai ficar com uma crosta bem crocante, se for pincelado com água 2 vezes enquanto está assando.

PÃO DE QUEIJO — Quando assar um pão de queijo feito com polvilho azedo coloque-o em forno bem quente e, depois que o pão estiver crescido, vá abaixando o fogo gradativamente, até que ele seque. Caso contrário, o pão ficará murcho e puxa-puxa.

Conservação: Para conservar o pão fresquinho por algum tempo, lave 1 batata com casca, enxugue e deixe secar muito bem. Coloque então essa batata junto ao pão que vai ser guardado no cesto, na lata etc., ou 1 talo de salsão (aipo).

Os pães de fôrma deverão ser guardados envolvidos em guardanapos úmidos (molhar e torcer bem), e se possível na geladeira. Caso não tenha geladeira, é necessário, vez por outra, tornar a umedecê-los.

Sanduíches já preparados também podem ser guardados da mesma maneira; outro processo para sua conservação é embrulhá-los em papel alumínio, tendo o cuidado de deixá-los bem fechadinhos.

Todas as pessoas que moram distante de cidade ou do comércio devem ter um pequeno estoque de pão em casa. Isso é possível adquirindo-se várias fôrmas de pão e guardando-as no congelador. Na hora de usar, tira-se o necessário, que levado um pouco ao forno quente ficará fresquinho.

PÃO DORMIDO — Vira pão fresquinho num instante; basta umedecê-lo levemente com água ou leite e levar ao forno por alguns minutos. Se usar apenas um pedaço, espete-o na ponta de um garfo e gire-o sobre a chama leve do gás, até que ele esteja com a casca estalando.

Com o pão dormido que sobrou faça um gostoso pudim de pão para o lanche das crianças.

Se a sobra de pão for muito grande, uma parte poderá ser separada para se cortar em cubinhos ou fatias finas, passar manteiga, torrar ou fritar; será um bom acompanhamento para sopas ou creme de espinafre.

O restante do pão que ficou poderá ir ao forno e, depois de bem torrado e sequinho, passar na máquina de moer carne ou no liquidificador, resultando disso uma ótima farinha de rosca, que depois deve ser guardada em vidro bem fechado na geladeira; assim se conservará por muito tempo.

Todos os pães, de uma maneira geral, podem e devem ser guardados no congelador, desde que estejam bem vedados em plástico. Assim eles vão durar por muito tempo.

~ Peixes

O mar está pra peixes!

Das nossas ricas 200 milhas chegam as traineiras carregadas com os mais diversos peixes, pescados no arrastão ou no anzol. E, no meio de tanto "peixão", uma surpresa também aparece: é que um felizardo pescador sempre acaba fisgando... uma sereia...

Mas é nos grandes banquetes que os finos e apetitosos pescados se dividem na preferência dos comensais, pois é entre uma lagosta e um camarão que cada paladar "puxa a sardinha para o seu lado".

BACALHAU — *Demolhar (dessalgar)* — Para dessalgar um bacalhau que não esteve de molho faça o seguinte: leve-o ao fogo para aferventar com bastante água, juntando a ele, quando começar a ferver, 1 punhadão de sal (2, 3, 4 colheres de sopa), de acordo com a quantidade de bacalhau; logo que ferver, escorra, escalde em água fria, e torne a levar ao fogo com bastante água fria (agora sem sal) para dar nova fervura. Escorra, e verifique o sal do bacalhau; se necessário, dê mais fervuras, sempre em água pura, sem sal.

Quando for deixar o bacalhau mergulhado na água para demolhar (por algumas horas ou por 1 noite) coloque-o, dentro dessa água, com a parte das peles voltadas para baixo, isto é, para o fundo do recipiente. Isso fará com que o bacalhau não inche, não encharque.

Se não puder esperar muitas horas para demolhar as postas de bacalhau, uma boa maneira de dessalgá-las mais depressa é mergulhá-las num recipiente contendo água e um bom punhado de farinha de mandioca (de mesa).

Nota: Todas as vezes que o bacalhau for ao fogo, será apenas para dar uma fervura, e não para cozinhar o bacalhau.

Depois de dessalgado, prepare sua bacalhoada, que "é portuguesa com certeza".

Se quiser, de uma hora para outra, fazer uma bonita posta de bacalhau e não tiver tempo de dessalgá-lo, arranje um prego limpo e não muito pequeno, pregue-o na posta do bacalhau, e leve ao fogo com água para cozinhar. Quando estiver cozido, tire o prego, lave o bacalhau, prepare a seu gosto, e... ai-Jesus, que divino!

Como substituir um bacalhau — Neste caso podemos perfeitamente "comer gato por lebre". É muito saboroso, bem mais barato do que o bacalhau (seu preço... ai-Jesus!) e todos vão pensar que estão comendo um delicioso bacalhau norueguês. Está curiosa para saber como se faz essa "mágica", não é?

A primeira coisa é substituir o bacalhau por um peixe, o qual vai passar por um processo que o deixará com a textura e o sabor (às vezes até melhor do que muito bacalhau que se compra por aí) de um bom bacalhau. Então faça o seguinte: depois de ter conseguido pescar um bom peixe grande (só serve de água salgada, do mar; o badejo é ótimo); limpar, cortá-lo em filé, deixá-lo dentro da água do mar (alto-mar), de um dia para outro (estará salgando). Então, coloque os filés dentro de uma vasilha contendo água e 1 punhado de sal grosso, deixando também ficar de um dia para o outro.

Depois, escorrer e salgá-los bem, com sal comum, colocar num recipiente de plástico meio fundo, cobrir com um pano de filó bem esticado, para evitar que os insetos pousem no peixe. Leve esse recipiente ao sol, para secar o peixe, por mais ou menos 1 semana.

Virar sempre as postas, para secar bem dos dois lados.

Na hora de usá-lo, proceda como se fosse o próprio bacalhau, começando por dessalgá-lo. Depois de seco, "era uma vez um peixe que virou bacalhau"...

CAMARÃO — Antes de lidar com os camarões, mergulhe-os por uns 20 minutos em água fria com um pouquinho de vinagre ou limão. Assim, ficarão durinhos.

Destripe os camarões antes de descascar e aferventar. A melhor maneira de fazer isso, sem arrebentá-los, é usar uma agulha de crochê fina.

Os camarões cozidos com casca ficarão com uma bonita cor rosada.

Experimente cozinhar os camarões com casca, substituindo a água por cerveja; seu sabor ficará parecido com o da lagosta.

Se você tem medo que os camarões fiquem borrachudos, em vez de fervê-los na água faça o seguinte: depois de limpos e lavados, coloque-os numa tigela e derrame água fervente sobre eles, na quantidade que dê para cobri-los. Tampar e aguardar por 6 a 7 minutos, se os camarões forem graúdos; 4 minutos para os médios e 2 minutos para os pequenos.

Quando for cozinhar ou aferventar camarão, coloque dentro da sua água de fervura 1 talo de salsão; isto irá evitar que seu cheiro se espalhe pela sua casa e... pela do vizinho também.

Quando forem guardados na geladeira ou no congelador, deverão estar sempre aferventados (a menos que já venham congelados).

Camarão enlatado — Estes geralmente têm um gostinho de azinhavre, o que os torna não muito agradáveis ao paladar. Mas esse gostinho vai desaparecer, deixando-os um pouco de molho na mistura de 2 colheres (sopa) de vinagre e 1 colher (chá) de *sherry* (bebida) por 15 minutos.

Camarão salgado — Para que os camarões que já se adquirem salgados fiquem com sabor de frescos, coloque-os numa tigela e despeje por cima água fervente, deixando assim por uns 40 minutos. É só isso. Eles, além de ficarem com um bonito aspecto, perdem também o excesso de sal.

CARANGUEJO — Se a turma pescar caranguejos de casca dura e ninguém souber tratá-los, faça o seguinte: coloque-os dentro de um recipiente fundo, cubra-os com água fria, e acrescente, aproximadamente (dependendo da quantidade de caranguejos), 1/2 xícara (chá) de sal, deixando assim repousar por 1 a 2 horas. Depois escorrer e enxaguá-los bem com água pura. Em seguida, cozinhe-os e prepare da maneira que desejar.

A melhor maneira para se cozinhar caranguejos é sobre o vapor de água; para isso, use o seu "cuscuzeiro" (fôrma própria para se fazer o cuscuz paulista), deixando a fôrma bem tampada. Cozinhar por mais ou menos 20 minutos.

LAGOSTAS — Estas, como todos os crustáceos, quando adquiridas frescas, deverão ser imediatamente aferventadas.

Quando cozinhar lagosta, junte 1 cebola à água do seu cozimento; quando a cebola estiver cozida, a lagosta também estará.

LULA — *Limpeza básica* — Depois de ter adquirido lulas bem frescas, corte as cabeças, tire as bolsas de líquido escuro e também a cartilagem em forma de pena. Esvazie completamente, e lave muito bem para sair toda a pele acastanhada.

Então mergulhe-as em água com limão, deixando assim por algum tempo. Torne a lavar; agora elas estarão prontas para serem preparadas a seu gosto. Ao cozinhar lulas pode fazê-lo em panela de pressão, por mais ou menos 15 minutos. Elas deverão estar macias, senão não ficam gostosas.

MANJUBAS — Estes peixinhos (tão deliciosos para acompanhar uma "caipirinha" ou outro aperitivo) quando estão sendo fritos na frigideira, se agarram e grudam uns aos outros, o que torna mais difícil sua fritura. Mas isso não acontecerá, e você irá fritá-los tranqüilamente se, em vez de passá-los na farinha de trigo pura, misturar com ela um pouco de fubá, antes de fritá-los. Os peixinhos não vão grudar mesmo.

MARISCOS — Só podem ser comidos muito frescos. Após terem sido extraídos das pedras, levá-los ao fogo para serem aferventados em panela tampada e sem água, cozinhando apenas com o calor e o bafo. Num instante eles se abrem, o que quer dizer... estão cozidos.

Mas, ao adquirir mariscos em peixarias, examine-os bem, para só levar aqueles que estão realmente frescos; eles devem estar bem fechados. Rejeite os que estiverem com suas cascas abertas, pois esses já são velhos. Mesmo que você esteja morrendo de vontade de comer mariscos, não se arrisque a comer os que estão abertos.

MEXILHÕES — VÔNGOLES — Ao cozinhar esses frutos do mar, nada de colocar água na sua panela; ponha, apenas, um pouquinho de óleo e tampe a panela, que eles irão cozinhar no próprio caldo que irá se desprender.

OSTRAS — Você sabia que é aconselhável comê-las nos meses cujos nomes não têm a letra R? E só poderão comer quando ainda vivas?

Uma das maneiras para se conhecer isso é pela aparência límpida e pela rigidez da parte comestível: ao pingar limão, ou ao ser tocada pelos dedos (sua "carne"), a ostra se contrai.

Elas também devem estar com suas cascas bem fechadas, quando frescas. Sendo assim, são duras e difíceis de serem abertas.

Mas, se você for comê-las em casa, uma maneira fácil e rápida de abri-las é, depois de bem lavadas, jogá-las dentro de uma panela contendo água fervente. Elas vão abrir imediatamente. E tome cuidado ao abri-las: não deixe escorrer a água que tem dentro delas, que deve ser "chupada" depois de comê-las.

Se você não estiver com muita pressa de comer as ostras que trouxe para casa, elas também vão abrir facilmente se forem lavadas em água fria e depois guardadas no congelador, dentro de sacos plásticos, por 1 hora.

Uma ostra enxuta, isto é, seca, não serve para consumo; ela deverá estar molhadinha.

PEIXES EM GERAL — Saiba como conhecer o peixe fresco: as guelras deverão estar de um vermelho-vivo, os olhos e escamas brilhantes. As carnes não deverão ceder a um aperto mais forte dos dedos, e o cheiro deve ser suave.

Se o peixe que acabou de ser fisgado não puder ser limpo na hora, poderá ser guardado no máximo por 2 dias. Para isso, esfregue-o com um pano molhado, em seguida envolva-o com papel metálico, colocando-o imediatamente na parte mais forte do congelador. O papel evitará que seu cheiro se propague pela geladeira. Mas, quando o peixe for adquirido em mercados ou peixarias, deverá ser limpo imediatamente, isto é, eviscerado. O peixe assim tratado poderá ser guardado no congelador, e tanto poderá ser inteiro, como em postas ou em filés; ele durará por muito tempo.

E se você quiser que o peixe congelado fique com sabor de peixe fresco, descongele-o diretamente no leite.

Se tiver que escamar um peixe fresco, faça-o mais facilmente, colocando-o um pouco de molho em água fria com vinagre.

Antes de temperar os filés de peixe, deixe-os ficar de molho no leite por alguns minutos. Depois lave e tempere. Ficarão muito mais saborosos.

Ao cozinhar postas de peixe, coloque na água da fervura um pouquinho de vinagre, para que fiquem branquinhas e não se quebrem. Mas deverão ser cozidas em fogo lento; a água deve "tremer", e não borbulhar.

Ao terminar de cozinhar um peixe, tire o cheiro que ficou na panela, fervendo dentro dela algumas folhas de chá usadas.

PEIXE ASSADO — Peixe assado é uma delícia! Mas na hora de tirá-lo da assadeira "não é sopa", pois ele fica grudado nela, e até poderá se partir. Pois vamos assá-lo de maneira que não grude na assadeira: é só forrá-la com fatias de batata crua, colocando o peixe por cima delas antes de levar ao forno.

Mas há ainda outra maneira de poder tirar com facilidade o bonito peixão que acabou de assar: antes de levá-lo ao forno, forre a assadeira, por baixo dele, com folhas de bananeira ou papel alumínio. Você vai poder tirá-lo fácil, fácil.

Ao fritar peixes ou sardinhas, coloque dentro de sua gordura algumas rodelas de cebola, deixando-as fritas. Assim seu cheiro desagradável não se espalha pela casa, nem no apartamento do lado.

PEIXES DE ÁGUA DOCE — Para eliminar o gosto de barro que estes peixes contêm, antes de limpá-los introduza pela sua boca 1 colher de vinagre, tendo o cuidado de segurar as guelras bem fechadas, para o vinagre não sair. Espere assim por alguns segundos.

POLVO — *Limpeza básica* — Lave o polvo muito bem, retirando as afeias das ventosas, as películas escuras que o envolvem, assim como as pequenas bolsas de tinta (o líquido escuro que dá mau gosto). Batê-lo muito bem (contra a pia ou mesa) até que se desprendam toda a areia e gosma. Esfregar, em seguida, com limão e sal, para sair toda a viscosidade.

Lavar bem em água corrente.

Amaciar — Depois de limpar o polvo, leve-o ao freezer ou ao congelador, deixando-o por 3 dias. É procedendo assim que o polvo ficará macio.

Preparo — Deixar o polvo descongelar. Então, levar ao fogo uma panela com água; quando estiver fervendo, ponha 1 pitadinha de bicarbonato nessa água (apenas uma ponta da colherzinha de café) e mergulhe aí o polvo, para dar uma fervura de no máximo 5 minutos (quanto mais tempo ferver, mais duro vai ficar).

Para que o polvo não encolha muito depois de cozido, antes de colocar o bicarbonato jogue dentro da água fervente algumas rodelas de rabanete. Com um garfo espete o polvo, e vá mergulhando-o, seguidamente, umas 6 vezes dentro dessa água (põe, tira, põe, tira...), quando então deverá deixá-lo cair de uma vez na panela. Aí, proceder como acima descrito.

Passados os 5 minutos da fervura, escorrer, lavar e... está prontinho para fazer com ele um delicioso prato. Que tal fazer um "arroz de polvo" ou um "risoto", para assanhar o paladar de seus convidados? Não é uma boa?

Para isso, faça um ensopadinho do polvo, e misture nele o arroz já cozido, alcaparras e queijo ralado. Hum!... É de "dar água na boca".

VATAPÁ— Ninguém podia imaginar que o gostoso vatapá é "cheio de luxo" e, para ficar perfeito, tem lá as suas manhas no seu preparo. Você sabia? Pois é; por isso, assim que ele for levado ao fogo para ser preparado, não se distraia, porque você terá que mexer sua panela devagar, e com a colher que vai usar, mexer o quitute, rodando apenas para o lado direito, do começo até o fim; não poderá rodar para um lado e voltar pelo outro, senão ele "zanga" e... adeus vatapá.

PEIXES FRITOS — Ver "Gorduras — Óleos — Frituras".

ꟹ Sal

A beleza de uma salina, onde o mar generosamente deposita seu sal, tem no aglomerado de grãos brancos, tanto quanto o açúcar, a finalidade especial de dosar temperos. Ambos estão conjugados na vida, pois se o açúcar adoça nossa vida, toda a graça tem sua pitadinha de sal.

COMIDA SALGADA — A comida salgou? Pingue algumas gotas de limão, e deixe fervendo mais um pouco. Também caso um ensopado que estiver cozinhando tenha ficado muito carregado de sal, esparrame sobre a tampa da panela, fazendo um círculo, 1 punhadinho de sal; deixe-a assim tampada, continuando a ferver. O sal seco sobre a tampa absorverá a umidade e, junto, o excesso de sal. Se foi a sopa que salgou, junte a ela 2 a 3 batatas cruas, descascadas e partidas ao meio. Deixe ferver bastante, pois além de absorverem o excesso de sal poderão também ser aproveitadas na própria sopa ou para a confecção de um outro prato.

O excesso de sal da comida que está no fogo também pode ser "cortado" se for feito o seguinte: tire a panela do fogo, ponha dentro da panela 1 colher (de sopa se for muita comida), deixe descansar alguns segundos e leve novamente ao fogo para acabar de preparar o quitute. Muito simples também é juntar-lhe 1 colherzinha de açúcar e outra de vinagre.

SALEIROS DE MESA — Os saleiros de mesa às vezes retêm o sal, dificultando o seu uso. Livre-se desse inconveniente misturando ao sal alguns grãos de arroz ou de feijão, ou ainda de ervilhas secas. Outro processo é misturar ao sal uma pequena colher de farinha de trigo ou de maisena, que absorvem toda a umidade, acabando de vez com seus problemas nos saleiros.

SALEIROS DE COZINHA — Para que o sal neles guardado fique sempre seco, guarde-o em vasilha totalmente forrada com papel mata-borrão.

Ele também ficará sempre seco, até se acabar, e livre da umidade, colocando no fundo do recipiente, onde fica guardado, uma bolacha salgada, que absorverá toda a umidade.

~Soja

Da família dos "feijões", o feijão-soja é, dentre todos eles, considerado o mais "robusto" dos feijões. Seus grãos redondinhos já vêm recheadinhos de proteínas, para gáudio de nossos organismos.

Mesmo com tais qualidades, a soja é rejeitada por muitos paladares, devido ao seu gosto peculiar. Mas, se o nosso tradicional feijão nos dá o delicioso "tutu de feijão", é a soja, com sua riqueza extraída das colheitas das extensas plantações que cobrem milhares de hectares de terra, que dá o "tu$tu" para o nosso país.

E entre o feijão do dia-a-dia e o da soja (cá pra nós), o melhor mesmo é ficar... com os dois.

Agora, todos poderão usufruir das qualidades da soja, pois já é possível eliminar seu gosto indesejável, podendo-se usar e abusar, não só do seu leite, como de uma grande variedade de pratos, agora sadios e saborosos.

ELIMINAR O GOSTO DA SOJA — O básico é não lavar os grãos.

1) Levar uma panela ao fogo contendo 1/2 litro de água e 1 pitada de bicarbonato de sódio. Quando estiver fervendo, coloque dentro 150 g de grãos de soja e deixe ferver por 3 minutos.
2) Escorrer a água e esfriar imediatamente os grãos, colocando-os sob a torneira de água fria.
3) Levar a panela ao fogo contendo 1 litro de água com 1 pitada de bicarbonato de sódio. Quando a água estiver fervendo, coloque os grãos, já esfriados, para ferver por mais 3 minutos. Deixar esfriar.

Pronto. Com seu sabor eliminado, a partir daí, poderá usar como base para confeccionar qualquer receita a base de soja.

LEITE DE SOJA (SEM GOSTO)

- 1 xícara (chá) de grãos de soja, sem lavar
- 1 1/2 litro de água
- 1 colher (café) de sal
- 2 colheres (sopa) de açúcar
- 1/2 colher (café) de bicarbonato de sódio

Modo de fazer:

1) Tire o gosto da soja (ver o item anterior).
2) Depois da segunda fervura (não esfriar), quando estiverem mornos, bater os grãos e a água no liquidificador.
3) Derrame tudo numa panela e leve ao fogo alto. Logo que der a primeira fervura, abaixe o fogo, deixando cozinhar por 10 minutos.
4) Umedeça um pano limpo e coe esse líquido.
5) Ao leite coado, adicione e misture o açúcar e o sal.

Esse é o leite que você poderá variar de sabor, adicionando chocolate, morango, baunilha, canela ou qualquer nutriente em pó.

A massa que restou no pano (coador) se chama "resíduo". Muito nutritiva, é utilizada como base no preparo de muitas receitas e pode ser guardada no congelador.

TIRAR AS CASCAS DOS GRÃOS — Depois que der a segunda fervura (ver no início), escorra a água (reserve-a se quiser) e coloque os grãos dentro de uma bacia ou tigela com água fria e com os dedos vá esfregando-os (como se faz com grão-de-bico). Então, é só separar os grãos e usar.

LEITE DE SOJA NATURAL (SEM TIRAR O SEU SABOR) — Muitas pessoas não se incomodam ou já se habituaram ao paladar da soja. Para estas, a receita de como extrair o leite de soja em casa:

Tome como medida 1 copo (desses de geléia) cheio de soja; lave-a muito bem e junte 5 copos de água filtrada, deixando assim de molho durante 1 noite, ou por 10 horas. Decorrido esse tempo, coe (reserve a água) e leve a soja ao liquidificador para moer, juntando aos poucos a sua água reservada. Coe novamente, resultando daí o leite de soja. Poderá ser usado assim mesmo, cru, ou então, depois de batido no liquidificador, coloque tudo numa panela, deixando ferver por mais ou menos 20 minutos, em fogo brando, mexendo de vez em quando com colher de pau.

Retire então do fogo, deixe esfriar, e coe num pano, espremendo bem. Este é o leite de soja fervido. Poderá ser tomado puro, com açúcar, mel ou canela. Ele substitui perfeitamente o leite de vaca, podendo ser também usado na comida. Guarde em geladeira. Tal como o leite comum, cria nata e poderá coalhar se não ficar em lugar fresco. Aproveite os bagaços (o que sobrou da extração) na comida, com carnes, ou para bolos e doces. Se for levado ao fogo com açúcar e coco ralado, deixando apurar depois de frio, dará uma ótima cocada.

O leite de soja tem as mesmas aplicações do leite de vaca; pode-se empregar em chocolates, sorvetes, bolos, pudins, vitaminas etc. Para as pessoas alérgicas ao leite animal, é o leite de soja amplamente usado e recomendado. Mas para que essa substituição seja total, deve-se acrescentar, para cada litro de leite de soja, 50g de açúcar, 1g de sal e 0,5g de fosfato tricálcico.

Vinagre

Está presente em quase todas as sessões deste livro.

De grande versatilidade, é um dos maiores auxiliares da dona de casa; e vai aqui um conselho: quando o vinagre for muito forte, pode-se torná-lo mais suave colocando-o dentro de um recipiente fundo, de vidro ou de plástico, acrescentando-lhe uma maçã inteira e descascada. Tampe bem o recipiente, deixando repousar assim por uma noite inteira. Após esse período, retirar e guardar o vinagre em garrafa bem limpa.

COMO CONHECER UM BOM VINAGRE DE VINHO — Aqui vão três maneiras para você testar a pureza de um vinagre de vinho, isto é, se ele é falsificado ou não:

1) Coloque 1 grama de tártaro de antimônio e potassa numa pequena porção de vinagre; se ele ficar turvo é que realmente está falsificado com ácido mineral.
2) Misture 5 partes de vinagre e 2 partes de carbonato. Agite bem, deixe repousar por alguns instantes e verifique: se ele perder o cheiro característico de vinagre, exalando, porém, um odor vinoso, é sinal de que você não foi iludida, porque esse vinagre é legítimo; isso não acontecerá, se ele for artificial.
3) Para saber se o vinagre foi falsificado com corrosivo, faça o seguinte: coloque um papel branco (desses de filtrar) sobre um prato de porcelana; pingue sobre ele 1 gota de vinagre e coloque o prato sobre uma tampa de fogão ou numa estufa, para evaporar o vinagre. Se, nesse lugar, o papel ficar negro, é sinal de que esse vinagre contém ácido sulfúrico.

PREPARE EM CASA UM ÓTIMO VINAGRE — Que tal você experimentar essa novidade, hein? Você até irá pensar que está fabricando um delicioso perfume, mas é vinagre mesmo. Escolha, então, a receita que mais agradar:

1) *Vinagre de rosas*: coloque dentro de um vidro contendo 1 litro de um bom vinagre branco 100g de pétalas de rosas vermelhas e perfumadas.

Tampe e deixe macerar por 8 dias. Passe, então, por peneira de seda ou de palha, espremendo bem as pétalas. Tampe e deixe descansar por 24 horas. Agora, é só filtrar, que o vinagre está pronto para ser usado. Guarde em garrafa tampada.

2) *Vinagre de alfazema, hortelã, eucalipto e outros*: proceda da mesma maneira que o de rosas, porém substitua suas pétalas por qualquer um deles.
3) *Vinagre de flor*: um vinagre de flor também poderá ser preparado assim: coloque as pétalas da flor (a que escolher), de qualidade bem perfumada, numa garrafa, e encha-a com vinagre branco, também de ótima qualidade. Tampe, hermeticamente, a garrafa, mantendo-a exposta ao sol por 3 semanas. Está pronto seu "romântico" vinagre de flores. Agora, é só filtrar, que ele sairá bem puro e claro.
4) *Vinagre de vinho*: você poderá obter um ótimo e muito fácil vinagre de vinho. Basta colocar um pouco de vinagre dentro da garrafa de vinho, tampar e aguardar 3 dias, para então começar a usá-lo.

VINAGRE EXTRA — O PREFERIDO DOS GOURMETS — *Receita* — para obter 5 litros de vinagre, use 4 litros de vinho tinto ou branco (a gosto), 1/2 litro de água e 1/2 litro de vinagre de vinho (da cor que você escolher). Coloque a mistura num recipiente apenas vedado com gaze. Em mais ou menos 1 mês estará formada uma película branca na superfície do líquido. Espere até que ela se precipite para o fundo do recipiente, e... pronto!... É só distribuir nas garrafas, que ele já poderá ser consumido.

~ Alimentos Congelados

Cada vez mais, os pratos prontos congelados estão invadindo congeladores, freezers *e... nossas mesas, dando, assim, uma reviravolta nos velhos e tradicionais costumes da culinária caseira. Essa inovação veio facilitar e diminuir tremendamente o trabalho (e aumentar a economia) de uma dona de casa na cozinha: para comê-los e saboreá-los, é só descongelar e levar ao forno para esquentar (quase sempre no mesmo recipiente). Alguns pratos nem mesmo necessitam passar pelo descongelamento, para serem aquecidos; vão diretamente do* freezer *para o forno. Melhor ainda se este for um microondas, pois "num piscar de olhos" a comida estará na mesa.*

E nesse "congela e descongela" (até preços de muitos alimentos já "entraram" nessa), será que algum dia vão descobrir um meio para "congelar" a fome?

CUIDADOS — Todos os alimentos, uma vez descongelados, seja por opção ou por falta de eletricidade, não deverão ser recongelados. Nesse caso, se forem pratos prontos, devem ser consumidos em seguida; se forem alimentos crus, deverão ser cozidos.

Ao se colocar uma comida para congelar, esta não deverá ficar sobre outra que já está congelada.

Um perfeito congelamento, sem dúvida alguma, dependerá principalmente de sua adequada e perfeita embalagem; ela deverá ficar hermeticamente fechada, para impedir um mínimo de entrada de ar.

TIPOS DE EMBALAGENS QUE PODEM SER USADAS

CAIXAS PLÁSTICAS — São em polietileno, maleáveis, especiais para congelamentos, pois são garantidas contra qualquer defeito de fabricação.

SACOS PLÁSTICOS — Estes são também especiais, de alta densidade; são transparentes, incolores e têm que ser de ótima qualidade, para resistirem às baixíssimas temperaturas.

QUENTINHAS — Pratos em folhas de alumínio, próprias para comidas já preparadas, especialmente os de massa (lasanha, *cappelletti* etc.). São muito práticas, pois podem ir diretamente ao forno. São práticas e econômicas; seus pratos (ou travessas) podem ser reaproveitados. Para isso, basta serem embalados em sacos plásticos, porque as tampas só se usam uma vez.

VIDRO — Se você não quiser ter problemas com esse tipo de "embalagem", use apenas os de "vidro temperado", de boca larga, que permitem sua melhor esterilização. Os de vidro comum podem arrebentar.

COPOS DE REQUEIJÃO — Como esses são feitos de vidro reforçado, podem ser usados para guardar pequenas quantidades de líquidos, como alguns molhos. Para vedá-los, cobrir sua boca com papel alumínio, amarrar ou passar um elástico bem apertado. Na hora de descongelar, coloque-o primeiro debaixo de uma água corrente de torneira.

VEDAR — Para um perfeito fechamento de sacos plásticos e vedação das quentinhas é importantíssimo o uso das fitas gomadas. Em alguns casos, pode-se também usar "arame plastificado" e elásticos.

"EXTRAI-AR" — É um aparelho próprio para extrair o ar dos alimentos, antes de irem para congelar. Mas ele só deverá ser usado para extrair o ar de alimentos sólidos e de sacos plásticos; os de molho em sacos plásticos não necessitam retirar o ar.

PRECAUÇÕES

Para que um alimento fique saboroso (no ponto) depois de descongelado, é importante, ao prepará-lo, evitar que cozinhe demais (seja escaldar, assar ou cozinhar), e esfriar rapidamente, passando por água fria ou gelo (nos escaldados).

Não se esqueça de etiquetar todos os alimentos embalados que vão ser congelados, para que você não se atrapalhe nem fique escarafunchando e remexendo todos os pacotes do congelador (ou do *freezer*) para encontrar "aquele" alimento que você deseja.

E, para seu controle, é bom lembrar que cada alimento tem seu tempo de duração congelado. Em média, no congelador, eles duram de 1 a 3 meses; no *freezer*, duram por muitos meses.

ALIMENTOS QUE NÃO CONGELAM

Embora os alimentos congelados mantenham integralmente suas vitaminas e sais minerais, muitos deles não podem nem devem ser congelados, o que não aconteceria por causa de seus componentes, que resistiriam a baixa temperaturas. Simplesmente não congelam.

Alguns desses alimentos:

ABACAXI FRESCO (FRUTA ou SUCO) — Não congelam; adicionados crus em gelatina, sorvetes, e outros, não tomarão suas consistências, não se solidificam. Mas para que essas iguarias tomem suas consistências normais o abacaxi ou seu suco terão que ser previamente fervidos, ou usar a fruta em calda ou compota.

ARROZ — Quando preparado com molho (um risoto bem úmido, por exemplo), pois ele ficaria esponjoso.

BATATAS (COZIDAS SIMPLES) — Ficam esfareladas, amolecem, murcham e escurecem. Porém, em todos os pratos onde elas entram na sua preparação (purê, suflê, fritas etc.), ficarão perfeitas.

BRIGADEIRO (DOCE) — Este vai se congelar perfeitamente, apenas já enroladinho; porém, só deve ser passado em chocolate granulado (picadinho de chocolate) depois de descongelado, para evitar que fique completamente acinzentado.

CARNES SALGADAS ou DEFUMADAS — Não congelar (carne-seca, por exemplo).

CARNES EM VINHA-D'ALHO — Ficam esverdeadas e amolecem.

CHOURIÇO — Ao congelar, torna-se granulado.

CONSERVAS — Estas também não devem ser congeladas.

CREMES, MANJARES, PUDINS e RECHEIOS DE TORTAS — Quando estes pratos levarem maisena no seu preparo, ficarão imprestáveis ao serem congelados, porque, no seu descongelamento, eles soram (soltam água, ficam líquidos). Mas ficarão perfeitos se a maisena for substituída por farinha de trigo.

DOCES CARAMELADOS — Derretem, ficam melados.

FRUTAS — Nenhuma fruta pode ser congelada ao natural; só cozida, com calda ou em purê.

GELATINA — Pura, ao natural, ela não congela; ela talha, torna-se líquida depois de descongelada.

MAIONESE — Esta também não pode ser congelada pura; ela desanda, talha. Porém, misturada (salpicões, musses), ela não se altera.

MAISENA — Esta não aceita congelamento; tudo que levar maisena substituir por farinha de trigo.

OVOS CRUS

NA CASCA — Na casca inteira eles estouram, arrebentam.

CLARAS — Simples, ao natural, elas congelam muito bem, e duram por muito tempo perfeitas.

Em neve, não se congelam.

CLARAS COZIDAS — As cozidas ficam roxas.

GEMAS CRUAS — Puras, não convém congelar, porque perde-se muito delas; uma parte fica ressecada, dura.

Para as gemas serem congeladas, deverão estar batidas, acrescidas de sal ou de açúcar.

OVOS COZIDOS

GEMAS — As gemas cozidas ficam borrachudas.

PICLES — Não convém arriscar, porque eles se tornam moles.

PUDIM DE CLARAS (SUSPIRÃO) — Este não congela; porém os suspirinhos normais, sequinhos, congelam bem.

PUDIM DE LEITE CONDENSADO — Não vale a pena congelar esse pudim; ele vai ficar cheio de furinhos, e às vezes também amolece.

TEMPEROS PARA SALADAS — Se na sua preparação contiverem a mistura de vinagre, maionese ou creme de leite, depois de congelados, os componentes se separam.

VERDURAS E LEGUMES — De um modo geral, eles não devem ser congelados. Portanto, não congelar:

Folhas verdes — Murcham e mudam de cor.

Rabanetes — Amolecem e modificam o paladar.

Saladas verdes — Murcham e mudam de cor.

Tomates — Vão ficar moles. O mesmo ocorre com aipo (salsão), vagem, pepino etc... etc...

TORTAS DE FRUTAS COZIDAS — A massa torna-se mole e pastosa.

LATICÍNIOS

LEITE FRESCO — Ele pode ser congelado, porém depois de descongelado pode separar. Então, se for tomado cru, é só batê-lo no liquidificador que o leite vai ficar perfeito; porém, se depois de descongelado o leite vai ser fervido, não será preciso usar o liquidificador, porque a própria fervura vai se encarregar de deixar o leite perfeito, normal.

COALHADA CASEIRA — É um pouco arriscado tentar seu congelamento, porque ela não congela bem.

CREME *CHANTILLY* — Não congela.

CREME DE LEITE (FRESCO ou DE LATA) — Simples, ao natural, não congelam; talham e ficam amarelos. Mas, se for misturado a eles 1 colher (sopa) rasa de farinha de trigo (para o tanto de 1 lata), ficarão perfeitos.

QUEIJOS — Os queijos não gordurosos (queijo-minas fresco, ricota pura), e os cremosos sem gordura, não congelam bem. E os queijos importados, de um modo geral, quebram muito quando descongelados.

IOGURTE (CASEIRO ou NATURAL) — Ao congelar, seus componentes se separam, tornando-se granulados.

SORVETE — Quando uma lata de sorvete for guardada no congelador por mais de 30 dias, envolva sua embalagem num saco plástico. Assim vai evitar que criem aqueles cristais na parte interna superior da lata, no sorvete.

Nota: NÃO recongelar pratos ou qualquer alimento que foi descongelado.

TEMPO DE CONGELAMENTO

É muito variável o tempo de congelamento de cada prato, ou dos alimentos. Porém, de um modo geral, vai servir como base:

CONGELADOR — De 1 a 3 meses.

FREEZER — A partir de 6 meses.

Beleza

Atualmente, quando abordamos o assunto beleza, estamos nos referindo a ambos os sexos, pois, se na vida prática a mulher luta pelos mesmos direitos do homem, na vaidade o homem já conquistou seu lugar junto à mulher. Hoje, os homens freqüentam institutos de beleza, vão ao coiffeur *(os barbeiros quase faliram) e até as butiques são unissex. Alguns, desprovidos do senso de autocrítica, de tal maneira se embonecam que, diante dos letreiros* Lady *e* Gentleman, *ficam indecisos... E nessa confusão — quando os homens usam cabelos compridos e as mulheres os usam curtos; os homens com blusas românticas enfeitadas com rendas e babados, e as mulheres vestindo terninhos com gravatas — somente a evidência... tira a dúvida...*

Não tencionamos, aqui, aprofundar muito esse assunto largamente explorado e renovado a cada dia, mas apenas citar algumas sugestões, curiosidades e, quiçá, novidades. Para isso, dividimos o tópico em três partes: cabeça, corpo e membros.

~Cabeça

CABELOS

CABELOS BRANCOS — AMARELADOS — Para tirar o amarelado dos cabelos brancos, depois de lavados, enxágüe-os com um pouco de água e 1 colher (sopa) de bicarbonato. Derrame nos cabelos e deixe secar.

Poderá também usar a seguinte fórmula, que deve ser aplicada depois de lavar os cabelos: misturar 10g de água e 50g de petrol. Após a aplicação, enxaguar muito bem.

Mas, se preferir seus cabelos brancos, com tonalidade azul, é só enxaguar com água de anil bem diluída, e deixar secar.

TINGIR — Se você não gosta de ficar com os cabelos brancos, mas tem alergia a tinturas de cabelo, pode ficar mais alegrinha, porque seus cabelos podem até ficar alourados; e é muito simples se conseguir isso: depois dos cabelos lavados, enxágüe-os com um chá bem forte feito com folhas de nogueira (encontram-se em casas de ervas).

TÔNICO PARA CONSERVAR CABELOS — *Receita* — Misturar: 1 parte de rum, 4 partes de vinho branco e 1 parte de cozimento de cevada. Preparar e aplicar nos cabelos.

CABELOS CASTANHOS e RUIVOS — Eles ficarão brilhantes se, depois de lavados e enxaguados, forem também enxaguados com vinagre branco.

Ou, então, pode aproveitar um pouco do café que sobrou, usando-o na última enxaguada dos seus cabelos.

CABELOS LOIROS — Cabelos loiros vão ficar lindos e brilhantes se, antes de lavar a cabeça, você colocar no seu vidrinho pequeno de xampu 1 colher (café) de rum.

CABELOS SUJOS — Não deixe de aceitar um convite para um bom programa de última hora só porque os cabelos estão sujos e engordurados e não há tempo para lavá-los. Pegue sua latinha de talco e com um pente vá dividindo seus cabelos em mechas e jogando entre elas um pouco de talco bem junto ao couro cabeludo. Em seguida, escove-o bem. Verá como seus cabelos ficarão fofos e desengordurados.

CASPAS e QUEDA DE CABELOS — Lavar sempre os cabelos com produtos à base de enxofre — 2 ou 3 vezes por semana —, friccioná-los à noite com óleo — de rícino ou de babosa — morno. Enrolar a cabeça com um pano e só lavar no dia seguinte. Para eliminar as caspas, bata ligeiramente 1 gema com 1/2 limão e friccione no couro cabeludo, deixando ficar por 20 minutos. Depois, lavar normalmente.

Nada melhor para eliminar as caspas do que o limão puro. Depois dos cabelos lavados e limpos, esprema neles o sumo de 2 limões grandes, esfregando bem por todo o couro cabeludo, e deixe ficar por uns 15 minutos. Então, é só enxaguar com água pura.

CHICLETES NOS CABELOS — Para retirar chicletes que ficaram grudados nos cabelos de sua filha, faça o seguinte: primeiro umedeça a parte atingida com óleo mineral (pode ser óleo de bebê) e espere alguns minutos. Depois, com calma, vá soltando o chiclete, que ele sairá todinho, sem choros nem gritos.

Se não tiver óleo em casa, faça o seguinte: ensope bem um paninho com éter, separe com a mão a mecha dos cabelos atingidos e vá passando o paninho no local, de cima para baixo, até que o chiclete saia completamente.

Os chicletes também vão sair com muita facilidade dos cabelos, passando no local um pouco de creme de limpeza de pele. Deixe ficar por alguns minutinhos e, com uma toalha felpuda e seca, vá jeitosa e cuidadosamente retirando o chiclete.

CLORO NOS CABELOS — Depois de um demorado e refrescante banho de piscina, não se esqueça de retirar o cloro dos cabelos, contido na água. Para isso, jogue neles um pouco de vinagre.

PIOLHO NA CABEÇA — Quando a cabeça de seu filho estiver infestada de piolhos (certamente os pegou de algum colega), nada de passar querosene ou inseticidas, que podem intoxicar ou envenenar seu filho. Experimente fazer o seguinte: ferva 1 litro de vinagre com um punhadinho de sal; deixe esfriar um pouco e, quando o vinagre estiver morno, passe na cabeça dele e lave.

Repita isso, umas 5 vezes ao dia, por uns 2 a 3 dias.

CORTAR CABELOS — A Lua tem muita influência sobre os cortes de cabelos; veja qual o seu caso e escolha a Lua certa: a Lua cheia, para cabelos ralos; quarto crescente, para os que não têm bom crescimento; nova, para quem tem muita queda de cabelo.

CRESCIMENTO DE CABELOS — Depois de ter cortado seus cabelos na Lua certa, ajude-os a nascer e crescer depressa fazendo o seguinte: meça 1 copo com água e ponha numa panelinha para ferver com 10 galhos de "buchinho" (bucho é uma planta de jardim com folhas pequenas e grossinhas), em fogo bem baixo e com a panela tampada, até reduzir à metade. Deixe esfriar com a panela tampada e esfregue no couro cabeludo, insistindo nas partes mais ralas. Fazer isso 1 vez por semana, após lavar a cabeça.

BRILHANTINA — A moda vai, a moda volta, e a brilhantina está sempre no toucador, feminino e masculino. Então, nada melhor do que uma boa receitinha para preparar sua brilhantina em casa. Não é uma boa? Lá vai ela: derreter um pouco de toucinho, coar e levar essa gordura coada para ferver com uma boa porção de folhas de lima. Coloque e guarde em potinhos tampados.

Essa brilhantina, além de fixar os cabelos, ajuda também a fortificá-los.

CREME RINSE — Quando não tiver mais creme rinse, experimente usar iogurte, deixando por 1 minuto nos cabelos, depois de lavados. Enxágüe bem, e verá como os cabelos ficam desembaraçados e fáceis de pentear.

Um ótimo "creme rinse" você também poderá obter em casa, apenas preparando um chá com algumas folhas secas de alecrim. Depois de pronto deixar esfriar, coar, e usar igual ao creme rinse.

LAQUÊ PARA CABELOS — Faça seu próprio laquê em casa: derreta 11 folhas de gelatina branca em 2 copos de água fervente (amoleça primeiro a gelatina em água fria, deixando-a um pouco de molho). Deixe esfriar, e junte: 1 copo (água) de álcool de cereais (encontra-se em farmácias), 2 colheres (sopa) de glicerina e 3 gotas de lavanda. Misture bem e aplique.

PENTES e ESCOVAS — Para lavá-los, deixe-os por algum tempo mergulhados em bastante água morna com algumas colheres (sopa) de bicarbonato de sódio, ou em uma solução de água fria (1 1/2 copo) com amônia (1 colher de sobremesa).

Para as escovas de náilon ficarem bem limpas basta lavá-las com água morna e xampu. Os pentes novos durarão mais se, antes de serem usados, permanecerem um dia inteiro de molho em azeite doce.

ROSTO

ACNE — Eis uma receitinha bem suave, inofensiva, e que você vai preparar apenas 1 vez por semana: em um vidro de boca larga, picar bem picadinho 3 maços inteiros de salsa (folhas e talos) e amassar muito bem (melhor se tiver um pilãozinho). Vá colocando aos poucos 1/2 litro de água de rosas, para amassar e misturar bem.

Tampe o vidro e deixe macerando por 24 horas. Comece então a usar diariamente, passando no rosto com um algodão, insistindo nas partes mais afetadas.

CRAVOS e ESPINHAS — Se todas as noites, ao se deitar, você pegar um cotonete (ou um palito com algodão), embebê-lo com leite de magnésia e molhar bem os cravos e espinhas, estes vão, aos poucos, desaparecer. Após a aplicação, não lave o rosto, o que só deverá ser feito no dia seguinte, lavando com água morna.

SARDAS — De uma maneira geral, as sardas não desaparecem. Mas quem sabe elas irão melhorar, se você usar esse antigo preparado: coloque no fogo uma panelinha com um pouquinho de água, deixe ferver e ponha 1 pitada de bórax. Logo em seguida, jogue dentro dela alguns rabanetes bem picadinhos; tampe a panela e apague o fogo, deixando-a abafada até que esfrie.

Então, filtre e coloque num frasco fechado. Passe nas sardas, diversas vezes ao dia.

É preciso saber que qualquer tentativa para se clarear as sardas só poderá ser feita com a pele em seu tom normal, isto é, não deverá estar bronzeada.

Pode-se também clarear as sardas ainda de 2 maneiras:

1) Ferver 1 maço de salsas (tempero de cozinha) em 1 litro de água em fogo brando, por 10 minutos, e com a panela tampada. Deixar ficar assim até que esfrie; coar e usar em compressas frias, diariamente.
2) Misturar 1 colher (sopa) de suco de limão, 1 colher (café) de glicerina e 1 colher (café) de água oxigenada a 10 volumes. Usar também em compressas.

Outras sugestões, ver, adiante, em CORPO.

MANCHAS NO ROSTO — Algumas manchas no rosto saem aplicando-se uma papa feita com bicarbonato de sódio e água oxigenada a 10 volumes. Deixar por 20 minutos e depois lave com água de rosas.

MAQUILAGEM — Antes de aplicar sua maquilagem, use um dos seguintes procedimentos para que ela se fixe por mais tempo:

1) Passar água de flor de laranjeira e deixar secar.
2) Lavar o rosto com bastante água bem gelada (se for água mineral, melhor) e secar com papel absorvente.
3) Passar bem uma pedrinha de gelo por todo o rosto e enxugar com papel absorvente.

ÁGUA DE ROSAS — *Receita* — Em um vidro escuro, coloque 1 colher (sopa) de álcool de cereais e 1 colher (sopa) de essência de rosas. Tampe e guarde por 24 horas, em lugar fresco e escuro. Então, junte 300ml de água destilada, misture bem e guarde em um vidro fechado, que, agora, poderá ser claro. E... é só isso.

SABÃO PARA BARBA — *Receita* — Misturar:

- sabão branco — 75 partes
- carbonato de potassa — 6 partes
- aguardente — 100 partes

Depois de bem misturados, colocar dentro de um recipiente de vidro refratário e levar ao fogo, em banho-maria, até dissolver.

Deixar esfriar, e... pode dar ao seu marido, que ele vai gostar de usar essa novidade econômica.

BOCA

BATOM — Para se passar o batom nos lábios com mais facilidade, fixando-o melhor, deixe-o, antes de usar, por alguns minutos no congelador; ou algumas horas na geladeira.

Isso é muito bom fazer no verão, quando, devido ao calor, o batom fica cremoso, mole, podendo até se partir, ao usá-lo.

Aproveite os restinhos de batom: remova-os com palito, coloque-os numa latinha ou num pequenino pirex, levando-os em banho-maria até que fiquem líquidos. Despejar então nos estojos (deles próprios) e em pouco tempo a massa estará endurecida e o novo batom pronto para ser usado.

LÁBIOS GRETADOS — Para esses lábios, será necessário usar um batom cremoso, manteiga de cacau ou vaselina boricada.

Para os lábios rachados, quando afetados pelo frio, pode-se usar o seguinte preparado: mel rosado — 15g; ratânia — 4g; cera virgem — 1g.

MAU HÁLITO — Bochechar com a seguinte infusão 3 vezes ao dia: ferver durante 5 minutos 2 ramos de tomilho, 3 ramos de sálvia e 2 limões cortados ao meio, com cascas.

TABACO — O cheiro desagradável de tabaco na boca desaparece com a seguinte solução:

- água destilada — 120g
- cloreto de cálcio — 24g

Misturar, filtrar e juntar:

- álcool a 55° — 120g
- óleo de essência de cravo-da-índia — 2g

Misturar bem e guardar em vidro fechado. Bochechar usando 1 colher (chá) dessa solução para 1 copo de água.

Lavar a boca freqüentemente com água dentifrícia.

ALHO e CEBOLA — Uma boa, para se eliminar esse horrível odor na boca, é mastigar um pedaço de limão. Ou fazer bochechos com água salgada.

Mais dicas, ver em ALHO e CEBOLA.

PIMENTA NA BOCA — Se você for "premiada" com uma pimenta dentro de sua empadinha (cruzes!!!), não adianta ficar abanando com a língua de fora, nem ficar tomando copos e mais copos d'água. O melhor é mastigar logo umas azeitonas, que o ardido vai passar logo.

DENTES — Para quem tem os dentes amarelados e deseja clareá-los, pode-se usar qualquer dos seguintes procedimentos:

1) Picar ou rasgar algumas folhas de goiabeira, esfregá-las nos dentes; poderão também ser mastigadas porque elas contêm muita clorofila. Fazer isto 2 vezes por semana.
2) Escovar ou esfregar nos dentes uma pasta feita de açúcar com um pouco de suco de limão.
3) As folhas frescas de sálvia, esfregadas nos dentes, também são eficazes.
4) Para os fumantes que ficam com os dentes escurecidos pela nicotina basta retirar a parte grossa do leite de magnésia (ou o próprio) com o dedo ou algodão, e esfregar nos dentes à noite quando for deitar, logo após tê-los escovado. Não lavar mais a boca, somente no dia seguinte. Isso deverá ser feito apenas 1 vez por semana.
5) Também poderá ser usado um pouco de bicarbonato, apenas umedecido com gotas de água.

6) Quando tiver moranguinhos para a sobremesa, reserve alguns deles. Para quê? Ora, é para amassá-los, e com eles escovar os dentes. O amarelado vai sair, as manchas também, deixando os dentes clarinhos.
7) Seus dentes também ficarão claros se forem esfregados com um pedaço de limão, 1 vez por semana.

EMBOTAMENTO NOS DENTES — É a sensação produzida quando se come frutas verdes ou ácidas. Ela é facilmente eliminada enxaguando a boca com uma solução de água e bicarbonato.

DOR DE DENTES — Ver "S.O.S.".

ESCOVA DE DENTES — Para amaciar uma escova de dentes muito dura deixe-a de molho em vinagre quente por 1/2 hora; depois, é só lavar com água fria.

Mantenha suas escovas de dentes limpas mergulhando-as 1 vez por semana numa vasilha contendo água gelada salgada e deixando-as ficar de molho por algumas horas.

Mas, antes de usar uma escova nova, prolongue-lhe a vida, deixando-a de molho em 1 copo de água filtrada.

NARIZ

Para um nariz avermelhado em conseqüência do frio, usar o seguinte preparado nos dias mais frios: bórax — 1g; éter — 1cc; água destilada — 30cc. Mas, se o nariz estiver constantemente vermelho, passe todas as manhãs um algodão embebido em benzina retificada e, à noite, será sempre aconselhável usar uma pomada à base de enxofre.

Para que o nariz não fique vermelho como pimentão, umedeça com manteiga a região afetada.

Em caso de corizas (nariz escorrendo), as narinas ficam também gretadas, e por vezes também feridas. Para que isso não aconteça, colocar sobre elas um algodão embebido em álcool canforado misturado com água de rosas, deixando por alguns minutos. Usar em compressas.

Ver também NARIZ, em "S.O.S".

OLHOS

Os olhos são, como já disseram os poetas, "o espelho d'alma", e por isso devem estar sempre claros e brilhantes. Aplique sobre eles compressas frias de chá preto, de camomila ou mate. Essas compressas são também descongestionantes. Elas devem ser realmente frias.

EMPAPUÇADOS — Quando seus olhos estiverem empapuçados e cansados após um dia muito quente, aplique sobre eles compressas de água bem morninha com bastante sal.

OLHEIRAS — Elimine as olheiras (dão um aspecto feio e doentio) aplicando sobre elas uma papa feita com 1 ou 2 batatas-inglesas raladas; deixe essa papa gelar bem antes de aplicar. Deixar por 15 minutos sobre as olheiras.

Outras sugestões para OLHOS, ver em "S.O.S.".

Quando aplicar rímel nos olhos conserve a boca entreaberta, para não haver perigo de piscar.

ÓCULOS — LENTES DE VIDRO — Para limpá-los passe sobre as lentes (por fora e por dentro) o dedo umedecido em sabonete. Em seguida polir. Desse modo as lentes ficarão também mais protegidas da chuva.

Quando comprar óculos comuns, isto é, sem grau (principalmente se for de camelô), faça o seguinte teste para saber se as lentes são boas: coloque os óculos e fixe os olhos em um objeto; se este permanecer imóvel é sinal de que o material é bom.

Suas lentes também ficarão limpinhas e brilhando, colocando-se nelas 1 gota de vinagre ou de vodca; em seguida, limpar com papel fininho.

LENTES DE ACRÍLICO — Não limpar essas lentes com pano, por mais fino que ele seja, pois ficariam logo riscadas. Use apenas lenços de papel, ou mesmo papel higiênico bem fininho, da melhor qualidade.

Essas lentes também vão ficar bem límpidas, usando um pouco de detergente (de cozinha) ou sabão de coco, depois das lentes umedecidas com água. Em seguida, passar o papel fino.

TERÇOL E OUTROS — Ver OLHOS, em "S.O.S".

OUVIDOS

DOR DE OUVIDO — Ver em "S.O.S".

~ Corpo

BANHO

Há vários tipos de banho, recomendados para diferentes ocasiões: os tomados pela manhã são geralmente revitalizantes, e os banhos da noite devem ser repousantes. De vez em quando você pode tomar seu "banho de saúde" escolhendo ervas, folhas, produtos caseiros ou ainda um simples sabonete medicinal.

AMACIAR A PELE — Já ouviu falar em banho de farelo? Pois é ótimo no banho de imersão; basta colocar um sachê com farelo de boa qualidade, e deixá-lo agir.

BANHO REPOUSANTE — Fazer uma infusão bem forte com muitas folhas de alface; jogue então dentro da banheira cheia com água quente, deite aí, repousando por 15 minutos.

CANSAÇO — REUMATISMO — Tempere o banho quente com 1/2 quilo de sal grosso. Cuidar apenas para não molhar do pescoço para cima, pois o sal poderia escamar a pele.

CELULITE — Para combatê-la, usar luvas de crina e algas marinhas; uma dupla que nunca falha quando usada com persistência.

DEPRESSÃO — Nostalgia, fossa, tristeza? Tomar um delicioso banho de mar, ou então de água iodada.

FLACIDEZ — Procure tomar banhos, o mais frio que suportar, e comer bastante gelatina (doce ou salgada). Seja persistente.

INSÔNIA — Um banho morno, por si só, ajuda-nos a ter um sono mais tranqüilo, e será mais eficaz se jogarmos dentro da banheira um chá bem forte de camomila, ou juntar 500g de flor de tília. Repouse nele por 20 minutos e... bom sono.

PELE OLEOSA — Esprema em seu banho alguns limões; verá como sairá com a pele macia.

PELE SECA — Abra a geladeira, retire alguns tomates, corte-os e jogue-os dentro da banheira com água bem quente. Espere alguns minutos, e entre no banho.

PELE PREGUIÇOSA — Para esta, recomenda-se um bom banho de pinho.

REJUVENESCER — Para as que sonham com a eterna juventude, misturar 100g de alúmen com 500g de bicarbonato; jogar na água do banho e mergulhar nela.

RELAXAR — Um bom banho de espuma, óleos perfumados e gardênias frescas acalma o espírito, distende o corpo, dando renovada dose de fôlego e bom humor.

Finalmente, para as mais requintadas, que desejam adoçar a pele, um sofisticado banho de leite! Como? Basta encher a banheira com água morna, dissolver dentro umas 20 colheres de sobremesa de leite em pó instantâneo. Caia no seu banho, e relaxe...

BRONZEADO

Nada é mais gostoso e salutar do que uma praia; e nada atrai mais a atenção de um homem do que um biquíni exibindo um corpo moreno de mulher, bronzeado pelo sol; para ficar assim queimadinha e tentadora, prepare em casa seu bronzeador. Mas um teste antialérgico é sempre aconselhável. Para isso, esfregue um pouco do produto já pronto no pulso e atrás das orelhas e aguarde meia hora. Se o local não ficar avermelhado, use-o sem susto. Eis aqui as receitas de alguns ótimos bronzeadores:

1) Cozinhar e extrair o suco de 2 beterrabas, passando ainda quente por um pano fino; em seguida, juntar: 150cc de álcool de cereais; 50cc de água de rosas; 30cc de glicerina líquida; e 15g de bórax em pó.
2) Cozinhar e retirar a água de 2 beterrabas, na quantidade desejada, juntando a mesma quantidade de café forte. Misturar, adicionando 3 colheres (sopa) de azeite-de-dendê e 2 colherinhas de iodo para cada copo de suco.
3) 2 partes de azeite-de-dendê coado, 1 parte de mel de abelhas, 1 parte de licor de Hoffman (álcool e éter em partes iguais), misturando tudo.

4) 1 vidro de óleo para bebê, a mesma medida de urucum, mais chá forte de cascas de cebola. Misturar.
5) Cozinhar um pouco de urucum, usando a água; colocar a mesma medida de óleo de coco e juntar 2 colherzinhas de iodo. Misturar.
6) 1 vidro de óleo para bebê, a mesma medida de refrigerante tipo cola e gotas de iodo. Misturar.

MANCHAS NA PELE — Algumas manchas escuras (não as de nascença) que aparecem na pele podem ser clareadas ou desaparecer, passando diariamente e suavemente no local a pomada Minâncora.

Mas, para tirar as pequenas marcas de mordidas de insetos (pulgas, mosquitos etc.), esfregue diariamente no local uma mistura feita com óleo de amêndoas doces e bicarbonato.

PERFUMES E FRAGRÂNCIAS

Uma mulher perfumada parecerá sempre mais feminina, e o perfume sempre marcará a lembrança dos mais diversos e agradáveis momentos. E o mais bacana é que cada uma poderá fazer o seu próprio perfume, bastando apenas escolher a essência que mais lhe agradar.

COLÔNIA — Usada à tarde, de preferência em fragrâncias suaves, com essência de flores: colocar 10g de fixador em pó (ou 20g do fixador líquido) em 85g de álcool neutro, deixando por 3 dias, agitando de vez em quando. Colocar, então, no vidro, 30g de essência e, após 24 horas, completar o vidro com 150ml de água filtrada. Guardar por mais ou menos 1 mês, antes de ser usado.

EXTRATOS — Usados à noite, podem ser secos ou doces: colocar 10g de essência em 100g de álcool fixado. Agitar e guardar por 15 a 20 dias.

Para que o extrato fixe bem em você, deixando-a perfumada por muito tempo, use-o esfregando atrás e abaixo das orelhas, nos pulsos e dobras dos cotovelos.

LOÇÃO — Para se usar após o banho: colocar 10g da essência em 250g de álcool; em seguida, 5g de glicerina, deixando decantar por 24 horas. Juntar, então, 200ml de água filtrada.

Todos os preparados devem ficar em vidros bem fechados (nunca de plástico), longe dos raios solares.

FRASCOS DE PERFUMES — DE REMÉDIOS — Quando tiver receio que vidros ou frascos derramem dentro de sua frasqueira ou maleta (principalmente em viagem), passe em torno dos gargalos dos vidros uma generosa camada de esmalte de unhas e deixe secar antes de guardá-los; assim, ficarão bem vedados. Na hora de abri-los, é só fazer uma torção.

SABONETES

Não jogue fora as sobras de sabonete. Em um vidro refratário de boca larga (desses que se usam para compota) deposite todos os pedaços de sabonete, cobrindo-os com 2 dedos de água, mais umas gotinhas de amônia. Quando atingir a quantidade que você achar suficiente, coloque o vidro em banho-maria, mexendo de vez em quando com colherzinha de pau, até que esteja todo dissolvido, em pasta. Juntar então, aos poucos, 2 colheres (sopa) de glicerina, misturando muito bem.

Despejar em vasilha ou tabuleiro retangular, não muito grande, para que fique um pouco alto; depois de frio, cortar as barrinhas de sabão e usá-las no seu próximo banho.

Se preferir colori-lo, é só misturar anilina enquanto estiver ainda bem quente.

SARDAS

O excesso de sol provoca o aparecimento de sardas, principalmente nas pessoas de pele clara. Por isso não devem abusar do sol. Mas, para atenuá-las, procure passar leite cru todos os dias. Aplique também uma mistura de suco de agrião com mel, em partes iguais.

SUOR

AXILAS e PÉS — Geralmente as pessoas suam muito nas axilas (outras nos pés) e quase sempre acompanhado de seu desagradável e característico odor. Este poderá ser facilmente contornado, sem necessidade de recorrer aos produtos que estão à venda, alguns mesmo fora do alcance de muitos bolsos.

E você poderá escolher qualquer das sugestões para ser usada nas axilas:

1) Preparar 1 colher (sopa) de bicarbonato de sódio, diluído em 200g de álcool.
2) Cortar 1/2 limão, deixar envelhecer, ficando meio embolorado; esfregar nas axilas, deixando secar por 20 minutos. Usar antes do banho, e só repetir a operação quando achar necessário.
3) Poderá também usar o limão fresco, embora seja menos eficaz que o outro.
4) O alvaiade também é muito indicado.
5) Usar pela manhã, após o banho, e à noite, leite-de-colônia nas axilas, deixar secar sem lavar. Estes dois últimos processos são muito indicados para as pessoas que têm o odor da transpiração mais pronunciado.
6) 1 grama de bicloreto de mercúrio em 1 litro de álcool, quando usado após o banho, é ótimo para tirar o cheiro das axilas.
7) Se não quiser usar nenhuma das sugestões acima mencionadas, aplique então polvilho anti-séptico, que tira completamente o desagradável cheiro de suor. Usar diariamente, ou quando necessário. Este também é ótimo para ser usado nos pés, diariamente, pois além de neutralizar seu odor, também evita frieiras, quando passado entre os dedos dos pés.
8) Mas, se tiver o odor muito pronunciado nos pés, use desinfetante puro; ou então mergulhe os pés numa bacia contendo água bem quente misturada a uma boa quantidade de desinfetante, mantendo os pés aí por algum tempo.
9) Uma boa, também, é passar no local leite de magnésia, deixando secar bem.
10) Mas se você tem um desodorante preferido, melhore sua ação, colocando dentro do seu frasco 2 colheres (sopa) de água oxigenada 20 volumes.
11) Desinfetante também é ótimo para ser usado nas axilas; porém, se for usar puro, entre logo embaixo do chuveiro, para não irritar a pele. Ou, então, use-o mais fraco, misturado com água.
12) Mas aqui também vai uma receitinha fácil, econômica, eficiente, e que não mancha a roupa. Vamos lá: em um vidro de tamanho médio colocar 1 colher (chá) de bicarbonato e 1 xícara (chá) de álcool. Tampe e deixe descansar por 1 semana. E... está pronto. Agora, se quiser tê-lo perfumado, é só misturar a ele umas gotas de perfume ou colônia.

~Membros

BRAÇOS

COTOVELOS — Acostume-se a esfregá-los com pedra-pomes durante o banho, e de vez em quando com a metade de 1 limão; isso deixará os cotovelos claros e lisinhos.

MÃOS

Para tê-las macias, coloque-as por 15 minutos em banho morno de azeite de oliva, ou em água morna com um pouquinho de amoníaco.

Elas ficarão lisas, se fizer uma espuma com sabonete nas mãos, pondo um pouquinho de açúcar sobre suas palmas e esfregando uma contra a outra; depois é só lavá-las. Esfregue também leite de mamão até que este fique bem absorvido.

A borra de café também dará ótimo resultado quando esfregada na palma das mãos, além de ser eficaz para tirar delas o cheiro de alho e cebola. Depois que usar amoníaco, lave as mãos com água avinagrada, para fazer voltar sua maciez.

ODOR DE ÁGUA SANITÁRIA — O cheiro de água sanitária desaparecerá, esfregando as mãos com um pouco de leite, ou então borra de café ou vinagre.

ALHO — CEBOLA — ÁGUA SANITÁRIA — Esses três fortes odores vão desaparecer das mãos, apertando-se uma colher de aço inoxidável sob uma torneira aberta de água fria.

O odor de alho também sai esfregando-se açúcar nas mãos.

CEBOLA — Além do processo citado acima, do alho, o cheiro vai desaparecer todinho, esfregando as mãos com solução de água e amoníaco (pouco).

BENZINA — GASOLINA — Quando acabar de usar esses produtos, esfregue as mãos com sal grosso ou sal de cozinha umedecidos com água. Depois, lavar com água e sabão.

PEIXE — CEBOLA — Para tirar esses odores, lave primeiro as mãos, e, com elas umedecidas, salpique-as com bicarbonato, espalhando bem sobre a pele; dê umas boas esfregadas, e enxágüe em seguida.

Após a retirada de qualquer odor, lavar as mãos normalmente, com água e sabonete.

SUOR e TRANSPIRAÇÃO — O suor excessivo nas mãos diminuirá se elas forem lavadas freqüentemente com um sabonete à base de tanino. Para diminuir o problema, eis uma fórmula para ser passada de manhã e à noite, que pode ser encomendada na farmácia: 1 parte de alúmen, 5 partes de acetato de chumbo e 500 partes de água de rosas. Também poderá fazer uma fricção diária com álcool canforado. Ou, 2 vezes ao dia, banhar as mãos numa solução de 1 colher (sopa) de alúmen para 1 litro de água quente. Uma boa, também, é usar o mesmo desodorante que se usa nas axilas.

MANCHAS NAS MÃOS E DEDOS

De um modo geral, todas as manchas nos dedos e nas mãos saem esfregando-se pedra-pomes e sabão de coco.

Mas há algumas manchas mais rebeldes, tais como:

CERA — Esta mancha sai passando-se óleo para móveis. Depois lavar.

FRUTAS — Quando descascamos frutas, elas podem deixar manchas (nódoas) que a água e o sabão não conseguem remover. Então, é só esfregar nos lugares a mistura de sumo de limão e vinagre.

FUMO — NICOTINA — Elas vão desaparecer, esfregando todos os dias pedra-pomes com os dedos ensaboados, e, depois de bem enxaguados, esfregar com água oxigenada de 20 volumes.

As pessoas que fumam em geral ficam com os dedos manchados de nicotina; para tirar estas manchas, podem também esfregar a mistura de suco de limão com água oxigenada.

IODO — MERTIOLATE — Esfregar primeiro com álcool e depois lavar com água e sabão.

TINTA A ÓLEO OU NÃO (DE PAREDE) — Tire-as usando querosene, aguarrás ou terebintina. Mas, na falta deles, quebre o galho usando cera de assoalho.

TINTA DE ESCREVER — Os dedos que ficaram manchados com tinta de escrever vão ficar limpinhos, esfregando-se suco de tomate.

PINTURA DE OBJETOS — Esfregar um pedaço de toucinho ou gordura de presunto, que a mancha desaparecerá todinha.

Se não tiver as gorduras, pode também usar os mesmos que estão em TINTAS A ÓLEO OU NÃO (DE PAREDE), logo acima.

VERNIZ — Para estas manchas, antes de lavar as mãos e dedos com água e sabão esfregue-os com um chumaço de algodão embebido em óleo de oliva.

UNHAS

Antes de cortar suas unhas, consulte o calendário, para saber em que Lua está, porque, para ter suas unhas fortes, você não deve cortá-las na Lua minguante.

Fazendo suas unhas às sextas-feiras, evitará aquelas pelinhas que tanto incomodam.

INFLAMADAS — Se a manicure "barbeira", ao cortar a cutícula do dedo, quase tirou um "bifinho" e a unha inflamou, ficou dolorida ou rachada, massageie o local com azeite de oliva. A irritação vai passar, e o local também vai ficar macio.

ESMALTE — Depois de aberto e usado um esmalte novo, antes de fechá-lo passe um pouco de graxa na rosca do seu vidrinho. Desse modo, a tampinha não vai ficar grudada, mesmo que o esmalte fique guardado por muito tempo.

Se você não tomou essa providência, e a tampinha "embirrou", não quer abrir, calma... e não precisa jogar fora o vidrinho de esmalte. Você vai desenroscá-lo "num abrir e fechar de olhos", virando-o de cabeça para baixo, pingando na junção tampa-vidro algumas gotas de acetona, e... vamos, torça a tampinha. Abriu, hein?

Endurecido — Para amolecer o esmalte que endureceu dentro do vidro, prefira colocar dentro dele um pouco de "óleo de banana" em vez de acetona, porque além de não ressecar as unhas elas também ficarão mais brilhantes.

Esmalte grosso — O esmalte que está muito grosso vai afinar, colocando seu vidrinho, por alguns minutos, dentro de um recipiente contendo água quente (não demais).

Mas, para evitar problemas com seu esmalte, fazendo com que ele se conserve como novo até o fim, mantenha-o guardado na geladeira.

Também poderá ainda aproveitar o esmalte grosso que ainda resta no vidro juntando umas gotas de álcool 90º, e agitando bem antes de usar.

Na falta de acetona para retirar o esmalte das unhas, ponha-as de molho, por alguns instantes, numa mistura de álcool com açúcar, colocados em um recipiente fundo, para cobrir as unhas. Depois de alguns minutos, é só esfregar, que o esmalte sairá imediatamente.

PERNAS

DEPILAÇÃO — GILETE — Se prefere fazer a depilação de suas pernas com gilete, não precisa usar uma lâmina nova cada vez que se depilar; a gilete se conservará afiada se, logo após o uso, for lavada e guardada imersa dentro de um recipiente com álcool. Ver GILETE em CAIXA DE COSTURA em "Tecidos e roupas".

JOELHOS — Para clarear os joelhos (e as nádegas também), friccione uma mistura de bicarbonato e óleo de amêndoas doces na região.

TORNOZELOS INCHADOS — Se eles costumam inchar no verão, aplique compressas de água vegeto-mineral (tem nas farmácias), mantendo as pernas mais altas, apoiadas numa cadeira.

Mas, veja bem, se os tornozelos incham constantemente, ou se for por algum problema de saúde, procure um médico.

MANCHAS ENTRE AS COXAS — As pessoas gordinhas, ou as que têm as pernas muito grossas, geralmente ficam com manchas escuras na região interna das coxas, provocadas pelo atrito quando andam, ou mesmo pelo suor no local. Para clarear essas manchas, coloque sobre elas uma máscara feita com a mistura em forma de pasta de: 1 colher (sopa) de bicarbonato, algumas gotas de limão e algumas gotas de água oxigenada a 20 volumes. Deixe ficar por 20 minutos.

PÉS

CANSADOS — Descanse os pés mergulhando-os por 15 minutos numa bacia contendo água quente e duas ou três colheres (sopa) de vinagre; ou ainda numa salmoura quente (use 1 punhado de sal).

Também terão alívio imediato se forem mergulhados em água quente com sabão, fazendo-os passar logo em seguida por um forte jato de água fria, friccionando-os com escova macia.

CALOS — Para exterminá-los, amassar 1 dente de alho com óleo de oliva quente, formando uma papa; colocar sobre o calo, envolvendo-o com gaze. Fazer diariamente, até o calo secar.

TRANSPIRAÇÃO e ODOR — Quem sua muito nos pés deve tomar as seguintes precauções:

1) Trocar diariamente os sapatos, porque o couro demora muito a secar; e não usar sapatos de fibra sintética.
2) Sempre que for possível, retire as meias, não importando a qualidade.
3) Usar sabonete de formol; pulverizar os pés e o interior dos sapatos com talco ou desodorante *spray*.
4) Evitar os talcos à base de bórax, que só tendem a agravar o problema.
5) Para tirar o mau cheiro causado pelo suor enxaguar os pés com uma mistura de água e bicarbonato de sódio.
6) Lavá-los todas as noites com água morna e em seguida friccioná-los com álcool iodado ou canforado.
7) Banhar os pés à noite com água de anil bem forte; isso acaba com o mau cheiro do suor dos pés.
8) Muito fácil e eficaz é usar diariamente nos pés polvilho anti-séptico.

Se o problema forem as frieiras, o remédio é banhar os pés em 2 litros de água na qual tenham sido fervidos 10g de folhas de nogueira por 20 minutos.

O esmalte que se passou nas unhas dos dedos dos pés secará mais depressa se estes forem mergulhados num pouco de água morna com bicarbonato.

A Casa e Suas Dependências

೧Banheiro

Após um longo período áureo, em que apenas a nobreza tinha o privilégio de deles usufruir, os banheiros caíram em decadência, passando a water-closed *no sentido mais estrito da expressão.*

Atualmente, as novas concepções de conforto burguês fizeram com que alguns banheiros deixassem de ser "privados". Trazendo a marca da história, estão novamente se transformando em cômodos de luxo, reunindo em seu ambiente sofisticado peças e objetos de decoração.

A pia tomou por empréstimo uma bacia de cobre ou de prata; os vasos são em louças decoradas, e as luzes ofuscantes, emanadas de lampiões ou tocheiros, indiretas ou em spots.

O chão (que as crianças tomem cuidado) é forrado com fino tapete, ostentando pelos cantos, como enfeite, uma escarradeira e um urinol antigos, que faziam parte da toalete da vovó, agora receptáculos de lindos ramos de flores ou folhagens, esquecidos das necessidades de outrora.

Evita-se a formação de vapor no banheiro, durante o banho, deixando-se correr um pouco de água fria antes de abrir a torneira quente.

AZULEJOS — Há várias maneiras de se limpar azulejos:

1) Usando álcool.
2) Depois de lavados com água e sabão, umedecer um pano em querosene e esfregar neles; este não apenas limpa e dá o brilho, como também o afasta de insetos.
3) Embeber um pano na solução de 2 litros de água para uma colher de amoníaco líquido e esfregar. Serve, também, para azulejos de cozinha.
4) Ficarão com bom aspecto, quando lavados com água misturada com um pouco de amido; além do brilho, melhorará o aspecto das juntas.

BANHEIRAS E PIAS — Para remover aquele amarelado das pias e banheiras velhas, lavar com uma solução forte de cloro.

Elas ficam limpas e brilhando se forem esfregadas com um pano embebido em vinagre branco ou em parafina.

Quando encardidas, esfregue um pedaço de limão e lave.

Para tirar as manchas de ferrugem formadas pelo pingar constante da torneira use um pincel ou um chumaço de algodão molhado em água oxigenada, passando-o suave e pacientemente sobre as mesmas até que desapareçam. Não adianta ter pressa nem esfregar com força.

Deixe as banheiras e pias manchadas bem branquinhas, umedecendo primeiro o local amarelado e, em seguida, esfregando limão e deixando ficar por 1/2 hora. Depois é só esfregar com uma pasta ou sabão e palhinha de aço. Enxaguar bem.

As manchas esverdeadas deixadas pelo aquecedor de gás também saem com esse procedimento.

Elas vão ficar limpinhas, também, se forem lavadas com água, sabão e um pouco de bicarbonato.

Pias e banheiras ficarão limpinhas e brilhantes, esfregando-as com uma mistura de vinagre e parafina.

Se a pia for preta e estiver suja ou manchada lave primeiro com pedra-pomes em pó, enxágüe e deixe secar muito bem. Depois, encere com o seguinte preparado: derreter em banho-maria 100g de cera virgem e 10g de pó para sapatos pretos. Quando derreter, tirar do fogo e juntar 100g de essência de terebintina. Empregar. Deixar secar por 1 noite ou por várias horas. Depois, é só dar o brilho com flanela. Serve também para mármore preto.

DESENTUPIR PIAS — Quando a pia entupir experimente jogar no cano 1 punhado de bicarbonato de sódio, em seguida jogue por cima dele 1/2 xícara (chá) de vinagre e tampe a pia por 20 minutos. É tiro e queda.

CHUVEIRO — Quando o chuveiro entupir, não precisa ficar esperando pelo encanador (bombeiro), que às vezes leva dias para aparecer. Veja como é simples desentupir: desenrosque as borboletas e solte os crivos (parte dos furinhos). Passe então nos buraquinhos uma escovinha de náilon; o chuveiro ficará limpinho, e a água escorrerá bem novamente.

CORTINAS DO BOXE (PLÁSTICAS) — Elas vão permanecer macias e flexíveis depois de lavadas, colocando-se um pouco de óleo mineral na sua última água de enxaguar.

ESPELHOS — Para evitar que vapores da água quente do banheiro deixem o espelho embaçado, esfregue-o cuidadosamente com um sabão de roupa enxuto, limpando-o em seguida com um pano macio, até que tenha saído todo o vestígio do sabão. Assim, pelo menos, por uns 7 a 10 dias, ele não vai embaçar.

Quando necessário, repetir a operação.

Ver também ESPELHOS em "Casa em geral".

MÁRMORE — Para clarear as pias, banheiras ou tampos de mármore manchados, polvilhe com sal fino, molhe com água oxigenada de 20 volumes e deixe ficar por algum tempo.

Esfregue então com uma escovinha e enxágüe com água pura.

Se a mancha for de ferrugem, pingue no lugar uma solução feita com 10g de sal de azeda diluído em um pouco de água. Deve-se tomar cuidado ao usar sal de azeda, pois ele é tóxico. Pode-se, também, usar algumas gotas de terebintina, misturadas com sal.

Outros conselhos, ver MÁRMORE em "Copa-cozinha".

RALOS — Uma garrafa de refrigerante tipo cola, derramada nos ralos das pias, ajuda a mantê-las desentupidas.

Ver também RALOS em "Copa-cozinha".

VASOS SANITÁRIOS — Passe, de vez em quando, nos sanitários, um pano molhado em gasolina ou qualquer derivado do petróleo. Isto os deixará claros e brilhantes.

No dia da faxina do banheiro, aproveite para fazer também uma boa limpeza e desinfecção no vaso sanitário, fazendo o seguinte: depois de limpá-lo e lavá-lo, despeje dentro dele um pouco de lixívia dissolvida em água quente. Dê nova descarga. Por último, coloque um pouco de desinfetante.

Mas, se o vaso sanitário é antigo e velho, geralmente fica tão encardido, que muita gente pensa em trocá-lo por um novo, porque, por mais que passe e esfregue os diversos produtos de limpeza, o encardido não sai, não desgruda mesmo. Antes de pensar em trocá-lo, experimente esfregar, muito bem, com cal virgem. É a única maneira de limpá-lo.

ESPONJAS DE BANHO — Lavar com água fervendo e caldo de limão (1 limão para 1/2 litro de água).

Essas esponjas e as de borracha perdem o visco se ficarem de molho por algumas horas em 1 litro de água com 3 colheres (sopa) de bicarbonato.

As de borracha também se limpam com água e suco de limão.

SABONETE — *Receita* — Se quiser preparar em casa um gostoso sabonete, que, além de ser econômico, não resseca a pele, aproveite essa receita que é facílima de fazer: rale 1 tablete (200g) de sabão de coco da melhor qualidade (compre em drogarias, que os de supermercado não servem), coloque num recipiente alto (lata ou panela), junte 1 litro de água, e leve ao fogo brando, para derreter, mexendo sempre, de preferência com colher de pau. Tire do fogo e vá acrescentando mais água quente, até o ponto de um creme mais ou menos ralo. Junte, então, 2 colheres (sopa) de glicerina, misturando bem, e perfume com uma essência de sua preferência.

Despeje tudo num tabuleiro ou assadeira de lata ou de alumínio, untado com óleo de bebê, e deixe solidificar. Porém, antes que fique completamente duro, corte em quadrados, permanecendo na assadeira até que esteja completamente frio e bem endurecido.

Se quiser, guarde os sabonetes embrulhados em papel alumínio ou papel celofane, guardando-os em lugar fresco.

~Bibliotecas — Livros e Papéis

A descoberta da imprensa foi um dos estopins para o deflagrar da Renascença, trazendo como conseqüência a divulgação dos livros, que proporcionaram o ensinamento e o conhecimento das artes e ciências em geral.

Toda casa tem seu cantinho intelectual reservado para guardar o saber e a inteligência contidos nos mais variados livros: os didáticos e os de literatura, sejam romances ou poesias, guardando todos eles um pouco da cultura da humanidade.

Cuidar bem de sua biblioteca é zelar por um dos patrimônios mais valiosos de seu lar.

BARALHOS — Como atualmente quase todos os baralhos são de plástico (ou plastificados), sua limpeza se torna muito mais fácil.

Mas para limpar cartas de qualquer baralho basta esfregar miolo de pão ou então friccionar água-de-colônia. Deixar secar e lustrar com pano macio.

Evite que a umidade estrague as cartas do baralho. Com um chumaço de algodão ligeiramente embebido em álcool, esfregue uma por uma, deixando evaporar. Em seguida, polvilhe a carta com talco, limpando então com uma flanela nova.

Quando as cartas de baralho plástico não estiverem deslizando bem, passe por elas um pouco de cera branca, com um paninho bem limpo, e lustre com uma flanela, também bem limpa. O resultado é excelente.

BORRACHA — Quando uma borracha (de lápis) estiver velha e endurecida, não a jogue fora, porque ela poderá ficar como nova. Sabe como? Apenas levando-a a ferver numa solução à proporção de 95% de água e 5% de carbonato de sódio. Ferver por alguns minutos.

CANETA ESFEROGRÁFICA — Se não conseguir escrever com essa caneta porque a tinta não sai, coloque sua ponta no filtro de um cigarro (aceso), mexendo-a um pouco.

Poderá, também, mergulhar a ponta em água bem quente.

Nos 2 casos, ter o cuidado para não encostar a parte plástica da ponta da caneta, porque ela se derreterá e... adeus caneta.

COLA — GOMA-ARÁBICA — Se a goma-arábica estiver ressecada, não será preciso levá-la ao fogo; coloque água fria no vidro, que após algumas horas poderá ser usada.

Evita-se que a goma-arábica endureça colocando dentro dela alguns pedaços de cânfora. Mas, se já estiver endurecida, adicione algumas gotas de álcool. E, antes de fechar os vidros de cola, passe nas tampas um pouco de vaselina, que é para elas não grudarem. Isso se faz também com vidros ou latas de tinta.

Uma ótima cola é obtida dissolvendo-se creme de arroz em um pouco de água fria, levando em seguida ao fogo brando, mexendo até ferver. Fica forte, branca, e, quando seca, se torna transparente.

Para uma cola que vai ficar guardada por muito tempo não embolorar, coloque dentro dela um pouco de óleo de terebintina.

DISCOS

Conservação — A melhor maneira para se conservar os discos é guardá-los em pé em lugar fresco, evitando que se deformem.

Limpeza — Dentre as várias maneiras que existem para limpar os discos, a mais fácil e econômica é usar detergente. Para isso, umedeça uma esponja macia, pingue nela algumas gotas de detergente, e passe sobre os discos, sempre na mesma direção, acompanhando o sentido dos sulcos, da esquerda para a direita. Em seguida, coloque-os num escorredor (de pratos mesmo), para secar. E quando for usá-los, evite colocar os dedos sobre eles.

FILMES — *Conservação* — Os filmes vão se conservar muito bem, passando-se parafina nos lados dos rolos.

FOTOGRAFIAS — Nunca devem ser guardadas umas sobre as outras, isto é, com o verso de uma sobre a face revelada da outra.

Pode-se, entretanto, condicionar as fotos duas a duas, fazendo as faces reveladas se encontrarem.

Se quiser que uma fotografia dure anos e anos sem sofrer nenhuma alteração, dê um banho de cloreto de iodo. Mas é preciso ter cuidado ao usar esse produto, pois é altamente perigoso.

FÓSFORO — Quando não conseguir acender um palito de fósforo novo, porque ele está úmido, friccione um pouco a ponta do palito no seu couro cabeludo e... veja a surpresa que terá.

FUMO

De cachimbo — Se seu marido gosta de fumar cachimbo, experimente colocar dentro da lata de fumo um pedacinho fino de casca de laranja ou de limão. Quando ele acender o cachimbo, vai ter a deliciosa surpresa do novo, leve e suave aroma do fumo.

De charuto — Para os homens (e algumas mulheres) que preferem fumar charuto e não têm uma caixa com umidificador para evitar que os charutos se ressequem: coloquem dentro da caixa onde guardam os charutos 1/4 de uma cenoura crua. Isto é suficiente.

ODORES

De cinzas de cigarro — Não permita que o cheiro desagradável das cinzas que continuam queimando no cinzeiro incomode as pessoas que estão por perto. Por isso, antes de colocar o cinzeiro em uso, ponha no fundo dele um pouco de bicarbonato.

E o cheiro de fumo que ficou impregnado nos cinzeiros desaparece lavando-os com suco de limão.

De fumo — O cheiro desagradável de fumo que fica na biblioteca ou em outro cômodo da casa (geralmente após uma reunião ou uma festa) pode desaparecer completamente, se for usado um dos seguintes procedimentos:

1) Num recipiente fundo e largo (uma bacia), ponha uma solução de essência de pinho com água bem quente e deixe o vapor espalhar-se por algum tempo dentro da sala fechada.
2) Pegue uma esponja (dessas macias que se usam na copa) e embeba em vinagre branco (é branco mesmo). Coloque dentro de um pratinho e deixe num canto qualquer da sala. Deixe agir por algum tempo, porque então o vinagre terá absorvido todo o cheiro da fumaça dos charutos e cigarros.
3) Mais simples ainda é recolher primeiro todas as cinzas de todos os cinzeiros e depois colocar um grande recipiente com água.

4) Em ambientes menores, ponha, num cantinho da sala, 1 maçã (fure-a um pouco com um garfo). Além de absorver o cheiro da fumaça ela vai deixar o delicioso aroma da fruta.

LIVROS

De quando em quando, alguns cuidados serão necessários com os livros que ficam em estantes, armários e prateleiras, para que o tempo não destrua as obras (algumas raras), geralmente guardadas com tanto carinho.

Ao arrumar a estante ou biblioteca, verifique o estado dos livros e papéis, procurando consertar os que estiverem danificados, para que não se destruam.

CONSERVAÇÃO e LIMPEZA — Pelo menos 2 vezes por ano, passe uma escova de roupa na "cabeça" (parte superior) dos livros e nas páginas, para retirar a poeira que ali se acumula.

UMIDADE — Proteja seus livros da umidade (que logo se transforma em mofo), espalhando nas estantes pedaços de algodão embebidos em essência de terebintina, trocando-os depois de algum tempo.

Mantenha sua biblioteca e estantes livres de umidade colocando pelos cantos alguns frascos de boca larga, descobertos, com cal virgem até a metade, que deverá ser renovada a cada 6 meses.

INSETOS NOS LIVROS — TRAÇAS — A melhor coisa para exterminar traças nos livros, sem perigo de estragá-los, é usar gasolina.

PULGAS NOS LIVROS — "INSETOS LITERÁRIOS" — Parece até que aqueles bichinhos que se alojam nos livros são mesmo "intelectuais", pois eles preferem, principalmente, as grandes obras (que ficam fechadas por muito tempo), devorando e destruindo, até mesmo, uma coleção inteira.

Mas, para combatê-los, aqui vai uma receitinha infalível contra esses bichinhos. Mande preparar em farmácia:

- 250g de essência de terebintina
- 50g de naftalina
- 75g de salicilato de metila
- 10g de oxianureto HG

Peça para ser feito incolor, explicando que é para ser usado em livros. Agite bem e misture em 5 litros de solvente para limpeza. Espalhe nos livros, com um pincel.

Reduzir a receita, de acordo com seu uso.

E, para proteger seus livros contra os insetos, encharque as estantes com querosene, de 3 em 3 meses.

ENCADERNAÇÃO DE COURO — Passe nessa encadernação uma solução de éter e óleo de linhaça, em partes iguais. Numa emergência, esfregue um paninho macio umedecido em vinagre branco.

As lombadas dos livros de couro devem ser limpas de vez em quando, esfregando-se nelas uma pomada branca para calçados. Além de limpar, vão se conservar muito melhor.

Essa encadernação também ficará muito bonita, esfregando seu couro com flanela embebida na mistura de gema de ovo desfeita em álcool 90°.

Os livros encadernados de couro poderão durar até anos, desde que se conservem limpos e cobertos com uma leve camada de vaselina, que deve ser renovada de quando em quando.

De 2 em 2 anos, mande preparar em farmácia a seguinte mistura: 3g de bicloreto de mercúrio, 3g de fenol e 100cc de álcool metílico. Pincelar com essa mistura as capas dos livros, por dentro e por fora, assim como a lombada e as partes das folhas.

MANCHAS NOS LIVROS

Dedos — Essas manchas que ficam nas páginas dos livros, pelo seu freqüente manuseio, saem se forem esfregadas com miolo de pão.

Gordura — Tira-se colocando-se um mata-borrão sobre a mancha e, por cima dele, um ferro bem quente (não demais).

Bolor — mofo — Os anti-sépticos e os perfumes evitam que os livros criem bolor. As essências de alfazema, terebintina e nitrobenzina são as mais indicadas para se passar nos livros.

As manchas de mofo e as deixadas pelas moscas também podem ser tiradas, esfregando-se um paninho macio, umedecido em vinagre; depois, passar algodão seco.

ALGUNS CONSELHOS — Quando as páginas de um livro ficarem grudadas por causa da umidade, basta colocá-lo ao sol, ou dentro de um forno tépido; porém, é preciso colocar um peso sobre as páginas, para que elas não se curvem enquanto secam.

Para "vestir" os livros, dependendo de sua qualidade, do conteúdo ou da raridade da obra, podem ser usados os seguintes materiais: pergaminho, couro de porco, vaqueta, tecido estampado, veludo, cânhamo ou mesmo a estopa.

PAPÉIS

PAPEL AMARELECIDO — Para evitar que papéis e documentos fiquem amarelecidos, proteja-os do ar e da luz solar, guardando-os envolvidos em cartolina ou papel grosso azul. Mas, se tiver alguns escritos antigos, ilegíveis, faça-os voltar ao estado primitivo, passando sobre o documento uma ligeira camada de hidrossulfureto de amônia, com um pincel.

ADESIVO PARA REVESTIR/ENCAPAR — Quando quiser tirar este plástico adesivo de qualquer superfície, basta passar sobre ele um ferro morno e puxar a pontinha, que sairá facilmente.

DECALQUES — Com um pano embebido em vinagre apaga-se qualquer decalque em superfícies pintadas, sem afetar a pintura.

DESMANCHAR ESCRITAS — Se você quiser apagar ou desmanchar uma escrita à tinta, passe levemente sobre ela um algodãozinho embebido em água sanitária, e deixe secar por 3 minutinhos. Então, poderá escrever o que quiser, sem perigo de manchar.

DESPRENDER SELOS E ESTAMPILHAS — Se quiser desgrudá-los de um envelope ou de qualquer documento em que se tenha colado o selo errado, faça o seguinte: pegue um pedaço de mata-borrão, molhe com água e coloque-o do lado contrário ao que está colado o selo, deixando aí por alguns minutos. Pode retirar o mata-borrão, que o selo, além de sair facilmente, estará também perfeito, podendo ser usado novamente.

DOCUMENTOS SECRETOS — Para tornar um documento secreto, em vez de usar tinta pegue uma pena nova e escreva com suco de limão. As letras só aparecerão quando a folha de papel for exposta ao sol.

PAPEL DE EMBRULHO — Este, após ter sido usado, poderá servir novamente se for umedecido pelo avesso e passado a ferro.

Antes de fazer um pacote, umedeça o barbante para que não escorregue ao ser amarrado. Depois de seco, ainda ficará bem esticado.

PAPEL DE PAREDE — Para retirar esse papel da parede, basta molhá-lo com água quente e depois arrancá-lo delicadamente com o auxílio de uma faca.

Manchas de caneta esferográfica em papel de parede saem passando-se levemente um pouco de acetona.

Solto — descolado — Quando a ponta deste papel descolar da parede, levante essa ponta e verifique atrás dele: se ele estiver liso, limpo, pode colá-lo novamente, usando mesmo uma cola comum branca e, em seguida, passando por cima do lugar colado uma esponja úmida, alisando-o; porém se o avesso do papel estiver sujo, com pedacinhos ou vestígios da parede, então não perca tempo e dinheiro em colá-lo, porque o papel se soltaria logo. Nesse caso, o melhor é chamar um especialista, porque ou a parede não foi bem preparada para receber o papel, ou há umidade, talvez até uma infiltração de água.

Na falta de uma pasta especial para colar o papel que soltou da parede, use uma cola plástica. A junção que soltou vai ficar direitinha depois de colada, alisando-a com a parte curva de uma colher.

PILHAS — As pilhas gastas e velhas ainda podem ser reaproveitadas por mais um pouquinho; basta levá-las a ferver com água. Essa fervura funciona como uma carga nova.

TINTA EM TINTEIRO — Quando a tinta que está no tinteiro secar, ponha dentro dele um pouquinho de vinagre, e agite-o bem. Assim, poderá ainda aproveitar esse restinho.

SLIDES — A maneira mais segura para se guardar *slides* é em caixas de aço próprias e preservá-los com silicone.

VIDEOCASSETE

Cabeçote — Na sua limpeza, deve-se usar sempre um líquido próprio; porém, na falta desse líquido, limpar com álcool.

Cuidados com o aparelho — Alguns cuidados são sempre necessários para que este aparelho se conserve perfeito.

Primeiro, escolha bem o lugar para guardá-lo. Ele não deverá ter uma temperatura nem muito elevada, nem tão baixa, e, mais importante ainda, é deixá-lo longe de aparelhos imantados (que tenham ímã), como, por exemplo, um alto-falante.

Também evitar ficar pegando a fita com a mão, pois oxida.

FITA CASSETE — Mantenha essas fitas guardadas na sua própria embalagem comum, porque esta já é uma proteção contra a umidade, evitando que mofem. Mas, para sua maior proteção, coloque pedaços de giz ou um saquinho de cal nas caixas ou compartimentos onde ficarão guardadas.

~Copa-Cozinha

A cozinha era antigamente canto escondido de uma casa, onde o desconforto e a falta de beleza, somados ao conjunto de serviços dela exigidos, nenhum atrativo apresentava, a não ser o cheirinho gostoso de um assado.

Hoje tudo nela mudou.

Com o avanço da tecnologia, nela imperam os aspectos práticos e confortáveis, favorecidos pela beleza da moderna decoração.

Suas peças, agora coloridas, mais parecem ornamentos. Muitos fogões já não ostentam seu forno, que agora pode ser encontrado como peça autônoma.

Nada disso, entretanto, quer dizer que se precise ter menos trabalho ou menores cuidados com a cozinha. Ela continua sendo um centro vital do lar, merecendo portanto o melhor de nossa atenção. Aqui vão algumas dicas para você conseguir arrancar de suas amigas aquela agradável exclamação: "Que beleza de cozinha!"

ARMÁRIOS DE FÓRMICA

Sujos ou manchados, limpe-os com álcool e depois esfregue um pano seco.

AZULEJOS

Se tiverem manchas amareladas, esfregue suco de limão e um pouco de gasolina.

Ver também "Banheiros".

CANOS DE DESCARGA

Algumas gotas de essência de terebintina nesses canos, do tanque ou da pia de cozinha, eliminam completamente o mau cheiro.

Para evitar o entupimento dos canos da pia despeje dentro deles, de vez em quando, a borra do café e, por cima, logo em seguida, água fervendo. Isto vai livrar o cano de gorduras acumuladas.

COPOS — CRISTAIS — GARRAFAS

COPOS — Antes de colocar um líquido muito quente dentro de um copo, envolva-o primeiramente em um pano molhado com água morna, ou coloque antes, dentro do copo, uma colher de metal (de preferência de prata). Mas, em qualquer dos casos, evite deixar os copos sobre o mármore.

Quando se guardam copos em pilhas, sempre acontece de ficarem presos, e na hora de usá-los é difícil separar um do outro. Não tente soltá-los à força, pois poderão se quebrar. O melhor é mergulhar o copo de baixo em água quente (não fervendo) e encher o de cima com água fria.

CRISTAIS — Não se lavam com sapólio; use apenas água e sabão.

As manchas geralmente desaparecem esfregando-se uma fatia de cebola sobre elas.

Se o recipiente de cristal quebrou, tente juntá-lo com a seguinte cola: misture 1 clara de ovo com cal, formando uma pasta não muito grossa. Esta cola é transparente e dá ótimos resultados.

Muito bom também para colar essas peças é derreter um pouco de alúmen num objeto (pode ser uma colher) de ferro meio fundo e aplicar no lugar partido.

GARRAFAS e POTES — Quando vidros que têm tampas lixadas com esmeril forem difíceis de abrir, aqueça com cuidado o gargalo do vidro com um fósforo aceso. O gargalo se dilatará mais que a tampa, e esta poderá ser girada e retirada.

ABRIR — Para abrir facilmente um pote ou vidro com tampa de metal, coloque-o de cabeça para baixo, mergulhado em um pouco de água fria (apenas a parte do metal), e leve ao fogo brando, deixando a água esquentar, sem ferver. Depois vire o vidro para cima e, com a ajuda de um pano, torça a tampa. Jamais coloque o vidro em água fervente, ele poderá se quebrar.

É muito comum as conservas feitas em casa e guardadas em vidros próprios, hermeticamente fechados (com tampas especiais), ficarem com suas tampas grudadas. Não há força que consiga destampá-los. Mas há um jeitinho para se abrir facilmente sem gastar energia: vire o vidro de cabeça para baixo, e dê com ele 2 pancadinhas no chão. Então, é só desvirar, fazer uma leve pressão e zás... a tampa se soltou.

LAVAR — Garrafas cheias de líquido são mais frágeis que as vazias. Assim que as garrafas de leite forem esvaziadas, encha-as imediatamente com água fria; ficarão completamente limpas. Mas se estiverem muito tempo sem água, encha-as até ao meio, colocando um pouco de vinagre e sal. Sacuda bem e depois enxágüe. Este procedimento também serve para se lavar garrafas de água.

MANCHAS INTERNAS — Quando as garrafas estiverem engorduradas por causa de alguma substância que continham, coloque dentro delas um pouco de farinha de mostarda (a preta é melhor) e água quente; sacuda bem, com força, e depois enxágüe.

Esses frascos também ficarão limpos colocando-se umas folhas de chá usadas e um pouco de vinagre branco, deixando repousar por algumas horas. Então, agitar bem e enxaguar com água limpa.

Para reaproveitar garrafas que contiveram vinho ou outros líquidos fortes, coloque dentro delas areia fina e água. Porém, se ela estiver manchada, além da areia e água coloque também umas gotinhas de ácido muriático. Deixe ficar assim por alguns segundos, porém sacudindo-as várias vezes. Enxaguar muito bem com bastante água.

Se o garrafão de água ou vinho estiver manchado por dentro, encha-o até a metade com água mais ou menos quente, sal e jornal bem picadinho. Sacuda bem e enxágüe.

Grãos de feijão ou de milho e um pedacinho de sabão introduzidos pelo gargalo, juntamente com um pouco de água, sendo em seguida bem agitados, limpam qualquer garrafa. Pode-se, também, usar fubá no lugar dos grãos.

Para limpar uma licoreira manchada por dentro use 1/4 de uma caneca de vinagre e casca de ovo moída.

Deixe essa solução agir por muitas horas, agitando-a de vez em quando. Então, é só lavar.

MAMADEIRA — Elas ficarão limpíssimas e isentas de odor, se, antes de lavar, colocar dentro delas 1 punhadinho de sal grosso e um pouco de água. Sacudir muito bem e enxaguar.

ODOR — O cheiro de mofo nas garrafas ou jarros sai se forem limpos com borra de café.

E, para aproveitar um vidro que absorveu cheiro muito forte, lave-o com bastante sabão, enxágüe, e ponha bastante mostarda em pó, deixando assim por uma hora. Lave. Se o cheiro persistir, repita a operação.

Quando utensílios de vidro (de porcelana e barro também) ou recipientes como jarras tiverem absorvido odores desagradáveis de produtos que neles estiveram por algum tempo, use interna e cuidadosamente a solução de 50g de ácido sulfúrico em 1 litro de água. Porém, tome a seguinte precaução: coloque primeiro a água e sobre ela o ácido, e não o contrário. Depois, enxágüe muito bem em várias águas.

ESFRIAR LÍQUIDO — Quando tiver muita pressa para esfriar um líquido que está "pelando" coloque esse recipiente dentro de uma baciazinha ou de uma tigela contendo água fria, com 1 boa colher (sopa) de sal de cozinha.

FURAR VIDROS — Quando quiser furar vidro ou cristal, sem perigo de quebrar, vá pingando na broca, durante todo o tempo que estiver furando, aguarrás. O furo vai sair tão perfeito quanto se tivesse sido feito por um profissional.

GARRAFAS TÉRMICAS — Essas vasilhas ficam livres do mau cheiro quando lavadas com borra de café e água quente.

Elas também ficarão limpinhas e sem aquele odor desagradável se colocarmos dentro delas, por mais ou menos 10 minutos, uma solução de água quente e sal. Depois é só lavar com uma escovinha.

Se a rolha dessa garrafa encolher, ponha-a para ferver em água por alguns segundos, que ela voltará ao normal.

E para evitar que a tampa absorva o gosto do líquido que está na garrafa, proteja a rolha (internamente) com um pedaço de plástico.

FILTROS — TALHAS — VELAS

Quando a água é filtrada, as velas não destroem os germes, apenas os retêm; por isso elas deverão ser lavadas todas as semanas. Limpando-as com sal, esfregando bem, ficarão branquinhas e não deixarão gosto na água.

Se as velas forem novas, umedeça-as e esfregue-as com açúcar.

As talhas de barro não criarão limo se colocarmos em seu interior 2 a 3 pedaços de pedra-sabão.

FOGÃO

Todos dizem que na limpeza de um fogão a pior parte é o forno; mas verão que não é tão ruim assim, pois quase não dará trabalho. Coloque dentro do forno frio um prato contendo 1/2 xícara (chá) de amônia; feche imediatamente a porta do forno, deixando-a agir por algum tempo, enquanto se ocupa de outras tarefas. Depois retire o prato do forno e proceda à limpeza normal, porque a gordura e sujeiras terão se soltado com o vapor da amônia.

Deixando o fogão esfriar bem, antes de começar sua limpeza, fará com que seu esmalte não se desgaste.

Para limpar as partes que ficam diretamente em contato com o fogo, faça uma mistura de água com vinagre; nas partes grandes, molhe um paninho nesta solução e esfregue; assim as chamas permanecerão sempre azuis.

Os bicos de gás também ficarão brilhando se neles se pingar, enquanto ainda quentes, algumas gotas de limão, esfregando-os com esponja de aço e sabão de coco.

Para as tampinhas, deixá-las um pouco de molho na solução de água, vinagre e sal; depois esfregar com esponja de aço e lavar.

Se o forno estiver muito quente na hora de colocar o bolo ou torta, introduza antes uma vasilha com água fria ou gelada, deixando alguns segundos. Retire-a então, e o forno poderá ser usado imediatamente.

Quando acontecer de derramar alguma coisa no forno, e esta se queimar, faça desaparecer o cheiro de queimado espalhando um pouco de sal no forno.

CUIDADOS COM O GÁS DE FOGÃO

Cuidados de rotina — Antes de acender o gás do fogão, risque primeiro o fósforo.

No forno, além desse cuidado (para evitar um estouro), depois de aceso, mantenha sua porta aberta por alguns segundos, para evitar o acúmulo de gás dentro dele. Porém, se isso acontecer, desligue o registro até o cheiro passar.

Vazamento — Você poderá saber se o gás está escapando (vazando) pela mangueira. NÃO acenda um fósforo, pois evitará assim uma tragédia. Faça o teste usando espuma de sabão. Se aparecerem bolhas, há vazamento. Chame, para isso, um profissional competente.

Troque a mangueira regularmente, e não a passe por trás do fogão; o calor do forno poderá rompê-la.

Teste sempre também o registro de controle do gás, para evitar que o acúmulo de sujeira o deixe emperrado.

Na hora da compra, verifique se o bujão está em ordem. Recuse-o se constatar alguma anormalidade.

Vazamento sem fogo: Quando isto acontecer, por causa do registro aberto, não fume, não apague nem acenda a luz, evitando também qualquer fonte de calor nas proximidades. Apenas uma pessoa deverá se aproximar para fechar o registro do gás, abrindo imediatamente portas e janelas para arejar bem o local.

Vazamento com fogo: Não tente apagar o fogo; feche imediatamente o registro do gás.

Se isso não for possível, afaste todo o material combustível, deixe queimar o gás, e chame imediatamente o bombeiro.

CHURRASQUEIRA — LAREIRA

Em vez de acender a lareira ou a churrasqueira com um jornal umedecido em álcool, procure substituir esse jornal por um pedaço de pão velho; ensope-o com álcool, coloque-o no local de acender e ponha o fogo diretamente no pão. Além de ser muito menos perigoso (há sempre uma criança por perto), vai permanecer queimando por muito mais tempo, não faz aquela fumaceira e facilita o aquecimento de ambos.

CARVÃO EM BRASA — Depois de ter usado a lareira ou a churrasqueira, apague a brasa que restou jogando sobre ela 1 punhadinho de sal (pode ser o grosso mesmo).

FORNO DE MICROONDAS

Eis um grande "ajudante" que veio facilitar tremendamente o trabalho numa cozinha. Na preparação de quitutes (assados), ele reduz, até mesmo pela metade, o tempo que levaria para assar em fornos comuns (gás ou elétrico); e, para esquentar pratos prontos (frios ou congelados), "num piscar de olhos" eles estarão quentinhos, prontos para serem servidos.

Parece mágica, mas não é...

LIMPEZA — Mas esse forno requer muito cuidado; jamais usar esponja de aço ou outro abrasivo, na sua limpeza.

Para a limpeza interna, pode usar uma das seguintes maneiras:

1) Passar um pano ou algodão umedecido em álcool.
2) Umedecer um pano sintético para limpeza, "molhar" no bicarbonato e passar por todo o forno.
3) Para uma limpeza maior, basta deixar dentro dele 1 copo com água, e ligar o forno por 3 minutos, para fazer umidade. Então, passar papel ou pano também umedecidos, e secar logo em seguida.

Essa toalha ou pano umedecidos devem ser passados freqüentemente para manter a sua limpeza.

Nota: A limpeza só deve ser feita com o forno apagado e frio.

PRECAUÇÕES

- Não operar o forno com a porta aberta.
- Não colocar nenhum objeto entre a face frontal do forno e a porta.
- Não ligar o forno se ele não estiver em perfeitas condições, ou danificado.
- Não tente consertar ou reparar o forno se ele estiver desajustado ou estragado.
- Não se pode colocar no forno qualquer objeto de metal (travessas, pratos etc.), mesmo que este metal seja apenas um enfeite ou acabamento, pois seu aquecimento provoca faíscas, que vão incendiar o forno.

LADRILHOS

ENVERNIZADOS ou VITRIFICADOS — Passar um pano com vinagre bem aquecido e lavar depois com água morna. Em seguida, enxaguar com água fria. Pode passar, também, de vez em quando, um pano molhado em querosene. Além de limpar, dá muito brilho e afasta os insetos.

LAJOTAS e CERÂMICAS PRETAS — Não ficam baças e sim brilhantes se forem limpas com um líquido para limpar vidros.

POROSOS — Não usar água para lavar este tipo de ladrilho. Passar sobre eles óleo de linhaça e depois dar brilho com um pano de lã seco.

MANCHAS DE VERNIZ, CIMENTO e GESSO — Esfregar as manchas com pano embebido em essência de terebintina. Enxaguar bastante com água morna e terminar com água fria.

LOUÇAS — PORCELANAS

Não se esfregam com sapólio; apenas com sabão e água, morna ou fria.

Para limpá-las de gorduras, colocar um pouco de vinagre em água quente.

Para as que estiverem com cheiro desagradável, juntar à água uma pequena quantidade de ácido muriático.

As garrafas e outros recipientes de louça que contiverem produtos gordurosos podem ser limpos com um pouco de amoníaco em água quente.

O interior de bules de porcelana, usados para chá, café ou chocolate, ficará limpo de manchas, se esfregados com a metade de um limão molhado em um pouquinho de sal; em seguida lavar com água quente e sabão de coco.

Mas se essas manchas forem antigas, podem ser tiradas com facilidade. Basta esfregar um pano umedecido em água com bicarbonato ou lêvedo de cerveja.

Cinzeiros de louça manchados de cigarro voltam à cor primitiva quando esfregados a seco com um pedaço de pano e sal fino. Esse processo serve para qualquer mancha marrom ou castanha em porcelana.

Para que uma peça de louça fina, apenas rachada, possa continuar em uso, coloque essa peça numa panela contendo leite e leve ao fogo brando. Após ferver 15 minutos, retire-a; a rachadura deverá ter desaparecido e a peça, depois de fria, poderá ser lavada e usada.

Para colar uma dessas peças quebradas misture a clara de um ovo com um pouco de cal, e aplique.

ENVELHECIDAS — Se a pintura de suas louças estiver com seus tons esmaecidos, envelhecidos, pode reavivá-las, colocando na água quente da sua lavagem 4 gotas de ácido sulfúrico para cada litro de água. Depois enxugar com uma flanela limpa.

COLA — *Para louças de barro esmaltado, vidrado ou faiança (Pó de Pedra)* — Esta é uma boa cola para se usar nessas peças, e que é preparada em casa mesmo, desde que se adquiram os ingredientes:

- 200g de goma arábica
- 50g de silicato de potássio
- 20g de gesso fino, dissolvido em água, até obter uma consistência grossa

Misturar tudo e aplicar.

PRATOS REFRATÁRIOS — Geralmente o fundo desses pratos aparece com manchas escuras que podem ser retiradas facilmente: umedeça uma escovinha em água pura, mergulhe em bicarbonato de sódio seco e esfregue no local. Depois é só enxaguar e secar.

E lembre-se que esses pratos nunca deverão ser postos diretamente sobre o mármore logo após serem retirados do forno, pois poderão quebrar ou rachar.

MÁRMORES

Nunca use limão em mármores antigos (verdadeiros) porque o limão os corrói, danificando-os.

Não devem ser lavados com detergentes.

Refrigerante tipo cola é ótimo para limpeza dos mármores.

Vejamos agora como tratar de algumas manchas específicas:

ÁCIDO — Limpar diariamente com querosene, até que a mancha desapareça e melhore a porosidade.

FERRUGEM — Esfregue suco de limão na parte manchada e aplique por cima um pouco de sal. Deixe uns 15 minutos e friccione levemente com esponja de aço e sabão de coco.

FRUTAS — Saem facilmente esfregando-se suco de limão.

VINHO — Jogar água oxigenada sobre as manchas, deixando ficar por algum tempo.

GORDURAS — Desista de esfregar essas manchas em mármore; ponha um pouco de vinagre sobre elas, espere alguns minutos e depois lave com água morna.

Outras manchas escuras saem esfregando-se pedra-pomes em pó ou branco-de-espanha.

ENCERAR — Ao encerar o mármore, não é preciso esperar muito tempo para secar e lustrar, como no caso da madeira.

DANIFICADO — Quando quebrar um pedaço ou a ponta de um tampo de mármore, pode-se recuperá-lo juntando-o com uma pasta feita com 3 colheres (sopa) de cal e 1 clara de ovo. Firmar com fita colante e deixar pelo menos 24 horas.

No momento de colar, limpe bem para não ficar cola do lado de fora.

As peças revestidas de mármore ficarão novas se forem esfregadas com gasolina e, depois, com um pano bem macio.

Ver também MÁRMORE em "Banheiro" e "Casa em Geral".

UTENSÍLIOS DE COPA-COZINHA

ESPONJAS

Esponjas de borracha — Para limpá-las, basta deixá-las de molho por 1 noite em água com bastante sabão.

Esponjas de espuma — Ficam limpas se deixadas também de molho por 1 noite em água salgada.

Esponjas de limpeza — Se estiverem endurecidas, deixar por 1 noite mergulhadas numa solução de água e vinagre. Depois enxaguar com água morna, em seguida com água fria.

LUVAS DE BORRACHA

Conservação — Essas luvas, que usamos para lavar louças e panelas, devem ser bem cuidadas para que não se estraguem com facilidade. Assim, sempre que terminar o serviço, mantenha-as calçadas, lave-as e enxugue-as (como se estivesse lavando suas mãos) muito bem, e coloque talco, espalhando muito bem por todas as luvas. Mantenha o talco, e descalce-as puxando pelos punhos, para que elas já saiam pelo lado do avesso. É assim que elas irão ser guardadas.

Ao usá-las novamente, calce-as como estão (com o talco do lado de dentro. Cada vez que for usar essas luvas, proceda sempre da mesma maneira, que, assim, elas vão durar por muito tempo.

Um lembrete — Ao usar luvas de borracha, tenha cuidado ao lidar com garfos, facas etc., para evitar que eles a furem ou cortem.

UTENSÍLIOS DE MADEIRA

Para limpar estes utensílios (batedor de carne, pilão, colheres, tábua de carne etc.), embeber uma esponja em água oxigenada e esfregar nos objetos, conservando-os assim molhados por alguns minutos. Depois é só enxaguar, ficarão como novos.

Colheres de pau antigas — As colheres de pau, depois de muito tempo de uso, costumam ficar enegrecidas, com cara de velhas; mas, mesmo assim, não precisa se desfazer delas, nem substituir por outras novas. Comece a fazer o seguinte: cada vez que terminar de usá-las, lave-as bem com esponja de aço e sabão de coco (esfregando como se fossem talheres de prata), enxágüe bem e só guarde depois que elas estiverem bem secas, para não embolorarem.

Fazendo sempre isso, verá que aos poucos elas vão voltando a ter sua cor natural de madeira e... com cara de novas.

Tábua de carne — *Odores* — Quando esta tábua ficar com cheiro de alho, cebola, peixe etc., esfregue bem, por toda ela, um pedaço de limão, enxaguando em seguida.

Na falta do limão, esfregue bem, e generosamente, uma pasta feita com água e bicarbonato. Depois, enxaguar e deixar secar muito bem.

VASILHAS PLÁSTICAS — Essas vasilhas (jarras, tigelas etc.) "chupam" e retêm o odor de qualquer coisa que se guarde dentro delas e, geralmente, você pode "morrer" de limpar, esfregar e lavar, que o odor não sai.

Mas existe uma maneira para se eliminar esse cheiro, e pode usá-la tranqüilamente: com a vasilha bem seca, enchê-las de jornal bem amassado (o colorido não serve), tampar bem, e deixar ficar assim, por 24 horas. Você vai se espantar com o resultado.

MÁQUINA DE MOER CARNE — Quando estiver necessitando de óleo, use o de glicerina, para evitar o sabor na comida.

Quando os dentes não estiverem moendo bem, amole-os colocando pedaços de lixa dentro dela e virando a manivela como se estivesse moendo carne.

PANELAS e FRIGIDEIRAS

Alumínio — Quando um cabo de panela partir, antes de espalhar a cola sobre as partes a serem emendadas mergulhe primeiro as 2 extremidades (partidas ou quebradas) num pouco de acetona. Deixar secar, e só então passar a cola. Assim procedendo, além do trabalho sair mais perfeito, também será mais durável.

Logo que desocupar uma panela, encha-a imediatamente com água fria ou quente (se for gordura) para facilitar o trabalho de limpeza.

As sujas de leite ou de ovo devem ser sempre lavadas com água fria.

Aquelas em que se cozinhou feijão ficarão bem limpas se, após terem sido lavadas com água e sabão, forem enchidas com água fervendo e um pouco de vinagre, deixando ficar assim por alguns minutos.

Nunca limpe suas panelas com soda ou potassa, pois o alumínio ficará manchado de verde.

Mas, uma boa maneira para deixar suas vasilhas e panelas de alumínio brilhando, é esfregá-las com uma rolha de cortiça e detergente em pó.

Ao usar uma panela para banho-maria, ou mesmo para cozinhar ovos, coloque na água de fervura um pedacinho de limão (pode ser uma sobra) que a panela ficará branquinha. Mas, se esqueceu de colocar o limão e a panela escureceu por dentro, leve-a novamente ao fogo com o limão ou, com água e vinagre, ou, ainda, deixe ferver dentro dela algumas cascas de maçã.

No primeiro caso, o limão também poderá ser substituído por um pouquinho de vinagre.

Se a comida grudou no fundo da panela, retire com cuidado a parte que ficou solta, e coloque, dentro da panela, água com bastante sal, deixando ferver bem.

Queimada — Quando acontecer de a panela queimar, use um dos seguintes procedimentos:

1) Se a comida ficar queimada e grudada no fundo da panela, tire rapidamente a comida (a parte de cima) e vire, imediatamente, a panela de cabeça para baixo, colocando essa parte debaixo de uma torneira de água fria (a panela tem de estar bem quente).
2) Encher a panela com água, juntar uma cebola descascada, e levar a ferver até as partículas queimadas subirem à tona.
3) Encher com um pouco de água, juntar bastante sal e ferver por muito tempo, em fogo brando. Deixe assim esfriando até o dia seguinte.
4) Poderá também substituir o sal por bicarbonato de sódio, tendo o cuidado de manter a água quente durante muitas horas.
5) Encher com 1/2 litro de água e 2 colheres (sopa) de vinagre. Deixar ferver bastante tempo em fogo lento, e deixar esfriar na própria panela.
6) Quando a panela ficar queimada por dentro por causa da comida que queimou, cubra com água até a altura do queimado, misture aí 1 a 2 colheres (chá) de molho de tomate, e leve a panela para ferver um pouco em fogo brando. O queimado se soltará e a panela ficará limpinha.

Se o fundo da chaleira criou um depósito de tártaro (calcário) pode proceder como descrito no nº 5. Mas se tiver facilidade de obter ostras, coloque 1 de suas cascas dentro da chaleira, ponha um pouco de água, e leve a ferver por alguns minutos.

As manchas escuras que se formam no fundo de bules e chaleiras de alumínio são facilmente eliminadas. Basta ferver dentro delas um pouco de vinagre com cascas de batatas cruas.

Lave as panelas de alumínio apenas com esponja de aço e sabão de coco; além de dar mais brilho, tem a vantagem de o sabão de coco não estragar as mãos.

Uma mistura de álcool e óleo, em partes iguais, poderá limpar e dar brilho nas panelas de alumínio.

Mas essas panelas também ficarão uma beleza se forem esfregadas por dentro e por fora com uma mistura de fubá e vinagre, formando uma pasta. Depois, enxágüe com água fria.

Depois de polir uma panela de alumínio, não a enxágüe e, se possível, deixe-a secar ao sol, pois assim ficará bem brilhante.

Panelas de barro — As panelas de barro não devem ser usadas logo após terem sido adquiridas. É necessário tirar o cheiro e o gosto característicos que elas contêm; para isso, use um dos seguintes procedimentos:

1) Ferva dentro das panelas um pouco de leite.
2) Poderá também besuntá-las generosamente com óleo ou azeite de oliva, deixando assim por alguns dias.
3) Também poderão ser esfregadas com alho antes de serem usadas.
4) Os recipientes de barro ou cerâmica devem ficar de molho em água fervente, durante 20 minutos, antes de serem usados, para eliminar o seu gosto e o odor tão característico.

Panelas esmaltadas — Antes de usar essas panelas, sejam pintadas com flores ou outros motivos, faça o seguinte para conservá-las por mais tempo:

Coloque no fogo uma panela grande com água, e dentro dela introduza a esmaltada, como se fosse banho-maria. O fogo deverá estar baixo, sendo aumentado gradativamente, até que a água ferva. Apague então o fogo, conservando-a no banho-maria até que esfrie completamente.

Não raspe os alimentos grudados nas panelas esmaltadas; encha-as com água sanitária até a altura do "queimado" e leve a ferver.

Os utensílios esmaltados devem ser limpos de vez em quando com álcool, para evitar que fiquem amarelados.

Também poderá limpá-las com uma solução de 1 colher (sopa) de cloreto de potássio em 1 litro de água.

Panela de pressão — Quando acontecer de sair sua válvula de segurança (botão) e tiver outra para trocar, passe azeite ou gordura nesse mesmo botão e dê-lhe um empurrãozinho.

Se a borracha estiver folgada, não precisa ainda trocar por outra; aproveite-a por mais algum tempo, cortando com uma gilete o pedaço que sobra. Depois, emende costurando com agulha e linha. Verá como a panela ainda poderá ser usada.

Frigideiras e panelas de ferro — Quando uma frigideira com gordura quente for tomada pelo fogo (no caso de quando se faz bife), não tente apagá-lo jogando água, pois o resultado seria desastroso; apague imediatamente o gás, ou abafe o fogo com uma tampa maior do que a frigideira.

Frigideira enferrujada — Leva-se ao fogo com água e cascas de batata, deixando ferver um pouco em fogo lento. Para que essas frigideiras fiquem bem limpas, coloca-se um pouco de vinagre e leva-se ao fogo para uma ligeira fervura. Além de ficarem limpas, também desaparecerá completamente o cheiro da comida.

Essas frigideiras também ficarão bem limpas e reluzentes se forem esfregadas, ainda quentes, com sal e papel absorvente (serve papel de pão ou mesmo papel higiênico).

Frigideiras e panelas de vidro — Estas panelas só devem ser levadas ao fogo quando contiverem água ou os alimentos a serem cozidos, porém nunca vazias. Para remover manchas escuras destas panelas, basta deixá-las de molho numa solução de 5 colheres (sopa) de bicarbonato de sódio para 1 litro de água morna.

Frigideiras e panelas antiaderentes — As panelas revestidas destes materiais não podem ser areadas com esponja de aço, pois, além de arranhá-las, retiram seus delicados revestimentos. Para limpá-las quando muito sujas ou quando forem guardadas por algum tempo, use jornal velho e borra de café; depois, lave normalmente com água, detergente e esponja macia. Quando em uso continuado, basta limpar passando papel absorvente.

Antes de usar estas panelas pela primeira vez, lave-as com esponja macia, água e sabão, secando-a em seguida. Então, unte o lado revestido com óleo ou gordura, e leve ao fogo por 2 minutos. Seque com pano ou com papel absorvente.

Para mexer os alimentos dentro delas, use apenas colher ou espátula de madeira ou de plástico, para evitar que se arranhe ou se danifique o revestimento.

PIAS DE AÇO INOXIDÁVEL

Limpeza — Estas pias são mais fáceis de se manterem limpas do que as de louça; mas requerem muito mais cuidado, para que não fiquem logo riscadas e com jeito de velhas, malcuidadas, opacas.

Há várias maneiras de se conservá-las não só limpas como também brilhantes e livres de manchas. Para isso, escolha a maneira que mais lhe agradar, depois de elas serem lavadas:

1) Usar um algodão embebido em vinagre branco, secar e passar uma flanela.
2) Esfregar fluido de isqueiro sobre as manchas (se houver) até que saiam por completo. Depois de seco, usar um produto de limpar pratas e lustrar com flanela.
3) Para manter suas pias de aço inoxidável sempre limpas e isentas de manchas, use freqüentemente álcool, que deve ser bem esfregado.
4) Usar água cristal (que se bebe). Depois de lavada e limpa, polir a pia com um produto de dar brilho em vidros.
5) E, para que as pias fiquem bonitas, como novas, use, periodicamente, um produto de limpar pratas. Passe o produto, deixe secar muito bem por alguns minutos, e lustre com flanela.

Um lembrete: Procure sempre enxugar a pia quando estiver molhada, porque a umidade fatalmente irá manchá-la.

PANO DE CHÃO (DE LIMPEZA) — Lave bem estes panos sempre que terminar de usá-los; eles se conservarão macios se antes de serem usados forem molhados levemente em água fervente.

RALADOR DE QUEIJO — Quando for ralar queijo pincele antes o ralador com um pouco de óleo; isso facilitará a limpeza na hora de lavar.

Mas, ao guardá-lo, limpe-o ralando nele 1 batata crua e depois lavando-o com uma escovinha e água morna. Enxágüe e deixe secar bem.

RALOS — Para desentupi-los, faça uma mistura, em partes iguais, de soda cáustica e sal; jogue dentro do ralo, deixando assim ficar por uns 20 minutos.

Após esse tempo, derrame por cima, aos poucos, uma chaleira de água fervente (faça isso com o rosto afastado para não ser atingido pelo seu vapor).

A quantidade de sal e de soda dependerá do tamanho do ralo; será mais ou menos de 2 a 4 colheres (sopa) para cada um.

Muita água fervendo com um pouco de vinagre, jogados nos ralos e encanamentos, ajuda a desentupir e a eliminar o cheiro desagradável.

Quando o ralo estiver entupido por causa de gordura (acontece sempre nos ralos de cozinha), coloque dentro dele 1 xícara (chá) de sal e outra de bicarbonato e, logo em seguida, despeje por cima uma chaleira de água fervente.

Habitue-se a jogar semanalmente um panelão de água fervendo nas pias para evitar entupimento.

Terminado o problema de limpeza na copa e na cozinha, falta, apenas, eliminar o cheiro de comida que ainda exala.

Para tanto basta ferver, com panela destampada, alguns cravos moídos na água, por alguns minutos.

Também poderá queimar 2 a 3 colheres de açúcar para afugentar o cheiro desagradável das frituras.

SERVIÇOS DE CHÁ E CAFÉ — Para a limpeza destes objetos, ver PRATAS, em "Metais".

Os que estiverem em uso devem ser lavados diariamente com sabão de coco.

Internamente limpam-se os bules derramando dentro deles água quente onde foram fervidas algumas batatas; tampe e deixe ficar por algumas horas. Depois, é só enxaguar.

Os limpadores de cachimbo são muito indicados para se limpar os bicos dos bules e cafeteiras.

TALHERES — Use os talheres adequadamente.

Lembre-se que existe uma regra básica para a disposição dos talheres, numa mesa onde a refeição é servida com os convidados sentados.

Os talheres são arrumados de fora para dentro, isto é, a cada prato que for servido será usado o primeiro talher que estiver do lado de fora; o último será o que estiver junto ao prato; salvo em alguns casos, quando o talher poderá vir acompanhando seu próprio prato.

De aço inoxidável — As manchas pretas que aparecem nestes talheres, principalmente nas facas, saem facilmente assim: molhe os lugares manchados com um produto de limpar pratas, umedeça uma rolha de cortiça e, com sua parte chata, esfregue pacientemente nos dois lados da faca até as manchas sumirem por completo.

Talheres com cabo de aço (facas) — Conservam-se estas facas brilhantes e afiadas se forem guardadas numa caixa contendo areia limpa.

Talheres com cabo de marfim — Para limpar estes cabos esfregue bórax em pó.

Talheres com cabo de madeira — Evite lavar estes talheres (assim como outros objetos de madeira) com detergente, pois pode danificá-los.

Talheres com cabo de osso — Para clareá-los, deixe de molho em água oxigenada a 12%, durante 24 horas. Depois, lave em água fria.

Talheres de prata — Evite guardar estes talheres molhados; assim não ficarão manchados. Os que vão ser guardados por muito tempo deverão ser envolvidos, um a um, em papel de seda, ou embrulhados em flanela e guardados em lugar seco.

Mas verifique sempre, primeiramente, se os talheres estão bem limpos e em condições de serem guardados.

ODORES

Cheiro de alho e cebola — Passe na faca que acabou de cortar alho ou cebola 1 batata crua, várias vezes, como se fosse cortá-la. Poderá substituir a batata por 1 cenoura crua. Esses métodos devem ser utilizados no caso de o cheiro não ter saído com água e sabão.

Cheiro de mofo — Sai limpando-se o talher com borra de café.

Cheiro de peixe — Nos talheres e também em outros utensílios, esfregue bagaço de limão, ou deixe-os um pouco de molho dentro da água com 1 colher de amoníaco. Depois, troque a água por outra limpa, deixando-os mais um pouco aí mergulhados.

MANCHAS

De frutas — As nódoas de frutas que ficam nas lâminas das facas saem, facilmente, esfregando-se 1 batata crua cortada antes de serem polidas.

De ovo — Essas manchas em talheres de prata saem facilmente limpando-se com água e vinagre, ou então esfregando-as com batata crua. A água onde se ferveram batatas também pode ser usada para este fim.

OUTRAS MANCHAS — Serão removidas esfregando-se com uma pasta de sal fino e água.

Os talheres de prata manchados também ficam limpos se forem deixados de molho, por 1/2 hora, em leite azedo. Depois, é só enxaguar em água morna.

Os talheres de prata que estão em uso diário podem ser limpos apenas com palhinha de aço e sabão de coco; assim não ficarão manchados e se manterão sempre limpos e brilhantes.

Mas, para que um faqueiro de prata que esteve guardado por muito tempo fique limpo e brilhante, faça o seguinte: para cada litro de água fervente junte 1 colher (sopa) de sabão em pó e 2 colheres de amônia. Deixe os talheres um pouco de molho nessa solução; depois, lave em água quente e em seguida em água fria. Estes talheres também ficarão brilhantes se forem introduzidos numa solução de 1/2 xícara (chá) de sal, sabão em pó e água, onde deverão ser fervidos. Depois, é só lavar e guardar.

Um pedaço de pedra-ume, deixado dentro da caixa ou da gaveta onde ficam guardados os talheres, vai fazer com que retarde muito o processo de escurecimento da prata.

VASILHAS PLÁSTICAS COM TAMPA

Quem, hoje em dia, não tem sua geladeira abarrotada destas vasilhas, para guardar, resguardar e conservar frescos, por mais tempo, os mais diversos alimentos? Mas convém saber como elas devem realmente ser usadas e tratadas.

Antes de tudo, não basta apenas fechar os potes antes de irem para a geladeira; é necessário que, ao fechar, se retire bem o ar que fica dentro deles.

Cuidados ao usar — Qualquer pote ou recipiente que for mole, flexível, jamais deverá ser colocado em banho-maria, no fogo, para aquecer ou manter alimentos aquecidos, porque ele se deformaria e estragaria.

Apenas uma vasilha de plástico duro poderá resistir a esse calor úmido.

Contudo, esse pote ou recipiente duro só poderá ir para o banho-maria da seguinte maneira: deixe somente a água da panela no fogo até ferver, apague o fogo, e só então poderá colocar o pote dentro desse banho-maria (sem levar ao fogo); mas, antes de colocá-lo no banho-maria, lembre-se de primeiro tirar a sua tampa, pois esta, sendo mole, não resistiria ao calor e se deformaria.

Essa vasilha de plástico duro também poderá ser aquecida no forno de microondas, também sem a tampa.

PRODUTOS DE LIMPEZA

RECEITAS CASEIRAS PARA LIMPEZA

Detergente — para limpar pias, azulejos, fogão, chão branco etc.:

- 2 litros de água fervente
- 1/2 tablete de sabão de coco ralado
- 1/2 xícara (chá) de amoníaco
- 1/2 xícara (café) de suco de limão

Modo de fazer: Depois de ralado o sabão de coco, misture com 1 litro de água e leve ao fogo brando, mexendo sempre, até que dissolva bem o sabão (não precisa ferver). Tire do fogo, e deixe descansar até o dia seguinte.

Então, junte o outro litro de água, misture bem, junte o suco de limão, e, por último, o amoníaco; tampe logo a garrafa, misture bem e mantenha o detergente bem fechado e guardado em garrafa de plástico ou de vidro.

Dá mais ou menos 2 1/2 litros.

Pasta de limpeza — para cozinha e banheiro:

- 1 tablete de sabão de coco
- 1 tablete de sabão
- 1 colher (sopa) de vinagre
- 2 colheres (sopa) de açúcar
- 1 colher (sopa) de detergente
- 1 litro de água

Modo de fazer: Rale os sabões, coloque no litro de água e deixe de molho até o dia seguinte. Leve ao fogo brando, mexendo sempre até que ferva um pouco. (Enquanto quente a pasta é mole.)

Essa pasta pode ser feita numa lata de gordura de coco vazia e ficar guardada aí mesmo, até seu uso. Mas, se preferir, depois de tirada do fogo distribua em latinhas menores, guardando-as tampadas e usando uma de cada vez.

Pasta de limpeza — para vasilhas e panelas:

- 2 tabletes de sabão
- 2 colheres (sopa) de açúcar
- 4 colheres (sopa) de óleo de cozinha
- 1 copo de água

Modo de fazer: Triture o sabão no liquidificador; junte os demais ingredientes e leve tudo ao fogo brando, misturando até obter o ponto de pasta (aparecer o fundo da panela). Deixe esfriar um pouco, e coloque em latas ou vasilhas de plástico.

Use como qualquer pasta de limpeza.

SABÃO PARA LAVAGEM DE ROUPAS E LIMPEZA

Aproveitamento de sobras:

1) Junte as sobras de sabão ou seus pedaços, numa lata, e encha com água até cobrir. Quando atingir uma quantidade suficiente, leve a lata ao fogo brando, mexendo de vez em quando. Estando tudo bem dissolvido, ponha 1 colher (sopa) de sal e outra de vinagre para cada quilo de sabão, continuando a mexer até dar o ponto. Derrame tudo em pirex ou tabuleiro de alumínio retangular, não muito grande, para que o sabão fique alto, não se espalhando muito. Depois de bem frio e duro, cortar em pedaços.
2) Dobre o tamanho do seu sabão, para lavar louças e panelas: em 1 litro de água jogue as raspas (ou rale) de 1 tijolo de sabão em pedra; leve ao fogo lento e proceda como foi acima descrito.

Sabão — receita:

Fazer em latas de querosene ou gasolina, vazias.

Esta receita é própria para quem mora em sítios ou fazendas.

- 5 a 7 litros de água
- 3 quilos de sebo
- 1/2 quilo de soda
- 1/2 quilo de breu

Modo de fazer: Leve a lata com a água e o sebo ao fogo fraco por mais ou menos 2 horas, tendo o cuidado para não deixar transbordar. Estando grosso, dissolva a soda em água fria e jogue lentamente na lata, misturando muito bem. Moer o breu com martelo, e jogar, de uma só vez, dentro da mistura, continuando a mexer. Continuará ainda no fogo, por outras tantas 2 horas. (O tempo de sua preparação será de mais ou menos 4 horas.)

Estando pronto, derramar em caixote de madeira, forrado com pano ou papel; o caixote não deverá ser muito grande, para que os pedaços de sabão fiquem altos. Depois de frio, cortar em barras ou pedaços.

Um segredinho: ao fazer sabão, espere passar a Lua minguante, senão o sabão não rende.

Casa em Geral

Uma suntuosa casa antiga ou moderna, com o requinte de uma bela decoração interna, ou uma casinha simples, despida de estilo ou de rebuscada decoração, cujo interior reúne apenas a simplicidade do seu conteúdo, grande ou pequena, modesta ou não, ela deverá ser "a sua casa".

Nos simples e pequenos cômodos de uma modesta casinha, onde a nossa sensibilidade capta o limite de alguns magros salários mínimos, e na quase total ausência de ornamentos, temos nossa atenção voltada para alguns pequeninos quadros salpicados na parede, emoldurando fotografias de entes queridos.

Seus tapetes, comprados a prestações, cobrem apenas alguns metros de chão, e a iluminação é dada por um único foco, cuja lâmpada parece se agarrar ao teto.

Seu ambiente é por vezes alegrado pelo barulho da rua, pela algazarra das crianças, ou pela voz de um Aguinaldo Timóteo, que o rádio da vizinha se encarrega de transmitir no mais alto volume.

Num palacete, o perfume das flores se mistura ao luxo e à beleza do seu conteúdo, tendo como complemento uma rica pinacoteca, em cujas paredes ressaltam um Picasso e um Di Cavalcanti, um Renoir e um Portinari. Tapetes persas são jogados sobre felpudos e coloridos carpetes, onde, ao pisar, temos a impressão de estar flutuando num "tapete mágico".

Os jarros com flores, a meia-luz dos abajures e a doce melodia de Chopin ou de Beethoven que o límpido som do estereofônico espalha pelas salas fariam, sem dúvida, o mais belo e agradável ambiente, se dentro dela houvesse o riso de uma criança ou a alegria de um adolescente, pois é isso que faz um verdadeiro lar. No lar perfeito, o amor substitui, com muita vantagem, o luxo.

~ Animais e Insetos Caseiros

BEIJA-FLORES

Garrafinhas de água — Se as abelhas estão expulsando e tomando o lugar dos beija-flores, impedindo que eles se alimentem da água açucarada contida nas suas garrafinhas especiais (que ficam penduradas nas janelas ou galhos das árvores), tome medidas enérgicas para afastá-las, porém sem correr o risco de levar uma ferroada. Faça, então, o seguinte: primeiro, coloque mais ou menos 1 colher (chá) de mel numa xícara ou outro recipiente pequeno; em seguida, pegue um pincelzinho, molhe-o em agrotóxico para plantas caseiras e, com ele assim bem molhado, mexa bem o mel, para que eles se misturem bem. Então, pincele o vidro por fora, apenas ao redor e bem pertinho do "bebedouro", fazendo um semicírculo.

Repetir isso por 3 dias, até que as abelhas não apareçam mais.

CACHORROS — Se o cãozinho chorar muito à noite e incomodar os vizinhos, coloque perto de sua caminha um despertador; o tique-taque do relógio vai acalmá-lo num instante.

Pulgas — Se o problema são as pulgas, lave o cão com água salgada e espalhe um pouco de sal nos cantos onde ele dorme.

Um ramo da erva-de-santa-maria, colocada na casinha dos cachorros, impede o aparecimento de pulgas; ou se for mais fácil, alguns raminhos de hortelã.

As pulgas do seu cachorro vão desaparecer em uma semana, se for passado diariamente por todo o seu pêlo um algodão embebido na solução de água quente e vinagre.

Mas se ele estiver "forrado" de pulgas, nada melhor do que dar nele um banho com sabonete de rosas (preto). E... veja que alívio! Dar o banho, apenas 1 vez por semana, até as pulgas sumirem.

Desodorante — Um bom desodorante para eliminar aquele horrível "cheiro de cachorro" é esfregar bem por todo o seu pêlo e sua pele bicarbonato de sódio puro.

Micoses e queda de pêlos — Um remédio caseiro muito eficiente, que solucionará esse problema no cachorro: fazer banhos com água morna em que se tenha fervido carne-seca.

Para espantar as moscas que rodeiam o cachorro, passe nele um pouco de creolina misturada com água sobre todo o pêlo.

As cumbucas de água do cãozinho devem ser de preferência de barro, para manter o líquido em boa temperatura; nesse caso, troque a água apenas quando estiver suja.

GATOS — Você sabia que não se dá banho em gatos? Eles próprios se encarregam da sua higiene, lambendo-se.

Mas, limpos ou não, ninguém gosta de ver os bichanos trepados em cadeiras ou sofás; por isso, espalhe algumas bolinhas de naftalina entre suas almofadas, eles nem chegarão perto.

PÁSSAROS EM GAIOLAS — Os cuidados com os pássaros que ficam em gaiolas são necessários, e a parte mais importante é justamente as gaiolas. Elas devem ser limpas diariamente, para evitar que suas fezes (que liberam alguns parasitas) sequem, transformando-se em poeira; o perigo está em que essa poeira pode ser aspirada pelas pessoas da casa (em especial as crianças que curtem um passarinho e "vira e mexe" estão por perto) e provocar uma doença no pulmão, ou uma forma de meningite.

Por isso, a melhor maneira de evitar uma "dor de cabeça" é, única e exclusivamente, limpar a gaiola diariamente.

Se tiver pássaros em sua casa tome cuidado ao usar, na limpeza, produtos à base de amoníaco. O odor dessa substância poderá prejudicar a saúde deles.

Mas não deixe que as gaiolas que abrigam pássaros tão bonitos fiquem exalando mau cheiro; espalhe no fundo delas uma ligeira camada de sulfato de cal e depois cubra-a com uma camada de areia.

PEIXES EM AQUÁRIOS — Para limpar os aquários, esfregue-os com uma mistura de água e vinagre. Depois, enxágüe em várias águas para não prejudicar os peixinhos.

INSETOS CASEIROS

Esses indesejáveis insetos que estragam, aborrecem e quase acabam com a nossa paciência não são por vezes fáceis de serem exterminados. Se isso não for inteiramente possível, tratemos de, pelo menos, livrar-nos deles por algum tempo.

BARATAS — Vamos "deixar às baratas" uma mistura de bórax em pó e açúcar; se elas persistirem, será necessário encontrar seus ninhos, esmagar os ovos e limpar o local. Estes são encontrados em lugares quentes e úmidos, como no fogão, motor de geladeira, cortinas pesadas etc.

Se as baratas aparecem freqüentemente em sua casa, use um pouco de terebintina nos lugares onde elas se refugiam.

Mas pode-se fazer em casa um preparado muito simples e eficaz para matá-las; junte as cascas de batatas que iam para o lixo, coloque-as dentro de uma assadeira (tabuleiro) e leve ao forno para que fiquem torradas e queimadas. (Parecem biscoitos, não?) Espalhe, então, pelos pontos onde elas se agrupam. Verá como elas morrerão facilmente, sem provocar alergias nem cheiro desagradável.

Mas, se as baratas infestam os ralos e esgotos de sua casa, derrame todas as noites dentro deles um pouco de querosene. Vai ser um sossego!

CUPIM — Com uma seringa, injetar querosene na madeira, o que deverá ser feito em vários lugares.

FORMIGAS — As formigas não atravessam barreiras de talco ou cascas de pepino.

Um pouco de pó de café usado é ótimo para se colocar em armários onde haja formigas.

Espantam-se também as formigas que entram em casa plantando hortelã ou tenaceto, perto da porta da cozinha.

Alguns pedaços de limão já bem passados e mofados também afugentam as formiguinhas.

Para as mais resistentes, misture: querosene, ácido bórico e açúcar em partes iguais.

Quando encontrar a cozinha ou outro cômodo da casa infestados de formigas, espante-as fazendo o seguinte: junte alguns pedaços de pano velho, coloque no chão próximo a elas e ateie fogo. A fumaça que se desprende do pano queimado fará com que elas sumam imediatamente. Mas veja bem: não serve queimar papel, é pano mesmo.

Também pode espalhar pela cozinha alguns pedaços de cânfora embrulhados em pano úmido, ou usar folhas de absinto. O petróleo e o ácido fênico também servem para "pô-las a correr". Se os armários ou móveis são visitados pelas formigas, lave-os com água de folhas de nogueira. Não deixe que as formigas doceiras avancem no seu doce predileto — coloque dentro do armário, ou onde elas se agrupam, um pouco de tabaco picado. Não permita que as formigas se deliciem com o açúcar do seu açucareiro, lata ou pote. Coloque dentro desses recipientes um chumaço de algodão embebido em álcool.

Você pode exterminar um formigueiro polvilhando-o com pó de enxofre.

MOSCAS, MOSQUITOS e PERNILONGOS — Esses insetos de verão são espantados com um pedaço de cânfora queimado sobre um pires.

Se os mosquitos atrapalham o sono, colocar à cabeceira da cama um sachê de raminhos de alfazema, ou vaporizar algumas gotas da essência dessa erva nas fronhas.

Afugente as moscas passando querosene nos vidros, ou poderá usar a seguinte mistura:

- 250g de formol
- 250g de leite
- 1/2 litro de água

Misturar tudo e colocar em pires espalhados pela casa. Essa solução também deve ser colocada em ralos onde haja água parada.

Para pulverizar ambientes mais atacados pelos insetos, faça o seguinte inseticida:

- 750g de gasolina
- 250g de querosene
- 50g de cânfora
- 15 bolinhas de naftalina

Misturar tudo, deixando em infusão por 15 dias.

Um pé de arruda ou mesmo um galhinho seco desta planta na cozinha é tiro e queda para as moscas.

Para afugentar os mosquitos que querem pousar nos alimentos, coloque sobre a mesa um prato contendo leite ou vinagre com pimenta. Para que não pousem sobre a carne que está descoberta, coloque em cima dela um pedaço de cebola.

Quando algum inseto voador (abelha, mosquito etc.) estiver ameaçando você, tentando atacar, nada de espantá-lo usando um pano ou inseticida; ele poderá se enfurecer, e, aí sim, você "está frita", porque ele vai partir para cima de você. Antes que ele a ferroe ou pique, pegue o seu *spray* de cabelo e, com ele, pulverize-o. Num instante as asas vão ficar paralisadas e ele cairá no chão.

Quando os mosquitos e moscas forem muitos e invadirem sempre a copa e a cozinha, você pode preparar uma cola, para apanhá-los. Misture:

- 25 partes de resina de pinheiro
- 18 partes de óleo de linhaça
- 2 partes de cera de abelha
- 5 partes de óleo de rícino

Depois de tudo misturado, passe a mistura sobre um pano ou papel e coloque no lugar onde os mosquitos e moscas se acumulam.

PERCEVEJOS — Hoje em dia é muito difícil encontrar percevejos nas cidades grandes, mas é comum em lugarejos onde as casas são de madeira e onde há falta de asseio. Se aparecer algum na cama ou na própria madeira, lave tudo (incluindo as juntas) com uma mistura feita de fel de boi com vinagre bem forte.

Também poderá usar a seguinte mistura: 30g de bicloreto de mercúrio dissolvido em 300g de álcool. Depois de dissolvido, juntar 300ml de água e 2g de terebintina. Agitar bem antes de usar e aplicar com pincel nos lugares atacados por eles.

PIOLHO — Combate-se com querosene, bálsamo-do-peru e cidra.

Muito bom também, antes do banho, passar 2 vezes por semana uma mistura de um pouco de desinfetante com leite, esfregando bem por todo o couro cabeludo.

Melhor ainda é passar por todo o cabelo e couro cabeludo vinagre branco quente; esfregar bem e esperar uns 15 minutos para lavar. Fazer isso 2 vezes por dia, diariamente, até que não tenha mais lêndeas nem piolhos. Em todos os casos citados deve-se também passar, várias vezes por dia, pente fino, próprio para isso.

PULGAS EM CACHORRO — Somem, de verdade, dando-lhes um banho com sabonete de rosas preto (só serve o preto) 1 vez por semana, até sumirem por completo. Com isso, logo no primeiro banho o cachorro já vai se sentir mais aliviado.

Para afugentar as pulgas de seu cachorro, aproveite todas as pétalas de rosas que desfolharam e coloque no lugar onde ele dorme; ou, então, pingue no seu corpo um pouco de essência de rosas.

As pulgas também somem dos lugares onde houver pó-da-pérsia ou pimenta-do-reino.

PULGAS EM GENTE — Se sentir que foi picada por uma pulga, aplique, imediatamente, água gelada no local. A comichão cessa e o local não empola.

RATOS — Se no local onde reside houver muitos ratos, passe no assoalho da casa soluções fortes fenicadas. Ajudam a espantá-los.

Pedaços de cânfora ou alguns raminhos de hortelã espalhados pelos cantos da casa impedem o aparecimento de ratos.

Poderá também fazer uma mistura de trigo roxo e gesso em partes iguais, tendo o cuidado de colocar perto do veneno uma vasilhinha com água. Depois que o rato comer a mistura e beber a água, esta endurece o gesso que está no estômago, matando-o. Experimente substituir o queijo da ratoeira por sementes de girassol, que o atraem muito mais.

TRAÇAS — Para afugentá-las, espalhe pelos armários e gavetas pimenta-do-reino em grão e naftalina.

Algumas folhas de jornal, devido ao cheiro de tinta gráfica, servem como repelente para traças.

Também poderá esfregar nas paredes internas dos armários gasolina ou, de preferência, querosene.

O bórax em pó é ótimo para espantar traças.

A arruda, o alecrim, a salva, o poejo e a salsa misturados e secos, reduzidos a pó, se forem usados em armários, espantam não só as traças, como também outros insetos roedores.

Pode-se evitar o aparecimento de traças nos armários e gavetas, colocando-se, dentro deles, algumas folhas de louro frescas, picadas. Trocar à medida que forem secando.

E saiba que as traças não atacam qualquer tecido (inclusive os de lã) que esteja guardado em sacos plásticos fechados, mesmo que aí fiquem durante anos.

Para saber se existem traças nos armários ou nas gavetas onde as roupas finas são guardadas, envolva-as em papel de seda, porque elas começarão roendo primeiro o papel.

Um bom preparado para espantar as traças de peles e lãs é pulverizar as gavetas e armários com a seguinte mistura: 30 partes de naftalina, 15 partes de cânfora e 600 partes de benzina.

É bom saber também que o cheiro de benzina e de cremor de tártaro não agrada às traças.

~ Viagem de Férias

Quando forem passar muitos dias fora, e a casa ficar fechada, serão necessários alguns cuidados, assim como uma série de precauções muito simples, mas pouco lembradas, embora importantes.

Sigam estes lembretes, depois saiam sossegados.

ÁGUA — Feche os registros dos banheiros e cozinha.

ARMÁRIOS e CÔMODAS — Coloque um pouco de inseticida, nos cantos e nas gavetas, para evitar o aparecimento de traças; um pouco nos colchões não deixará que as pulgas os incomodem quando voltarem.

GELADEIRA — Desligue-a, limpe-a e seque-a, deixando-a vazia e com a porta aberta para evitar que mofe.

RÁDIO e TV — Tire o fio da tomada, mesmo estando desligados.

RELÓGIO DE LUZ — Desligue a chave geral ou retire os fusíveis.

VASOS SANITÁRIOS — Depois de bem limpos, coloque dentro deles uma boa quantidade de desinfetante e feche os tampos.

Verifique se as janelas estão fechadas e as portas externas trancadas. E, então, boa viagem.

Se há algum aposento muito úmido na casa, coloque em um canto dele uma vasilha cheia de sal; este absorverá toda a umidade ali existente.

~ Abajur — Lamparina — Lampião — Velas

ABAJUR

Envernizado — Para retirar a poeira, misture álcool e óleo de lavanda, em partes iguais; aplicar com um pincel em toda a superfície. Não empregar dissolventes ou verniz de marcas desconhecidas.

Pergaminho — Se houver manchas, retirá-las primeiro esfregando uma borracha limpa e macia; retire todo o pó com pano macio, cuidadosamente. Esfregue toda a superfície com álcool e, finalmente, enxugue com uma flanela limpa e seca.

Também poderá limpar com um pano umedecido em água e detergente. Enxaguar e secar rapidamente com pano limpo e seco, ou com álcool, e depois enxugar.

Plásticos — As manchas sairão facilmente desses abajures esfregando-se uma esponja úmida. A limpeza faz-se com pano molhado em água e sabão. Enxaguar e secar.

LAMPARINA — Se houver necessidade de usar lamparina, por falta de luz, molhe primeiramente o pavio em vinagre, antes de mergulhá-lo no óleo para acender; assim evitará a fumaça.

LAMPIÕES DE FERRO BATIDO — Limpe a poeira; se houver vestígios de ferrugem, retire-a com uma lixa e petróleo.

Para a sua conservação, faça uma mistura de água, sabão e álcool. Com uma escovinha, limpe as aberturas da armação de ferro. Enxágüe e seque com um pano embebido em óleo de linhaça, misturado com um pouco de secativo.

LAMPIÕES DE QUEROSENE — O desagradável cheiro do querosene que se desprende dos lampiões acesos pode ser eliminado colocando-se, antes de acendê-los, alguns pedacinhos de naftalina no seu reservatório.

LUSTRES DE CRISTAL — Limpar com água e gotas de amônia, ou com álcool.

VELAS DE CERA — Para clarear estas velas, passar um pano ou algodão embebido em álcool; para lavá-las, mergulhe-as em água bem fria com sabão, enxágüe com água também fria, e enxugue rapidamente com pano seco.

As velas não pingam e duram mais quando deixadas de molho, por algumas horas, em água e sal. Depois deixar secar bem sem esfregar.

Também para não pingarem, esfregá-las com sabão úmido.

Uma vela durará mais tempo salpicando um pouco de sal em volta do pavio aceso; seu desgaste será mais lento.

Se a vela se partiu, pingue um pouco de água fervendo nas rachaduras para amolecer a cera. Pressione imediatamente uma parte contra a outra, e, ainda segurando bem firme, deixe correr água fria da torneira sobre a parte "colada", para endurecer.

Para reavivar as cores das velas coloridas, já amareladas pelo uso, corte as pontas queimadas do pavio e em seguida use o seguinte método: primeiramente passe álcool, em seguida mergulhe em água com sabão. Enxugue com pano seco.

~Aparelhos Eletrodomésticos

CONSERVAÇÃO — PINTURA — A melhor maneira de se conservar a pintura (o esmalte) dos aparelhos domésticos (geladeira, fogão, máquinas de lavar ou de secar etc.) é passar cera de assoalho incolor, depois que estiverem limpos e secos; porém, não esperar secar a cera, pois deverá ser lustrada com flanela logo que for passada. Faça isso de vez em quando, pois, além de conservar o esmalte, vai deixá-los com uma bonita aparência.

AR-CONDICIONADO — *Odor* — Quando sentir um cheiro estranho, proveniente desse aparelho central, certamente haverá presença de fungos no sistema. Para se eliminar esse odor, é só derramar, na bandeja de condensação, um alvejante de roupas.

ASPIRADOR DE PÓ — Depois de ser usado, deve-se sempre retirar a poeira depositada no saco, esvaziando-o dentro de um jornal úmido, evitando, assim, que a sujeira se espalhe.

De vez em quando, faça a limpeza das partes internas do aparelho: inverta o tubo e deixe que o ar saia por ele, de dentro para fora. Finalmente, limpe o tubo com uma esponja úmida.

ENCERADEIRA — *Limpeza* — Faça de vez em quando uma boa limpeza na sua enceradeira. Primeiro, tire as escovas e lave-as com gasolina. Em seguida, coloque-as de volta na enceradeira, deite-a no chão, e ligue a tomada por 1 minuto apenas, deixando-a funcionando para que saia todo o pó entranhado nas escovas.

Nas partes cromadas, passe algodão embebido em álcool; os parafusos externos devem ser lubrificados com óleo de máquina de costura.

EXAUSTOR — *Limpeza* — Seu exaustor estará sempre puxando bem a fumaça da sua cozinha se for limpo de vez em quando. E isso não é "nenhum bicho-de-sete-cabeças"; veja só: retire o filtro do aparelho e deixe-o de molho em água bem quente com detergente por algumas horas, ou por 1 noite inteira. Depois é só enxaguar. Viu como é fácil?

GELADEIRA

Mofo — Quando passar alguns dias fora, deixe a geladeira desligada, enxuta e com a porta aberta. Caso contrário, ao voltar ela poderá estar mofada.

Se isto acontecer, lave-a muito bem, deixando-a arejar por algumas horas. Se o cheiro de mofo persistir, coloque dentro dela alguns pires com um pouco de terebintina, deixando-a fechada por bastante tempo. Logo poderá usá-la. Mesmo que no começo os alimentos absorvam um pouquinho do cheiro, não haverá qualquer problema.

Odor — Sempre que lavar ou limpar internamente as paredes da geladeira, use apenas bicarbonato de sódio em água; além de limpar, tira qualquer cheiro nela existente. Mas, se não houver tempo para fazer essa limpeza, basta colocar em uma das prateleiras uma caixa aberta de bicarbonato de sódio. Este absorverá os odores, deixando ainda um cheirinho agradável que durará até a semana seguinte.

Para que alimentos mais fortes não espalhem o odor e o sabor, misturando-os aos de outros alimentos, deixe constantemente dentro da geladeira qualquer dos seguintes itens:

1) Um pedaço de carvão; este ajuda também a absorver a umidade.
2) Uma xícara de pó de café fresco, sem ser usado, durante algumas horas.
3) Rodelas de batata crua. Estas terão que ser substituídas várias vezes, dependendo de seu tamanho.
4) Algumas folhas de louro também fazem desaparecer o cheiro desagradável da geladeira.
5) Colocar dentro dela um recipiente contendo um pouco de baunilha (essência de baunilha que se usa para doces).
6) Colocar um pires contendo um pouco de fermento em pó.
7) Quando uma clara de ovo é derramada dentro do congelador e não se limpa na hora (por negligência ou porque não se viu), ela apodrece e seu insuportável odor fica impregnado no congelador, o que se percebe melhor quando ela é descongelada. E não é mole conseguir que desapareça o seu cheiro. Então, você vai fazer o seguinte: descongele a geladeira completamente, até que não sinta nenhum friozinho quando passar a mão. Então embeba um pano bem molhado numa solução bem forte de água e bicarbonato. Secar. Em seguida, passe por toda sua parte interna (inclusive na parte interna da porta do congelador) 1 limão cortado, e aguarde alguns minutos. Secar. Finalmente, passar um limpador líquido caseiro concentrado, puro, e deixar assim, para

que seque normalmente. Ligue a geladeira, deixando o congelador ainda aberto (com ela ligada) por uns 5 a 10 minutos, e feche. Repita tudo por mais 3 semanas seguidas. (Esse cheiro "é fogo".)

Cuidados — Evite colocar dentro da geladeira alimentos envoltos em papel ou jornal, pois isso dificulta a refrigeração.

Mas se a regulagem estiver muito alta e não puder ser controlada, deverão usar-se então folhas de jornal para evitar o congelamento dos líquidos e de outros alimentos.

Para se retirar com facilidade as fôrmas de gelo, sem necessidade de estar socando ou martelando, basta salpicar um pouco de sal nos lugares onde as fôrmas são colocadas; elas assim não grudarão.

E o gelo se desprenderá, sem ter aderido à fôrma, se antes de enchê-la com água for esfregada, em seu interior, uma vela.

Manchas — Essas que acontecem em cima da geladeira, por objetos que se costuma deixar sobre ela, se não saírem com esponja de aço, sairão com clorofórmio.

Se a parte externa da geladeira estiver amarelada, passe um pano embebido em água sanitária e em seguida faça um polimento com cera incolor, usando um pano seco.

Lavar "geladeirinhas" de isopor apenas com água e bicarbonato; nunca usar sabão. Esse processo serve para qualquer vasilha ou utensílio de isopor.

Gelo artificial — Taí um bom quebra-galho: na falta de geladeira, você mesma poderá preparar, artificialmente, um bom gelinho. Não é uma boa?

E, o que é ainda melhor, você poderá escolher 3 maneiras diferentes de prepará-lo:

1) Num recipiente, coloque 1/2 quilo de salitre e a mesma medida de amônia em pó, dissolvidos em 3 litros de água. É só. Mágica? Pois essa mistura vai dar para gelar garrafas de bebidas e de água.
2) Colocar uma vasilha dentro de outra maior, onde se misturou a solução de 3 partes de fosfato de soda, 2 partes de ácido nítrico, 6 partes de nitrato de amônia e 2 partes de água.
3) Misturar em partes iguais: água, azotato de amoníaco e carbonato de sódio.

LIQUIDIFICADOR — Esse aparelho não só serve para bater líquidos, como também rala coco, mói pão torrado (para fazer farinha de rosca, que, aliás, fica finíssima), rala nozes etc.

Após algum tempo de uso, as "faquinhas" do liquidificador perdem o fio; mas elas voltarão a ficar afiadas, se forem batidas algumas cascas de ovo dentro dele.

MÁQUINA DE LAVAR ROUPA — Ao lavar suas roupas na máquina, nunca ponha mais do que 1 copo de sabão dentro dela, pois o excesso prejudicaria sua lavagem. Mas, se a espuma for excessiva, disperse o excesso, acrescentando 2 colheres (sopa) de vinagre ou de sal na água, que ela desaparecerá.

TORRADEIRA — Quando ela estiver com resíduos de plástico que queimou na própria torradeira, use fluido de isqueiro para tirá-los.

Também poderá usar um removedor de unhas.

Nota: Isso se faz em qualquer aparelho elétrico que apresentar esse problema.

CONSELHO — Mantenha sempre desligados os aparelhos que se usam comumente na copa ou cozinha, como torradeira, liquidificador, batedeira etc.

~Chão — Cera

ASSOALHO (CHÃO DE MADEIRA)

CERA — Se tiver que retirar cera velha, antes de encerar o assoalho, e não tiver palha de aço, pode substituir por água sanitária, passando por todo o chão, e deixando secar muito bem. Então, passar, generosamente, a cera. Também poderá ser usada esponja de aço molhando-a em removedor. Mas, ao usar esse método, faça-o com sua mão protegida por um pano.

Se a cera do assoalho estiver endurecida, amoleça-a misturando um pouco de terebintina.

Para economizar cera, antes de passá-la no chão molhe com água o pano que vai encerar, e torça bem; a cera, assim, não grudará no pano úmido.

E, se sobrar um pouquinho de cera na lata, aproveite esse restinho, misturando aí um pouco de removedor ou gasolina.

A cera vai render muito mais se misturar a ela um pouco de aguarrás — de boa qualidade — até que fique quase líquida, porém consistente.

CALAFETAR — Se o buraco do assoalho for muito pequeno, um pouco de cera virgem será o suficiente para cobrir essas gretas; depois é só encerar normalmente.

Mas se for maior, misture: 1/2kg de breu e 1 1/2kg de cera virgem, juntando um pouco de oca para dar colorido. Derreter tudo, e, enquanto líquida, derramar nas fendas. Deixar secar e raspar as sobras que ficaram de fora.

A quantidade poderá ser menor, dependendo do número de fendas a serem encobertas.

RECEITAS CASEIRAS

Cera — Prepare qualquer uma destas duas receitas:

1) Junte:
- 100g de cera de abelha
- 100g de parafina
- 1 litro de gasolina

Modo de fazer: Coloque a cera e a parafina numa lata, leve ao fogo apenas para derreter. Retire a lata do fogão e, bem distante do fogo e com este apagado, misturar a gasolina com uma colher velha. Deixar esfriar e... está pronta para ser usada. Esta cera também pode ser usada em pisos com sinteco.

2) Junte:
- 50g de parafina
- 1 colher (chá) de óleo de linhaça
- 1 colherzinha de corante (opcional)
- 1 litro de gasolina

Modo de fazer: Derreta a cera e a parafina em fogo brando e junte o óleo de linhaça (se quiser, misture o corante). Misture bem, apague o fogo, e, longe do fogão, vá despejando e misturando aos poucos a gasolina. Deixe esfriar e... está pronta sua cera caseira.

Removedor de cera velha — Misture:
- 1 xícara (chá) de detergente de roupa
- 1 vidrinho de amoníaco
- 5 1/2 litros de água

Depois de tudo bem misturado, passe no chão com um pano. Deixe secar bem, para então passar a cera que você mesma preparou.

Nota: Esta receita serve para substituir qualquer removedor de cera, até mesmo a gasolina.

MANCHAS EM ASSOALHOS

Água — Para remover estas manchas do assoalho, deixar sobre elas, por algumas horas, óleo de linhaça ou cera amarela.

Gordura — Quando cair gordura quente no assoalho, jogue imediatamente sobre ela água fria ou gelada; desse modo, a gordura não penetra no chão, facilitando a sua limpeza. Depois de removida a gordura, jogar água bem quente com detergente, ou então um pouco de cinza.

Também poderá fazer o seguinte: pegue imediatamente um pouco de barro e umedeça com água (pouca), formando uma pasta, que se coloca sobre a mancha. Deixe ficar até o barro secar, o que levará de um a dois dias. Lave então o local, e verá como a mancha desapareceu.

Uma boa maneira para se tirar gordura do assoalho é cobrir imediatamente o local com bastante talco, deixando ficar por muitas horas, até que este tenha absorvido a gordura. Retire então o talco, cubra o local com mata-borrão ou papel de seda, e passe o ferro quente por cima, mudando sempre o papel de lugar, até que a mancha tenha desaparecido.

Se a mancha de gordura for mais antiga, experimente amolecê-la primeiro com um pouco de óleo, e depois proceda como acima. Também é fácil de tirar esfregando gasolina.

Ovo — Geralmente, quando o ovo cai no chão, o lugar da gema fica manchado; elimine a marca, cobrindo a mancha com sal e deixando secar. Depois, é só varrer.

Tinta — tinta de escrever — Essas manchas em assoalhos são muito difíceis de sair, mas sempre é bom tentar fazer alguma coisa para melhorar, ou, quem sabe, retirá-la completamente.

Assim que a tinta derramar, enxugue-a imediatamente com mata-borrão ou qualquer outro papel absorvente. Em seguida, passe uma esponja umedecida com água ou leite, e depois tire a mancha com álcool ou limão. Deixe secar, passe a palha de aço, a cera e lustre.

Mas se as manchas forem recentes, poderão ser removidas com vinagre branco. Para as manchas mais antigas, molhar primeiro com água fervente; em seguida, esfregar as manchas com solução de cloreto de estanho.

Também poderá esfregar com água e amônia líquida, e em seguida empregar o sabão.

Tinta a óleo — Passar aguarrás. Pode-se também usar palha de aço, no sentido da madeira, ou ainda um solvente.

Tinta de parede — As manchas recentes são removidas com essência de terebintina. Se forem antigas, em vez de terebintina usar aguarrás, embebendo-a em um pano e colocando sobre a mancha. Deixar ficar por 2 horas. Depois, esfregar o lugar com tinta a óleo, que desaparece instantaneamente.

Cal — Use vinagre; se a sujeira estiver muito grossa, raspe antes com uma faca.

Reboco (fresco) — Este sai facilmente; deixe, primeiro, secar muito bem. Depois, passe palha de aço, varra bem e passe um pano molhado, mas bem torcido.

Vinhos e frutas — Lavar o local com água e detergente, ou um alvejante bem diluído. Em seguida, enxaguar e enxugar bem o local. Se for necessário, passar palha de aço bem fina, encerar e lustrar.

CIMENTO — Um chão de cimento bem encerado e tratado nem parece cimento.

Se ele for vermelho (ou o ladrilho também), junte à cera que vai usar um pouco de óxido de ferro (encontra-se em lojas de ferragens); o chão ficará bonito, vermelhinho, e com a vantagem de não soltar a cor.

LAJE — Ótimo para lavar este chão é colocar um pouco de lixívia na água quente que vai ser usada. Esfregar bem o chão e enxaguar. Além de ficar limpo, vai também tirar as manchas (se houver).

LAJOTAS — Este chão, quando encerado, com o tempo vai ficar encardido.

Mas para limpar é muito fácil, e nada melhor do que passar por elas um pano molhado na solução de vinagre e refrigerante tipo cola. Deixar secar muito bem, para só então encerar.

SINTECO — CALAFETAR — Se houver fendas ou aberturas entre os tacos de um piso tratado com sinteco, você poderá calafetar fazendo assim: derreter em banho-maria um pouco de cera de carnaúba e de cera de abelha em partes iguais. Quando estiver liquefeito, vá juntando serragem de madeira, até que forme uma pasta que solte da vasilha. Então, com uma espátula (de pedreiro), vá colocando e ajeitando um pouco dessa pasta entre as fendas, limpando em volta, ao mesmo tempo. Deixe secar muito bem, para só então passar a enceradeira.

RISCADOS — Se o sinteco estiver riscado, antes de sua limpeza passe cera líquida para pisos.

CONSERVAÇÃO e LIMPEZA — Nada mais simples e econômico para manter seu sinteco limpo do que passar, por todo ele, um pano molhado (torcido) em chá preto frio.

Para limpá-lo, passar rapidamente um pano molhado e bem espremido. Mas ele ficará uma beleza se o pano for umedecido em água morna onde se misturou um pouquinho de óleo. Depois, dar brilho com flanela. E, para conservá-lo, passe esporadicamente um produto lustra-móveis. Deixe secar e passe a enceradeira.

Prepare também o seu sinteco caseiro:

- 1 litro de álcool
- 200g de breu
- 200g de goma-laca

Modo de fazer: Soque o breu, misture com a goma e o álcool. Deixe guardado por três dias, mexendo de vez em quando. Depois é só usar, passando no mesmo sentido (sem fazer círculos).

Cortinas

Antes de pendurar uma cortina, verifique primeiro se suas ferragens estão em ordem: limpas e perfeitas.

FERRUGEM — Para tirar a ferrugem dos ganchos das cortinas, coloque-os primeiramente numa vasilha com um pouco de amoníaco, e deixe de molho por 1/2 hora.

Depois, agite com um pedaço de madeira, jogue fora o amoníaco, e espere que os ganchos fiquem secos. Eles, assim, se tornarão novinhos.

EMPERRADAS — Para não emperrarem e correrem melhor, unte os trilhos e as argolas com parafina, com cera líquida, ou, ainda, com cera de sapateiro. Faça isso antes de pendurá-las.

LAVAR — Antes de lavar uma cortina pela primeira vez, deixe-a ficar de molho, por algumas horas, em água e sal.

As cortinas brancas e leves são lavadas em água morna, sabão em pó e um pouco de amônia, misturados. Ficam aí de molho e, à medida que a água vai se sujando, repete-se a operação, até que a água saia limpa.

Na água de enxaguar, ponha uma goma leve, feita com 1 colher (sobremesa) de polvilho para 1 litro de água.

Para as cortinas grossas, redes etc., além do procedimento acima (excluindo a goma) pode-se também lavar, colocando-a dentro de 1/2 banheira com água, adicionada de uma xícara de amônia, 1 xícara de terebintina e 1 punhado de sabão em pó. Agitar bem essa água e deixar aí as cortinas de molho por mais ou menos 3 horas. Se for necessário, repetir a operação; em seguida, enxaguar muito bem.

Cortinas de tergal ou de fibra de vidro ficarão como novas se, ao serem lavadas, adicionarmos 1/2 xícara (chá) de leite em pó (ou mais, se a cortina for muito grande), à última água em que for enxaguada.

CORTINAS DE PLÁSTICO — Saiba que essa cortina não vai ficar com seu plástico endurecido, depois de limpa, se for lavada com água quente em vez de usar água fria.

PERSIANAS — Para uma limpeza normal, nada melhor do que esfregar um pano molhado em álcool.

Se elas forem tiradas para uma boa lavagem, pendure-as enquanto suas tiras e fitas estiverem ainda molhadas; assim, elas não vão encolher.

Mas, se acontecer de as tiras ficarem amareladas, passe nelas uma graxa líquida branca para sapatos.

Os cordões também ficarão mais resistentes se forem untados com parafina.

Espelhos

Antes de proceder à sua limpeza, passe primeiramente um pano úmido e anil em pó (reduzi-lo a pó).

Livre os espelhos das moscas e mosquitos, acrescentando na água de limpeza um pouco de querosene.

A água onde foi dissolvido amido é ótima para limpar espelhos; esfregar com um pano embebido nela e deixar secar por si. Depois de secar, é só passar um pano bem seco e limpo.

Eis uma boa fórmula para limpar espelhos (e vidraças):

- 1 medida de água (copo, por exemplo)
- 1 medida de álcool
- 1 medida de querosene

Misturar bem, colocar num vidro bem fechado e agitar bem sempre que for usar. Além de deixar o espelho brilhando "como um espelho", vai impedir a aproximação de qualquer inseto.

Quando o espelho aparecer com manchas, quase sempre na horizontal (isso acontece muito quando se mora à beira-mar), e elas não saírem, por mais que se limpe (parece até que essas manchas são internas), experimente esfregá-las com produto (líquido) para dar brilho em automóvel, que sairá tudinho.

E, para evitar que após o banho quente os espelhos fiquem embaçados e manchados pelo vapor da água quente do chuveiro, esfregue-os com um pano ligeiramente úmido embebido em glicerina.

~ Janelas — Vidros — Vidraças

MOLDURAS — ESQUADRIAS DE ALUMÍNIO — Mantenha-as como novas mandando limpá-las uma vez por mês, com uma mistura de óleo (de máquina ou de cozinha) e álcool em partes iguais; depois, é só passar um pano macio e flanela.

Também poderá, de vez em quando, passar nelas um produto de limpar pratas. Em seguida, esfregar com flanela. Vão ficar tinindo.

VIDROS e VIDRAÇAS — *Limpeza* — Será que você sabe mesmo como limpar e deixar perfeitas suas vidraças? Depois de lavá-las, esfregue-as com um pano, de cima para baixo, ou do lado de fora para dentro (na horizontal); assim, poderá ver, rapidamente, qualquer risco ou vestígio, e se eles estão do lado de dentro ou de fora do vidro.

Antes de tudo, nada de usar qualquer trapo de pano rasgado para limpar os vidros ou vidraças; ele solta muitos pelinhos que se aderem ao vidro, dificultando o trabalho.

Antes de limpar vidros engordurados ou que estejam com poeira grossa, passe primeiramente papel absorvente (pode ser papel higiênico), para assim absorver e retirar as gorduras e a sujeira, facilitando sua limpeza.

Uma esponja de aço nova e seca é sempre recomendável para ser passada nas vidraças antes da sua limpeza ou depois que tiver passado o papel absorvente.

Vinagre com água misturados é ótima solução para limpar vidraças; não risca e dá brilho.

Pode-se usar, também, água com gotas de amoníaco, enxugando depois com um pano (de preferência, tipo linho).

Os vidros que não podem ser lavados ficarão limpos usando e passando neles uma bola de jornal bem amassado e umedecido com qualquer das duas soluções descritas acima.

MANCHAS

Gordura — Esfregar, no lugar manchado, um pedaço de cebola; depois, passar um pano umedecido em água.

Pinturas — Esfregar um pano embebido em terebintina, para facilitar a retirada dessas manchas.

Tinta a óleo — cal — Esfregar primeiro com vinagre, e, em seguida, com uma solução forte de água e amônia. Este sistema é mais rápido do que esfregar com água e sabão.

RISCADOS — Ninguém vai perceber o riscado do seu vidro se for passado, no local, um pano macio com pasta dental.

FURAR VIDRO — Se precisar furar um vidro, sem que ele se quebre, basta pingar 1 gota de terebintina no lugar a ser perfurado, antes de usar o instrumento perfurante.

E espante as moscas e mosquitos de suas janelas esfregando nas vidraças um pano molhado em querosene.

VIDROS e VIDRAÇAS FOSCAS — Para estes, aplique a seguinte solução com um pincel:

- 25g de sulfato de magnésio
- 5g de gelatina
- 100ml de água quente

Poderá também usar o seguinte: dissolver um pouco de magnésio em pó em cerveja branca, até ficar na consistência de tinta guache. Com um pincel-trincha macio, pinte as vidraças da janela por dentro e por fora.

Este preparado também pode ser usado para tornar fosco qualquer vidro ou vidraça.

E se você quiser evitar os olhares indiscretos dos vizinhos, pode camuflar suas vidraças, passando nelas uma mistura de 4 colheres (sopa) de sal de frutas em 1/4 de litro de cerveja choca.

~Mármores — Pisos

MANCHAS

ÁCIDO — Se o piso do mármore estiver queimado com ácido aplique sobre a mancha, por vários dias, um pouco de querosene.

FERRUGEM — Antes de limpar estes pisos, passe primeiro um bom removedor de sujeira. Depois, com uma esponja de aço e sapólio em pó, esfregue o local da ferrugem. Caso a mancha persista, use um pouco de amoníaco. Limpe com um pano úmido, deixe secar bem e espalhe uma cera especial para mármore (ou cera comum), deixando secar. Finalmente, lustre com enceradeira ou flanela.

GORDURA — Elimine estas manchas passando sobre o local atingido uma pasta feita com a mistura de gesso, um pouco de bicarbonato de sódio, umas gotas de benzina e água. Cubra com ela as manchas, deixando até que seque.

Mais fácil ainda é esfregar sobre a mancha de gordura um pano engordurado.

TINTA — Deve ser logo coberta com cinza (de fogão) ou farinha de trigo, deixando ficar por alguns minutos. Retirar e colocar em cima do local algumas gotas de água oxigenada. Esfregar vigorosamente com pedra-pomes em pó bem fino.

LIMÃO — A acidez do limão ou do ácido acético, quando caem no mármore antigo (o legítimo), deixa uma mancha esbranquiçada, dificílima de sair, mas há um procedimento facílimo que fará com que desapareçam: nada mais, nada menos do que esfregar um pano macio embebido em azeite doce. É só.

De um modo geral, nada melhor para se tirar manchas de mármore do que usar vinagre ou ácido acético. Com este último a limpeza deve ser rápida.

Mármore branco manchado também se limpa com água oxigenada.

Para tirar algumas manchas, além da cinza de fogão e da farinha de trigo pode-se usar serragem. Depois, lave com água quente ou lixívia.

LIMPEZA — Qualquer mármore ficará brilhando esfregando-se um pouquinho de parafina com uma flanela.

Dá-se brilho nos mármores coloridos usando-se uma mistura de cera de abelhas dissolvida em terebintina, preparada da seguinte maneira: dissolver a cera em banho-maria e juntar a terebintina fria, mexendo sempre até formar uma pasta. Esfregue então no mármore.

As massas de mármore (como as de cozinha) ficam branquinhas e brilhando se forem esfregadas com sal e limão.

Com uma pasta de gesso e água, pode-se limpar qualquer piso, paredes, tampos ou peças de mármore.

E, com parafina, se tiram quase todas as manchas e sujeiras de um mármore, além de deixá-lo brilhante.

Ver MÁRMORE também em "Banheiro" e em "Copa-cozinha".

~Paredes

PAREDES LAVÁVEIS — *Lavar* — Ao lavar qualquer uma dessas paredes com água e sabão, não deixe de acrescentar nessa água um pouco de farinha de trigo; verá que, ao enxaguá-la com água pura, a sujeira virá mais facilmente.

Na lavagem de uma parede pintada a óleo, comece primeiro umedecendo-a de baixo para cima, pois, se fizer o contrário, as gotas de água suja caem e poderão manchar a parede.

A parede branca, pintada com tinta lavável que está muito suja, vai ficar clara e limpinha se for lavada com água e sabonete de toalete, verde, uso corporal, e... veja... que brancura!

Mas você não precisa lavar uma parede apenas porque apresenta algumas sujeirinhas; basta esfregar os lugares sujos com uma borracha plástica limpa, ou com aquelas brancas usadas pelos artistas, ou ainda com miolo de pão branco.

PINTURAS DE PAREDE — Quando for pintar um remendo de tinta a óleo de cor clara numa parede já pintada há algum tempo, coloque 1 punhado de sal dentro da tinta nova que vai usar; assim, ela não vai ficar tão diferente da que está na parede, naturalmente um pouco envelhecida pelo tempo.

Não tenha receio de pintar uma parede que está manchada de umidade, pois pode-se tirar perfeitamente as manchas: coloque no meio da sala 1 folha de zinco e, sobre esta, queime 1 pedra de enxofre. Logo as manchas desaparecerão, e a sala poderá ser pintada.

CHEIRO DE TINTA — Não há fígado que agüente o cheiro forte de tinta fresca em um cômodo recém-pintado, e uma das maneiras mais rápidas para fazer desaparecer esse cheiro é deixar no aposento uma bacia cheia de água com algumas rodelas de cebola; essas também poderão ser substituídas por folhas de laranjeira.

Muito mais fácil ainda para eliminar o cheiro de tinta fresca é queimar no quarto um pedacinho de casca de limão ou de laranja.

PINCÉIS — Se os pincéis de pintura das paredes estiverem endurecidos pela tinta a óleo, coloque-os de molho por algum tempo em vinagre bem quente, e lave-os depois com água e sabão.

PINTURA COM GESSO

Endurecimento rápido — Se quiser que o gesso endureça mais rapidamente, depois de pintada a parede coloque sal na sua massa.

Endurecimento lento — Mas se não tiver pressa e desejar que o gesso na parede endureça mais lentamente, você pode misturar ao gesso um pouco de açúcar, um pouco de álcool ou ainda a mistura na base de 1/4 de xícara (chá) de vinagre para cada 1 xícara (chá) de água.

RACHADURAS NA PAREDE — Se aparecerem rachaduras pequenas, fininhas e superficiais, você poderá disfarçá-las passando sobre elas uma massa corrida com pincel de pintura artística. Essa massa é obtida com a mistura em partes iguais de goma de roupa, sal de cozinha e água, até conseguir o ponto desejado.

PREGOS EM PAREDES — Antes de tudo, nada de tentar enfiar um prego torto na parede, antes de endireitá-lo.

Antes de bater um prego na parede, mergulhe-o em água fervente; evita que o reboco se quebre, e, se enferrujado, fixa melhor.

Para enfiar prego pequeno, sem risco de martelar os dedos, perfure com ele um pedaço de cartão, segurando este em vez do prego; só então use o martelo.

Para retirar parafusos, quando velhos, de uma parede, prenda com um alicate a cabeça do parafuso e pressione-o alternadamente para a direita e para a esquerda, girando-o. Aos poucos irá saindo, podendo ser retirado com facilidade.

Antes de usar pregos que vão ficar ao ar livre, recebendo sol e chuva, umedeça-os com uma pasta (um pouco espessa) feita com grafite e azeite. Assim, eles não enferrujam.

BURACOS — Ao pregar um prego numa parede um tanto fraca, proteja o lugar com esparadrapo ou fita adesiva para firmar o reboco.

Aplicando um pedaço de sabão na ponta do parafuso, fica mais fácil introduzi-lo numa parede ou numa madeira mais dura.

Para se tampar buracos de pregos retirados de uma parede, você pode escolher um dos seguintes procedimentos:

1) Misturar um pouco de serragem fina com cola e usar logo em seguida.
2) Fazer uma pasta com saponáceo e tinta da cor da parede.
3) Usar papel machê.
4) Picar, bem miudinho, lenços de papel fino ou papel higiênico bem fininho, e ir misturando com cola plástica, até obter consistência de massa corrida. Porém, se for possível, apertar o tubo da cola plástica diretamente no buraco.

Depois de usado qualquer dos métodos citados, passar um pouco de tinta da cor da parede.

∾Portas

Ao abrir e fechar uma porta, esta não deverá roçar no chão. Mas se isso acontecer, basta colocar uma lixa de madeira por baixo dela, segurando-a no local, fazendo movimento de abrir e fechar com a porta, até que, após lixado o local, a porta se livre de arranhar o chão.

Nada mais irritante do que o ranger de uma porta; faça-o desaparecer, usando uma mistura de raspa de grafite (ponta de lápis) e algumas gotas de óleo de cozinha. Coloque aos poucos nas dobradiças, fazendo movimentos de abrir e fechar com a porta, para que se entranhem bem.

LIMPEZA — Ao iniciar a limpeza de uma porta, coloque pedaços de papelão ao redor dos ferrolhos e dobradiças, antes de polir os metais.

MADEIRA BRANCA — Se essas portas e umbrais estiverem um pouco sujos, convém esfregá-los com miolo de pão; mas se estiverem muito sujos, limpe com uma mistura de água quente, um pouco de bórax e bastante sabão em pó.

Quando houver marcas de dedos, esfregue sobre elas a mistura de 1 parte de terebintina para 2 de óleo.

ENVERNIZADAS — Limpam-se com água e algumas gotas de lixívia; desta maneira, não haverá perigo de sair o verniz.

Com água e gotas de amônia também se limpam portas envernizadas.

ESMALTE — Nessas portas, como também nas envernizadas, 1 batata cortada ao meio e esfregada tira qualquer mancha. Mas, à medida que a porta for ficando suja, corta-se 1 rodela, aproveitando-se a batata até o fim.

A ÓLEO — Muito bom para a limpeza dessa porta é usar um produto limpa-móveis, que, além de tirar todas as manchas, conserva também a pintura.

ESQUADRIAS — Tanto as das portas como as de janelas esmaltadas de branco podem ser lavadas com água quente e amônia.

~Quadros

Com a grande valorização dos quadros, a tarefa de limpar e conservar, quando não confiada aos cuidados de um especialista, somente pela dona de casa deverá ser exercida, ou pelo menos sob a sua supervisão.

MOLDURAS — Comece a limpeza tirando o pó com um pano ou pincel, se ela for trabalhada.

Na parte de trás da moldura, passe um pano embebido em querosene, para preservá-la das traças e insetos.

As molduras simples limpam-se apenas com um pouco de querosene, tendo antes esfregado um pedaço de couro quase seco.

MOLDURAS DOURADAS — Nas molduras douradas ou folheadas a ouro, usam-se os seguintes procedimentos:

1) 1 clara batida em neve com algumas gotas de água sanitária.
2) 1 clara em neve com 1/2 colherzinha de sal.

Nestes dois casos, passar com paninho ou pincel; deixar secar naturalmente.

Estes dois procedimentos também são usados para móveis folheados a ouro ou dourados.

3) Pode-se substituir a água sanitária e o sal por aguarrás. Depois, passe um pano que não deixe pêlos.
4) Para fazer voltar o brilho a essas molduras, esfregue-as levemente com uma flanela embebida em terebintina.
5) Também pode-se usar um pano macio embebido em leite ou vinagre para limpar essas molduras.

Outros conselhos, ver também DOURADOS em "Metais".

Para evitar que os quadros marquem a parede recém-pintada, cole em cada canto interno da moldura uma rodelinha de cortiça, ou seja, uma fatia fina de rolha.

TELAS — Os quadros a óleo requerem uma limpeza cuidadosa 2 vezes ou mais ao ano, no caso de ficarem expostos a poeira.

Nunca use aspirador de pó, tanto no direito como no avesso; a sucção poderá estalar a pintura.

O mofo dos quadros a óleo é tirado esfregando-se de leve uma mistura de amoníaco com um pouco de sal.

Para a limpeza das telas há os seguintes processos:

1) Cortar 1 batata ao meio e passar bem de leve sobre a tela; à medida que a batata vai ficando suja, tira-se 1 fatia e continua-se limpando até que esta saia clara.
2) Substituir a batata por cebola, procedendo da mesma maneira.
3) Mais indicado ainda para quadros antigos, cujo verniz esteja ressecado, ou para aqueles que estão em casas próximas à praia, expostos à ação da maresia é: com um paninho macio, passar na tela um pouco de azeite de oliva. Troca-se o pano à medida que vai se sujando. Após a limpeza, deixar secar naturalmente.

O mofo dos quadros a óleo é eliminado esfregando neles, de leve, uma mistura de amônia e sal.

E evite que o sol bata diretamente sobre as telas.

~ Tapetes e Carpetes

Os tapetes, assim como os carpetes, exigem apenas alguns poucos cuidados para que se conservem perfeitos por muito tempo.

O sol não deve bater diretamente sobre eles, mas, se isto não puder ser evitado, mude-os de vez em quando de posição.

O maior perigo para um tapete é a umidade; uma infiltração de água deteriora-o irremediavelmente.

A vassoura adequada para a sua limpeza, quando necessário, é a de piaçava; o aspirador deverá ser usado 2 a 3 vezes por semana, ou conforme o necessário.

Quando as beiras dos tapetes começam a desfiar, deve-se coser, pregando pelo avesso, uma fita encorpada, dessas que se usam para o cós das saias.

Para assentar as pontas reviradas dos tapetes, passe o local com ferro bem quente, sobre um jornal molhado.

Para não se escorregar sobre tapetes que deslizam, por estarem soltos, basta fixar no seu forro pedaços de feltro.

Nos tapetes que pegaram traças, faz-se o seguinte: colocar sobre o local um pano bem úmido, e sobre este passar o ferro bem quente, até secar o pano e o tapete. Este calor úmido mata as larvas das traças.

Deve-se tomar precauções com o tapete que ficar guardado por algum tempo. Cubra-o todo com jornal, e salpique querosene e naftalina; só então enrole-o e amarre-o.

Os tapetes polvilhados com sal de cozinha não pegam cupim.

LIMPEZA — Uma simples e boa limpeza nos tapetes e carpetes pode ser feita assim: preparar a mistura feita com 2 xícaras (chá) de farinha de milho (ou a de mesa) e outra de bórax; salpicar bem por todo o tapete, deixando ficar assim por 1 hora. Depois, é só passar o aspirador.

COLORIDOS — Nesses tapetes, deve-se passar de vez em quando um pano molhado na solução de água e vinagre branco, deixando secar normalmente. Isso, além de deixá-lo bem limpo, também vai avivar suas cores. Ainda para uma simples limpeza nos tapetes, esfregue, de vez em quando, por todo ele, uma bola de jornal bem amassada, molhada na solução de água e amônia. Enquanto a bola absorve toda a poeira, suas cores também reavivam.

ODOR DE URINA — Quem tem cachorro em casa está sempre correndo o risco de ter seu tapete "batizado" por ele. Por isso, sempre que isto acontecer, lave imediatamente o local com a solução feita de 1 colher (sopa) de amônia pura em 1 copo d'água. Enxaguar com uma esponja e água limpa, enxugar e secar com um secador de cabelo.

LAVAGEM DE TAPETES — Além da limpeza diária, é necessário de vez em quando lavar os tapetes e os carpetes. Para uma lavagem simples, um pano umedecido em vinagre deve ser esfregado em toda a superfície, e, à medida que o pano vai ficando sujo, renovar a operação até que este saia limpo. Depois, deixar o tapete secar, de preferência estendido no chão, no mesmo local, para não deformar.

No caso de serem carpetes de pêlo longo, além da limpeza diária com aspirador, cuja ação é menos destruidora do que a da vassoura, uma limpeza mais profunda a cada 6 meses se faz necessária.

Se não quiser entregar este trabalho a uma firma especializada, faça-o usando uma escova e um xampu especial de espuma, à venda no comércio.

Quando um tapete tem mais de 4 anos de uso, exige uma lavagem mais completa. Se não puder mandar fazer fora o serviço, faça o seguinte: misture 1/4 parte de vinagre, 1/4 parte de amônia e 1/4 parte de 1 litro de álcool para 2 litros de água. Antes de aplicar, passe bem o aspirador sobre o tapete, se possível dos dois lados, para tirar qualquer poeira acumulada. Embeber, então, um pano na mistura e passar com vontade de um lado para outro, de cima para baixo, e por toda a superfície do tapete. Deixe secar um pouco e, enquanto ainda úmido, escove bem.

MANCHAS (EM TAPETES)

BEBIDAS ALCOÓLICAS — *Vinho, cerveja, licor etc.* — Tocar suavemente o local manchado com uma solução de água morna e sabonete ou sabão em pó fino. Depois, passar água limpa (se possível lavar), deixar secar e escovar.

CAFÉ — Enxugar rapidamente com um pano seco e passar logo um pano molhado em água quente. Se não sair, esfregar gelo, pacientemente, até a mancha desaparecer, mas tendo antes o cuidado, se possível, de colocar um pano por baixo dele, no lugar da mancha.

Ainda poderá tirar essa mancha com água e amônia, enxaguando em seguida. Passar um pano seco.

CHOCOLATE — Usar os mesmos processos do café.

DOCES e AÇÚCAR — Limpam-se esfregando uma esponja molhada numa solução de água e álcool.

ESMALTE DE UNHAS — Usar cuidadosamente acetona ou removedor de esmalte.

FRUTAS ou VINHO — Removem-se com álcool ou vinagre branco. Pode-se também usar suco de limão, ou uma solução de amônia bem diluída em água fria.

GOMA DE MASCAR — Coloca-se por uns 5 minutos gelo seco sobre ela, espalha-se bem, esmigalhando o gelo, e, finalmente, passa-se o aspirador.

Pode-se também embrulhar o cubinho de gelo numa toalha de papel e colocá-lo por 5 minutos sobre o local, segurando-o com a mão. Logo a goma endurece e se solta do tapete. Depois, limpar normalmente e, quando estiver bem seco, escovar.

GORDURA — Saem instantaneamente com benzina e talco ou gesso polvilhados, deixando assim ficar por algumas horas, para absorver a umidade. Depois, use o aspirador. Na falta de benzina, use água quente com sabão e detergente e passe em seguida ferro quente, tendo um mata-borrão entre o ferro e o tapete. Ou, então, use a mistura de amônia e água.

GRAXA DE SAPATO — Retire estas manchas com removedor comum, lavando em seguida com água. Deixe secar e depois escove.

LAMA — Primeiro, deixe secar bem a lama. Depois, varra bem em todos os sentidos e direções. Se a mancha persistir, passe um pano molhado em água avinagrada.

Outro processo bom é escovar na hora com uma escova bem áspera, para tirar o grosso da sujeira. Logo em seguida, esfregar amido seco, ou farinha de trigo, ou ainda sal, ambos também secos. Termine passando o aspirador.

MARCAS DE PÉS DE MÓVEIS — Essas marcas deixadas pelos pés de móveis pesados somem se molharmos bem o lugar com água e colocarmos em cima o ferro bem quente. Repetir a operação quantas vezes forem necessárias.

MERCUROCROMO — Tiram-se essas manchas com a aplicação repetida de água oxigenada.

NÓDOAS — Em geral, desaparecem com água e sabão.

OVO — Ver em SANGUE.

PERFUMES — Lave a mancha com sabão em pó fino dissolvido em água quente. Depois, passar água pura.

REFRIGERANTES (OU QUALQUER TIPO DE LÍQUIDO QUE MANCHA) — Secar imediatamente com pano seco e passar logo um pano úmido.

SANGUE — Umedecer primeiro a parte manchada com água pura, depois lavar com uma solução de 2 partes de água e 1 de amônia e, finalmente, esfregar um pano até que seque. O mesmo processo se emprega nas manchas de ovo e também serve para muitos tipos de manchas.

Mas o melhor meio de se tirar manchas de sangue é esfregar pacientemente uma pedrinha de gelo, colocando, se possível, um pano do lado do avesso, embaixo da mancha, para ir absorvendo o líquido.

É bom saber que manchas de sangue novas não se lavam com água quente e sim fria, porque senão — em vez de a mancha sair — ela se fixará.

TINTA DE ESCREVER — Essas manchas não são fáceis de sair, mas você poderá tentar um dos seguintes processos, depois de ter chupado o líquido com mata-borrão:

1) Usar um pano bem embebido em água com vinagre branco, em partes iguais.
2) Colocar, por cima da mancha, 1 punhado de carbonato de amônia umedecido com suco de limão, mantendo sempre úmido o local.
3) Substituir o carbonato de amônia por sal; deixar por muitas horas.
4) Embeber um pano com água e amônia e colocar sobre a mancha.

Nota: Quando usar o pano umedecido para remover as manchas, não esfregue e sim comprima-o sobre as mesmas. Depois de removidas, passe água pura.

TINTA DE PAREDE — Com exceção das tintas a óleo e de verniz, limpa-se com querosene, apenas tocando levemente. Não esfregar nem utilizar água.

URINA — Lavar imediatamente com água quente e sabão em pó. Deixe secar, e, se necessário, repita a operação.

Essas manchas têm que ser tiradas o mais depressa possível, porque, além de descolorir o lugar, quando antigas são impossíveis de serem removidas.

VELAS — Não raspe. Cobre-se o lado dessa mancha com papel absorvente e por cima passa-se o ferro bem quente; com o local ainda quente, coloque talco e deixe por algumas horas. Depois passe o aspirador.

Se aparecer no papel alguma mancha muito resistente, esfregue-a com creme de barbear.

Essas manchas também podem sair esfregando-se gelo, da maneira descrita em GOMA DE MASCAR.

Após a limpeza dos tapetes, se desejar engomá-los, dilua ligeiramente goma-arábica em água quente e passe no avesso, usando para espalhar uma escova de roupa. Deixe secar muito bem.

VERNIZ — Embeber um pano em terebintina e com ele tocar levemente na mancha, mudando várias vezes esse pano. Não usar água. Depois de retirada a mancha, cobrir o local com talco, deixando por algumas horas. Passar então o aspirador.

VÔMITOS — Retirar primeiro o grosso e depois limpar com uma mistura de água e amoníaco. Também poderá ser usado leite.

TAPETES DE CRINA — Para lavar estes tapetes, juntar 1 colher (sopa) de bórax em pó em 3 litros de água. Esfregar no tapete com uma escova macia.

TAPETES DE PELE DE BOI — Quando as pontas desses tapetes estiverem viradas (isso acontece muito), ensope-as bem com água e enrole-as fortemente para o lado contrário (para dentro), colocando um peso por cima. Deixe assim ficar por muito tempo, ou até que esteja bem seco. Então, é só desenrolar, que ele estará direitinho.

LINÓLEO — Ficam como novos se forem limpos com uma mistura de: 1 litro de leite e 1 litro de água; aplicar com pano em toda a superfície. Depois, dar brilho com uma pasta feita de 250g de cera amarela e 100g de terebintina.

O leite que azedou é ótimo para lavar passadeiras de linóleo e oleados, pois, além de limpar, ainda impede o ressecamento desse tipo de material.

Um ótimo processo para se ter esse tipo de tapete sempre limpo e bonito é, depois de tê-lo lavado, passar um pano molhado com a seguinte mistura:

1 litro de água com 2 ovos bem batidos. Deixar secar ao ar livre. Este processo, além de acabar com qualquer mancha, também devolverá seu brilho natural.

Mas esses tapetes não devem ser lavados com muita freqüência; e quando o fizer, adicione 1 xícara (chá) de parafina à água de sua lavagem.

OLEADO — Nunca limpá-lo com agentes dissolventes do óleo (terebintina, álcool, amoníaco etc.) e sim com água e sabão de coco, lavando logo em seguida com água pura, até que saia bem o sabão. Deixar secar bem. Se quiser dar brilho, pode passar uma camada fina de óleo cozido.

Se o oleado já for muito usado e estiver com aspecto de velho, renove-o fazendo o seguinte: primeiro, lave com água e sabão e deixe enxugar. Depois de bem seco, esfregue uma solução de cera amarela de abelha com aguarrás.

PÊLO DE CAMELO — Sua limpeza é feita apenas com o aspirador de pó; mas se houver manchas, limpe-as esfregando com um pano embebido em água com vinagre branco. Depois, enxugue com um pano seco.

TAPETES PERSAS — ORIENTAIS — Mesmo que se passe freqüentemente a vassoura ou o aspirador de pó nestes tapetes, não se consegue tirar a sujeira ou a poeira que se deposita no fundo dos pêlos. Para que sua limpeza seja completa, faça, a cada 3 ou 4 meses, o seguinte: estenda o tapete no chão pelo lado avesso. Traga da cozinha uma tampa de panela (média) e, com ela, vá batendo vigorosamente por sobre todo o tapete. Depois que tiver batido bastante com a tampa pode desvirar o tapete, pois verá que toda a poeira contida no fundo dos pêlos estará no chão.

COMO CONHECER UM TAPETE ORIENTAL LEGÍTIMO — Realmente, não é fácil tentar conhecer a procedência e a legitimidade de um tapete oriental; qualquer leigo pode levar facilmente "gato por lebre", pois existem falsificações tão perfeitas e bonitas, que se assemelham muito aos tapetes orientais legítimos. Mas podemos melhorar um pouco nossos conhecimentos, e tentar identificar os dois tipos de tapetes.

Em primeiro lugar, um tapete oriental legítimo é macio e dobra com facilidade, ao contrário das imitações, que são duras e não dobram.

Agora, examine bem esse tapete que estão querendo vender para você: comece por estendê-lo num lugar bem claro, no sol ou onde haja uma boa iluminação. Você está percebendo alguma coisa? É claro que poderá até encontrar pequenos defeitos (são feitos à mão), mas não poderá ter defeitos óbvios no trançado, na cor ou no estampado.

Então, olhe seu avesso: o desenho deve ser claro e forte, isto é, não esmaecido. Mas, se você está realmente querendo adquirir um tapete oriental, mesmo com essas dicas, não deixe de consultar um bom profissional do ramo, ou antiquários, que são especialistas nesses tapetes. Agindo assim, você não terá do que se arrepender mais tarde, pois estará preservando um patrimônio de sua casa.

SISAL — Limpa-se lavando com uma escova e água bem salgada.

~ Vassouras

PIAÇAVA — Se perceber que esta vassoura está varrendo mal é sinal de que ela endureceu; apare então a piaçava e abra a costura; assim procedendo, ela ainda poderá durar por algum tempo.

VASSOURAS DE PÊLO — As vassouras que estiverem com os tufos de pêlo muito abertos ficarão como novas se forem colocadas, por alguns minutos, em vapor de água fervendo.

Limpam-se essas vassouras deitando-as no chão, prendendo o cabo com o pé e, em seguida, passando sobre os pêlos a vassoura de piaçava, com bastante força.

Depois, dê descanso às vassouras e escovas mergulhando-as num banho de água quente e amoníaco. Deixe que fiquem de molho, passando depois em água fria e deixando-as secar penduradas.

Lata de Lixo

Procure manter sua lata sempre tampada. É uma questão de higiene e de saúde.

Porém, se ela não tiver tampa, atente para o seguinte:

AFASTAR CACHORROS — Eles não se aproximarão da lata se esta for periodicamente lavada, seca ao sol, e depois tiver salpicado dentro dela um pouco de sabão em pó. Se o lugar onde você mora for infestado de moscas, faça isso diariamente.

Se o problema for só o do cachorro, basta salpicar dentro da lata um pouco de amônia.

ODORES NA LATA — Evite que sua lata exale mau cheiro, colocando dentro dela, depois de limpa e forrada, um pouco de desinfetante. Isso também ajuda a afugentar qualquer inseto.

Poderá, se preferir, colocar umas bolinhas de naftalina.

Serviço terminado, vamos procurar deixar a casa perfumada, verificando o capítulo "Odores de casas antigas".

~Odores de Casas Antigas

O desagradável odor que se sente quando se entra numa casa velha, antiga, pode ser amenizado espalhando-se por toda ela algumas vasilhas grandes contendo bastante água fria e algumas cascas de laranja, quantas vezes forem necessárias.

UMIDADE EM SALAS — Nada melhor para se absorver a umidade de um cômodo da casa do que colocar dentro dele algumas porções de lenha seca com suas cascas.

Se necessário, renovar essas lenhas.

Agora, serviço terminado, tudo limpo e desinfetado, vamos deixar sempre a casa agradavelmente cheirosinha, perfumada.

Para tanto, deixe ferver numa panela grande bastante água. Acrescente, então, 1 colher (sopa) de terebintina, deixando continuar fervendo mais um pouco. Sempre com a panela destampada, que é para o vapor levar o cheirinho para longe.

DESINFETANTE CASEIRO — Ótimo para se ter sempre em casa é este desinfetante que você poderá preparar: misture bem 1/2 litro de desinfetante sem perfume, 1 1/2 litro de água e 15ml de essência de eucalipto. Guarde em vidros ou garrafas plásticas bem fechadas.

Para completar o bem-estar e o prazer de estar dentro de sua casa, mantenha-a sempre enfeitada com muitas plantas ou flores.

Couro

Depois da simples e frágil folha de parreira usada por Adão e Eva, uma proteção mais segura e eficaz se tornava necessária, pois a serpente continuava espalhando seu veneno, distribuindo maçãs entre os seres que começavam a povoar o mundo.

Foi então que, pela primeira vez na história, o couro de um animal irracional cobriu a pele de um racional.

Hoje, a industrialização do couro permite a fabricação dos mais variados objetos, desde os mais arrojados móveis às simples e rudes carteiras para guardar dinheiro (quando há).

BOLSAS — CINTOS — MALAS — Todas as sugestões aqui recomendadas para bolsas são extensivas aos cintos e malas.

ODOR — As malas e maletas guardadas, quando abertas, exalam um odor muito desagradável por terem ficado fechadas por muito tempo.

Para eliminar esse mau cheiro, coloque dentro dela por 24 horas (ou na véspera de viajar) uma latinha contendo pedaços de algodão umedecidos na colônia de sua preferência; tampe a latinha (sua tampinha deve ser toda furada) e feche bem a mala ou maleta. Ao abri-las, ficará surpresa com o cheirinho agradável que vai sentir.

E guarde sempre suas malas em lugar seco, para evitar que a umidade mofe seu couro e revestimentos.

FERRAGENS — Para evitar que fechos e dobradiças enferrujem, esfregue-os, quando novos, com um pano embebido em uma mistura de benzina e vaselina em partes iguais. Repetir de vez em quando essa operação e aplicar também, após o uso, aos que forem ficar guardados por algum tempo.

Os fechos comuns limpam-se usando algodão embebido em acetona; os dourados, com álcool ou vinagre, esfregando com um paninho.

Para tirar algumas manchas desses fechos dourados, ver em LATÃO, em "Metais". Pode usar, para estes, polidor líquido de metais.

COURO EM GERAL — A melhor maneira para se limpar uma peça ou artigo de couro, quando estiver muito sujo, é lavar com água e sabonete de glicerina, ou com sabão de coco. Depois, enxaguar com água pura, e deixar secar normalmente, à sombra. Depois de bem seco, engraxar com cera ou graxa de sapato, incolor ou da mesma cor do couro. Vai ficar novinho.

FUNGOS — Se houver algum fungo na sua mala, bolsa ou qualquer outra peça, você vai ficar logo sabendo. Como? É pelo pozinho rosado que aparece nele.

Procure eliminar logo isso; tire o pó e exponha a peça ao sol, por algum tempo; então, limpe com um pano seco.

Se isso não resolver, o remédio é aplicar um bom fungicida.

ALMOFADAS — A almofada de couro vai ficar limpa e bonita, passando por toda ela um pedaço de camurça com benzina. Secar ao ar livre.

BOLSAS e CINTOS — Antes de usá-los, passar uma camada de graxa ou cera incolor (a colorida pode manchá-lo), para proteger o couro. Depois de seca, é só lustrar.

Bolsas de couro ficarão como novas, recuperando o brilho, se forem esfregadas com casca de laranja. Depois, lustrar com flanela.

Também será ótimo passar sobre elas um pano molhado na solução de 1/2 litro de água quente e 2 colheres (sopa) de vinagre branco. Em seguida, secar com um pano macio. Depois, passe a mistura de clara de ovo batida em neve com umas gotas de terebintina. Deixe secar e lustre com flanela.

Uma mistura em partes iguais de leite e terebintina também deixa suas bolsas e cintos tinindo.

COURO COLORIDO — Dá-se mais brilho a estes couros esfregando-os com leite gordo e terebintina. Depois, é só lustrar com flanela.

Eles também ficarão limpos e lustrosos se forem friccionados com clara batida em neve; deixar secar e passar a flanela.

Quando o couro for afetado pela chuva, passe um algodão molhado em álcool e depois engraxe.

Se ele estiver endurecido não só pela chuva, mas por qualquer outro tipo de umidade, passe por toda sua superfície um pincel molhado em querosene. Verá como voltará à sua forma normal.

Ninguém precisa se desfazer de sua peça de couro ou de pele porque endureceu após alguns anos de uso; passe na parte interna do couro uma mistura feita com: 100ml de água, 1 colher (sopa) de sal e 1 colher (café) de bicarbonato de sódio, umedecendo bem. Deixe secar à sombra. Então verá que ficou macio como quando novo.

MANCHAS EM COURO — Quando não se conseguir remover uma mancha resistente (de água, gordura, tinta, mofo, por exemplo), para não perder essa peça o remédio é mandar tingi-la; porém, isso deve ser feito numa tonalidade mais escura do que a original, para que o serviço e a peça fiquem perfeitos.

Se o local dessa mancha resistente não for muito grande, recorra à sua imaginação, colocando no local um enfeite decorativo. Poderá ficar original e personalizado.

ARRANHÃO — As manchas leves de arranhão podem ser suavizadas esfregando-se cuidadosamente uma cera da própria tonalidade do couro.

GORDURA — Cobrir imediatamente com talco, deixando ficar por muitas horas. Se não desaparecer, experimente colocar sobre a mancha um pedaço de papel de seda e, por cima deste, o ferro quente, mudando sempre o papel de lugar.

MOFO — Limpa-se primeiro a poeira e esfrega-se uma solução de água e vinagre branco. Deixe secar por muitas horas. Depois, dá-se nova vida, esfregando ligeiramente com glicerina.

Pode-se esfregar a superfície da peça com uma flanela embebida em limão. Essa mancha também pode ser removida esfregando-se um pouco de vaselina. No dia seguinte, limpar com um pano macio.

Evite que os objetos e roupas de couro fiquem mofados esfregando-os, de vez em quando, com um pano embebido em aguarrás.

TINTA ESFEROGRÁFICA — Essas manchas desaparecem passando-se levemente sobre elas álcool ou removedor de cutículas.

Você pode ter em casa um ótimo preparado para remover as manchas de tinta, gordura, frutas ou vinho. A solução é a seguinte:

- 4g de cloreto de potássio
- 60ml de água
- 60g de ácido clorídrico
- 15g de essência de limão

Misturar tudo e colocar dentro de um frasco contendo 90g de álcool a 80º (essa mistura pode ser conservada num frasco bem fechado). Aplicar pelo lado do avesso, deixar secar e depois esfregar com um pano. Se houver necessidade, passar suavemente uma camada de pedra-pomes em pó.

MANCHAS EM COURO COLORIDO — LIMPEZA

AMARELO — Essas bolsas ficarão limpas se passarmos uma escova embebida numa solução de 2 colheres (sopa) de álcool 30º (encomendar em farmácia ou drogaria) e 1 colher (sopa) de glicerina.

CLAROS — Limpam-se bolsas ou objetos de cor clara umedecendo um pedaço de algodão com água e esfregando o couro, com bastante força, com um pouco de pasta de dentes com leite de magnésia. Depois, é só passar um algodão limpo, também umedecido com água.

Pode-se, ainda, usar o processo da clara de ovo batida em neve. Depois de seco, passar a flanela.

Nos objetos de couro claro, mais delicado, passe uma borracha especial sobre os pontos manchados. Mas, se estiverem muito sujos (isso serve também para os sapatos), podem ser lavados cuidadosamente com sabonete. Deixar secar bem; depois, poderão ser engraxados normalmente.

Algumas manchas podem ser removidas esfregando-se um pano umedecido em vinagre branco puro. Deixe secar e passe então uma cera incolor própria para sapatos. Dê brilho com a flanela.

COURO CRU — Ficará limpo se for passado um algodão embebido numa mistura de 1/3 de glicerina e 2/3 de álcool sobre toda a área. Deixar secar bem e lustrar.

As manchas de tinta de escrever vermelha saem borrifando-se no local um pouco de laquê de cabelo e esfregando-se com um pano bem seco.

PRETO — Essas bolsas (e sapatos) ficarão como novos se forem esfregados com um pedaço de batata crua; em seguida, passar pasta preta e lustrar.

VERMELHO — CINZA — MARROM — Podem ser limpos da seguinte maneira: polvilhar primeiro com talco e esfregar uma flanela aquecida. Depois, passar a seguinte mistura: 10g de cera (se for cera de abelha será ainda melhor) e 20g de terebintina. Deixar secar bem e lustrar com flanela.

Conserve seus objetos de couro passando, a cada 2 meses, uma cera incolor. Mas tenha cuidado, porque a cera de móveis não serve.

COUROS DIVERSOS

ANTÍLOPE — Tire as manchas deste couro esfregando um chumaço de algodão embebido em éter. Deixe secar bem e passe uma lixa zero sobre a bolsa, insistindo nas partes que estiverem mais brilhantes.

CAMURÇA — Limpar passando uma esponja de borracha bem fina, dessas usadas para lavar copos. Se a sujeira persistir, use os procedimentos da CAMURÇA em "Sapatos", logo adiante.

Bolsas, casacos e sapatos podem ser limpos esfregando-se, de leve, uma lixa-d'água. Depois, escovar bem.

O mesmo procedimento de limpeza para couro de ANTÍLOPE também poderá ser usado para os objetos de camurça.

As manchas de óleo ou gordura saem com benzina; em seguida, polvilhar o local com bastante talco, deixando ficar assim por um dia inteiro. Depois, é só escovar.

Algumas manchas que aparecem na camurça desaparecem ao serem esfregadas com esponja de aço nova e seca. Depois, escovar.

Para se tirar o brilho de uma bolsa de camurça, nada melhor do que "dar um banho" de vapor nela, escovando com uma escova de crepe, própria para camurças.

COUROS RUGOSOS

Nada melhor para se limpar estes couros do que usar água com sabonete de glicerina.

Jamais usar qualquer sabonete ou sabão de cozinha, tampouco detergente ou sabão feitos à base de óleo animal, pois podem danificar o couro.

Depois de limpo e bem seco, usar, de preferência, um polidor de cera líquida, não gorduroso. Evite usar a cera em pasta, pois ela penetra entre as "escamas", dando um aspecto muito feio e relaxado a sua bolsa, sapato ou cinto.

CUIDADOS — Alguns cuidados especiais serão necessários para a beleza e conservação destes couros.

Por isso, se ele estiver ressecado, passe logo um restaurador, para que o couro não rache.

Se a bolsa ou o sapato estiverem muito danificados, passe, cuidadosamente, um pincel molhado em verniz transparente.

COBRA — As bolsas e outros objetos de couro de cobra ficam como novos se forem limpos com clara de ovo batida em neve. Esfregar com um paninho e depois dar brilho.

Passar de vez em quando uma graxa da mesma cor do couro de cobra. Ajuda a conservá-lo.

Poderá também usar os mesmos processos do couro de crocodilo, expostos a seguir. Mas tome cuidado ao limpar, engraxar ou lustrar os objetos de couro de cobra, porque ao fazê-lo deverá ser sempre no sentido da escama.

CROCODILO — Estas bolsas e estes sapatos (hoje tão caros e raros) devem ser muito bem cuidados para que o couro não resseque e rache. Por isso, limpe-os tirando primeiro o pó com uma escova bem macia e depois esfregue com um chumaço de algodão embebido em um pouquinho de glicerina.

Ficará ainda melhor se usar a glicerina misturada com óleo de rícino em partes iguais. Em seguida, dá-se brilho com um pedaço de seda bem macia.

LAGARTO ou IGUANA — Pode-se usar os mesmos procedimentos de CROCODILO.

PELICA BRANCA — Nada mais simples e econômico para se limpar este couro do que umedecer um chumaço de algodão em água, espremer nele uma pasta dental que contenha magnésia e esfregar bem por toda a superfície da peça. Não precisa enxaguar.

A pelica não se engraxa.

VERNIZ — Um pedaço de papel higiênico macio e amassado serve para dar uma rápida limpada no seu objeto de verniz.

As rachaduras que comumente acontecem no verniz poderão ser evitadas ou suavizadas se passarmos azeite ou óleo de cozinha nos lugares afetados.

VERNIZ BRANCO — Lavar com sabão de coco.

VERNIZ DE COR — Para limpar e conservar, esfregue azeite doce e dê brilho.

VERNIZ ESCURO — Usar os mesmos procedimentos de “Sapatos” (ver logo adiante). Neste couro, manchas de tinta esferográfica limpam-se com um pouco de álcool de 90º ou suco de limão.

OUTROS TIPOS DE BOLSAS

FAZENDA — As bolsas de tecido devem ser escovadas freqüentemente para eliminar a poeira.

As de fazendas claras são limpas com uma mistura de talco e benzina pura, até formar uma pasta rala. Passar em toda a superfície da bolsa e deixar secar; depois, escove para remover o pó. Essa mistura poderá ser substituída por magnésio e benzina.

As de fazendas escuras, grossas, limpam-se esfregando uma escova umedecida em álcool.

PALHA — É o mesmo caso das bolsas de fazendas.

Essas bolsas se limpam facilmente com um paninho embebido na mistura de água e um pouco de amoníaco. Deixar secar bem (se possível ao sol). Depois de secas, esfregar com um pano ou flanela.

Poderão também ser esfregadas com uma esponja embebida em água bem salgada. Depois, passar água limpa e deixar secar ao ar livre.

PLÁSTICO — *Odor* — As bolsas de couro plástico, quando novas, exalam um forte odor (característico do plástico), e não adianta "morrer" de limpar ou de lavar, mesmo com os melhores produtos, porque o cheiro não sai mesmo. Porém, existe um "antídoto" que vai eliminar esse odor; é, nada mais, nada menos, do que... o sereno. Por isso, deixe sua bolsa "dormir" no sereno, por quantas noites forem necessárias.

CINTOS DE COURO — Usar os mesmos procedimentos das bolsas.

Você não precisa aposentar aquele cinto que tanto gosta, só porque está um pouco gasto e feio. Experimente passar nele um pouco de vaselina derretida, deixando secar normalmente. Lustre com flanela e... pode usá-lo hoje mesmo com sua saia (ou calça) nova.

~Luvas

Para alargar luvas, deixe-as por muito tempo enroladas em pano úmido; calce-as antes que sequem e depois deixe-as secar penduradas.

BORRACHA — Estas luvas, quando guardadas por muito tempo, ficam endurecidas. Voltarão ao normal se forem deixadas de molho por 24 horas na mistura de 200ml de água destilada e 10 gotas de amoníaco.

CAMURÇA — Calce-as e lave-as assim calçadas, com água e sabão, para manterem a forma. Deixe-as secar penduradas e, depois de secas, amasse e amarfanhe bem para voltar a sua maciez.

Estas luvas ficarão perfeitas e macias depois de lavadas, procedendo-se da seguinte maneira: coloque-as de molho numa bacia contendo água e muitas cascas de laranja, de noite, deixando até o dia seguinte. Ponha um pouco dessa água noutra vasilha, onde se vai lavar as luvas. Reserve a água da bacia. Então, vá sempre renovando, enxaguando com um pouco da água da bacia que ficou com as cascas de laranja. No final, deixe as luvas de molho no restante dessa água, por 1 hora. Leve então para secar à sombra (não enxaguar, não espremer e nem torcer). Estando secas, é só calçá-las para devolver sua forma.

Atenção: Durante toda a operação, só será usada a primeira água que ficou com as cascas de laranja. Não usar água pura.

COURO — Quando lavar estas luvas, devolva sua oleosidade natural, juntando à sua água da lavagem um pouco de xampu de lanolina; ou 1 colher (chá) de azeite.

Se estas luvas estiverem mofadas, coloque-as dentro de uma lata onde foi colocado um pires de amônia em pó. Feche a lata muito bem, deixando ficar assim por 3 dias. No fim deste período, estarão limpas.

Se as luvas não estiverem muito sujas, poderão ficar limpinhas se esfregadas com farinha de trigo.

HELANCA (SEDA) — Lavam-se com espuma de sabonete como qualquer tecido delicado. Quando postas para secar, devem ser penduradas com os dedos virados para baixo.

Calce-as enquanto ainda úmidas, para que voltem a sua forma natural. Não precisam ser passadas.

LÃ — Estas luvas não ficarão enrijecidas depois de lavadas se, antes de levar a secar, as umedecer com água na qual se dissolveu um pouco de sabão. Secar à sombra.

PELICA — Lavam-se essas luvas esfregando-se um pano umedecido em benzina pura, trocando o pano à medida que for sujando. Deixar secar à sombra.

Se não quiser usar benzina porque deixa um cheiro forte e duradouro nas luvas (desagradável para quem está perto), faça o seguinte: coloque em uma vasilha um pouco de leite levemente adocicado e sabonete ou raspas de sabão de coco. Calce as luvas e com um pano macio embebido nesse leite esfregue-as delicadamente. Quando as luvas tomarem uma cor amarelada estarão limpas, readquirindo seu branco quando secarem, o que deve ser feito à sombra. Depois de secas, abra os dedos com o auxílio de um tubo meio grosso (use um lápis, por exemplo) e friccione-as com um pedaço de flanela limpa.

Pode-se também limpar essas luvas com gasolina; se estiverem endurecidas, limpar com óleo de rícino. Ficarão como novas.

TRICÔ — São lavadas com água e farta espuma de sabão em pó. Enxaguar muito bem e não torcer, apenas espremer. Deixar secar à sombra, de preferência sobre uma toalha felpuda.

~Sapatos

MOLHADO — Um sapato molhado não se seca ao calor do fogo ou ao sol, porém com jornais amassados dentro dele. Os jornais absorverão toda a umidade, impedindo que se deformem.

Mas os sapatos de couro, quando molhados, tornam-se rígidos e ásperos. Para que voltem ao normal, isto é, fiquem macios novamente, esfregue neles um pedaço de pano umedecido com óleo de parafina.

Se já estiverem manchados de água, espere que fiquem úmidos, para então esfregar vigorosamente com um pano de lã. Depois, aplicar graxa incolor e lustrar.

Se o couro estiver muito endurecido, passe uma camada fina de vaselina.

ALARGAR — Para alargar um sapato apertado, basta umedecê-lo bem, por dentro, com álcool ou água, e enchê-lo com papel amassado e também umedecido, apertando bem, deixando assim por 12 horas; retirar os papéis e calçá-lo ainda úmido, dando assim a forma do pé.

Um envelope dobrado substitui a calçadeira perdida.

RANGER — Sapatos que rangem: esfregar no couro um pouco de óleo de linhaça aquecido. Esse mesmo óleo ou o de rícino quente, passados nas solas e saltos, farão com que os sapatos durem muito mais tempo.

AMACIAR — Se o couro for duro, amacie-o esfregando um pano embebido em azeite.

Também o óleo de rícino passado no couro do sapato torna-o impermeável por algum tempo.

Quando um sapato novo estiver escorregando, basta raspar um pouco a sola (com uma faca mesmo).

Para evitar o mofo e a umidade nos sapatos, forre o lugar em que ficarem guardados no armário, com tiras de mata-borrão.

ODOR — Tire o mau cheiro dos sapatos usando talco boratado.

Se o sapato estiver com mau cheiro por dentro (hum... deve ser do chulé...), polvilhe dentro dele (e nos pés também) um pouco de polvilho anti-séptico ou um pouco de bicarbonato e... adeus, mau cheiro.

LIMPAR e LUSTRAR — Se um sapato de cor clara ficar com manchas escuras, esfregue o local com batata crua, que elas desaparecerão. Você também poderá usá-la para esfregar os sapatos de passear, com que as crianças, inadvertidamente, jogaram uma pelada ou futebol. Ficarão como novos.

Mas, se quiser ter seus sapatos de couro (qualquer couro) sempre limpos e brilhantes, passe neles um produto lustra-móveis líquido, ou use *spray* de limpar vidros. Vão ficar tinindo.

GRAXAS — ENGRAXAR — Quando tiver necessidade de engraxar um sapato, e a lata de graxa estiver vazia, aproveite um restinho de cerveja que sobrou na garrafa e embeba, com ele, um pano, passando em seguida no sapato. Esse é um bom quebra-galho. Depois, é só lustrar.

Um pouco de querosene e leite morno acrescentados à graxa redobram o brilho e a maciez dos sapatos. Uma colher de álcool que se juntar à graxa terá o mesmo efeito. Na falta de uma flanela, experimente lustrar os sapatos com uma bolinha de meia de náilon velha; o resultado é surpreendente.

GRAXA IMPERMEÁVEL — Taí uma boa receita para se preparar e ter em casa: uma graxa impermeável.

- 250g de sebo
- 60g de terebintina
- 125g de banha de porco
- 60g de cera

Misturar tudo, formando uma pasta, e levar ao fogo para derreter. Depois de passada nos sapatos, deixar secar por 12 horas, para então dar brilho.

BRANCOS — Devem ser limpos cuidadosamente com uma esponja úmida.

Sapatos brancos ficarão bem limpos e brilhantes se forem esfregados com algodão embebido (e espremido) em líquido clareador tipo água oxigenada; porém, deve-se ter o cuidado de não molhar demais.

Esses sapatos brancos de couro também ficarão limpinhos passando-se leite com sabão de coco.

Para os de couro plástico, nada melhor do que lavar com água e sabão; mas, se persistir alguma sujeira que estiver mais grudada, troque a escova por esponja de aço, sem contudo esfregar com muita força. Depois de enxaguados, enxugue-os com um pano e deixe acabar de secar ao ar livre.

SAPATOS ESPORTIVOS

LONA — TÊNIS — Se os sapatos forem de lona, escove também com água e sabão. Enxaguar e secar ao ar livre.

Mas, para que os sapatos-tênis, com os quais se pratica esporte, fiquem bem branquinhos, mergulhe-os dentro de um balde com água, sabão em pó e uma colherzinha de amoníaco. Deixe-os ficar alguns minutos de molho. Estando bem encharcados, vá esfregando com uma escova. Depois, enxágüe-os e deixe-os secar muito bem antes de guardá-los, para os sapatos não mofarem.

Quando usar produtos brancos para passar nos sapatos, faça-o com aplicador, em camadas finas e regulares. Deixe secar à sombra.

CAÇA — MONTANHA — ESQUI etc. — Para que esses sapatos se conservem por mais tempo, impermeabilize-os enquanto ainda novos, ou, então, antes da estação própria a serem usados. Assim, use uma graxa especial à base de silicone; no fim da temporada, engraxe-os ou lambuze-os com glicerina, guardando-os, também, recheados de jornal amassado, para manter sua forma.

CAMURÇA — Normalmente, devem ser limpos com uma escovinha metálica própria e em seguida com escova de borracha, sempre no sentido do pêlo. Na falta dessa escova, passe um pano embebido em benzina, escovando-o novamente no mesmo sentido.

Na falta das escovas, use esponja de aço nova e seca.

A maioria das manchas dos sapatos de camurça será facilmente retirada esfregando-as com um pedaço de pão branco.

Quando esses sapatos sujarem de lama ou barro, não os esfregue enquanto molhados; deixe-os secar, e só então os escove, ou esfregue uma lixa bem fininha. Use essa lixa também quando eles estiverem lustrosos.

Para retirar manchas de gordura, use o mesmo processo das bolsas.

Quando a camurça estiver muito lustrosa ou suja, proceda assim: passe primeiro uma escova de aço ou uma lixa fina e tire bem a poeira que ficou. Faça uma pasta com a mistura de alvaiade e álcool e passe na camurça, deixando assim por muitas horas, até que a pasta esteja bem seca. Então, é só escovar muito bem, para retirar todo o pó.

COURO — AMARELO ou HAVANA — Estes sapatos devem ser engraxados antes do uso, para evitar que o couro fique manchado ao sujar-se.

COUROS CLAROS — Limpam-se com leite cru, friccionando uma flanela seca. Pode-se também, quando limpar com leite, enxugar com um pano de lã e aplicar um creme (serve um de limpeza). Depois, é só dar brilho com flanela.

Um pedaço de batata crua é ótimo para esfregar nos lugares manchados.

COURO MARROM — Estas manchas saem quase todas se forem esfregadas com a parte interna da casca de banana.

FAZENDA e CETIM — Os sapatos de cetim branco são limpos como as bolsas de tecido, e os de fazenda, com paninho embebido em álcool, benzina ou gasolina. Os sapatos de fazenda devem ser regularmente escovados, para eliminar toda a poeira.

PELICA (BRANCA ou CLARA) — Nada melhor para limpá-los do que uma simples borracha branca (de lápis comum), empregada sempre num único sentido.

Pode-se também tirar as manchas usando-se removedor de esmalte. Se forem mais persistentes, empregar um pano embebido em benzina pura.

Na pelica não se deve usar graxa; para limpar usar matéria gorda, especialmente a vaselina.

Como a umidade costuma endurecer esse couro, passe nele um pano embebido em querosene, para voltar sua maciez.

VERNIZ — Se possível, proteger estes sapatos com produtos à base de silicone.

Sapatos de verniz não se engraxam; devem ser limpos com um paninho embebido em glicerina, em azeite ou em leite. Em seguida, lustrar com uma flanela macia.

Os sapatos de verniz claro ficarão tinindo e como quando novos, ao se passar primeiro um pano úmido sobre eles, secando com um pano e, em seguida, esfregando uma mistura, em partes iguais, de vaselina e azeite. Lustre esfregando uma flanela.

Para evitar que os sapatos de verniz descasquem, o que acontece depois de algum tempo de uso, deve-se, antes de guardá-los, untá-los com glicerina.

SANDÁLIAS DE CORDA — As solas de corda sujam com muita facilidade; limpe-as antes que fiquem sujas demais esfregando-as, 1 vez por semana, com terebintina. Assim, se conservarão como novas.

COURO DOURADO e PRATEADO — *Limpeza* — Para se limpar estes couros, basta que seja passada uma graxa dourada ou prateada e esfregar, de preferência, com uma camurça.

MÓVEIS DE COURO — Ver em "Móveis".

~ Peles

CASACOS DE PELE — Casacos de pele (para nós, brasileiros, é artigo de luxo; portanto, caríssimo) foram feitos para durar a vida inteira (podem ser modificados ou reformados); por isso merecem alguns cuidados especiais. Não devem ser guardados dentro de sacos plásticos ou em caixas de papelão que fiquem hermeticamente fechados dentro de um armário, porque a pele e o couro necessitam de ar. Será necessário, pelo menos, que os pendure de vez em quando onde haja ar, mas nunca expostos ao sol.

O armário onde ficarem guardados não pode conter umidade; por isso, coloque no seu interior um vidro de boca larga, cheio até o meio de cal viva (deixar o vidro destampado), ou com pedaços de carvão vegetal. Se houver qualquer indício de insetos nas peles (ou mesmo algum dano), somente um especialista poderá cuidar deles.

Mais um cuidadinho com suas peles: espalhe uma boa porção de pimenta-do-reino em grãos e folhas de jornal (que devem ser trocados a cada dois meses) onde elas estão guardadas, pois assim evitará o aparecimento de traças.

PELES BRANCAS — Essas peles, que tanto enfeitam um casaco, devem ser limpas com talco ou fécula de batata bem quente, esfregando-se até que o sujo desapareça completamente. Depois, sacuda bem. Se restar algum vestígio dos pós, passe uma escova bem macia.

Outro processo para se limpar peles brancas é pulverizá-las com a mistura, em partes iguais, de bórax e amido de boa qualidade; em seguida, esfregar a parte suja até que o pó fique amarelado (sujo). Sacudir bem e repetir a operação até que esteja bem limpa. Passar uma escova macia para retirar todo o pó.

As peles de animais em geral se conservam muito bem se, de quando em quando, forem expostas ao ar durante a noite, especialmente se a noite for úmida (não chovendo). Isso amacia a pele e evita a queda de pêlos.

PELES PRETAS DE PÊLOS CHATOS — Para se limpar essas peles, nada mais simples do que pegar uma folha de jornal amassada, nova, e passá-la várias vezes sobre a superfície das peles.

Jóias

Muitas histórias sobre jóias, verídicas ou fantasiosas, se prendem a seu passado. Umas marcadas por fatos pitorescos; outras, carregando o signo da fatalidade.

Lenda ou não, o diamante, embora sendo pedra de grande beleza e alto valor, era por muitos rejeitado, pois acreditavam que com ele viriam o infortúnio e a má sorte.

Será que hoje alguém rejeitaria um diamante?

Jóias como brilhantes, safiras, esmeraldas e outras, todas têm um valor no mercado, mas o preço que por elas se paga oscila de acordo com o momento, com seu destino, ou com o "generoso doador".

Existe também a "jóia rara", difícil de ser encontrada. Ela é reconhecida pela sutileza do conteúdo, que brilha na pureza da alma; pelo quilate na riqueza de espírito; e pela lapidação na bondade do coração, tendo essa "jóia" um valor cujo preço não há dinheiro que pague.

A primeira regra para manter suas jóias sempre bonitas é não misturá-las dentro da caixa sem antes envolvê-las com papel de seda ou flanela, separadamente.

LIMPEZA E CONSERVAÇÃO

As jóias precisam ser limpas de vez em quando; não importa seu preço ou valor, se verdadeiras ou fantasias.

BIJUTERIAS DE METAL — Estas peças devem ser guardadas dentro de uma caixa contendo um pedaço de giz branco; assim, elas não embaçam nem escurecem.

Mas, se elas já estiverem manchadas, escurecidas, limpe-as com uma solução de água e amônia. Secar e dar brilho com flanela.

AÇO — Limpe-as com álcool. As de aço adamascado limpam-se com grafite (ponta de lápis) misturado com azeite de oliva; devem ser polidas com camurça.

AÇO ou FERRO POLIDO — São tão semelhantes, e a camuflagem é tão perfeita, que o vendedor pode "passar a perna" direitinho na gente. Porém, existe uma ótima maneira para saber se um objeto é mesmo de aço ou de ferro polido; molhe um palito em ácido azótico e passe sobre o objeto; lave e verifique: se no local ficar uma mancha indelével esbranquiçada, não tenha dúvida, pode brigar com o vendedor, porque não é de aço, é de ferro polido, pois, se fosse de aço, a mancha seria escura.

Outra maneira para se tirar a dúvida é pegar um palito e aplicar sobre o objeto 2 pingos de ácido sulfúrico e aguardar 3 minutos. Lave então com água, para retirar o ácido, e veja se ficou uma manchinha branca; sendo assim, ela é de ferro fundido, porque na de aço a mancha será negra.

AZEVICHE — Miolo de pão e depois um paninho seco.

CORAL — Estas ficam descoloridas e foscas com o uso, mas recobram seu brilho esfregando-as de leve com algodão umedecido em essência de terebintina. Ficará ainda melhor se a terebintina (1 colher de sopa) for misturada com 3 colheres (sopa) de óleo de amêndoas e esfregada na jóia; enxugue com papel de seda e só no dia seguinte dê polimento com uma camurça.

Será também muito bom para essas jóias se forem deixadas de molho em água salgada, ou em água do mar.

DIAMANTES e BRILHANTES — Os verdadeiros adquirem novamente seu esplendor com qualquer destes processos:

1) Juntar à água umas gotinhas de amônia e lavar com sabão; em seguida friccionar com algodão.
2) Deixar de molho em álcool, secar ao ar e lustrar com algodão.
3) Esfregar com pasta dental, com uma escova macia. Enxaguar e lustrar.
4) Banhá-los em água com detergente, escovando-os com escova macia. Enxaguar.
5) Banhando com gim, realça-se o brilho. Depois secar bem.
6) As jóias feitas com ouro, prata ou platina ficarão lindas e limpas se forem colocadas numa panelinha contendo água fervente com 1 tampinha de limpador com amoníaco, deixando ferver por 3 minutos. Retirar em seguida e lavar com álcool. Não enxugar, deixando secar normalmente.

Se estiver com pressa de usar a jóia, então enxugue-a com lenço de papel.

Os diamantes artificiais geralmente são coloridos por dentro, por isso não devem ser molhados em água quente nem ficar de molho em água fria por muito tempo. Para limpá-los, use apenas papel de seda finíssimo.

DOURADOS — Se a peça é de cobre dourado, basta esfregar a seco com camurça que ficará como nova.

JADE — Limpar com cremor de tártaro umedecido com água. Retira-se com um pano seco.

Para saber se uma pulseira de jade é verdadeira, coloque-a no braço e espere alguns instantes; se ela adquirir o mesmo grau de calor do seu corpo, fique contente, porque é verdadeira.

MADREPÉROLA — Fica bem limpa deixando-a mergulhada por alguns minutos em solução de água e ácido clorídrico em partes iguais.

OURO — Há várias maneiras de se limpar estas jóias:

1) Mergulhar as peças em álcool.
2) Deixar de molho na solução de 2 colheres (sopa) de amônia, 1/2 litro de água fervendo e sabão de coco.
3) A mesma receita nº 2, usando apenas água fria, sem o sabão. Nesses três processos, depois de estarem limpas, deixar secar na serragem de madeira, enxugar com pano limpo e dar brilho com camurça macia.
4) As correntes e cordões de ouro, e os de prata também, são lavados com facilidade se os sacudirmos dentro de uma garrafa contendo água e bicarbonato de sódio. Em seguida, enxaguar na própria garrafa e secar sobre um pano.

Um pedaço de tomate cru, esfregado nos cordões, poderá resolver o problema dessa limpeza. Depois, é só secar e dar brilho.

Os objetos de ouro não trabalhados podem, numa emergência, ser limpos com um pano lambuzado de batom ou ruge em pasta ou, ainda, com ruge em creme. Em seguida, use um pano limpo para dar brilho.

MARCASSITA — Essas peças ficarão limpinhas e bonitas passando uma escovinha com pasta dental. Enxaguar e deixar secar bem.

PEDRAS PRECIOSAS (ESMERALDAS, RUBIS e SAFIRAS) — Estas pedras devem ser banhadas em água com saponáceo fino, ou simplesmente com água e sabão, e deixadas secar ao ar livre. Depois, dar polimento com pele de gamo, com exceção das esmeraldas, que não devem ser polidas, apenas esfregadas suavemente.

Em alguns casos, quando a pedra está sem vida ou suja demais, coloque-a na água fria com sabão neutro, deixando ferver por uns 5 a 10 minutos.

Para saber se essas pedras são verdadeiras ou falsas, basta tocar a pedra com a língua; se forem verdadeiras sente-se imediatamente uma sensação de frio, o que não acontecerá se forem falsas.

PÉROLAS — Limpe-as passando uma camurça bem de leve; depois, dê um polimento com um pano limpo e seco.

As pérolas ficarão bonitas e viçosas se puderem receber o ar do mar.

Não deixe suas pérolas sempre guardadas e fechadas; mesmo que não tenha muita oportunidade de usá-las, tire-as do "baú" pelo menos 1 ou 2 vezes por mês, e fique com elas várias horas. Assim, manterão seu brilho.

Mas, se não tiver outro jeito e elas tiverem que ficar guardadas por muito tempo, guarde-as numa caixa hermeticamente fechada, tendo antes colocado junto das mesmas um pedaço de raiz-de-freixo (tem em casas de ervas). Elas assim não perderão a cor e o brilho natural.

As pérolas que estão opacas readquirem o brilho se forem fervidas por 15 minutos em leite de vaca e sabão de coco.

Se for você mesma quem vai enfiar seu colar de pérolas, passe primeiro, por todo o fio, esmalte de unhas incolor, deixando secar bem. Assim, obterá um fio mais forte e rígido.

PLATINA — Água e gotinhas de amônia, antes de polir; ou esfregue um pedaço de linho umedecido em álcali, enxugando e dando brilho. (Ver também em PRATA.)

Essa jóia, quando não muito suja, poderá simplesmente ser polida com camurça.

PRATA — À platina e à prata dá-se polimento com gesso-cré (branco-de-espanha) misturado com um pouquinho de amônia e álcool.

Se as peças forem pequenas e houver dificuldade em retirar o pó de cré, lavam-se bem com água e sabão, deixando secar em serragem de madeira. Depois, escovar bem para retirar qualquer partícula que tenha aderido.

Anéis, cordões, pulseirinhas ou objetos pequenos de prata podem ser limpos com a pasta de dentes com leite de magnésia; depois de secos, dar brilho com flanela.

Para as pequenas jóias que estão muito sujas e são difíceis de limpar, basta deixá-las mergulhadas por, pelo menos, 2 horas, na mistura de 1/2 xícara (chá) de vinagre branco e 2 colheres (sopa) de bicarbonato de sódio, deixando a xícara tampada. (A quantidade desses produtos pode ser aumentada ou diminuída, de acordo com a quantidade de objetos a serem limpos.) Depois, esfregar com uma toalha macia.

As jóias que forem muito trabalhadas podem ficar de molho apenas em álcool. Secar depois com camurça.

Quando a peça estiver um pouco embaçada e escura, dê-lhe um brilho com água saponácea; se estiver enegrecida, banhe-a na água com hipossulfito de sódio (30g para cada 2 decilitros de água), e deixe por 15 minutos. Depois enxaguar e dar brilho com camurça.

Um processo antigo que também dá resultado é limpar e dar polimento às jóias de prata com batatas cozidas e amassadas.

Para os anéis, deixá-los por uma noite dentro de um chumaço de algodão embebido em azeite. Então, é só lavar.

Moedas, medalhas ou objetos antigos de prata, muito enegrecidos, submergem-se numa solução de água com 10% de ácido sulfúrico, por 7 minutos. Em seguida, lavar abundantemente em água fria, esfregando com escovinha e sabão de coco; porém, muito cuidado ao usar esse ácido, pois é corrosivo.

As pulseiras de prata sempre deixam suja a pele de quem as usa. Evite isso, enxaguando-as antes com um pouco de água e suco de limão.

STRASS — Sua peça de *strass* ficará como nova, esfregando-a levemente a seco, com pele de gamo.

TARTARUGA — Dá-se polimento nos objetos de tartaruga com pedra-pomes em pó, ligeiramente umedecida em azeite de oliva e glicerina. Usar na proporção de 25g de pedra-pomes, 15g de azeite de oliva e 10g de glicerina, formando uma consistência pastosa. Passe no objeto e esfregue com um pano seco.

Poderá também limpar usando um polidor líquido de metais, passando, em seguida, uma flanela bem macia.

TURQUESAS — Jamais lavar as jóias de turquesa com detergentes; usar apenas água ou um pouquinho de álcool. Isso será suficiente para limpá-las quando muito sujas.

Se elas perderem o seu lindo tom de azul, mergulhe-as por meia hora em amoníaco; depois, enxaguar em água corrente.

Metais

AÇO — Esses objetos enferrujam com facilidade, principalmente nos lugares úmidos; por isso, eles devem ser limpos o quanto antes, porque seu brilho sai. Se isso acontecer, faça uma pasta de miolo de pão e azeite de oliva bem misturados, passe por uma peneira e esfregue até o brilho voltar completamente.

AÇO INOXIDÁVEL — Removem-se as manchas desses objetos esfregando um pano embebido numa solução fraca de água e amônia.

COMO CONHECER O AÇO DO FERRO POLIDO — Ver AÇO em "Jóias".

BRONZE — Os objetos antigos de bronze dourado merecem muito cuidado ao serem limpos, pois sendo nestes casos o bronze recoberto com uma camada de dourado, não resistem à ação química de certos produtos destinados à limpeza do metal ao natural. Lave então com uma escova metálica, usando água quente e sabão, água quente com vinagre ou, ainda, água com amônia, tendo o cuidado de enxaguar bem depressa. Em seguida, dar polimento com pano de lã.

Suco de limão clareia qualquer peça de bronze, mesmo as cinzeladas. Enxaguar bem, e passar álcool para dar mais brilho.

Quando a peça estiver muito suja, limpar primeiramente com querosene.

A água em que se cozinhou o feijão-branco sem sal pode ser usada na limpeza do bronze. Depois de enxaguá-lo, polir com pano seco.

Para os objetos que estiverem esverdeados, usar suco de limão, deixando repousar por mais ou menos 15 minutos; então, enxaguar e, depois de bem seco, polir com pano umedecido em carbonato de cálcio.

Eis aqui uma ótima receita para limpar objetos de bronze: raspar 1/2 tijolo de sapólio, colocar numa garrafa juntando 125ml de álcool e 1 colher (café) de estearina. Sacudir bem sempre que for usar. Esfregar no objeto, deixar secar e dar brilho.

Muito bom também, para a limpeza de uma peça de bronze, é esfregá-la com um pano embebido em vinagre tinto, quente, e enxugar com um pedaço de camurça.

COBRE — Pode-se limpar os tachos e as peças de cobre usando qualquer dos seguintes procedimentos:

1) Fazer uma pasta consistente de vinagre, sal e fubá, podendo este ser substituído por farinha de milho.
2) Com limão e saponáceo em pó.
3) Limão e sal misturados, esfregando-se com esponja de aço.
4) Mergulhar a metade de um limão nas cinzas que restaram do fogão de lenha e esfregar nos tachos. Trocar o limão quando necessário. Depois, é só enxaguar e deixar secar muito bem.
5) As sobras de tomate maduro, ou mesmo a massa de tomate, também podem ser empregadas.
6) As peças pequenas limpam-se com vinagre e bastante sal.
7) As manchas de azinhavre desaparecem se forem limpas ou mergulhadas por algumas horas em vinagre fervente com sal de cozinha.
8) Ficam completamente limpos depois de esfregados com uma batata crua descascada.
9) Tornam-se brilhantes se forem esfregados com um pano embebido em leite cru e sal fino.

Os objetos com liga de cobre escurecem se não forem pincelados com amoníaco e depois esfregados com serragem.

Todos os objetos de cobre deverão estar bem secos para poder ser usados; de preferência, se possível, deixar secar ao sol.

Eis um bom preparado caseiro, para se limpar peças de cobre:

- 200ml de água destilada ou água de chuva
- 30g de sabão em pó
- 60g de pó de pedra
- 60ml de amoníaco

Misturar tudo dentro de uma garrafa e guardar bem fechada. Sacudir sempre que usar.

CROMADO — Como estes objetos não enferrujam, não há necessidade de limpar com nenhum outro produto; usar apenas água morna e, depois de enxutos, esfregar um pano seco e macio.

DOURADO — Se os objetos ou molduras douradas estiverem perdendo a cor por causa da poeira acumulada, faça uma mistura de: 1/2 litro de água morna, 1 colher (sopa) de sabão em pó e uma colher (sopa) de amoníaco. Com uma esponja, passe essa mistura nas partes afetadas, levemente, sem esfregar. Depois, lavar com água pura e enxugar cuidadosamente com um pano.

Para a limpeza comum de metais dourados (de banheiro, pias, maçanetas etc.), pode-se esfregar: 1º) limão; 2º) água e vinagre em partes iguais; 3º) água, sabão em pó e álcool.

Os frisos dourados limpam-se, sem esfregar muito, com algodão embebido em álcool; se as manchas forem grandes, passar um paninho embebido em essência de terebintina.

Nesses dois últimos casos, se as manchas resistirem, usar a fórmula do LATÃO, logo adiante.

LIMPEZA E CONSERVAÇÃO

LIMPEZA DE OBJETOS DOURADOS TRABALHADOS — Geralmente, quando se limpa um objeto trabalhado com produtos líquidos ou pastosos, estes ficam retidos nas entranhas, e, depois de secos, endurecem, sendo quase impossível de se limpar de maneira normal. Para dissolver esses produtos endurecidos e deixar os metais limpinhos, você poderá usar os dois procedimentos que estão em PRATA, ou fazer o seguinte: bater no liquidificador 2 limões inteiros e 1 colher (sopa) de sal. Então, misturar com água que dê para cobrir a peça. Deixar o objeto de molho por umas 2 horas; depois, enxaguar em água fria. Se ainda estiver um pouco sujo, pegue uma esponja (dessas de copa), molhe-a nesse mesmo líquido e esfregue nos lugares. Lave muito bem em água pura. Depois de bem limpo, deixe a peça ficar ainda de molho em água fria, pura, por 2 horas. Isso é para evitar a oxidação do limão no metal. Enxugue, deixe secar e, se quiser, passe um polidor líquido de metais, para dar brilho.

Nota: Este procedimento serve para a limpeza profunda de cobre, bronze, latão ou qualquer outro metal dourado.

ESMALTADOS — Para evitar que os objetos esmaltados de branco fiquem amarelados, limpar de vez em quando com álcool puro.

ESTANHO — Para a limpeza desse metal, use um dos procedimentos abaixo:

1) Mergulhar os objetos de estanho, durante 1 hora, numa solução de água quente e sabão dissolvido.
2) Limpar com gasolina ou querosene; em seguida, passar uma camurça.
3) Esfregar energicamente um pano embebido em cerveja quente.
4) Esfregar cuidadosamente toda a superfície com pó de giz.
5) As peças de estanho (principalmente as atuais) brilharão como novas se forem esfregadas com esponja de aço nova e seca. Depois, usar um produto de limpar prata.

6) O estanho escurecido também brilhará como prata se for esfregado com um pano de lã umedecido com parafina ou algumas gotas de petróleo.
7) Aquele objeto de estanho encostado poderá continuar em uso se o ferver numa panela contendo água e algumas rodelas de cebola.
8) Uma maneira fácil de limpar essas peças (bules, jarros etc.) é esfregá-las com folhas de repolho cru.
9) Poderá também usar serragem misturada com água.

Quem tem muitas peças de estanho em casa deve saber que esse metal se ressente com o frio e pode até desagregar. Por isso, se algo de anormal for observado nesses objetos, o melhor a fazer é entregá-los a um especialista.

FERRO — Para tirar a ferrugem dessas peças e limpá-las, siga as seguintes sugestões:

1) Esfregar uma pasta feita com cinzas de carvão e azeite doce.
2) Mergulhar ou esfregar gasolina, até a ferrugem desaparecer.
3) Esfregar as peças com uma esponja de aço, ou com uma escova de cerdas metálicas.
4) Mergulhar os objetos numa solução de sabão em pó.
5) Ainda para dar brilho nesses metais, encerar ou envernizar com verniz transparente, à base de acetona.

CORRENTES — As de ferro limpam-se apenas passando-as nas chamas claras do fogão a lenha.

CHAVES — As chaves enferrujadas ficarão perfeitas se forem deixadas de molho por 2 dias, em terebintina. Depois, enxugar e passar um pano macio.

Se elas estiverem sujas, engorduradas, a melhor maneira para se limpar é passá-las por uma chama de álcool.

PATINS — Já que a moda é patinar, vamos conservar os patins como novos, enxugando-os bem depois do uso. Se aparecerem vestígios de ferrugem, esfregar com uma mistura de sal e querosene; se a ferrugem persistir, usar uma lixa fina (nº 0). Nos parafusos que estiverem enferrujando, passar giz pulverizado. Quando guardar os patins por alguns dias, unte-os com óleo; se for por mais tempo, passe uma camada de vaselina, enrole-os num pano e, finalmente, enrole tudo em um plástico.

PUXADORES DE MÓVEIS — Para retirar os que estiverem endurecidos pela ferrugem, basta aquecer uma chave de fenda na chama do gás, até o metal ficar vermelho; coloque-a então sobre a cabeça do parafuso a ser retirado e dê uma pancada seca no cabo da chave. O calor e o golpe dilatarão o metal.

LATÃO — Além de se poder usar quase todos os procedimentos para metais dourados, somem-se ainda os seguintes:

1) Polir estas peças com molho inglês.
2) Após cada polimento, conservar o brilho esfregando azeite de oliva.
3) Ainda para a conservação do brilho, revesti-los com uma camada de goma-laca incolor.

RECEITA — Para uma limpeza mais profunda, faça uma mistura de alvaiade, água e amônia, na consistência de um creme mais ou menos grosso, isto é, encorpado. Preparar numa garrafa e deixar bem tampada. Sacudir bem, deixando, de preferência, de um dia para o outro. Poderá, assim, ser guardado por muito tempo, mas, sempre que usar, agitar bem. Esfregar essa mistura na peça com um paninho; deixar secar bem e lustrar com flanela. Se for peça trabalhada, passar no fim uma escovinha macia.

METÁLICAS — Limpe chaves, maçanetas e torneiras metálicas esfregando apenas um pouco de cinza de cigarro.

Para evitar que esses objetos fiquem manchados ou engordurados, passe 1 camada de esmalte transparente sobre eles. Seu polimento durará por muito tempo. Desenferrujam-se chaves deixando-as de molho por 24 horas em 3/4 de óleo de mesa e 1/4 de gasolina. Enxugar bem. Se restar algum vestígio da ferrugem, esfregar com papel fino.

CHAVES — Ver em FERRO.

ENCANAMENTOS — Quando um encanamento apresentar fendas, não fique à espera do encanador (bombeiro), que nunca chega nos momentos certos. Evite o grande derramamento de água usando uma solda "quebra-galho", que vai agüentar até que o encanador apareça, mesmo que ele demore muito tempo: pegue uma porção de sabão e gesso e vá amassando com um pouquinho de água até formar uma pasta grossa. Aplique imediatamente no local da fenda.

MOEDAS — Quem tem coleção de moedas precisa, de vez em quando, dar uma limpeza nelas, pois com o passar do tempo podem ficar manchadas e, se não forem tratadas, o metal pode se desgastar.

Se as moedas estiverem escuras, faça uma solução com água quente, 2 colheres (sopa) de bórax (borato de sódio) e algumas gotas de amônia. Mergulhe as moedas nessa solução, deixando ficar assim por algumas horas. Em seguida vá esfregando com uma escovinha (serve a de dentes), enxágüe em água pura e exponha-as ao sol.

Se as manhas forem esverdeadas, cubra-as com a mistura de suco de limão e vinagre branco. Dê uma escovadinha e enxágüe em água pura.

Um conselho: guarde as moedas bem cobertas e em lugar seco, para que se conservem limpas por mais tempo.

NIQUELADOS — Limpar com vinagre e álcool em partes iguais. Deixar secar e passar vaselina pura.

Uma pasta feita de água, giz e sabão limpa muito bem esses objetos.

OURO — Cremor de tártaro é ótimo para polir ouro e prata.

Galões de ouro se limpam com fel de boi dissolvido em água.

VERMEIL — Estes objetos — de prata coberta com uma camada de ouro — limpam-se apenas com álcool puro; se estiverem com manchas, pode-se esfregá-las com um pouco de sabão de coco e branco-de-espanha (carbonato de cálcio). Lava-se, enxuga-se bem, e dá-se brilho com camurça.

Outras sugestões, ver OURO em "Jóias".

PRATA — Para evitar a oxidação de objetos de prata, limpe-os bem, depois embrulhe as peças que estão fora de uso em papel alumínio, papel de seda ou jornal.

Todos os objetos, uma vez limpos, devem ser polidos, para uma perfeita conservação.

Devolve-se o brilho a um objeto de prata escurecido por ovo, esfregando-se suco de limão ou vinagre.

Os utensílios usados à mesa, após sua limpeza, devem ser enxaguados com água quente; os que servirem para adorno podem ser protegidos com uma camada de verniz incolor, própria para metais.

As pratas riscadas pelo uso ficarão perfeitas se forem esfregadas com cremor de tártaro (que se usa na cozinha) umedecido com azeite de oliva. Depois, lavar com água quente e enxugar bem.

Para tirar os pingos de vela derretida que ficaram grudados nos castiçais de prata não use faca (que risca), nem ponha fogo (desgasta o metal). Simplesmente jogue sobre os pingos água fervente e esfregue com um pano.

Quando o leite talhar, aproveite-o para limpar algumas peças de prata, mergulhando-as nele por 1 hora. Depois, é só lavar.

Não guarde suas pratas junto ou perto de cobertores, pois o enxofre que há na sua composição ataca e estraga a prata.

E aproveite o purê de batatas que sobrou do almoço para limpar e dar brilho na sua prata!

FAQUEIROS DE PRATA — Ver TALHERES em "Copa-cozinha".

PARA LIMPEZA DAS PRATAS — Eis 2 receitas para se limpar e dar brilho às pratas:

1) 3/4 de litro de álcool; 1 vidrinho pequeno de amônia; algumas colheres de branco-de-espanha (carbonato de cálcio) ou gesso fino; misturar até a consistência mais ou menos cremosa, não muito grossa. Misturar tudo em uma garrafa, sacudindo, esperando algumas horas para que possa ser usado. Agitar bem todas as vezes que for usar. Com um pano, esfregar essa solução na prata, deixar secar e lustrar com flanela macia. Se for trabalhada, passar ao final uma escovinha macia para retirar o pó ali instalado.
2) 2 xícaras (café) de polidor líquido de metais; 1 xícara (café) de sabão em pó e 1 colher (sopa) de amoníaco. Misturar tudo em vidro de boca larga. Molhar uma esponja macia (dessas de espuma com que se lavam pratos) na mistura e esfregar bem nos objetos até ficarem limpos. Não precisa lustrar. Lavar com água fria, em seguida jogar sobre eles água fervendo. Enxugar ou deixar secar ao sol, o que será melhor.

A segunda receita deixa sua prata muito bonita, além de fazer o brilho durar mais tempo.

PARA OBJETOS DE PRATA TRABALHADOS — *Limpeza* — Para limpar suas entranhas e dissolver toda a sujeira que ficou ressecada no seu interior, usar um dos 2 procedimentos abaixo:

1) Mergulhe a parte suja do objeto (ou todo ele, se for o caso) numa água bem quente, onde se ferveu previamente um bom punhado de bórax; se possível, tampar. Deixe ficar aí de molho, até que a água esfrie. Passe uma escova por todo ele, enxágüe com água fria, enxugue e deixe secar muito bem, antes de polir.

2) Ferver água com 1 ou 2 copos de vinagre branco (dependendo do tamanho da peça a ser limpa) e 1 colher (sopa) de bicarbonato (para essa quantidade de vinagre). Mergulhe a parte a ser limpa do objeto nessa solução, tampe e deixe ficar até que esteja bem fria a mistura. Em seguida, proceder como no nº 1.

Na falta de um produto para limpar prata, ou se não tiver as receitas caseiras anteriormente citadas, você pode recorrer a processos simples e também caseiros, para uma limpeza mais leve:

1) Esfregar o objeto com limão e cinzas de cigarro. O suco de limão é indicado especialmente para a limpeza de objetos esculpidos em prata cinzelada (ver o procedimento em DOURADOS). Os mais simples podem ser limpos apenas com cinzas de cigarro. Depois, é só passar a flanela.
2) Deixar de molho por 10 minutos, em água bem quente, onde tenham sido cozidas batatas.
3) Mergulhar em mais ou menos 5 litros de água fervendo com 2 colheres (sopa) de bicarbonato, deixando ficar de molho. Depois, enxaguar em água fria. Deixar ficar bem seco se quiser dar polimento.

Se quiser dar um ar antigo em um objeto de prata, basta esfregá-lo com uma flanela embebida em petróleo.

ZINCO — Para se tirar a oxidação dos objetos de zinco, usar uma solução fraca de ácido sulfúrico.

Também, para lavar material de zinco, usar água morna com soda cáustica.

FERRAMENTAS — *Ferrugem* — Na caixa onde ficam guardadas as ferramentas, deve-se colocar um saquinho de cal virgem, para evitar que enferrujem.

Algumas bolinhas de naftalina também ajudam a evitar a umidade, retardando o aparecimento da ferrugem. Mas se a ferrugem aparecer, com leves vestígios, antes que ela se instale no objeto ou ferramenta raspe com uma borracha de máquina.

PORCA EMPERRADA — Para desparafusar, unte-a com uma mistura de óleo, sal e limão, fazendo-a girar com uma chave inglesa.

PREGOS e PARAFUSOS — Para protegê-los contra a ferrugem, aplicar neles, antes de serem colocados, uma mistura de óleo lubrificante e pó de grafite (raspa de lápis preto).

Mas se essa providência não foi tomada e não conseguir soltar o parafuso enferrujado, aplique sobre ele algumas gotas de querosene ou de aguarrás; a ferrugem logo se dissolverá e... acabou-se o problema.

Muito mais simples e mais fácil é jogar por cima do prego ou parafuso emperrado um pouco de refrigerante tipo cola. Após alguns segundos de espera poderá arrancá-los sem fazer força.

PREGOS e TACHAS — Para que estes entrem mais facilmente na madeira, unte-os com óleo ou gordura, evitando que a madeira se rache.

Também poderão ser engraxados ligeiramente com sabão ou parafina.

PREGOS DE PAREDE — Ver PAREDES, em "Casa em geral".

SERROTES — Mantenha suas lâminas lubrificadas esfregando, nas suas superfícies laterais, sabão em barra ou vela.

~ Móveis

MÓVEIS DE COPA E COZINHA

CLAROS — Algumas manchas desses móveis saem esfregando-se a parte interna de uma casca de limão.

ESMALTADOS — Devem ser limpos pelo menos uma vez por semana, com um pano úmido e sabão de coco. Depois de bem secos, passar uma leve camada de cera branca com pano bem limpo e lustrar. Dessa maneira, além de devolver o brilho, conserva-se também a madeira. Se estiverem manchados, esfregar uma esponja e um pouco de farinha de aveia.

FÓRMICA — As manchas de tinta esferográfica saem esfregando-se com álcool. Não use palhinha de aço para tirar as manchas desses móveis; basta espalhar álcool ou aplicar uma solução de água com vinagre.

FORMIPLAC — Para sua melhor conservação, passar, de vez em quando, um pano umedecido com detergente; enxaguar com um pano molhado em água e secar.

LACA BRILHANTE — Previna e preserve este móvel contra sujeiras e manchas passando, por todo ele, uma cera protetora à base de silicone. Pode usar polidor para automóvel.

LAQUEADOS — Ficam limpos quando esfregados com água e gotas de amoníaco. Nunca usar detergentes.

De uma maneira geral, esse processo também é usado para limpar móveis claros.

Quando este móvel perder o brilho, experimente fazer o seguinte: dissolva um pouco de goma-laca em álcool, molhe nela uma boneca de pano e passe no móvel. Verá como seu brilho antigo voltará.

Estes móveis (assim como os pintados) também podem ser limpos com uma massa feita de farinha de trigo e vinagre. Passar no móvel e limpar com uma esponja úmida; ou, então, limpar com uma mistura de leite e água.

PATINADOS — Use, para a limpeza desses móveis, uma esponja molhada em clara de ovo batida e levemente salgada. Depois, enxágüe com água pura e enxugue muito bem.

PINTAR — Quando pintar um móvel com tinta branca, misture a ela um pouco de tinta azul; isso evitará que o móvel fique amarelado com o tempo.

MÓVEIS DE COURO — LIMPAR

CADEIRAS — POLTRONAS — SOFÁS — Limpam-se esfregando clara batida em neve; em seguida, passar flanela.

Também pode-se usar água com vinagre.

Esses estofados podem ainda ser limpos com água e sabão de coco, o que deverá ser feito periodicamente.

Quando o couro ainda estiver em bom estado, mas a cadeira com aspecto de velha, renova-se pintando o couro, procedendo da seguinte maneira:

1) Lixar o couro com lixa de madeira, insistindo nos piores lugares.
2) Passar um paninho úmido e deixar secar muito bem.
3) Passar uma tinta (dessas próprias para couro) sempre no mesmo sentido, para não manchar.
4) Secar, de preferência, por 24 horas.
5) Passar escovinha macia, varrendo com delicadeza.
6) Passar cera incolor, sempre no mesmo sentido.
7) Deixar secar por várias horas.
8) Lustrar com flanela.

E pronto! Sua cadeira de couro está nova!

Para conservar o couro macio e impedir que se parta, limpe periodicamente com um pano macio embebido numa solução de 1 parte de vinagre para 2 de óleo de linhaça. Depois, polir com pano seco.

Seu móvel de couro ficará lindo se for passado, por todo ele, um pincel com uma solução diluída de goma-laca em álcool, ou em éter sulfúrico. Deixar secar.

MANCHAS — De um modo geral, as manchas do couro se tiram com a mistura de 1 colherzinha (café) de glicerina para duas de álcool.

Para manchas de tinta, esfrega-se ácido oxálico dissolvido em água; a mancha sai sem afetar o couro. Mas cuidado ao empregá-lo, pois é venenoso.

Outras manchas em couro, ver em “Couro”.

Aproveite uma cerveja que ficou choca para limpar seus móveis de couro.

COURO BRANCO — Quando este estofado estiver amarelado, limpe com uma esponja umedecida em água e sapólio em pasta. Enxágüe com esponja e água e seque com pano limpo.

VINIL — Jamais limpar esse estofado com óleo, porque assim o vinil perderia toda a sua maciez. Use na sua limpeza apenas uma mistura de bicarbonato com vinagre branco, passando com um pano áspero.

ESTOFADOS DE FAZENDA — MANCHAS

BEBIDAS ALCOÓLICAS — Essas manchas que ficam nos estofados (sofás, poltronas ou almofadas) saem facilmente esfregando-se éter. Depois, passar um pano úmido com água pura.

CAFÉ — Se o café entornou sobre seus estofados, esfregue imediatamente, e com paciência, 1 pedrinha de gelo até que a mancha desapareça; depois, é só deixar secar.

DESBOTADOS — Antes de pensar em trocar a fazenda de sua poltrona porque está desbotada, experimente esfregar por toda ela uma escova molhada com a seguinte mistura: 2 colheres (sopa) de amoníaco, 2 colheres (sopa) de vinagre branco e 1 litro de água morna. Deixe secar naturalmente.

GORDURA — Esfregue um pedaço de cebola, ou coloque sobre a mancha um papelão ou mata-borrão e, sobre este, um ferro bem quente.

TINTA ESFEROGRÁFICA — Esfregar sobre a mancha um pano embebido em terebintina e, logo a seguir, aplicar talco, deixando por muitas horas para absorver a terebintina, que é oleosa.

Se a primeira operação não for suficiente para remover as manchas, repita quantas vezes forem necessárias, pois a terebintina não estraga o tecido.

TECIDOS DE SEDA e LÃ — Se algum estofado de seda ou lã estiver manchado, faça uma pasta com um bom polvilho e álcool 90º. Coloque o preparado sobre a mancha, deixando assim por algum tempo, até que a pasta esteja bem seca; em seguida, esfregue e passe uma escova. Se for necessário, repita a operação.

TECIDOS DE TAPEÇARIA — Estes se limpam esfregando algodão embebido numa água quente onde se cozinhou fécula de batata. Deixar secar e esfregar de leve uma escova macia.

Os tecidos de tapeçaria bordados à mão, em *petit-point*, limpam-se da seguinte maneira: retirar primeiramente toda a poeira com o aspirador de pó; esfregar com um pano umedecido em chá de pau-de-panamá (encontra-se em casas de ervas), limpando bem, e trocando o chá por outro limpo, até que a água fique clara. Deixar secar.

(O panamá se assemelha à canela em pau, e é um ótimo detergente para tecidos escuros, pois não é preciso enxaguar, nem tira as cores.)

Muito bom para a limpeza desse estofado é passar um pano embebido em éter. Depois, enxaguar de leve, com pano molhado em água e secar com um pano seco. Deixar secar bem em lugar arejado.

VELUDOS — Acostume-se a passar uma escova nos estofados de veludo pelo menos uma vez por semana; de vez em quando, logo após tê-los escovado, passar um pano molhado e bem torcido sempre na mesma direção do pêlo. Isto é para chupar completamente a poeira que fica agarrada no veludo.

Outra boa maneira de limpar veludo, quando não estiver sujo demais, é pegar serragem fina, colocar dentro de uma panela ou assadeira (tabuleiro) pequena e levar ao forno médio, para aquecê-la. Estando a serragem quente, polvilhe um pouco no lugar a ser limpo e esfregue com a palma da mão, fazendo movimentos rotativos. Quando essa serragem estiver suja, troque por outra. Depois, escovar muito bem.

Muitas vezes acontece que uma visita, ao tomar um copo de água, deixa cair um pouco sobre o seu estofado de veludo. Quando a água seca, fica uma mancha sobre ele. Mas é muito fácil tirar essas manchas, principalmente se tiver em casa um ferro a vapor. Primeiro, embeba um pano em água limpa e com ele faça pressão sobre a mancha. Em seguida, coloque o ferro quente bem próximo ao local da mancha (sem encostar o ferro no tecido) e deixe o vapor agir sobre ela.

Mas, se não tiver o ferro a vapor, use ferro comum. Para isso, depois de ter umedecido a mancha, pegue um pano maior, ensope com água e envolva com ele o ferro quente, segurando-o imediatamente bem próximo à mancha para que o vapor a atinja diretamente.

MÓVEIS DE MADEIRA

ARRANHADOS — Para atenuar os arranhões nos móveis claros, esfregar no local 1/2 noz-moscada. Também desaparecem passando um pouco de cera de abelha. Depois, lustrar com uma boneca de pano.

BICHADOS — As madeiras bichadas podem ser tratadas com xilofeno; pode ser injetado, pincelado ou simplesmente passado com uma esponja. Em seguida, tapar os buracos com cera.

Se for cupim, injete querosene nos buraquinhos.

Pode-se eliminar cupins ou carunchos das seguintes maneiras:

1) Introduzir nos buracos feitos pelos insetos uma porção de pimenta-do-reino em pó, com o auxílio de um injetor de lubrificar máquina de costura; em seguida, tampar hermeticamente com cera.
2) Injetar, com uma seringa, formol ou petróleo, tampando também com cera.
3) Injetar uma solução de clorofórmio com óleo, ou umas gotas de sulfureto de carbono.
4) Injetar tintura de iodo e vedar com cera.

FENDAS e RACHADURAS — Não tente tampá-las com produtos para colar madeira, pois endurecerão e não ficarão com a mesma cor. Será preferível deixá-las como estão, ou tapar com cera, tirando o excesso e deixando secar.

Nunca tente colar um móvel antigo com as colas à base de epoxi-resinas, pois se solidificam demais.

ARMÁRIOS — Se há necessidade de arrastar diariamente seus móveis, para a limpeza da casa, evite arranhar o chão, pregando ou colando nos pés dos móveis um pedaço de feltro grosso.

GAVETAS — As gavetas pesadas correrão mais facilmente se forem colocados dois calços de plástico nos lugares onde elas montam; se estiverem emperradas, experimente passar sabão seco, ou um pouco de talco, nas partes corrediças.

MOFO — Evita-se o mofo nos armários e nas gavetas deixando dentro deles alguns pedaços de giz ou pequenos saquinhos cheios de cal; ou ainda vaporizando-os internamente com essência de terebintina.

Pequenas lâmpadas infravermelhas, permanentemente acesas dentro dos armários, também previnem o mofo.

Mas se o armário já estiver mofado ou com seu cheiro característico, ferva um litro de vinagre e coloque a panela com o vinagre imediatamente dentro do armário, destampada, deixando as portas fechadas.

Deixe que o vapor entranhe na madeira, por 2 horas pelo menos. Depois, retire a vasilha, passando um pano molhado nesse próprio vinagre, por dentro e por fora do armário. Então, deixe a porta aberta por várias horas para que seque bem.

UMIDADE — Vamos evitar que a umidade se instale no interior dos seus armários? É bom que se tomem algumas precauções, antes que ela se transforme em mofo. Vamos lá. Você pode lançar mão dos seguintes meios:

1) Pendurar dentro do armário 1 meia velha contendo serragem.
2) Pendurar dentro do armário 1 amarrado de giz branco.
3) Colocar no armário 1 lata com a tampa toda furada contendo um pedaço de carvão.
4) Espalhar pedaços de cânfora pelos armários e gavetas.

Mas, se a umidade já estiver instalada no armário, passe por todo o seu interior um pano molhado em 1/2 copo de vinagre branco e 1/4 de alfazema. Deixe o armário aberto, até secar bem. Se ele for encerado, passe depois de bem seco uma cera comum.

MADEIRA NOVA — *Odor* — O enjoado cheirinho de madeira nova (geralmente em armário novo) pode ser atenuado, ou até mesmo desaparecer, esfregando-se dentro dele um pano embebido em essência de lavanda.

MOFO EM MADEIRA — Pode-se tirar com querosene.

MÓVEL DE MADEIRA NATURAL — Este móvel vai ficar muito bonito se for dado nele um polimento com a mistura em partes iguais de terebintina e óleo de linhaça fervido (tem em lojas de ferragens). Passar no móvel, com um pano limpo e macio.

MÓVEIS DECAPÊS — Limpam-se com uma quantidade mínima de cera branca.

MÓVEIS DE MADEIRA DOURADA — Devem ser tratados com muito cuidado, pois o dourado, quando antigo, é constituído de uma camada muito fina de ouro, assentada por pressão, sobre outra camada de estuque colada na madeira.

Limpam-se esses móveis usando-se pincel com uma mistura de clara de ovo e gotas de vinagre. (Ver também MOLDURAS DOURADAS em QUADROS, em "Casa em geral".) Lustrar em seguida com pincel grosso, desses que servem para maquilagem.

Se o espaldar ou moldura de móveis dourados estiverem um pouco descascados, disfarce o branco do estuque com produtos de maquilagem: um pouco de delineador marrom, diluído em base. Depois, pulverize sombra em pó ou aplique sombra em bastão marrom-dourado.

MÓVEIS ENCERADOS

Madeira encerada não se deve limpar com água, e sim com produtos especiais ou essência de terebintina.

Podem ser limpos também, 1 vez por mês, com mistura de aguarrás e cera amarela.

Prepare esta cera para usar em seus móveis:

- 150g de cera virgem
- 100g de parafina
- 25g de cera de carnaúba

Derreter tudo em banho-maria; depois, tirar do fogo, e, longe do fogão, ou melhor, já com o fogo apagado, misturar 2 litros de gasolina.

Para menor quantidade, basta reduzir a fórmula.

Quando encerar os tampos de mesa (pode mesmo ser com uma cera comum), faça-o passando o pano com a cera, apenas no sentido do fio da madeira (não encere como se faz no chão), e deixe secar muito bem; ou seja, por umas 2 a 3 horas, para que a cera não a manche, deixando riscos que vão demorar para sair. Use a cera de acordo com a cor da madeira, sendo que a vermelha é para a madeira escura. Lustre com flanela, com força, botando todo o seu muque para que a mesa fique linda.

MANCHAS

ÁGUA — Essa mancha sairá facilmente passando um pano embebido em querosene ou azeite. Quando a mancha sumir, esfregar com um pedaço de lã.

BULE DE CAFÉ ou DE CHÁ — Quando muito quentes, e colocados sobre uma mesa, deixarão o local manchado. Essa marca que ficou na madeira sairá com a aplicação de um pano embebido em um polidor de prata, que deve ser esfregado com movimentos circulares, até que a mancha desapareça. Depois, passar cera normal na mesa inteira.

COPOS — Após uma festa ou reunião, os móveis ficam cobertos de manchas de copos; retire-as esfregando um pano bem seco com bicarbonato, que o brilho voltará novamente.

Se as manchas de copo forem recentes e estiverem ainda úmidas, passe um paninho macio ou de flanela, molhado em álcool canforado, e seque imediatamente.

Se essas manchas forem mais antigas e persistentes, passe uma esponja de aço nova e seca delicadamente sobre o local, porém sempre seguindo o sentido da madeira. Retire a poeira e passe chicória desmanchada em água, ou sabonete para limpeza. Deixe secar e encere, sempre no sentido da madeira.

Se puder usar cera para calçados, a acaju ou marrom serão as preferidas, pois a cera comum somente poderá ser usada se for na cor da madeira.

COLA — Para tirar as manchas de cola-tudo dos móveis use creme de limpeza facial.

GORDURA — Para estas manchas, use algodão embebido em aguarrás ou essência de tricoletilene, ou, ainda, produtos tira-manchas.

LÍQUIDOS — Tiram-se essas manchas dos móveis esfregando-se um pedaço de cortiça (rolha) no sentido das fibras da madeira.

SANGUE — Tira-se com água oxigenada; depois, pincelar com terebintina e deixar secar. Se necessário, repetir a operação. Depois, encerar.

TINTA — As manchas de tinta saem passando uma mistura de álcool e vinagre em partes iguais. Depois de seco, lustrar com flanela.

As de tinta de escrever também saem, esfregando-se no lugar manchado um pedaço de batata crua.

VELA — Para retirar pingos de vela em móveis encerados, use um pano embebido em terebintina; esfregar com cuidado. Em seguida, passar uma flanela.

As marcas e arranhões podem ser disfarçados com o uso de óleo de máquina.

ENTALHADOS — Limpe-os usando escovinha peluda e macia, porque a poeira gruda muito nos desenhos.

POLIDOR PARA MÓVEIS — Adicionando 1 colher (chá) de vinagre de maçã ao seu polidor comum, este dará muito mais brilho.

Na falta de um polidor para passar no móvel, quebre o galho lançando mão da mistura de 2 partes de óleo de rícino e 1 parte de vinagre branco. Depois de passado no móvel, lustre com um pano comum.

Ou coloque umas gotas de vinho tinto em azeite, misture bem e aplique.

Mas você também pode preparar em casa um bom polidor de móveis. Misturar:

- 1/3 xícara (chá) de terebintina
- 1/3 xícara (chá) de vinagre branco
- 1/3 xícara (chá) de óleo de linhaça fervido (lojas de ferragem. NÃO ferver em casa!)

Depois de tudo bem misturado, aplicar com um pano seco, e, logo em seguida, passar uma flanela.

ENVERNIZADOS

Estes móveis são mais difíceis de se limpar e de conservar a sua aparência antiga.

Nunca use terebintina ou outros dissolventes, pois atacariam o verniz. Também a cera é proibida; lustre apenas com um pedaço de camurça.

Os móveis envernizados ficam brilhantes quando friccionados com um pedaço de lã úmida e depois com uma camurça embebida numa mistura, em partes iguais, de óleo de linhaça e aguarrás.

Se não tiver aguarrás, pode substituí-la por álcool. Passe com um pano macio, porém energicamente.

E, depois de ter lustrado esses móveis, polvilhe um pouco de maisena sobre eles e esfregue a flanela. Verá como seu brilho ficou ainda maior, fazendo também com que desapareça qualquer marca de dedo.

MANCHAS EM MÓVEIS ENVERNIZADOS

Bebida — Saem esfregando-se levemente no local um pouco de borra de café úmida. Esse procedimento também serve para tirar manchas em móveis laqueados.

Fósforo aceso — Quando acontece de este cair sobre o móvel envernizado, deixa uma marca fácil de ser removida; basta esfregar sobre ela uma flanela umedecida em água fria e, em seguida, passar óleo para móveis.

Marcas de dedos — Saem esfregando o lugar com uma flanela embebida em parafina. Depois, limpar com um pano molhado em água quente e bem torcido.

Tinta — Essas manchas se tiram com uma mistura em partes iguais de álcool desnaturado e vinagre. Dar brilho com flanela.

Tinta de escrever — Deixar sobre ela, por 15 minutos, um pedaço de algodão embebido em sal de azedas (1 colher de sopa) dissolvido em 1 xícara (chá) de água; em seguida, esfregar a mancha com o próprio algodão. Repetir a operação quantas vezes for necessário (o sal de azedas é encontrado em lojas de ferragens).

De um modo geral, é possível tirar qualquer mancha em móveis envernizados esfregando-se a solução de 1 colher (sopa) de cal para 1/2 copo de água, com um pano macio. Depois, lustrar.

MACHUCADOS — Geralmente, após uma mudança, algum móvel fica machucado; cure esse machucado colocando por cima dele apenas um pano molhado; a água, penetrando na madeira, fará com que volte ao normal.

MÓVEIS ANTIGOS — Estes móveis, com o passar do tempo, ficam opacos; mas readquirem o brilho se forem tratados com uma mistura de álcool e goma-laca.

DESCASCADOS — Se o verniz da mesa estiver descascado, disfarce, pintando a superfície arranhada com iodo.

MANCHAS — Marcas de copos ainda frescas nesses móveis podem ser atenuadas esfregando-se um pouco de azeite de cozinha; mas, de uma maneira geral, as manchas só desaparecem envernizando novamente.

RETIRAR VERNIZ — Para se tirar o verniz de um móvel, misture 1/2 copo de álcool com 1/2 copo de terebintina e mais 1/2 de amoníaco. Aquecer esta mistura em banho-maria e esperar uns 10 minutos; passar então sobre o móvel, depois, esfregar com um papel de seda.

PIANO — O lugar de um piano em uma casa é muito importante, tanto para a sua conservação quanto para o seu som. Não deverá ficar onde o sol bata diretamente sobre ele, tampouco em lugar úmido.

Contra insetos — Para evitar baratas e traças que comem as flanelas e camurças dos pianos, espalhe por todo o seu interior algumas bolinhas de naftalina, trocando-as sempre que necessário.

Contra umidade — Faça alguns saquinhos, encha-os de cal virgem e coloque-os entre as cordas do piano. Renove esses saquinhos 1 vez por ano.

Nunca use um produto oleoso dentro do piano, pois o contato do óleo nas cordas vai acabar, para sempre, com a sua perfeita afinação.

Teclas — As teclas podem ser limpas por qualquer dos seguintes procedimentos:

1) Esfregando água oxigenada 20 volumes.
2) Esfregando éter puro ou sulfúrico.
3) O iogurte natural também poderá ser esfregado nas teclas.
4) Amoníaco e álcool esfregados com algodão.

Em qualquer dos casos, deixar o piano aberto até que as teclas estejam bem secas. Depois, esfregar uma flanela por todas elas.

Quando as teclas estiverem manchadas de gordura, limpe-as com álcool metílico ou éter sulfúrico.

Jamais lavar as teclas com água, porque o brilho do marfim desaparecerá.

Os pianos de ébano são limpos com um pano molhado numa mistura de 5 colheres (sopa) de vinho branco com 1 colher (sopa) de óleo de oliva. Deixar secar e, em seguida, polir com pano seco e macio.

OUTROS MÓVEIS

PALHA — Para limpar palhas de cadeiras ou de móveis, fazer uma pasta, mais ou menos mole, de água morna e potassa.

As esteirinhas de palha podem ser mergulhadas em água bem salgada, esfregadas com esponja. Depois, enxágüe e deixe secar ao ar livre.

O leite também pode ser indicado para a limpeza dessas palhas.

Cadeiras de palhinha ficam bem limpas se todo o assento for lavado, pelo lado do avesso, com água quente. Deixar secar ao ar livre. A palhinha estica, se renova e dura mais tempo.

Se a palhinha da cadeira estiver bamba pelo uso, vire-a de pernas para cima sobre uma bacia e despeje sobre a palhinha uma vasilha com água fervendo. Desvire a cadeira e deixe secar. Verá então como a palhinha parece nova.

VIME — Os móveis de vime pintados e laqueados devem ser limpos a seco.

Quando pintar móveis de terraço, não o faça ao sol, nem onde haja vento, pois ficariam manchados. Pinte-os dentro de uma garagem ou em ambiente resguardado ou coberto.

JUNCO — Os móveis de junco e de vime podem rachar com o tempo; para que isso não aconteça, exponha-os, de quando em quando, ao vapor de água.

Para evitar que uma criança vire e caia com a cadeira ou cavalinho de balanço, fixe uma rolha em cada extremidade do balanço (sob os pés).

PAU-MARFIM — Esses móveis se conservarão sempre limpos se for passada, periodicamente, com uma flanela, a seguinte mistura:

- 50g de cera branca
- 50g de cera de carnaúba
- 50g de parafina

Misture e leve ao fogo brando para derreter. Retire do fogo e, longe deste, misture 1 litro de aguarrás da melhor qualidade.

NOGUEIRA — Os móveis de nogueira perdem facilmente o brilho porque esta madeira resseca rapidamente. Para conservá-la, esfregue diariamente, durante uma semana, uma mistura, em partes iguais, de azeite doce e essência de terebintina.

O mofo que às vezes aparece nesses móveis desaparece passando-se demoradamente sobre a mancha um pano umedecido numa mistura, em partes iguais, de álcool e óleo de oliva.

~Objetos de Adorno

Os objetos que adornam uma casa nem sempre dizem da personalidade de quem os possui. São, geralmente, objetos presenteados, adornos colhidos aqui e acolá pelos mais afortunados, que os adquiriram em suas viagens, trazendo para dentro de casa, em cada um deles, um pedacinho do mundo, um instante de saudade, e um punhado de recordações.

Os objetos de valor e de estimação devem ser limpos pela própria dona, ou por alguém de grande responsabilidade; mesmo assim eles nos escapam das mãos, geralmente se danificando ou quebrando. Na medida do possível, pode-se tentar recuperá-los.

COLAR OBJETOS

CRISTAIS — Formar uma pasta feita com clara de ovo e um pouco de cal. Esta cola, depois de seca, fica transparente.

MÁRMORE — Faça uma cola resistente para as peças de mármore, usando também a mistura de clara batida em neve e cal viva.

METAIS — Pequenos buracos nesses objetos consertam-se usando zarcão. (É encontrado em casa de tintas.) Serve também para colar bombas de inseticida líquido danificadas, ou outro utensílio semelhante que esteja furado.

PLÁSTICOS — Colam-se com facilidade esquentando as bordas quebradas e unindo-as, enquanto quentes, com ajuda e pressão dos dedos.

PORCELANA — Para colar esses objetos, faz-se uma mistura de clara de ovo com um pouquinho de farinha de trigo adicionada aos poucos, até ficar no ponto de geléia.

VIDROS — Esta receita de cola para vidros dá ótimos resultados:

- 1 colher (sopa) de gelatina
- 1 colher (sopa) de álcool
- 1 colher (café) de vinagre branco

Esquentar tudo em banho-maria e usar quando começar a engrossar.

Quando colar etiquetas de papel em vidro, pode-se substituir a cola comum por um pouco de clara batida em neve.

Uma boa cola para se recuperar objetos quebrados é feita assim: pegar filmes negativos de fotografias que estão inutilizados, ou que não irão mais ser usados, cortar em pedacinhos e colocar dentro de um vidro onde vai ficar a cola.

Despeje por cima deles uma regular porção de acetona, tampe bem e aguarde por umas 3 horas. Então, é só mexer e... a cola está prontinha para ser usada.

Se, a cada vez que for usar essa cola, ela estiver quase seca, é só despejar mais um pouquinho de acetona, mantendo sempre o vidro hermeticamente fechado.

LIMPEZA DE OBJETOS

As sujeiras de moscas, em quase todos os objetos, saem facilmente esfregando-se uma cebola cortada ao meio; mas se a sujeira persistir, esfregue uma solução de água com vinagre.

ALABASTRO — Passar primeiro uma escova e depois um pano embebido em terebintina. Em seguida, lavar com água e sabão e deixar secar. Encere com uma cera incolor.

Se houver ranhuras, tire-as com alvaiade.

Esses objetos também podem ser lavados com uma mistura de água morna, detergente e algumas gotas de amoníaco. Depois, enxaguar.

Quando o alabastro estiver manchado de gordura esfregue o local com talco ou terebintina.

Se a mancha for de graxa, limpe também com óleo de terebintina.

ÂMBAR — Limpa-se esfregando-o ou mergulhando no álcool. Depois, polir com uma camurça.

Um objeto quebrado feito de âmbar pode ser colado com soda cáustica; mas, naturalmente, você terá que ter muito cuidado ao usá-la.

AZEVICHE — As peças de azeviche costumam perder o brilho com o passar do tempo; mas, para que fiquem novamente com vida e readquiram seu brilho, basta esfregar com miolo de pão; em seguida, passar uma flanela. É só.

BISCUIT — Se acontecer de este delicado objeto partir, nada mais simples para colar do que usar sumo de alho nos lugares partidos; uni-los logo em seguida e amarrar, deixando assim até que esteja bem seco. Tenho certeza que ninguém vai notar a "soldadura".

O pó deve ser tirado freqüentemente, e se o objeto ficar acinzentado, escove-o com água e sabão, enxaguando depois com água e limão.

BORRACHA — Basta lavá-los em água morna com algumas gotas de amoníaco.

Para tornar os objetos de borracha mais moles e elásticos, mergulhe-os, quando pequenos, em glicerina, deixando secar por alguns minutos. Se forem grandes, unte-os com a mesma.

CAMAFEU — Se for uma peça simples, basta lavar com água e sabão; se for composto de mais de uma peça, conserve-o somente no álcool.

CELULÓIDE — Quando um objeto de celulóide estiver com manchas, esfregue, até sumirem completamente, a mistura de 30g de ácido oxálico dissolvido em 50ml de água quente.

CHIFRE POLIDO — Lavar primeiro com água e sabão; depois, passar um pouco de óleo de amêndoas, deixando penetrar bem. Em seguida, esfregar um pano macio. Pode também usar o mesmo procedimento de osso.

COURO — Esses objetos ficarão limpos com uma solução de éter e óleo de linhaça em partes iguais.

ESMALTADOS — Se estiverem sujos por ácido de frutas, esfregar com suco de limão; em seguida, lavar com água e sabão.

GESSO — Passe óleo de peroba nos objetos e estátuas de gesso pintados; além de dar brilho, conserva a pintura.

As estátuas de gesso também ficam limpas se forem cobertas com uma pasta de amido cozido. Deixar secar e escovar.

Pode-se também dar brilho nessas peças umedecendo-as bem com água e sabão; secar e esfregar com flanela ou um pano seco.

COLAR — Se quiser colar um objeto de gesso de estimação que quebrou, é só passar nos lugares partidos um pouco de verniz dissolvido em um pouco de álcool. Então, juntar bem as partes quebradas e amarrar bem, deixando até o dia seguinte.

MADREPÉROLA — Se esses objetos forem lavados com água e sabão, irão perder todo o brilho; por isso, use na sua limpeza apenas argila branca.

Pode-se, também, limpá-los deixando-os mergulhados por 15 minutos numa mistura, em partes iguais, de água e ácido clorídrico. Depois, enxaguar e esfregar com escovinha de pêlos espessos e duros.

MARFIM — Para que o tempo não retire a cor e o brilho tão característicos dos objetos de marfim, esfregue neles casca de limão polvilhada com sal.

Mas se o objeto de marfim perdeu sua cor primitiva, embeba-o com água oxigenada ou terebintina, deixando-o exposto ao sol por alguns dias.

Limpe as peças de marfim ou de osso (ver osso) trabalhado usando uma esponja ou cotonete nos lugares mais difíceis, embebendo-os no limão ou água oxigenada 20 volumes.

Limpa-se também esfregando-se pedra-pomes em pó diluída em água.

Se o marfim estiver muito branco, para devolver sua cor natural esfregue pó de café.

Nunca lave qualquer peça de marfim com água quente, porque isso a prejudicaria.

Se a peça de marfim quebrou, use cola de resina.

Na limpeza do marfim polido, pode-se também usar os mesmos processos de osso.

COMO CONHECER O MARFIM — Saiba como conhecer se o objeto de marfim é verdadeiro: arranque um fio de cabelo e coloque-o sobre o marfim; em cima do fio de cabelo ponha um cigarro aceso; se ele não queimar, o marfim é verdadeiro.

Uma outra maneira para se distinguir um marfim verdadeiro (da presa do elefante) do falso (marfim vegetal), que aparentemente são idênticos, é fazer o seguinte: pingar sobre o objeto uma gota de ácido sulfúrico diluído, deixando ficar por uns 10 minutos. A dúvida é tirada porque, se for falso, não haverá qualquer alteração, ao passo que no legítimo ficará uma mancha roxa, que sairá facilmente, bastando lavar com água pura.

MÁRMORE — Para limpar colunas ou estátuas de mármore, use uma mistura de 60g de hipocloreto de cálcio dissolvido em 1 litro de água.

Se estiverem muito sujas, esfregue-as com uma escova forte embebida na solução descrita; se não, use um pano em vez de escova. Depois de esfregado, não enxugue antes de decorridas 2 horas. Só então lavar com água pura e enxugar. Limpa-se também qualquer objeto de mármore molhando-se uma esponja em vinagre onde se dissolveu um pouco de pedra-pomes em pó e esfregando bem. Depois, enxaguar. Também pode-se limpar esfregando uma bola de algodão impregnada de talco.

OSSO POLIDO — Os objetos, assim como os cabos de osso das facas, ficarão lindos e bem polidos, deixando-os de molho, por 24 horas, em água oxigenada a 12%; depois, enxaguar em água corrente e deixar secar ao sol. Ficarão como novos.

Para sua limpeza: lavar com água e sabão de coco. Se o objeto estiver muito sujo, passar polidor líquido de metais. Porém, antes de iniciar sua limpeza, verifique se existe algum arranhão; se houver, lixar o local com bastante força, com uma lixa d'água 600. Depois de limpo, lustrar. Vai ficar uma beleza.

PORCELANA — As manchas formadas nos objetos de porcelana tendem a desaparecer se limpas com aplicação de sal refinado.

Os objetos de porcelana tornam-se mais duráveis se forem antes fervidos em água, permanecendo na mesma até que ela esfrie completamente (os objetos também deverão estar frios).

TARTARUGA — Para sua limpeza, use os mesmos procedimentos de osso.

TECIDOS — BICHOS DE PELÚCIA

De algodão — Para limpar bichos de pelúcia de algodão, proceda da seguinte maneira:

Umedecer uma escova macia com solvente para limpeza e passar sobre o bichinho, no sentido contrário ao do pêlo, umedecendo-o completamente.

Quando a superfície estiver seca, passar novamente a escova, agora também seca (poderá ser outra), e no sentido direito do pêlo. Então poderá, se desejar, deixar ao sol para que desapareça o cheiro forte do solvente.

Os brinquedos de pano ou pelúcia que forem pequenos limpam-se colocando-os num saco grande de papel contendo um punhado de fubá. Agitar bem e depois escovar cuidadosamente para retirar todo o fubá.

De náilon — Para limpar estes objetos, basta apenas lavá-los com água fria e sabão.

BONECAS — LIMPEZA

De borracha — Para limpar a borracha de que é feita sua boneca, use algodão umedecido em álcool. Porém, se a borracha estiver com manchas, tire-as borrifando *spray* de cabelo no local manchado, esfregando um pano ao mesmo tempo, até que saia tudo.

De massa — Limpar este tipo de boneca não é difícil, mas requer alguns cuidados, para que ela não perca sua beleza natural. Vamos então limpar exatamente assim: molhar um pedaço de algodão em leite frio, espremer o excesso e em seguida esfregá-lo na boneca, tendo o cuidado para não deixar escorrer o leite (se necessário, esprema mais o algodão). Então, deixar secar normalmente, sem enxugar.

NÃO limpar esse tipo de boneca com álcool, porque este vai tirar todo o seu brilho, tornando-a opaca.

Cabelos de boneca — A sua lavagem também deverá ser feita com muito cuidado, por isso, preste bem atenção em como proceder: inclinar bem a cabeça da boneca para trás, lavar seus cabelos com água e sabão de coco, enxaguar e secar. O grande cuidado que se deve ter, e que é muito importante, é não deixar escorrer a água e o sabão nos olhos, porque iria danificar as pestanas.

Olhos de vidro — Sua limpeza é feita com um cotonete molhado em álcool, e muitíssimo bem espremido para tirar todo o excesso do álcool, porque ele não deve escorrer na boneca. Passar, cuidadosamente, somente dentro dos olhos.

Olhos pintados — Limpar com um cotonete molhado em água e sabão de coco, que também deverá ser muito bem espremido antes da limpeza, pois não poderá escorrer na boneca.

PLUMAS e PENAS DE PAVÃO — *Conservação* — Estes delicados e lindos ornamentos devem ser tratados com cuidado, para não estragar sua beleza. Para conservá-las perfeitas e bonitas, pegue um pedaço de tecido branco bem limpo, polvilhe nele bastante talco e passe nas plumas e penas, diversas vezes. Sacuda-as delicadamente. Se necessário, repita a operação. Depois de retirado bem o talco, mantenha-as guardadas em caixas fechadas, sem dobrar, com algumas bolinhas de naftalina.

Plantas e Flores

Diante do contraste cromático das plantas e das flores que a natureza tão bem soube colorir, ninguém foge à sensibilidade poética e ao lirismo que elas inspiram.

As flores, solidárias em todos os momentos, engalanam e alegram nossas vidas, compartilhando do riso e da dor, cada qual sendo reservada a um destino diverso.

São uma das alegrias da vida, uma festa para os sentidos e um convite à paz. Elas enchem as telas dos grandes pintores de todos os tempos, e enchem os nossos olhos de beleza. Sua grande utilidade está em preservar a nossa sensibilidade.

Em qualquer canto de sua casa tenha sempre alguns vasinhos de plantas ou jarros com flores.

BUQUÊ DE FLORES

Quando tiver que comprar, com muita antecedência, um buquê de flores na floricultura, para oferecer a alguém, guarde esse buquê (que deve estar bem acondicionado em papel celofane) na geladeira, até o momento de mandar ou levar à pessoa homenageada. Assim, as flores se conservarão fresquinhas e viçosas.

FLORES EM JARROS

ALECRIM — Geralmente essas pequeninas flores vêm junto com os maços de flores que compramos. Elas poderão durar até 3 meses; o único cuidado é trocar sua água a cada 3 dias.

ANTÚRIOS — Se você ganhou uma muda de antúrio branco ou rosa, mas preferia que ele fosse vermelho, você poderá obtê-lo nessa cor, fazendo assim: pegue uma beterraba, cave o seu meio (como se fosse uma cova) e coloque aí a raiz do antúrio; plante a beterraba na terra do vaso, cobrindo bem com terra.

Quando nascer sua primeira florzinha... oh, surpresa! Não é que ela nasceu vermelha mesmo? E vermelho-escuro... Parece mágica?

BICOS-DE-PAPAGAIO — Geralmente esta flor murcha rapidamente quando colocada no jarro para enfeitar a sala. Se você gosta tanto dela dentro de casa, é fácil mantê-la se você proceder assim: corte o talo enviesado, e imediatamente queime o local com fogo, para estancar o leite.

Como vê, o problema é não deixar que o leite escorra do talo.

CAMÉLIAS — Elas se conservam muito bem nos vasos se espetarmos as extremidades das hastes num pedaço de batata crua descascada, a qual ficará submersa na água do vaso. Permanecerão bonitas e viçosas.

Um ramo de camélias se conserva fresco por vários dias da seguinte maneira: derrete-se um pouco de cera em fogo bem brando, deixando amornar bem; quando ela estiver quase fria, mergulha-se aí os pés de camélia.

COPOS-DE-LEITE — Saiba que quanto mais velhos os pés de copo-de-leite, mais florescem.

CRAVOS — Para durarem mais tempo, cortar seus talos em diagonal e colocar um pouquinho de açúcar na água do vaso.

Os cravos de pétalas brancas, recém-cortados e com os pés compridos, se deixados em água contendo anilina verde, adquirem logo essa cor.

CRISÂNTEMOS — Devem ser mergulhados na água logo após colhidos, antes que a quebradura tome ar. Também um pouco de açúcar na água do jarro aumentará o tempo de duração desta flor.

DÁLIAS e JACINTOS — Quando começarem a murchar, mergulhe suas pontas em água quente e salgada por 1/2 hora. Decorrido esse tempo, corte as partes esquentadas das hastes e mergulhe então as flores em água fresca e pura...

GERÂNIOS — Estas flores românticas (eram plantadas e se debruçavam no peitoril das janelas) gostam muito de ser alimentadas com a água que restou do cozimento das massas (sem sal). Depois de as ter regado assim por algum tempo... a surpresa... Ficarão bonitas e saudáveis o ano inteiro.

HORTÊNSIAS — Estas flores, também privilégio dos jardins de antigamente, podem, se assim o desejar, florescer na cor azul; basta regar seus pés diariamente com uma solução de 10g de sulfato de ferro para cada litro de água.

LILASES — Elas podem durar bem dentro dos jarros; mas, para isso, suas hastes devem ser esmagadas antes de irem para a água.

LÍRIOS — A brancura imaculada dessas flores pode ficar esverdeada, colocando-as numa vasilha com água onde se tenha jogado um pouco de amoníaco sob uma campânula de vidro. Além de mudarem de cor, permanecerão frescas e perfumadas.

PESSEGUEIROS — As flores conservam-se melhor se forem mergulhadas em água gelada por alguns segundos antes de irem para o jarro.

Se forem utilizadas em buquês, deixe-as primeiro mergulhadas, por várias horas, em água comum.

ROSAS — Assim como os cravos, também durarão mais tempo se pusermos um pouquinho de açúcar dentro da água do jarro e cortarmos seus talos na diagonal.

Os espinhos das rosas devem ser arrancados nos lugares que ficarem mergulhados na água.

Rosas brancas ficarão azuis se mergulharmos suas hastes na seguinte solução: 100ml de água, 2g de anilina e 2g de nitrato de potássio.

SEMPRE-VIVAS — Estas não devem ser postas na água. Ao comprá-las, amarre o maço e deixe-as penduradas de cabeça para baixo em lugar alto por mais ou menos uma semana, ou até que estejam bem secas. Elas parecerão artificiais.

Use-as em arranjos que não levem água, porque assim poderão durar anos.

VIOLETAS — Apesar de sua cor bem característica, podem ficar amarelas, sem perder a frescura e o aroma, além de adquirirem maior brilho. Para essa transformação, bastará mergulhá-las em petróleo, e depois lavá-las em água morna. Logo após este banho, surgirá a cor amarela que permanecerá até que murchem.

De um modo geral, quando as flores nos jarros começarem a murchar, coloque suas hastes dentro de um pouquinho de água quente; verá que, à medida que a água vai esfriando, as flores se renovam e se levantam. Corte então a parte da haste que ficou imersa nessa água e faça outro bonito arranjo, em água fria normal.

SUGESTÕES

Para remover facilmente a sujeira, o limo e as películas que ficam no interior dos vasos de flores, lave-os com uma solução de água quente e amoníaco (1 colher de sopa para 1 litro de água).

Os vasos ou recipientes que contiverem batata-doce (usados em decoração de interiores) devem ter, colocada no seu interior, um pouco de areia lavada, evitando que as raízes apodreçam facilmente na água.

Um pouquinho de sal ou um pedaço de carvão, na água do jarro onde estão as flores, não deixará que a água tenha mau cheiro.

Também evita-se o mau cheiro desses jarros, colocando-se no seu interior uma moeda de cobre (de cobre mesmo).

Uma aspirina ou comprimido antitérmico/analgésico dentro do jarro ajudará a conservar as flores.

A aspirina pode ser substituída por pedrinhas de gelo.

As flores em jarros que murcharam de repente poderão reviver se for cortado um pedacinho dos seus cabos e se forem mergulhadas por alguns minutos em água quente e, logo após, em água fria.

Arranjos de flores em recipientes rasos (bacias, terrinas, sopeiras etc.) são difíceis de fazer quando não se tem um "quindim" (são pequenos pesos de aço cheios de pontas, como cama de faquir) para espetar as flores. Nesses casos, geralmente coloca-se areia lavada (de rio) dentro desses recipientes, põe-se água e espetam-se as flores. Mas, se não puder obter areia, faça o seguinte: encha o recipiente, até pouco mais da metade, com farinha de mandioca (farinha de mesa), e umedeça-a bem com água fria, formando uma massa compacta (cuidado para não molhar demais, deixando-a ficar mole). Vá espetando as flores. Terá um lindo arranjo para seu centro de mesa.

PLANTAS EM VASOS DE BARRO (vasos contendo terra)

Quem gosta de plantas pode curti-las numa casa sem quintal ou mesmo num pequeno apartamento, pois sobre uma mesinha, coluna, ou num cantinho, elas estarão enfeitando, bastando apenas alguns cuidados para que não se ressintam nos ambientes mais fechados.

Os vasos de barro, quando novos, devem ser deixados de molho dentro da água por 24 horas; isso aumentará sua porosidade, que vai ajudar no desenvolvimento de certas plantas que necessitam de mais umidade.

Os vasos de terracota, enquanto novos, não devem ser lavados com água fria, para que não se rachem rapidamente.

As plantas que estão dentro de casa geralmente crescem pouco por falta de sol; se não puderem ser expostas ao sol e à chuva, mesmo esporadicamente, pode-se suprir essa falta regando-as duas vezes por semana com uma solução preparada a frio, misturando 1g de fosfato em 1 litro de água.

Para essas plantas ficarem sempre bonitas é necessário que a terra esteja sempre bem adubada, pois qualquer deficiência no solo será logo denunciada pela planta.

Em muitos casos, a falta de alguns elementos (químicos ou orgânicos) poderá ser notada através de suas folhas.

Observemos, então, o seguinte: se as bordas das folhas estão amareladas, há deficiência de azoto; se as bordas estão arroxeadas, elas estarão necessitando de fósforo; mas, se tiverem estrias amarelas dentro do corpo das folhas, denunciam a falta de magnésio.

Alimente as suas plantas de quando em quando com adubos; estes podem ser os mais variados possíveis.

Se tiver receio de que a raiz de sua plantinha nova possa ser atacada por um parasita qualquer, antes de colocar a terra ponha no fundo do vaso 3 a 4 cabeças de fósforo novas (sem uso). Mas se já estiver plantada, retire a terra do vaso, coloque os palitos e replante em seguida.

ADUBOS — Alguns produtos caseiros são suficientes para a adubação das plantas nos vasos: água de lavagem de arroz; água velha de aquário; água de batata cozida sem sal e fria; água de chá frio e suas folhinhas (preto da Índia); água da lavagem do recipiente de leite; borra do café; caldo de carne (o sangue que escorre dela) misturado com água; casca de batata e casca de ovo secas e esmagadas; raspas de cenoura crua, e muitos outros.

ANTÚRIOS — Gostam do sol da manhã e do sereno da noite. Use qualquer dos adubos acima (pouco) e fermento químico, que a planta crescerá mais rapidamente; ou então uma colher de fermento para pão, dissolvido num litro de água.

CACTOS — São plantas muito fáceis de serem criadas dentro de casa. Como elas retêm a água necessária, devem ser regadas somente 1 vez por semana, com água morna, porém em pouca quantidade, porque a terra não deve ficar úmida.

ROSEIRAS — Um bom adubo para essa planta é nada mais nada menos do que água e sabão (de lavar roupa) colocados 2 vezes por semana. Além de dar força e vigor à planta, destrói também os parasitas.

SAMAMBAIA — Dentro de casa, ela deverá estar em lugar que tenha muita luz, longe de vento e corrente de ar. Também não deve ficar ao sol, mas sim onde exista muita claridade.

Jogue de vez em quando nos vasos que contêm essa planta uma mistura de leite e o caldo que sai da carne lavada.

Molhar diariamente com 1 copo de água fresca. Pode-se substituir esse copo de água por outro contendo água acrescentada de uma colher (chá) de sal e uma colher (chá) de açúcar. Elas, assim, permanecerão lindas por muito tempo.

As samambaias também ficarão cheias e viçosas se espalharmos na terra do seu vaso 1 colher (sopa) de torta-de-mamona apenas 3 vezes por ano.

E saiba que um ótimo fertilizante para essas plantas é a pílula anticoncepcional.

Se tiver no terraço muitas plantas penduradas no alto, não se arrisque a levar um tombo subindo e descendo da cadeira só para regá-las. Facilite esse trabalho colocando dentro dos vasos alguns cubinhos de gelo; além de derreterem devagar, a planta vai sendo molhada lentamente, evitando o perigo de derramar e molhar o chão.

AREIA — A areia usada na mistura dos vasos é a lavada de rio (impermeabiliza a terra e não deixa a planta apodrecer); nunca usar areia de praia, por mais lavada que seja; esta só serve para plantas que crescem perto do mar.

LIMPEZA

INSETOS, FUNGOS, MUSGOS e PRAGAS — Nunca use óleo nas folhas, pois este, tapando os poros, acaba matando a planta. Lavar uma vez por semana com água e leite misturados (aproveite a leiteira suja onde ferveu o leite).

Para evitar que as larvas ou outros insetos ataquem as folhas, limpe-as de vez em quando com espuma de sabão. Os insetos também podem ser combatidos com inseticida comum em pó.

Os fungos somem com fumo de pontas de cigarro (é só desfazer o cigarro e espalhar o fumo em volta da planta) e o enxofre (das pontas de palitos de fósforo, espetados na terra).

Tiram-se os musgos das plantas lavando-se a parte afetada com uma forte mistura de cal. Aplicar com escova ou com broxa grossa.

Quando for viajar, deixe suas plantas conservarem-se viçosas, enterrando em cada vaso uma garrafa contendo água, porém de boca para baixo. Assim, ela irá regando a planta lentamente.

Poderá substituir a garrafa por um funil que deverá estar cheio d'água; assim, a água será absorvida gota a gota.

PRAGA e INSETOS DE JARDIM — Se você cultiva um pequeno jardim à volta de sua casa, é bom saber que, de um modo geral, as plantas podem ser prejudicadas por insetos, ou por moléstias causadas por fungos, cogumelos e bactérias.

Se a causa forem insetos ou animais pequenos, basta conhecer a classe do predador para combatê-lo.

BROCAS — Atacam os troncos das árvores e arbustos. Sua eliminação é feita através de injeção de sulfureto de carbono no orifício onde a broca expele detritos de madeira roída.

FORMIGAS — As cortadeiras são eliminadas com formicida comum, e as "lava-pés" com inseticida líquido ou cianureto de potássio (é altamente tóxico).

LESMAS e CARACÓIS — Colocar na terra pedaços de chuchu, abóbora ou nabo, nos canteiros ou vasos, à noitinha; pela manhã os bichos deverão estar grudados nos legumes, e, assim, é só matá-los ou jogar tudo fora.

PIOLHOS e PULGÕES — Fazer pulverização ou aspersão de "emulsão de sabão", assim preparada: em 1 litro de água, dissolver 400g de sabão comum, ao fogo. Retirar e, ainda quente, misturar 1/2 litro de querosene, mexendo bem. Depois de fria, diluir essa emulsão em 25 litros de água e aplicar.

Pode-se aumentar ou fracionar a receita.

TATUZINHO, BESOUROS etc. — Apenas deixar os sapos viverem normalmente entre as plantas, pois eles se alimentam desses insetos e concorrem para o seu extermínio.

Um ótimo repelente para afugentar os insetos é plantar, em meio aos canteiros, alguns dentes de alho. Pode-se também colocar alguns dentes de alho em um pouco de água limpa (se possível de chuva) para impregnar bastante, e no final de 10 dias usar em *spray*, pulverizando as plantinhas.

Uma infusão de folhas de tomate será tão eficaz quanto o alho.

Plante cebolinha e salsa junto às roseiras, para controlar os afídeos, sem haver necessidade de usar inseticida tóxico.

Se algum parasita atacou a plantinha, enfeando-a, faça um chá forte de salsa picada, deixe esfriar tampada, e então jogue na planta que, com toda certeza, terá nova vida.

FLORES ARTIFICIAIS — Para se limpar essas flores, nada melhor do que colocá-las dentro de um saco de papel onde se tenha posto antes 1 colher (sobremesa) de sal e sacudi-las um pouco.

As flores de plástico são lavadas com água e sabão.

PLANTAS AQUÁTICAS

Se tiver plantas aquáticas em casa, proteja-as melhor colocando, dentro do seu vaso ou outro recipiente onde ela estiver mergulhada, um pedaço de carvão; isso vai impedir que, após algum tempo, a água fique turva.

~ Tecidos e Roupas

Não está muito longe o tempo, mas é de um quase remoto romantismo, quando as sinhazinhas trajavam vestidos compridos, não por imposição da moda, mas por exigência de uma época. Sua confecção exigia metros e metros de fazenda, usada sobre sete saias, que mais pareciam sete sentinelas guardando e protegendo toda a pureza e a virtude de sua donzela. Eram bonequinhas cheias de sonhos e pudor, que enrubesciam ante um olhar mais insistente pousado sobre um tímido pedacinho do tornozelo, que os babados teimavam em desnudar.

Os tempos mudaram, as roupas se libertaram de um comprimento rígido e obrigatório, e a moda mostrou uma faceta inteiramente nova de sua versatilidade. Surgiram as mini e as microssaias, cujo comprimento e tamanho fazem uma época. Desprezando o metro, são medidas a centímetros. Tecidos e roupas masculinas também sofreram uma metamorfose, e só não mudou o costume de alguns maridos, que chegam em casa com a gola do colarinho manchada de batom. Remover a mancha já não é mais problema, o difícil é explicá-la.

CAIXA DE COSTURA

AGULHAS DE COSER — Para que as agulhas não enferrujem, guarde-as em caixinhas fechadas onde se colocou dentro um pouco de polvilho em pó.

Elas também não enferrujam se forem deixadas espetadas numa almofadinha recheada de pó de café fresco bem seco.

Mas, se enferrujarem, é só esfregá-las sobre o cimento — ficarão novinhas. Ou, então, passe-as em lixa fina (dessas de unhas). Isso se aplica também para as que estiverem rombudas.

Se aquele montão de agulhas guardadas enferrujaram, o melhor é mergulhá-las, por 24 horas, na mistura de um pouco de azeite com gasolina. Então, passá-las por serragem bem seca.

Quando o fundo da agulha estiver cortando a linha, basta passá-la por uma chama de vela ou do gás de fogão.

AGULHA DE MÁQUINA — Se a ponta da agulha de coser à máquina estiver ruim, costure com ela um pedaço de lixa de madeira.

AGULHA DE TRICÔ (DE MATÉRIA PLÁSTICA) — Quando ela estiver ligeiramente tortinha, mergulhe-a em água quente por alguns minutos; assim que tirá-la dessa água, passe-a, calcando, até que se endireite bem.

ALFINETES — Os alfinetes de gancho que não estão em uso ficarão sempre perfeitos se forem guardados espetados em um pedaço de sabão; assim, suas pontas não enferrujam, facilitando sua entrada nos tecidos.

BOTÃO DE MADREPÉROLA — Quando esses botões perderem o brilho por causa do seu uso muito prolongado, não precisa trocá-los por outros. Eles ficarão como novos, passando-se uma camada de esmalte-base para unhas. Ficarão bonitos, mesmo depois de lavados.

FITAS MÉTRICAS — Essas fitas se conservam por mais tempo se, quando novas, você passar uma costura à máquina ao longo de suas beiras, evitando que elas se partam.

GILETE — Conservam-se lâminas de gilete afiadas se, logo após o uso, forem lavadas e, em seguida, guardadas imersas em um recipiente contendo álcool.

Mas se a lâmina já estiver sem o fio de corte pode ser amolada rapidamente: pegando um copo de vidro ou de cristal e colocando dentro um pouco de azeite, incline o copo ligeiramente, introduzindo a lâmina e, ainda inclinado, vá comprimindo-a com as pontas dos dedos, fazendo um movimento rotativo ou de vaivém.

TESOURA — Pode-se afiar as tesouras por uma das seguintes maneiras:

1) Pegar uma lixa-d'água bem fina (tem em casas de ferragens) e picá-la toda com a tesoura; com esse atrito ela ficará novamente com um bom corte.
2) Esfregar suas lâminas no gargalo de uma garrafa de vidro.
3) Aproveite seu fusível queimado para manter o fio da sua tesoura.

Para cortar uniformemente um tecido fino e vaporoso, mergulhe primeiro a tesoura numa vasilha contendo água quente.

Uma tesoura que aparecer toda enferrujada vai ficar limpinha esfregando-se nela um pano embebido em querosene.

ZÍPER — É muito fácil fazer um zíper correr quando estiver emperrado. Se não estiver pegando na fazenda, proceda das seguintes formas:

1) Esfregue sobre ele (perto da alça) um sabonete novo e seco.
2) Ou então passe um lápis preto comum (nº 2), riscando para baixo e para cima, forçando em seguida o gancho para frente e para trás, até que comece a correr. Isso também se faz para o primeiro processo.

Se o zíper não correr, é porque está quebrado mesmo, sendo então necessário substituí-lo.

COSTURAS

MÁQUINA DE COSTURA — Mantenha sua máquina de costura sempre limpa e lubrificada, para que sua costura saia sempre perfeita. Mas, se estiver encontrando dificuldades para costurar, porque a correia da máquina está frouxa, passe em toda ela um pouco de breu em pó com a mão. Num "piscar de olhos" ela vai se ajustar, como por encanto.

LIMPEZA — Uma limpeza nessa máquina deve ser feita, mesmo que periodicamente. Ao iniciar a limpeza e verificar que o óleo e o pó formaram uma pasta grossa, e que esta, fatalmente, irá prejudicar o correr da máquina, limpe-a logo com querosene ou com seu óleo próprio, virando-a de um lado para outro; em seguida, passe novamente o óleo.

Porém, antes de lubrificá-la, tire a bobina para evitar que o óleo suje a linha de baixo.

COSTURAS — TECIDO GROSSO ou DURO — Às vezes é difícil uma agulha penetrar nesses tecidos, quando são costurados na máquina; ela não desliza e fica emperrada. Para facilitar essa tarefa, esfregue uma vela no lugar a ser costurado, ou passe um pouco de parafina na agulha.

TECIDOS PLÁSTICOS — Costurar tecidos plásticos à máquina, sem que fiquem repuxados ou rasgados, não é muito fácil e requer um pouco de paciência; basta então usar qualquer dos seguintes procedimentos:

1) Para que o plástico não rasgue, passe-lhe um paninho embebido em óleo (no lugar a ser costurado), e quando terminada a costura, basta limpar com paninho seco e limpo.
2) Coloque sobre a parte a ser costurada uma tira de papel (serve de jornal); feita a costura, é só puxar o papel que sairá deixando o pesponto. O papel poderá ser, de preferência, o vegetal.
3) Passar talco nos dois lados do plástico.

4) Passar vela ou sabão no lugar a ser costurado.
5) Com papel de seda ou impermeável colocado sobre o plástico também pode-se costurar.

E note bem: para qualquer dos processos citados ou mesmo sempre que se costurar tecidos plásticos, deverá ser utilizado ponto não muito apertado; o ponto de franzir será o bastante para a máquina não rasgar o plástico.

GUARDAR ROUPAS

Vestidos ou roupas brancas que irão ficar guardados por algum tempo, ou que sejam de pouco uso, devem ser envolvidos em papel ou pano azul para que não amarelem com o tempo.

As roupas de lã ou de peles são facilmente atacadas pelas traças; evite o aparecimento delas, tendo dentro do armário algumas folhas de jornal, ou qualquer papel impregnado de tinta de imprensa.

Espalhe também nas gavetas e prateleiras uma boa quantidade de pimenta-do-reino em grão e naftalina.

Mais sugestões, ver ARMÁRIO em "Móveis".

LAVAR — LIMPAR — DESENCARDIR — CLAREAR

ALGODÃO BRANCO — Para clarear roupas brancas que ficaram amareladas ou encardidas, sem ter que usar água sanitária, experimente os seguintes procedimentos:

1) Numa água de anil, misture 1 parte de terebintina e 3 de álcool, ou 1 grama de sal de amônia.
2) Primeiro, molhar a roupa, e depois colocá-la numa solução de 1 colher de amônia, 1 de terebintina ou aguarrás e 200g de sabão em pó (dissolvido em água fervente); acrescente água fria, misture tudo e deixe a roupa assim de molho por 4 horas. Depois, enxaguar.
3) Ferver a roupa, colocando na água da fervura suco de limão.
4) As roupas brancas ficarão mais bonitas se mergulharmos um saquinho contendo cascas de ovos esmagadas na água em que forem ensaboadas.
5) Uma boa, também, para desencardir roupas é raspar um pedaço de sabão de coco, juntar a mesma quantidade de bórax e água suficiente para cobrir a roupa. Bata até fazer bastante espuma, coloque a roupa

de molho por algum tempo, remexendo-a e revolvendo-a de vez em quando. Se for possível, colocar, assim mesmo na água, exposta ao sol. Depois, dar uma leve esfregada e enxaguar bem.

A água de anil é ótima para deixar as roupas brancas bem clarinhas; mas, ao usar o anil, para evitar que ele manche a roupa coloque na sua água um pouquinho de carbonato de sódio.

ÁGUA SANITÁRIA NA ROUPA — *Odor* — Uma roupa que ficou de molho em água sanitária sempre deixa seu forte odor desagradável depois de lavada e enxaguada. Mas esse cheiro pode ser eliminado, se você colocar na última água de enxaguar um pouco de álcool.

ROUPAS SUADAS — Se, antes de lavar uma roupa branca, verificar que ela está com manchas de transpiração, proceda da seguinte maneira:

1) Para manchas leves: passar o sabão seco no local manchado antes de molhar o tecido, deixando agir por algum tempo. Depois, proceda à lavagem comum.
2) Para manchas maiores: proceda como descrito acima, mas exponha a parte manchada ao sol.
3) Para manchas antigas: misturar sabonete com bórax em partes iguais. Umedeça essa mistura com água pura — apenas o necessário para formar uma pasta. Esfregue-a nos lugares da mancha, deixando ficar assim por algumas horas (se possível, expor ao sol por algum tempo). Depois, lavar normalmente.

Mas, se tiver em casa um desinfetante sem componentes agressivos (como ácidos etc.), nada melhor do que ele para se tirar o cheiro horrível de suor, principalmente no lugar das axilas; então, proceder da seguinte maneira: antes de molhar a roupa, coloque um pouco desse desinfetante na parte malcheirosa, deixando ficar por mais ou menos 1 hora. Então, lavar normalmente, que, depois de limpa... adeus, mau cheiro...

A vantagem dessa espécie de desinfetante é que ele pode ser usado em qualquer tipo de tecido (lã pura ou sintética, seda pura ou mista etc.) sem ter receio de estragá-los.

É bom lembrar que, na lavagem de qualquer roupa ou tecido, jamais se deve usar lixívia, soda ou sabões fortes, porque, além de enfraquecerem o tecido, podem também alterar suas cores. Porém o bórax, ao contrário, poderá e deve ser usado plenamente em todos os tecidos porque, além de deixá-los bem limpos, também os protege.

CAMBRAIA — Lavar em água quente com "fel de boi", e depois com água fria aromatizada para tirar seu odor. Não torcer, apenas apertar com as mãos. Use para engomar essas blusas, assim como as de opala, a água em que se cozinhou o arroz (goma de arroz).

CAMISAS — Se os punhos e golas estão encardidos, antes de serem lavadas esfregar as partes manchadas com um pedaço de sabão de coco enxuto. Deixe assim ficar por alguns minutos. Mergulhe então as camisas, de uma só vez, na água com detergente e termine de lavá-las normalmente.

No calor, na hora de usar uma camisa branca, passe um pouco de talco no lado de dentro dos punhos e dos colarinhos. O talco, absorvendo o suor, evitará que este grude na camisa.

FRALDAS — Para desencardi-las, sem usar amônia ou água sanitária, coloque-as, logo após o uso, dentro de um balde esmaltado, contendo água com bicarbonato. Depois, lavar normalmente.

As fraldas devem ser fervidas de vez em quando.

LENÇOS — Água salgada é ótima para lavar lenços de nariz, de pescoço ou de cabeça. Basta deixá-los de molho nessa água durante 1 hora, antes de enxaguar.

Para clareá-los, mergulhe-os também em água fria, onde foi dissolvida uma colher (chá) de cremor de tártaro para cada litro de água.

Os lenços de nariz não precisam ser passados a ferro, se forem esticados, logo após a lavagem, sobre os azulejos do banheiro.

LINHO BRANCO — Usar os mesmos processos da roupa branca, podendo também ser lavado em água quente onde se juntou um pouco de bórax pulverizado e uma colher de essência de terebintina.

Hoje em dia, é muito difícil encontrar um linho puro. Mas, para saber se ele é legítimo, pegue uma pequena amostra e pingue sobre o tecido uma gota de óleo. Se a gota conservar sua forma redondinha, fique tranqüila, porque o linho é puro; caso contrário, ele é mistura de algodão (semilinho).

ESTAMPADOS — Todos os tecidos estampados devem ser lavados rapidamente, para que não manchem. Não podem ficar de molho, e muito menos expostos ao sol. Secar à sombra.

Os tecidos não descoram e não mancham, juntando-se, à última água de enxaguar, sal e vinagre.

Se o tecido listrado ou estampado de fundo branco manchou ou desbotou, quando posto para secar, deve ser levado à água novamente, enxaguando-se várias vezes e acrescentando à última água (pouca) 3 colheres (sopa) de vinagre. Em seguida, apertar bem o tecido entre dois panos secos, secar à sombra e passar a ferro enquanto estiver ainda úmido.

AZUL e VERMELHO — Ficam como novos se, após lavados, passarmos numa solução fraca de água com soda.

BORDADOS DE COR — Lavam-se com água e sabão branco, e, na última água, juntar um pouco de vinagre.

VERDE e VERMELHO — A chita ou o algodãozinho estampados nessas cores desbotam facilmente; coloque então na água um pouco de limão, vinagre ou ácido nítrico.

TECIDOS DELICADOS — Esses tecidos devem ser lavados numa mistura de 1 colher (sopa) de essência de terebintina para 10 litros de água. Depois, enxaguar em água fria e bem salgada.

TECIDOS PRETOS — Os tecidos pretos não perdem a cor nem encolhem, se após a lavagem ficarem de molho por alguns minutos numa água com sal ou potassa.

Para que a roupa preta que foi lavada não fique sem vida nem perca o seu tom negro, basta misturar à última água chá forte de folha de figo ou uma água de anil bem forte; deixe a roupa repousar nessas águas por alguns segundos e depois estenda à sombra. (Fazer de preferência à noite.)

As peças de lã preta também conservarão bem a sua cor se forem lavadas ou enxaguadas na água onde se cozinhou espinafre.

FLANELAS e LÃS — FLANELAS — Lavam-se em água morna, juntando-se à última água uma colher de glicerina ou amoníaco, para permanecerem macias. Não torcer e deixar secar à sombra.

LÃS — Os tecidos de lã de cores delicadas lavam-se facilmente, mergulhando-os numa água onde tenha sido fervida uma colher de farinha de trigo, deixando nela repousar até que a solução esfrie. Depois, enxaguar em água pura.

Ao lavar os tecidos e roupas de lã, não se deve torcer, apenas espremer. Se for de cor, ponha um pouquinho de vinagre na última água; se for branca, um pouco de água oxigenada.

Para limpar, use apenas uma escova umedecida em álcool.

Para que os tecidos de lã de cor não desbotem, devem ser lavados na água onde se cozinhou batatas descascadas e sem sal.

Evite que sua roupa de lã encolha ao ser lavada, colocando umas gotas de amoníaco na água da lavagem.

Cobertores e edredons não se lavam na máquina e sim no tanque, usando apenas água morna, sabão de coco ou sabonete.

Deixe que eles fiquem macios depois de secos juntando 1 colher (sobremesa) de amoníaco na última água da lavagem.

MANCHAS EM LÃS

GORDURA — Essas manchas nos tecidos de lã saem facilmente com uma solução de água bem salgada e amoníaco. Pode-se também esfregar sobre elas a metade ou uma batata inteira cozida bem quente, deixando ficar por algum tempo. Repetir a operação várias vezes.

ÓLEO — As manchas desaparecem se forem esfregadas com éter.

Lembre-se: sempre que for tirar uma mancha oleosa ou gordurosa, fazê-lo colocando por baixo da mancha (do lado do avesso) um mata-borrão ou algodão seco, um pano ou papel absorvente, para ir chupando o líquido ou gordura.

OUTRAS MANCHAS — Para limpar uma peça de lã a seco, coloque-a primeiro ao sol e depois escove. Se houver manchas, estas saem facilmente limpando com álcool, benzina ou com fluido de isqueiro.

Mas se com tudo isso as manchas ainda persistirem, passe então uma solução de 1 colher (sopa) de amoníaco para 1 litro de água.

MALHAS — Se as roupas de malha ou de lã estiverem com manchas de transpiração, elimine-as derramando sobre as manchas água fervente com um pouquinho de amoníaco. Depois, é só lavar.

PULÔVERES — Eles ficarão como novos, depois de lavados, misturando-se uma boa quantidade de creme rinse, na sua última água de enxaguar. Secar à sombra.

Quando um pulôver ou suéter estiver com cara de velho (não é sujo), renove-o fazendo o seguinte: primeiro, aperte-o muito bem, com ele assim bem apertado molhe-o em água fria, e, ainda bem apertado, coloque-o dentro de um saco de celofane fechado e apertado, deixando assim por 1 noite inteira. Depois do pulôver seco, você nem vai acreditar: a lã estará macia e o pulôver... novinho!

LAVAR "A SECO" — Para lavar uma peça de malha de lã ou um pulôver "a seco" proceda da seguinte maneira: coloque 2 litros de álcool numa bacia, coloque aí a peça de lã, e vá espremendo continuamente, insistindo nas partes mais sujas. O álcool ficará sujo e com resíduos. Troque esse álcool sujo por outro limpo (agora em pequena quantidade) e mergulhe nele a peça. Estando limpa, comprima-a numa toalha felpuda e leve-a a secar à sombra, porém estendida sobre um pano limpo e em lugar arejado.

A peça de malha, lavada assim, não encolhe nem deforma.

CACHEMIRA — Lavam-se essas peças colocando-as de molho em água morna — o suficiente para cobri-las —, misturando a ela 1 colher (sopa) de bicarbonato e um pouco de sabonete. Não esfregar. No momento de enxaguar, repita a operação, excluindo apenas o sabão. No final, enxaguar com água pura.

CROCHÊ — TRICÔ

Lavar em água morna com sabão em pó ou de coco, misturando um pouco de amoníaco.

Se forem brancos, colocar 1 colher de água oxigenada para cada litro d'água, na última enxaguada.

Para os crochês em linho de cor bege-clara, enxaguar na última água com chá preto frio, para conservar sua cor natural.

Para as peças brancas de tricô, enxaguar em água com algumas gotas de tinta de escrever; ficarão branquinhas.

Em ambos os casos, assim como todas as malhas, devem ser apenas espremidas, nunca torcidas, e secadas à sombra.

As roupas encolhidas de tricô voltam ao normal deixando-as em molho de água e sabão, onde se juntou:

- 1 colher de álcool
- 1 colher de terebintina
- 3 colheres de amoníaco

Todas as colheres são de sopa. Depois, é só enxaguar.

Também, para que as pequenas peças de crochê (toalhinhas, paninhos etc.) não percam suas formas, é só lavá-las numa água onde se misturou um pouco de goma arábica. Depois, lavar e secar sobre um pano de lã, deixando até que fique bem seca (sequinha mesmo), para então passar a ferro.

A melhor maneira para se retirar os fiapos e as bolinhas que se formam nas malhas de lã é enrolar uma fita colante na mão e nos dedos, com o lado colante para fora. Passar diversas vezes sobre a malha até que pareça nova.

SINTÉTICOS

As roupas de fibras sintéticas retêm o odor da transpiração, mesmo depois de lavadas. Para evitar que isto aconteça, basta deixá-las de molho na hora de se enxaguar (isto é, depois de limpas) numa solução de água com 1 colher (sopa) de bicarbonato.

BANLON — Os brancos lavam-se numa solução de sabão em pó e bórax em partes iguais e água, deixando expostos ao sol, dentro desta solução. Depois, enxaguar.

DRALON — Se os casaquinhos ou suéteres deste material forem guardados dentro de saquinhos plásticos, no congelador, por uns dias, durarão mais tempo.

LEOTARD — As roupas e os tecidos de linha Leotard podem ser lavados à mão ou à máquina, mas somente com água fria e sabão neutro. Secar à sombra, sobre uma toalha. Não pendure nem use pregadores para que não se deformem.

LYCRA BRANCA — Esta roupa não vai amarelar depois de lavada e enxaguada se, logo em seguida, for deixada por pouco tempo de molho em água contendo um pouco de bicarbonato. Em seguida, secar à sombra.

LYCRA DE COR — Não deixe nenhuma roupa de *lycra* de cor ficar de molho, porque certamente ela irá manchar. Portanto, ela deve ser lavada na mesma hora em que for molhada. Também não lave essas peças de cor misturadas com outras.

NÁILON BRANCO — Evite que essa peça fique amarelada depois de lavada, deixando-a primeiro de molho em água com um pouco de fermento em pó, por alguns segundos.

CORTINAS BRANCAS — Quer ver como essas cortinas vão ficar alvinhas depois de lavadas? Coloque-as primeiro de molho por 2 horas em água fria pura. Retire essa água e coloque agora as cortinas em uma água bem espumante com sabão em pó e bórax em partes iguais; deixe as cortinas ficarem aí de molho por 1 hora, revolvendo-as de vez em quando. Então, é só enxaguar em várias águas, até que saia bem limpa. Secar à sombra.

NYCRON — Se tiver alguma mancha, antes de lavar passe sobre ela sabão de coco apenas umedecendo o local, deixando repousar por algum tempo. Depois, lavar com sabonete ou detergente próprio para náilon. No último enxágüe, acrescente uma colher (sopa) de vinagre e uma colher (chá) de goma sintética. Secar à sombra.

RAYON — Blusas de *rayon* vão ficar lindas, se depois de lavadas e enxaguadas forem passadas numa água (pouca) onde se colocou gelatina incolor, sem sabor, previamente dissolvida. Leve a secar à sombra, e passe a ferro, ainda úmidas, sobre uma toalha.

PLISSADO PERMANENTE — Não tenha receio de lavar sua saia plissada permanente, com medo que ela se deforme ou desmanche. A saia vai ficar perfeita se, depois de lavada e enxaguada, você juntar cuidadosamente as pregas, apertando-as bem. Assim bem apertadas, enfie-a dentro de uma meia de náilon, e pendure para secar. Depois de seca, vai ver como o plissado ficou esticadinho, como se tivesse acabado de passar na hora (e muito bem passado).

TERGAL e FIBRA DE VIDRO — Na sua lavagem, proceda como em CORTINAS DE PLÁSTICO; para que essas peças fiquem como novas, coloque na sua última água de enxaguar 1 xícara (chá) de leite em pó, ou menos, se a peça for pequena. Deixe ficar por alguns segundos nessa água leitosa, e depois leve a secar à sombra.

TECIDOS BORDADOS — BORDADO DOURADO — Pode-se colocar um pano com cremor de tártaro em pó, esfregando com uma escovinha bem macia.

Passando-se também sobre os bordados uma escovinha macia molhada em álcool etílico, vai ficar limpinho. Deixar secar normalmente.

TECIDOS ENCERADOS ou OLEADOS — Para que volte o brilho nesses tecidos é só esfregá-los com clara de ovo batida.

PLÁSTICO — As peças plásticas (cortinas, calcinhas etc.) vão ficar bem macias e flexíveis, deixando-as um pouco de molho depois de lavadas, numa água contendo um pouco de glicerina.

SEDAS — As sedas, naturais ou artificiais, devem ser lavadas com muito cuidado.

Brancas — Se a blusa branca estiver amarelada pelo passar do tempo, depois de lavada e enxaguada coloque-a por alguns minutos de molho numa solução de água (que dê para cobri-la) com 1/2 litro de leite cru. Assim, ela vai ficar branquinha, branquinha.

Coloridas — Antes de mergulhar peças de seda coloridas na água, verifique primeiro se suas cores são firmes.

Para isso molhe uma extremidade da fazenda, apertando-a bem várias vezes dentro da água; se a tinta soltar, a roupa não poderá ficar de molho e deverá ser ensaboada e enxaguada rapidamente para que não fique manchada. Na última água, colocar um pouco de vinagre e secar à sombra.

Se for de cor firme, acrescentar à última água 1 a 2 colherzinhas (chá) de açúcar. Enrole a peça numa toalha limpa, bem apertada, e passe a ferro ainda úmida.

CETIM BRANCO — Se estas peças mancharem, polvilhe imediatamente o lugar com bastante farinha de trigo e, em seguida, retire-a batendo de leve. Cubra novamente com mais farinha de trigo limpa, e deixe ficar assim por várias horas. Escovar com uma escova macia. Essas *lingeries* ficarão como novas se forem passadas numa solução de água boricada.

CETIM DE COR — Estas peças são lavadas numa boa mistura de bastante espuma de sabão fino ou de coco e um pouco de bórax. Depois de lavado e enxaguado, passar por uma solução de água e vinagre branco. Secar à sombra.

CETIM PRETO — Polvilhar a mancha com sal e colocar por cima rodelas de batata crua, deixando ficar assim por várias horas.

Renovam-se os tecidos de cetim preto da seguinte maneira: fazer uma mistura de 1 xícara (chá) de chá preto com 1 colher (café) de amoníaco; aplicá-la com uma esponja sobre o tecido. Depois, passar a ferro pelo lado do avesso, forrando o tecido com um pano úmido.

CREPOM — Essas roupas, quando lavadas, geralmente perdem sua forma. Para readquirirem o aspecto de novas, basta expô-las (sem esticar) ao vapor de água fervendo.

JÉRSEI — Depois de se ter lavado uma peça de jérsei, deve-se ter o cuidado, para secá-la em dois tempos, de: primeiro, estender uma toalha branca em uma superfície lisa e estender aí a peça; cobrir também a parte de cima com a toalha (a peça fica entre as 2 partes da toalha), deixando ficar assim, até que a água do tecido molhado seja bem absorvida; segundo, com a peça ainda úmida, ajeitá-la num cabide, dando, cuidadosamente, sua forma antiga, e deixar secar à sombra.

MUSSELINE — Depois de lavada, mergulhar por 5 minutos em água de arroz.

ORGANDI — Quando não quiser usar goma para engomar estas blusas, coloque na última água de enxaguar uma boa colher (sopa) de sal. Ao passar a ferro, o organdi ficará durinho como se tivesse sido engomado.

RENDAS — Para que fiquem durinhas e bonitas por mais tempo, não engome, mergulhe-as numa água onde foram dissolvidos 3 colheres (chá) de açúcar (a água deve ser pouca). Assim, elas também se conservarão por mais tempo.

Uma renda de cor natural não perderá seu tom se for mergulhada por alguns minutos, depois de limpa, numa solução de chá preto forte ou em chá feito com bastante casca de cebola.

Se a renda for branca e quiser dar a ela um tom antigo, isto é, de sua cor natural, deixe-a ferver por meia hora dentro dos dois chás descritos acima (preto e de cebola). Não enxágüe.

As rendas finas são lavadas em água e espuma de sabão em pó ou sabonete; se forem pequenas, colocá-las num vidro de boca larga, com essa solução, sacudindo-as até que a água saia escura. Retire-as e coloque-as sob água corrente, sem contudo fazer pressão na renda. Poderão ser lavadas com leite fervido morno, e depois enxaguadas em água pura.

As rendas pretas são lavadas por esse mesmo processo. Porém, deve-se ir repetindo a operação até que o leite saia branco. Enxágüe e enxugue entre dois panos.

As rendas pretas também gostam de cerveja; elas ficarão como novas se, depois de lavadas com sabonete, ficarem de molho por 1 hora dentro de cerveja. Depois, não enxaguar, e também não precisa deixar secar, porque elas devem ser passadas a ferro ainda úmidas.

TAFETÁ — Ficará como novo estendendo-o sobre um lençol e passando uma esponja embebida em água avinagrada.

TECIDOS BORDADOS — Para limpar tecidos bordados e rebordados, polvilhar com magnésia em pó, deixando ficar por muitas horas. Em seguida, basta sacudir para retirar o pó e, se for necessário, repetir a operação até sua limpeza total.

TULE DE ALGODÃO — Lava-se com água quente e sabão (em pó ou de coco) e com alguns cristais de soda, se estiver muito sujo. Não torcer e, quando passar a ferro, fazê-lo na direção do fio.

TULE DE SEDA — Limpar com gasolina ou benzina.

SEDAS DE CORES DIVERSAS

AMARELA ou CASTANHA — Ponha na água de enxaguar algumas gotas de ácido sulfúrico.

AZEITONA — Para as roupas desta cor, junte à última água de enxaguar algumas gotas de sulfato de ferro.

BRANCAS — Depois de lavadas, passar no vapor de enxofre.

ROSA e VERMELHA — Colocar na água suco de limão ou vinagre.

FITAS e CORDÕES — Para desatar nós de fitas ou cordões que estejam muito apertados, coloque sobre o nó um pouco de talco. Assim, será fácil desfazê-lo e não correrá o risco de estragar as unhas.

FITAS DE SEDA — Lavam-se com um pouco de naftalina; dá-se brilho com uma solução de cola de peixe bem fraca, passada com uma esponja no lado do avesso da fita.

VELUDO

Para limpar, basta passar uma escova limpa umedecida em álcool. Mas, ao lavar uma peça de veludo, essa deverá estar sempre do lado do avesso, para que não pegue fiapos.

A qualquer peça de veludo escuro, depois de lavada, deve-se acrescentar um pouco de café forte ou vinagre na sua última água de enxaguar.

MANCHAS DE GORDURA EM VELUDO — Se for de cor firme, e a mancha, recente, mergulhar a parte manchada imediatamente em água quente, contendo um pouco de detergente. Depois, enxaguar e enxugar entre dois panos felpudos; em seguida estender e deixar secar à sombra.

Se a mancha for de algum molho engordurado, primeiro retire a gordura como descrito acima, depois lave com sabão de coco até que a mancha desapareça. Enxaguar, secar entre dois panos e deixar ao ar livre para ficar bem seco.

Para se limpar as sujeiras das golas dos casacos de veludo (que às vezes são piores do que uma mancha), faça o seguinte: embeba uma esponja na mistura de 1 colher (sopa) de amoníaco em 1 litro de água quente e passe pela gola suja. Deixe secar. Em seguida, esfregue uma outra esponja embebida em álcool. Deixe secar novamente.

VELUDO COTELÊ — Limpa-se esse veludo da seguinte maneira: envolva a mão em papel celofane e esfregue o tecido — primeiro pelo lado do avesso, depois pelo lado direito da peça. Lembre-se, porém, de esfregar sempre numa mesma direção.

ROUPAS DE CAMA

Não deixe que suas roupas de cama fiquem logo com cara de velhas, desbotadas ou manchadas.

Em primeiro lugar, esconda de sua lavadeira a água sanitária, pois qualquer descuido ou respingo... lá se vai o jogo novo...

Nenhuma roupa de cama de cor deve ficar de molho ou ir para o coradouro; elas devem ser ensaboadas e lavadas normalmente. Deixar secar à sombra.

Os lençóis de cor vermelha não perdem a cor se, além dos cuidados acima citados, for acrescentada 1 colher (sopa) de bórax à água em que estiverem sendo lavados.

Mas, como a maioria dos jogos de cama modernos são feitos de tergal, sua limpeza é muito mais fácil, pois é só lavar com água e sabão. Apenas, para que eles não percam a cor, coloque, na última água de enxaguar, 1 a 2 colheres (sopa) de sal.

TOALHAS DE BANHO

Quando não tiver um amaciante de roupas para colocar nas toalhas de banho, para mantê-las macias, coloque na sua última água de enxaguar um pouco de vinagre.

Se as toalhas de banho, assim como as de mesa, guardanapos ou os panos de copa estiverem com cheiro de mofo por causa da umidade dos armários onde ficam guardados, basta fervê-los numa solução de bicarbonato de sódio, na proporção de 2 colherzinhas (café) de bicarbonato para 1 litro de água.

As toalhas de banho felpudas (de boa qualidade) quando novas não enxugam bem, pois elas não "chupam" bem a água do nosso corpo molhado; por isso, antes de colocá-las em uso, deixe-as de molho, por algumas horas, numa água (que dê para cobri-las) contendo um bom punhado de bicarbonato de sódio. Depois, enxaguar com água pura.

CAPAS DE BORRACHA — Essas capas se limpam apenas com uma escova macia e água morna. Nunca empregar sabão, gasolina ou outro produto químico.

GUARDA-CHUVA — Se após uma chuvarada seu guarda-chuva ficar salpicado de lama comum, passe nele, enquanto ainda úmido, um pouco de água com algumas gotas de amoníaco. Em seguida, passar água pura.

De cor — Estes guarda-chuvas ficarão bonitos se forem esfregados com a mistura de água e álcool.

Preto — Se a seda preta do seu guarda-chuva estiver esmaecida, molhe bem os seus dois lados com chá preto bem forte, e deixe secar.

RECEITAS CASEIRAS PARA LAVAGEM DE ROUPAS

Você pode preparar e guardar em casa alguns produtos para serem usados na lavagem das roupas, sem necessidade de estar comprando nos supermercados; além da economia que irá fazer, eles nunca faltarão no armário onde ficam os produtos de limpeza.

As quantidades aqui estipuladas poderão ser aumentadas ou diminuídas, de acordo com as necessidades de cada um.

ÁGUA SANITÁRIA — Pegue 1 litro de cloro e misture-o em 5 litros de água. Depois de bem misturado, encha 6 garrafas (de preferência plásticas), tampe-as muito bem, guarde em lugar fresco e use quando precisar. Que tal? Não parece mágica?

AMACIANTES DE ROUPAS — Você poderá usar qualquer dos seguintes amaciantes:

1) Pegue:
- 1 sabonete grande
- 2 litros de água fervente
- 2 litros de água fria
- 1 vidro (grande) de produto à base de rosas para limpeza de pele e remoção de maquilagem
- 1 vidro (100g) de glicerina

Modo de fazer: Rale primeiro o sabonete (no lado mais grosso). Em seguida, dissolva-o na água fervida. Derrame, então no liquidificador, ligue, e despeje aos poucos os 2 litros de água fria. Passe tudo para um recipiente fundo, junte o removedor de maquilagem e a glicerina, e mexa, misturando tudo muito bem. Coloque tudo em vidros transparentes ou plásticos bem fechados. Agite sempre que usar.

2) Pegue:
- 1 vidro (médio) de detergente
- 4 litros de água fria
- 1 vidro (grande) de produto à base de rosas para limpeza de pele e remoção de maquilagem
- 1 vidro de glicerina (100g)

Modo de fazer: Misture tudo muito bem e distribua em garrafas plásticas. Guarde tampado em lugar fresco. Este preparado *não* vai ao fogo.

3) Pegue:
- 1 vidro (médio) de detergente perfumado para banheiro (odor de perfume)
- 4 litros de água fria
- 1 vidro (100ml) de glicerina

Modo de fazer: Misture tudo muito bem, e distribua em garrafas plásticas.

4) Pegue:
- 1 ramo bem grande de louro fresco (suas folhas devem estar bem verdinhas)
- 1 litro de água
- 1/2 vidrinho (pequeno) de glicerina

Modo de fazer: Lave bem as folhas, coloque tudo dentro da água e leve ao fogo. Quando ferver, abaixe bem o fogo, deixando ferver por alguns minutos, até que fique como um chá bem forte. Deixe amornar, coe, misture bem a glicerina e jogue tudo dentro da máquina, onde a roupa lavada espera a última enxaguada, procedendo como um amaciante comum.

Nota: Essa quantidade de amaciante é para máquina que tem graduação nº 3. À medida que se vai usando essa receita, mais a roupa vai amaciando; naturalmente esse amaciante será ainda melhor para quem tiver um pé de louro no quintal.

LAVAR E DESENCARDIR ROUPAS (PARA QUALQUER TECIDO) — Este é um ótimo preparado para se ter em casa, quando tiver que lavar roupas muito sujas, ou para clareá-las: em 4 litros de água quente, dissolver 1/2 kg de sabão em pó e 1/2 kg de bórax, misturando muito bem. Quando esfriar, distribua em garrafas plásticas e guarde-as tampadas.

Usar as seguintes medidas: para cada tanque, 1 xícara (chá) bem cheia; para uma máquina de lavar roupa, medir 3/4 de xícara (chá).

PREGADORES DE ROUPA

DE MADEIRA — Antes de usar esses pregadores novos pela primeira vez, leve-os para ferver em água salgada, por 10 minutos. Assim, eles vão durar muito mais, impedindo que se abram depois de algum tempo.

PASSAR ROUPA — ENGOMAR — TINGIR

GOMA — Para uma boa economia, faça sua goma em casa, escolhendo qualquer dos seguintes processos:

1) *Goma de arroz* — Cozinhe um pouco de arroz em bastante água (não deixe secar); quando o arroz estiver cozido e água grossa, escorra numa peneira. A água peneirada é a goma; se estiver muito grossa, poderá misturar água comum até o ponto em que se desejar a goma, isto é, mais forte ou mais fraca. Esse arroz poderá ser aproveitado para um bolinho.
2) *Goma de polvilho doce* — 1 colher (sopa) cheia de polvilho dissolvido em um pouco d'água é levada ao fogo para cozinhar e engrossar. Depois, temperar com água fria.

3) *Goma de maisena* — Fazer como a de polvilho.

Em qualquer das gomas, convém acrescentar um pouco de vela raspada, ou gotas de óleo ou azeite, antes de ir ao fogo para ser dissolvida; isso evitará que a goma grude na roupa. A quantidade de goma poderá ser aumentada ou diminuída de acordo com a quantidade de roupa a ser engomada.

Quem está acostumada a usar goma em *spray* para engomar camisas, blusas etc., na falta dela pode perfeitamente usar uma bisnaga de molhar plantas cheia de água e álcool em partes iguais. Borrife a peça na hora de passar. É uma goma mole e delicada, que vai deixar a roupa bem encorpadinha e como nova. É ótima e... muito mais econômica.

SEDA NATURAL — Para engomar roupas de seda natural, prepare a seguinte goma: para 1 litro de água fervente, derreter 1 folha de gelatina branca. Depois, juntar água fria que dê para cobrir a peça. Levar a secar na sombra, e passar a ferro ainda úmida, tendo o cuidado de colocar sobre a peça um papel de seda.

FERRO — LIMPEZA — Mantenha sempre os ferros limpos; a cada 15 dias ou 1 vez por mês, esfregue em sua base, ainda morna, uma vela e depois uma flanela.

Mas há ainda várias maneiras para se limpar um ferro:

1) Não convém limpar a base do ferro com palha de aço ou saponáceo; basta molhar um pano, colocar nele um pouco de bicarbonato de sódio e passar sobre o ferro frio.
2) Uma esponja de aço nova e seca deixa-o liso e limpo.
3) Nunca se deve raspar a base do ferro com lâminas ou esponjas abrasivas: se alguma coisa nela derreteu e grudou (botão, náilon, borracha etc.) deixe o ferro ficar morno e só então limpe com papel ou pano.
4) Se as marcas que ficaram no ferro não saírem com uma esponja embebida em vinagre, recorra, então, aos produtos que limpam prata; depois enxágüe com esponja, e em seguida enxugue.
   Para que a roupa engomada não grude no ferro, coloque antes, na própria goma, 1 colher ou mais de álcool, dependendo da quantidade de goma.
5) Esfregar no ferro frio um pouco de sal fino, antes de ligá-lo. Quando estiver quente, passá-lo primeiramente sobre um pano qualquer para tirar o excesso de sal.

GRADUAÇÕES DO FERRO — Para passar uma roupa, é muito importante saber a temperatura do ferro, evitando assim que o tecido fique amarelado, queimado ou mal passado. Hoje em dia, isso já é muito fácil, pois os ferros de passar roupa modernos indicam as graduações do calor correspondentes aos diferentes tipos de tecidos. Veja como é simples:

Graduações para as respectivas temperaturas:

- 1 (mínima) — tecidos sintéticos como acrílico, *orlon* etc.
- 2 (média) — seda, jérsei, poliéster.
- 3 (máxima) — *rayon*, gabardine, tergal.
- 4 (super) — especial para lã, algodão, linho e brim.

FERRO DE CARVÃO — Limpa-se esfregando e areando com cinza ou tijolo.

TÁBUA DE PASSAR — Para melhor conservação, passe por toda ela, pelo menos 1 vez por mês, parafina da melhor qualidade.

PASSAR ROUPA — Tábua de passar roupa em ordem, goma pronta e ferro bem limpinho: pode começar o trabalho de passar roupa. Porém, antes de começar, verifique se ela não precisa de algum reparo (cerzir, pregar botões, costura aberta etc.), para que depois não seja necessário repassá-la.

Só as roupas completamente limpas devem ser passadas, pois o calor fixa qualquer mancha ou sujeira, tornando difícil ou impossível sua remoção.

A roupa lavada que demorou para ser passada fica às vezes com um leve cheirinho de mofo, que desaparecerá umedecendo-se as peças com água e sal antes de passar.

Se ao passar uma roupa esta ficar cheia de rugas, molhe um algodão e esfregue sobre ela, no sentido dos fios, e continue passando.

Se a roupa amarelou porque o ferro estava muito quente (ver MANCHAS, em "Tecidos"), embeba um chumaço de algodão em água oxigenada e esfregue no lugar até sair; porém, tenha o cuidado de colocar um pano por baixo da mancha. Depois, é só enxaguar.

Para dar um vinco perfeito e mais duradouro às calças e pregas, passe um pedaço de parafina pelo avesso, no lugar a ser vincado, e depois passe esses vincos do lado direito do ferro bem quente, porém sobre um pano úmido.

As marcas das bainhas nas saias saem facilmente umedecendo-as com um pouco de água e amoníaco ou álcool, ou ainda passando um pano limpo, umedecido nesta solução. Ao umedecê-las, interponha um pano entre o tecido e o ferro.

Ao passar um vestido preto, que está com brilho adquirido pelo uso, esfregue levemente no local lustroso uma esponja embebida numa solução de água de anil forte. Em seguida, passe o ferro quente também, interpondo um pano.

Para evitar que um tecido preto fique ruço, use na hora de passar o ferro um pano molhado em água avinagrada.

BORDADOS e ILHOSES — Esses ficarão bem mais bonitos se forem passados pelo avesso sobre uma toalha grossa, com a face (lado direito) sobre a toalha.

CHINTZ — Sua natural aparência luminosa voltará ao normal se o tecido for passado do lado do avesso sobre um pedaço de papel encerado, com a face (lado direito) junto ao papel.

FUSTÃO — Este tecido deve ser passado já engomado. Umedecer e passar com o ferro bem quente, primeiro pelo lado direito e depois do avesso, para acentuar bem os relevos desse tecido.

JÉRSEI — Com o tecido úmido, passar com o ferro não muito quente e protegido por um pano seco.

LÃ — Estenda o tecido pelo lado direito, cubra com um pano bem molhado e espesso e passe com o ferro bem quente. Se o tecido for escuro, acabe de passar (para secar) colocando por cima uma folha de jornal, no lugar do pano, continuando a passar até que esteja seco, se for de cor clara, retire o pano grosso e coloque um mais fino (tecido de algodão normal); continue também passando até que fique bem seco.

LAMÊ — Este tecido não se passa a ferro; porém, se ele estiver muito amassado, passe-o com o ferro morno, pelo lado do avesso e protegido por um pano seco.

LINHO — Não parece, mas é dos tecidos mais difíceis para ficar bem passado.

Ele deve estar bem úmido e o ferro, bem quente. Porém, você poderá escolher: se quiser que o tecido de linho fique opaco, passe-o somente pelo lado do avesso; porém, se quiser brilhante, passar de ambos os lados.

MUSSELINE — Depois de esse tecido ter sido engomado (com água e arroz), deixar secar bem. Então, enrole o tecido num pano molhado, deixando assim por alguns minutos. Desenrolar e passar pelo lado do avesso, com o ferro quente.

RENDA *GUIPURE* — Colocar o tecido pelo lado do avesso, sobre um forro alto, e passar sobre um pano molhado.

VELUDO — Passar sempre pelo lado do avesso e sobre uma mesa de mármore. Os pêlos que ficarem amassados, do lado direito, voltarão ao normal segurando-se o ferro bem quente acima do tecido, sem contudo encostar na fazenda.

Os vestidos de veludo ficarão com aspecto de novos se forem pendurados próximos ou sobre uma banheira contendo água bem quente; o vapor que dela se desprende fará com que o veludo se renove e o vestido ficará esticadinho como se tivesse sido passado a ferro.

Para se tirar as marcas da barra das roupas de veludo, coloque uma escova de roupa do lado do avesso da peça, sob o lugar da marca, e por cima — sobre a marca do lado direito — ponha um pano seco (o tecido fica entre o pano e a escova). Passe o ferro não muito quente sobre o pano. Verá como os vincos desaparecerão.

SINTÉTICOS — Quando precisar usar uma roupa preta ou azul-marinho de tropical, casimira, tergal ou *nycron*, limpe-as antes com escova e álcool, e passe a ferro bem quente, protegendo o tecido com papel ou pano.

As roupas sintéticas compradas prontas variam muito de qualidade, e o melhor método para limpá-las e passá-las é sempre seguir as instruções do fabricante.

TINGIR — Esta é a solução para não se perder um vestido praticamente inutilizado por causa de manchas ou por estarem desbotados. Quase sempre, uma tintura perfeita lhes devolverá o vestido novinho. Para tanto, algumas explicações são fundamentais: os tecidos claros só podem receber tinta da mesma cor ou em tom mais escuro ou acentuado; os tecidos de cor tingidos de outra cor vão resultar numa terceira tonalidade, proveniente da combinação das duas cores.

Para se tingir um tecido, será necessário observar o seguinte:

1) O tecido a ser tingido deve estar limpo.
2) Se a roupa tiver forro, solte-o antes da tintura, assim como a bainha e os botões.
3) Antes de iniciar uma tintura, experimente fazê-la num pedaço da fazenda.
4) Umedecer o tecido antes de colocá-lo na tinta.
5) Durante a tintura, mexer freqüentemente o tecido para a cor pegar por igual.
6) Ao enxaguar, junte à última água um pouco de sal e vinagre para fixar a tinta.
7) Finalmente, passar a ferro a roupa ainda úmida.

Antes de empregar uma tinta, procure sempre seguir as instruções do fabricante. E tenha sucesso, com sua "roupa nova".

ALGUMAS SUBSTÂNCIAS QUE USAMOS EM ROUPAS E TECIDOS

AGUARRÁS — *Odor* — O cheiro de aguarrás que fica na roupa, depois de a ter usado para remover uma mancha, tira-se com álcool retificado. Também poderá expor o local sobre vapor de água.

ÁGUA OXIGENADA — *Conservação* — Se tiver que guardar água oxigenada por muito tempo, adicione a ela um pouquinho de álcool e guarde-a em lugar fresco e escuro.

Pode substituir o álcool por 1 gota de éter ou 1 grama de naftalina.

ÁLCOOL — *Pureza* — Se você comprou uma garrafa pequena de álcool, mas verificou que ele é ruim, de má qualidade, reserve-o para usar nas limpezas. Porém, se este álcool foi adquirido em maior quantidade, ou seja, em vidro grande, o jeito é tentar melhorar sua qualidade. E você vai conseguir isso acrescentando, para cada litro de álcool, 6 gramas de carvão (vegetal ou animal), que se encontra em farmácias e drogarias. Misture muito bem, tampe e deixe descansar por 3 dias. Depois, filtrar em filtro de papel, cheio de carvão.

Se quiser que o álcool fique bem cristalino, incolor, filtre-o em funil cheio de carvão de ossos bem socados.

PUREZA DO ÁLCOOL — "Olho vivo" na compra do álcool, pois, como foi dito, ele poderá estar adulterado ou falsificado, e, logicamente, não será tão eficiente como o álcool puro.

Mas como conhecer a diferença e saber se o álcool é puro? É só colocar dentro do álcool um pouquinho de benzina, tampar e sacudir a garrafa com força. Então, verifique: se o álcool permanecer claro, não tenha dúvida, ele é puro mesmo; se ficar turvo, é porque contém água.

BENZINA — *Pureza* — Com a benzina acontece exatamente como no álcool. E, para saber se a benzina que acabou de comprar é pura, proceda assim: embeba uma tira ou um pedaço de algodão com a benzina e deixe secar naturalmente. Depois de bem seca (o que levará mais ou menos umas 2 horas), se você não sentir o cheiro de benzina no pano, é que ela é boa mesmo, pois, caso contrário, ela não servirá nem mesmo para tirar uma mancha de gordura em tecidos, porque vai deixar vestígios difíceis de serem removidos.

E, "como o seguro morreu de velho", o melhor é ser precavido: antes de usar uma benzina, coloque dentro do seu vidrinho 1 pitada de sal.

BÓRAX — Saiba que o bórax é um produto de grande versatilidade, um bom ajudante das donas de casa; ele é empregado nas mais diferentes utilidades. Algumas delas:

Tecidos — Um tecido ou uma roupa lavada com sabão bórax vai deixá-la clarinha. A vantagem é que o bórax pode ser usado em qualquer tecido ou cor, porque ele não é corrosivo. Nas sedas, ele até poderá substituir o sabão.

Mãos — Suas mãos vão ficar bem macias se forem lavadas com uma água onde dissolveu um pouco de bórax.

Armário — Colocado dentro dos armários, o bórax vai defender suas roupas das traças; e as roupas de lã que vão ficar guardadas também ficarão protegidas se for polvilhado um pouco de bórax sobre elas.

Pratas — Ficarão limpas se forem mergulhadas numa água bem quente onde foi dissolvido um pouco de bórax, ficando aí de molho até que a água esfrie. Esfregar, enxaguar e deixar secar naturalmente.

E... muito mais poderíamos falar sobre o bórax.

TIRAR MANCHAS EM TECIDOS

Ao usar qualquer solução para tirar manchas de roupas ou tecidos, convém fazer, antes, um teste numa pontinha mais escondida da roupa, para ver o resultado; se o tecido desbotar, depois de usado o produto, ou tirada a mancha, é só lavar o ponto atingido com uma mistura de 2 partes de água para 1 de vinagre.

Ao limpar a mancha de um tecido, procure estender a parte manchada sobre um mata-borrão ou um outro tecido para que o líquido empregado na limpeza não se espalhe muito.

Se ficou um círculo em volta da mancha já tratada, convém estender esta parte esticada sobre o vapor de água fervendo; isto é ótimo.

Após o uso de amoníaco ou de outro ácido para eliminar uma mancha, é necessário lavar bem a mancha, logo em seguida à operação.

Para limpar e desengordurar as golas das roupas usa-se uma solução de amoníaco na proporção de 1 colher (sopa) para 1 copo de água.

E lembre-se: quanto mais cedo se tratar uma mancha, mais facilmente ela sairá.

COMO RETIRAR ALGUMAS MANCHAS — Todos os tecidos aqui não especificados são de cor branca ou de cores firmes.

Antes de usar qualquer produto tira-manchas, use primeiramente sobre o local um pouco de sal umedecido; isso facilitará sua remoção.

ÁCIDOS — Usar uma solução de 1 colher (sopa) de amônia para 3 colheres (sopa) de água; passar com uma esponja sobre a mancha.

O bicarbonato de sódio também servirá.

ÁGUA — Costuma manchar os tecidos de cetim; as manchas, porém, desaparecem quando esfregadas com uma boneca de papel bem fino, em movimentos circulares.

ALCACHOFRA — Suas manchas são tiradas com limão.

ANILINA — Dissolver 50 gramas de hidrossulfito de sódio em 1/2 litro de água quente; esticar a parte manchada sobre uma vasilha alta e derramar lentamente essa solução quente, atravessando o tecido. Imediatamente depois, lavar com água e sabão para não estragá-lo.

Muito mais fácil ainda é tirar a mancha com água oxigenada.

BATOM — Usar a mistura de benzina com tetracloreto de carbono ou xilol.

Se a mancha for mais recente, deixe-a de molho em um pouquinho de leite quente e depois vá esfregando sabão de coco, usando esse mesmo leite. Quando a mancha sumir, lavar com água pura.

Elas são também removidas mais facilmente molhando-se a parte manchada com água pura e, em seguida, aplicando um pouco de bicarbonato e esfregando (delicadamente, se o tecido for fino) até a mancha desaparecer por completo.

BEBIDAS ALCOÓLICAS — De um modo geral, estas manchas saem esfregando-se com éter. Depois, enxaguar com água.

BOLOR — Ferver o tecido manchado numa água contendo um pedaço de couro de bacalhau; ou, então, usar a própria água em que se ferveu bacalhau.

Também desaparece aplicando-se uma mistura de 1 parte de amoníaco para 16 de água.

Ver também MOFO, logo adiante.

CAFÉ — Se for café derramado na hora, nada melhor do que lavar imediatamente com água bem quente ou fervendo.

As manchas antigas são removidas usando-se um pano molhado em glicerina, deixando ficar por meia hora. Em seguida, lavar com água quente e sabão. Enxaguar com água pura.

Pode-se também esfregar uma pedra de gelo pacientemente sobre a mancha, até ela sumir; se possível, colocar antes, por baixo da mancha, um paninho, para absorver o líquido.

As manchas de café também desaparecem esfregando-se sobre elas um pano embebido numa mistura de álcool e vinagre branco. Depois, é só deixar secar.

Em tecidos de cor: dissolver 1 gema de ovo em um pouco de água morna, juntar 1 colher (chá) de álcool 90º; embeber um pano ou algodão nessa mistura e ir esfregando na mancha até desaparecer.

Em tecidos de lã: desaparecem depois de friccionadas com um pouco de glicerina. Logo a seguir, lavar com água morna. Se não tiver glicerina, insista na água morna.

Em tecidos de seda de cor firme: usar um paninho ou algodão embebido em água oxigenada.

Em tecidos de cores não-firmes: usar apenas álcool metílico e sabão; em seguida, lavar com água fria.

Para tirar manchas de café, chá e chocolate, lavar com água bem quente e fortemente salgada.

CAFÉ COM LEITE — Lavar com água e sabão; se não sair, água oxigenada ou tetracloreto de carbono.

Poderá ainda esfregar ligeiramente com benzina.

CAL — A cal deve ser tirada imediatamente para evitar que queime o tecido. Para tirar a mancha, usar água e sabão. Aplicar um pouco de vinagre branco ou suco de limão; em seguida, lavar com bastante água.

CARVÃO — Tira-se essa mancha esfregando-a com miolo de pão fresco.

CERA — Tirar primeiramente o grosso com uma lâmina; colocar então o tecido entre dois mata-borrões, passando o ferro quente por cima, mudando de vez em quando de lugar, até que a mancha seja absorvida. Passe então um pouco de benzina.

Se a cera for colorida, remova todos os halos formados por ela com um algodão embebido na mistura de 1 colher (sopa) de álcool para 2 colheres (sopa) de água. Depois, enxágüe em água fria.

CERVEJA — Esticar bem a parte manchada sobre uma vasilha funda e despejar água fervendo em cima, de forma que atravesse o tecido. Depois, é só esfregar um pouco de glicerina e enxaguar com água morna.

Esta mancha também pode ser tirada com uma mistura de 4 porções de água para 1 de ácido muriático.

Um processo muito simples para removê-la é passar sobre ela um chumaço de algodão embebido em álcool. Depois, lavar com água morna e sabão em pó. Enxaguar bem. Esse processo pode ser usado para tecidos de seda e tecidos artificiais; é preciso apenas lembrar-se de usar água morna.

Esfregar também os tecidos de lã com algodão e álcool; em seguida, esfregar o local com um pano molhado em água limpa.

CHÁ — Estas manchas podem ser tiradas de várias maneiras:

1) Usar água morna e sabão.
2) Mergulhar a parte manchada em água quente com água sanitária.
3) Aplicar um pouco de glicerina nas manchas antes de a roupa ser lavada normalmente.
4) Usar água oxigenada.

Por mais rebeldes que elas sejam irão desaparecer aplicando-se uma mistura, em partes iguais, de gema de ovo e glicerina. Deixar secar e depois lavar com água fria e sabão de coco.

CHICLETE — É fácil retirar o chiclete da roupa, esfregando-se pacientemente uma pedra de gelo — do lado do avesso, no mesmo lugar onde o chiclete estiver grudado.

Pode-se também usar clara de ovo, deixando secar um pouco antes de lavar o tecido.

CHOCOLATE — Lavar o local com água quente e sabão; insistir.

Pode-se também usar os mesmos procedimentos de CERVEJA ou de CAFÉ, principalmente usando-se gelo.

Em alguns casos, usar água oxigenada.

Esta mancha desaparece polvilhando-se o local com bórax em pó e umedecendo-se por cima com água fria, deixando ficar assim por 15 minutos. Depois, esfregar suavemente até sumir a mancha. Lavar então com água.

Em tecidos de lã (algodão também), aplicar um pouco de glicerina e ir esfregando com um algodão. Em seguida, pegar outro algodão e esfregar com água para retirar a glicerina.

COLA — Ela se dissolverá facilmente se o lugar manchado ficar de molho por algum tempo — em água fria ou quente.

DOCES e CALDAS — Para se tirar essas manchas, lavar apenas com água quente.

ESMALTE DE UNHAS — Usar acetona ou removedor de esmalte.

Pode-se tirar também usando acetato de amilo (tem em farmácias).

O óleo de banana tira mancha de esmalte de qualquer tecido.

Se o tecido for fino, usar água oxigenada e depois água e sabão.

FERRO DE PASSAR (QUEIMADO) — Se a mancha for muito suave, molhe o tecido em água pura e exponha ao sol.

Se o amarelado for pronunciado, coloque a parte manchada sobre uma toalha felpuda (limpa) e esfregue a mancha com um chumaço de algodão embebido em água oxigenada 10 volumes; depois, usar água pura.

Esfregue um pouco de maisena na área afetada e deixe ao sol por algumas horas. Retirar a maisena com uma escova macia.

Poderá também lavar a parte queimada com água e, em seguida, passar água oxigenada, deixando secar ao ar livre.

Na falta dos produtos indicados, basta deixar a peça de molho em água fria imediatamente após ter sido queimada, deixando ficar assim por 24 horas.

FERRUGEM — Pode escolher qualquer um dos seguintes procedimentos:

1) Aplicar no local sal e suco de limão, expondo o tecido ao sol.
2) Esfregar leite azedo.
3) Cortar 1 limão ao meio, colocar o lugar da mancha sobre o limão e passar o ferro quente sobre a mancha. Lavar em seguida.

4) Passar sobre elas uma mistura de suco de limão e 1 colherzinha de bicarbonato.
5) Esfregar no local cremor de tártaro, deixando agir ali por 2 horas. Depois, lavar com água. Repetir, se necessário, a operação.

Ou fazer a seguinte mistura: para cada 8 partes de água, adicionar 1 de ácido oxálico e 1 de suco de limão. Aplicar sobre a mancha. Em seguida, colocar a parte manchada sobre um recipiente alto contendo água fervendo e esticar bem o tecido para que ela receba este vapor. A mancha vai desaparecer logo. Lavar com água e sabão.

FLORES — Usar uma mistura de álcool com amoníaco.

FRUTAS — De um modo geral, as manchas de qualquer fruta (em qualquer tipo de tecido) podem ser removidas da seguinte maneira: primeiro, passar uma esponja embebida em água fria e pura; em seguida, esfregar a mancha com glicerina, deixando ficar assim por algumas horas. Umedeça o local com algumas gotas de vinagre branco, deixando também ficar por alguns minutos. Finalmente, enxaguar com água pura e fria.

MANCHAS RECENTES — Ponha imediatamente sobre elas um pouco de sal, antes que sequem. Depois, estique a parte manchada sobre uma vasilha funda, esticando bem o tecido, e derrame água fervendo, na qual se acrescentou 1 colher (sopa) de amoníaco ou de álcool, deixando o líquido atravessar o tecido. Enxaguar em água pura, fria.

Poderá ainda usar leite azedo, suco de limão fresco ou vinagre branco forte.

MANCHAS ANTIGAS — Quando uma nódoa ficar no tecido (e as antigas são difíceis de sair), faça o seguinte para removê-las: molhe o tecido em água pura e torça-o bem. Pegue uma pedra de enxofre e coloque-a sobre uma brasa; estenda o lugar manchado do tecido um pouco acima dessa pedra, de maneira que a mancha receba a fumaça. Espere alguns minutos. Verá como em pouco tempo a mancha desaparecerá. Em seguida, lave normalmente.

Este sistema faz desaparecer qualquer mancha de frutas, em qualquer tecido.

As manchas em tecidos de seda se tiram com água boricada. Também é possível tirá-las lavando-se com água morna e bórax.

Manchas de frutas gordurosas (por exemplo, o abacate): aplicar água quente e sabão em pó. Renovar a operação quantas vezes forem necessárias até que desapareçam por completo.

Manchas de frutas vermelhas: depois de bem lavadas, deixar de molho em espuma fria de sabão com água sanitária; se a mancha resistir, lave com a solução de vinagre e álcool em partes iguais.

Manchas de algumas frutas:

Ameixa: molhar na hora com água e, imediatamente depois, colocar amido em pó, deixando ficar por muito tempo, até secar bem. Depois, tirar com escova.

Banana: quando a mancha for recente, basta esfregar um pouco de querosene. Essa mancha também se tira colocando sobre ela uma papinha feita de água e bicarbonato; em seguida, expor o tecido ao sol, tendo o cuidado de manter essa papinha sempre molhada.

Caju: usar o segundo procedimento da banana.

Caqui: desaparece com uma solução de 5 gotas de ácido sulfúrico (cuidado que é venenoso) em 1/2 copo de água. Molhar um pano nessa solução e esfregar na mancha. Depois, enxaguar muito bem o lugar.

Jabuticaba: para se tirar essa mancha, é preciso esfregar sobre ela um pano embebido com água oxigenada. Então, enxaguar com água pura.

Limão: se algumas gotas de limão desbotarem uma roupa de cor, umedeça o local com água e amoníaco, ou, então, mantenha por alguns instantes a parte desbotada sobre uma garrafa de amoníaco aberta; a mancha vai logo desaparecer, porque voltará a cor do tecido.

Pêssego: usar o mesmo procedimento do caqui.

Tomate: usar o mesmo procedimento da ameixa.

Uva: usar o mesmo processo da jabuticaba.

Quase todas as manchas saem se agirmos imediatamente — molhando o local com água e colocando por cima amido em pó. É preciso deixar ficar por muitas horas, ou até que esteja bem seco. Retirar o pó com uma escova e lavar com água e sabão.

Muito bom também para tirar manchas de frutas é usar a "goma de caixa" (tem em farmácias); pulverizar bem o lugar com a goma, deixando ficar por muitas horas. Depois, retirar com uma escova.

GORDURAS — ÓLEO — AZEITE — Se o tecido puder ser lavado na hora, lave-o com água quente e detergente.

De um modo geral, essas manchas saem com benzina retificada. Se não tiver a benzina, elas saem facilmente embebendo-se uma escova de roupa na mistura de água e amoníaco e passando sobre a mancha. Em seguida, repetir a operação — desta vez embebendo a escova numa solução de água e vinagre.

Se quiser tentar, passe apenas amoníaco sobre a parte afetada e, logo em seguida, lave com água morna.

Um ótimo processo é esfregar, sem perda de tempo, um pedaço de cebola, colocando um pano por baixo da mancha. Em seguida, lavar com água fria.

Mas, se não for possível usar os meios citados, na mesma hora em que a gordura cair no tecido coloque bastante talco sobre a mancha, deixando ficar por muitas horas. Escove e esfregue com um pano limpo embebido em água quente.

Se o tecido manchado de gordura for muito delicado, aplique sobre a mancha uma pasta feita de magnésia e benzina, deixando ficar por muitas horas ou até que a pasta esteja seca. Depois, escovar.

Saiba que o éter, a benzina, a gasolina e o querosene são ótimos removedores de gorduras.

Mas, para sua tranqüilidade, o melhor mesmo é ter em casa um preparado para tirar manchas na hora certa. Então, aqui vão duas receitas:

1) Dissolver uma barra de sabão em amônia líquida, o suficiente para tomar a consistência de xarope. Guardar em vidro bem fechado. Simples, não?
2) Misturar 4 colheres (sopa) de vinagre branco, 4 colheres (sopa) de álcool retificado e 1 colher (sopa) de sal de cozinha. Também guardar em vidro bem fechado.

Esses preparados limpam a roupa num instante.

Manchas de gordura em cetim se limpam colocando-se por baixo delas um mata-borrão e, por cima, isto é, sobre a mancha, ir pingando aos poucos umas gotas de amoníaco. Conserve o tecido sobre o mata-borrão, aguardando algum tempo até que esteja seco. Ainda com o mata-borrão por baixo, passe o ferro no local.

Nas manchas dos tecidos de seda, coloca-se o pó de magnésia sobre a mancha, deixando ficar por muito tempo, ou até que esteja bem seco (antes de colocar o pó, deve-se molhar o local com um pouco de água morna).

Nos tecidos de veludo, as manchas são eliminadas usando-se essência de terebintina.

Se tiver facilidade, pode colocar sobre as manchas de gordura areia quente (de rio) e ao mesmo tempo ir esfregando com uma escova, repetindo a operação por muitas vezes, até que a mancha desapareça completamente.

Manchas de manteiga, ver MANTEIGA.

GRAMA — As manchas verdes que ficam na roupa saem rapidamente quando se esfrega álcool.

GRAXA — Primeiro, retire o excesso com uma lâmina; em seguida, dilua a mancha com uma substância gordurosa e, em seguida, passe benzina.

GRAXA DE SAPATO — Tricloretileno; se a mancha persistir, usar água sanitária com água oxigenada.

Os processos usados para cera também dão resultado.

INSETOS — Diluir a mancha com água fria ou morna; em seguida, com amoníaco e água pura.

IODO — Embeber um pano em álcool ou leite, ou deixar o tecido de molho em leite fervendo, deixando aí repousar até que o leite esfrie; em seguida, lavar com água e sabão. Este processo serve para todos os tecidos.

Pode-se também umedecer o local com amoníaco, ou com uma solução de hipossulfito de sódio.

Muito fácil é tirar essas manchas aplicando um pouco de água com bicarbonato de sódio.

Outra boa maneira é colocar sobre a mancha um pouco de talco ou polvilho, ou também farinha de trigo, deixando ficar por muito tempo. Depois, lavar com água e limão.

LAMA — Usar primeiro água fria; depois, enxaguar rapidamente com água avinagrada.

Se a lama estiver sobre um impermeável, misturar água quente e vinagre, em partes iguais, e esfregar no lugar manchado.

Se a lama estiver em tecido escuro, esperar que ela seque, para então escovar com uma escova áspera. Se ainda assim restar algum vestígio da mancha, esfregar uma batata crua cortada ao meio, até que ela desapareça completamente.

LEGUMES — Estas manchas são difíceis de sair, mas se o tecido for branco (ou de cor extrafirme), usar água sanitária pura ou água oxigenada. Tome cuidado em tocar apenas rapidamente no local, para que a água sanitária não corte o tecido. Imediatamente depois, lavar com água pura até a mancha sumir.

LEITE — Para estas manchas, esfregar terebintina e éter. Depois, lavar com água pura.

Nos tecidos de seda, elas são removidas esfregando-se com algodão embebido em essência de baunilha (a legítima).

LICORES — Quando essas manchas são recentes, saem com água fria. Se elas resistirem, use a solução de água fria e álcool em partes iguais. Em seguida, esfregar algumas gotas de glicerina, deixando ficar mais ou menos por meia hora. Então, enxaguar.

MANTEIGA — Nos tecidos brancos, passar uma escovinha impregnada de benzina; nos de cores, água morna e sabão.

MERCUROCROMO — Para sua total remoção, deve-se friccionar a parte manchada com um algodão embebido em água oxigenada ou água sanitária, repetindo a operação até sair toda a mancha; mas, faça isso delicadamente, para não afetar o tecido.

MOFO — A água onde se cozinhou uma boa porção de folhas de pessegueiro é ótima para se tirar manchas de mofo. A parte esverdeada que fica no tecido é retirada com água e sabão.

Se o tecido for lavável, pode molhar bem com leite cru e deixar exposto ao sol. Pode substituir o leite por limão (ver BOLOR). Lavar depois com água e sabão e pendurar num cabide, ao sol.

Outro processo é enxaguar o local manchado (ou o tecido) com 1 colher (sopa) de amoníaco para cada 2 litros de água, ou ferver 5 litros de água com 5g de amoníaco.

Também é bom esfregar as manchas com um pano molhado na seguinte solução: 5 colheres (sopa) de água oxigenada, 1 colher (sopa) de amônia e 20 colheres (sopa) de água. Depois de a mancha ter saído, lavar bem com água e sabão.

Algumas manchas de mofo que aparecem com pontinhos pretos são muito difíceis de sair, mas experimente deixar a peça de molho em água bem quente com sal, deixando-a mergulhada até que a água esfrie. Em seguida leve ao sol, colocando sobre cada mancha sumo de limão e sal, deixando ficar por muitas horas. Depois, lave normalmente.

Quando o mofo for avermelhado, mergulha-se o tecido em água com um punhado de fubá. Leve ao fogo, deixando ferver por algum tempo. Depois, enxágüe e exponha ao sol para quarar um pouco. Em seguida, enxágüe novamente e ponha para secar.

O mofo em roupa branca sai facilmente fervendo-a numa solução de 5 litros de água e 5g de amoníaco.

Em tecidos de cor, basta mergulhar a parte afetada em leite fervendo, até desaparecer o mofo. Em seguida, lavar o local com água morna e vinagre branco.

Já no caso de tecidos de tropical e lã, é preciso expô-los ao sol. Quando estiver bem quente, escovar com uma escovinha umedecida em álcool, no direito e no avesso. Em seguida, passar com ferro quente, protegendo o tecido com outro pano.

Ver também BOLOR, logo acima.

MOSCAS — As manchas deixadas pelas moscas em cortinas, toalhas etc. são removidas com água destilada misturada com álcool.

NICOTINA — É eliminada lavando-se o tecido numa solução em partes iguais de amônia líquida e glicerina. Em seguida passar, apenas no lugar manchado, um algodão embebido em álcool. Pode-se também usar o suco de limão para se tirar manchas de nicotina. Basta pingar um pouco no local e friccionar com um pano. Depois, enxaguar em água pura.

NITRATO DE PRATA — Lavar com água fria salgada, esfregando.

ÓLEO DE MÁQUINA — Passar no local um pano molhado numa mistura de água com um pouquinho de amônia. Depois, passar água pura.

OVO — Lavar com água fria e sabão; jamais usar água quente, porque esta vai fixar ainda mais a mancha.

Também poderá tirar a mancha usando uma pasta de sal (sal com gotinhas de água) colocada sobre a mancha.

PERFUME — Tira-se embebendo o lugar manchado com a mistura de "casca de quilaia" raspada e água morna. (Essas cascas se acham em farmácias e drogarias.)

Mas as manchas de perfume, em qualquer tecido (menos os sintéticos), saem com a solução de 4g de sulfato de sódio para cada 100ml de água.

PICHE — ÓLEO — GRAXA DE AUTOMÓVEL — Se necessário, retirar o excesso com uma lâmina. Depois, esfregar gasolina, benzina, ou ainda terebintina retificada.

PLANTAS VERDES — Passar álcool e lavar com água e sabão.

PÓ-DE-ARROZ — Quando uma roupa escura ficar manchada de pó-de-arroz, limpe-a logo em seguida friccionando o local com um pano embebido em café frio (sem açúcar).

RESINA — As manchas saem facilmente da roupa se passarmos sobre elas um algodão embebido em terebintina ou benzina retificada.

SANGUE — Nunca empregar água quente quando a mancha for recente ou para retirar o grosso da mancha, pois isso a fixaria ainda mais, tornando mais difícil sua remoção. Ela deve ser retirada antes de secar. Lavar com água fria e sabão.

Se a mancha persistir, misture água fria com sal de cozinha e 5% de amônia.

Outro processo é empregar água oxigenada de 20 volumes. Em seguida, enxaguar com água pura. Mas bom mesmo é esfregar uma pedrinha de gelo, até a mancha sumir.

Se a mancha for muito antiga e não sair com nenhum desses processos (o que duvidamos), use ácido tartárico ou um pouco de amoníaco na proporção de 1 colher (café) de amoníaco para cada 200ml de água.

SUOR — Deixar as roupas laváveis de molho numa solução forte de água salgada ou molhar o local atingido com uma solução de água com gotas de amoníaco.

Você não precisa lavar toda a roupa só para tirar a mancha de suor embaixo do braço; basta passar no local afetado um pano limpo embebido numa solução feita, em partes iguais, de álcool e amoníaco. Em seguida, limpar com água quente e deixar secar à sombra. Antes de passar o ferro no local que estava manchado, proteja-o com um pano, para não amarelar.

TANINO — Usar somente água fria e gelo.

TINTA DE CABELO (TINTURA) — Limpa-se com uma solução de hipossulfato de potássio. Mas, em geral, as manchas de tinta saem com a seguinte solução: ácido nítrico e ácido oxálico em partes iguais.

TINTA DE CARIMBO — Tira-se essa mancha usando-se uma mistura de suco de limão e sal.

TINTA DE ESCREVER — Para remover essas manchas, use leite frio ou sumo de limão fresco.

Se tiver em casa um líquido clareador tipo água oxigenada, pode aproveitá-lo para tirar essas manchas, mas, logo em seguida, lave com água e sabão.

As de tinta vermelha saem umedecendo-se o local com a solução de álcool e ácido nítrico.

TINTA ESFEROGRÁFICA — Basta esfregar a mancha com álcool puro ou álcool canforado.

Mas você pode entrar escondido no quarto de sua irmã, pegar o laquê (de cabelo) e borrifar sobre a mancha até ela sumir. Deixe secar. Se necessário, pode repetir a operação até ela desaparecer.

Nos tecidos sintéticos, usar um pouco de tricloretileno; mas antes de empregá-lo fazer um teste em um retalho de tecido.

TINTA DE MÁQUINA DE ESCREVER — MIMEÓGRAFO — As manchas destas tintas saem lavando-se a parte manchada em água morna onde se tenha colocado algumas gotas de amônia. Se a mancha persistir, coloque-a então nesta outra solução: 1/4 de litro de água morna e 1 colher (café) de ácido clorídrico. Deixe aí de molho por 15 minutos. Enxágüe bem a roupa.

Se o tecido for de lã, junte, a essa mesma solução, o ácido oxálico a 5% (cuidado que é venenoso).

TINTA A ÓLEO — Esfregar aguarrás, gasolina ou benzina.

TINTA DE PAREDE — Deixar a mancha ficar de molho em aguarrás ou terebintina.

As tintas frescas também saem com querosene, gasolina ou benzina.

TINTA DE PAREDE A ÓLEO — Se a mancha for velha, raspa-se primeiro com uma lâmina para tirar o grosso e, em seguida, coloca-se sobre ela um pouco de vaselina, para amolecer. Depois, aplica-se terebintina.

Se o tecido for fino, aplique álcool.

Nas manchas oleosas de cor diluir primeiro o óleo, e depois tratar com benzina; se a mancha persistir, deixar secar e passar ligeiramente o ácido acético puro.

Para as oleosas pretas, usar leite quente ou sumo de limão; ou, ainda, ácido cítrico.

URINA — Quando frescas, diluir amônia em álcool. Para as mais antigas, dissolver ácido oxálico em água; pingar apenas algumas gotas dessa mistura sobre a mancha. Depois, lavar com água.

VELA — Raspar primeiramente com o lado cego da faca para retirar o excesso. Em seguida, colocar o local manchado entre 2 mata-borrões, passando por cima um ferro quente.

Se a vela for de cor, depois de removida sua gordura coloque sobre a parte manchada um algodão embebido em álcool ou benzina; depois, lave a peça toda.

VERDURAS — Limpar com amônia e lavar com água e sabão.

Nos tecidos de cor, essas manchas desaparecem esfregando-se um pedaço de toucinho. Lavar com água e sabão.

Poderá, também, molhar bem o local com álcool ou querosene e, em seguida, lavar cuidadosamente com água.

VERNIZ — Passar uma camada de removedor de tinta, acrescentar éter sulfúrico e depois álcool. Escovar com benzina.

Em tecido branco, fino, esfregar primeiro com álcool e depois ensopar bem o lugar com uma mistura de terebintina com um pouco de clorofórmio. Só assim não restará nenhum vestígio.

Se a mancha for mais velha, misturar amônia e terebintina em partes iguais e aplicar na mancha. Depois, lavar muito bem. Vá repetindo a operação, porque a mancha desaparecerá lentamente.

VINAGRE ou LIMÃO — Se qualquer um desses ácidos cair sobre um tecido de cor, poderá desbotar o lugar atingido. Mas sua cor voltará ao normal se você ensopar uma esponja na solução de 2 colheres (sopa) de amônia para 6 colheres (sopa) de água e colocar sobre o lugar descolorido.

VINHO — Esta mancha é muito freqüente nas toalhas de mesa. Existem muitos recursos para eliminá-la. Escolha o procedimento que achar melhor e use-o no momento do "desastre":

1) Se a mancha for recente, passe um algodão molhado em leite morno ou mergulhe o lugar da mancha em um pouco de leite morno, levemente adocicado.
2) Se ela não desaparecer com o leite, mergulhe a peça numa solução de água e ácido sulfúrico.
3) Pode-se também usar uma solução de ácido tartárico. Água morna com detergente de cozinha também resolve.
4) Numa emergência, polvilhar na hora com bastante sal, ou espremer suco de limão. Depois, lavar com água fria e sabão.
5) Pode substituir o sal por farinha de mandioca (farinha de mesa) ou polvilho, para "chupar" o grosso.
6) Também é boa uma mistura de 4 porções de água para 1 de ácido muriático.

7) Ma se o vinho derramado for tinto e você tiver à mão vinho branco, pode esfregar com este a mancha do vinho tinto. O resultado será excelente. Em seguida, lavar com água e sabão.

MANCHAS DIFÍCEIS DE SAIR — Essas manchas, que parecem um bicho-de-sete-cabeças, se dissolvem facilmente, principalmente se o tecido for de cor clara. Basta aquecer um pouco de glicerina e, com uma esponja (ou pano), esfregar sobre a mancha, deixando descansar por 5 minutos. Lave depois com água fria contendo um pouquinho de álcool.

MANCHAS NÃO-ESPECIFICADAS — Aplicar a mistura de amoníaco, éter, vinagre e aguarrás.

Mas os tecidos muito finos não recomendamos tentar limpar em casa; é sempre mais seguro e garantido usar a lavagem a seco.

CONSELHO — Sempre que for tirar uma mancha (não quando lavada), aplicando ou esfregando os produtos tira-manchas indicados, coloque antes um pano seco do lado do avesso, bem embaixo do local da mancha, para "chupar" o líquido, facilitando assim a sua retirada.

UMA SUGESTÃO — Se encontrar dificuldade para retirar uma mancha (não sendo gordura) por falta dos produtos recomendados, lance mão de uma pedra de gelo e esfregue pacientemente sobre ela; o gelo é um ótimo tira-manchas e, quem sabe, irá resolver seu problema. Se não fizer bem, mal não faz...

❧S.O.S. — Socorros de Emergência

Em primeiro lugar, é muito importante a sua segurança ao tentar socorrer uma vítima, para que se tomem, correta e prontamente, as providências que o momento exige.

Não perca a calma; o nervosismo só piora a situação, pois é do socorro imediato que geralmente depende a vida de um doente ou acidentado, sem o qual, muitas vezes, a chegada de um médico ou da ambulância resultaria nula.

Nunca se omita diante de um S.O.S.; se não tiver o necessário sangue-frio para socorrer uma pessoa, ou se está completamente por fora do assunto, o melhor que tem a fazer é não mexer com o doente, apenas providencie, urgente e rapidamente, um auxílio mais próximo. Se a vítima apresentar evidentes condições de ser removida, levá-la ao pronto-socorro; caso contrário, somente uma ambulância deverá fazê-lo.

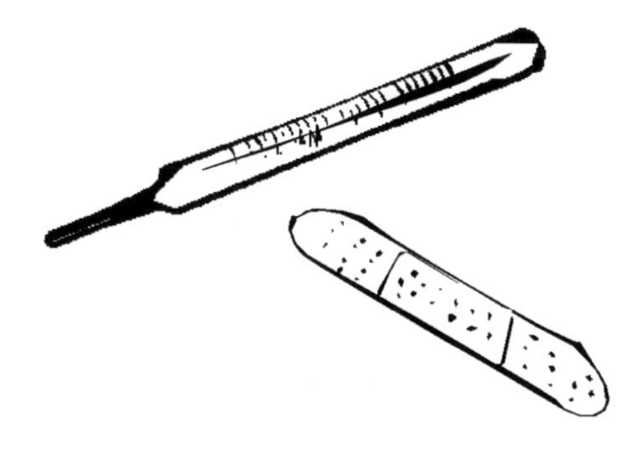

ꕤTransportar ou Não as Vítimas

As vítimas que devem ser transportadas são:

- Os picados por animais peçonhentos.
- Os fraturados de coluna, bacia e membros inferiores.
- Os que levaram choques.
- Os portadores de anemia aguda.
- Os que tiveram ferimentos penetrantes no tórax ou abdômen.
- Os traumatizados do crânio.
- Os envenenados também devem ser transportados, mesmo que estejam conscientes; não devem andar, pois o movimento facilitaria a absorção do veneno pelo organismo.

A seguir, alguns ensinamentos sobre casos de acidentes e doenças freqüentemente constatadas, para melhor orientar e ajudar qualquer pessoa que se encontre diante de uma resolução a ser tomada, no caso de um socorro de emergência.

∾Acidentes

AFOGAMENTO

No caso de uma criança estar se afogando, tire-a da água levantando-a pela cintura (deixar a cabeça pendurada para baixo), sacudindo-a levemente.

Se for adulto, após ser retirado da água, deite-o em decúbito ventral (de bruços); se possível, colocar um volume (travesseiro, toalhas dobradas etc.) sob o estômago, deixando a cabeça em nível mais baixo do que o corpo; fazer ao mesmo tempo pressão nas costas para expelir o líquido (vomitar).

Em ambos os casos, após as primeiras providências (que devem ser rápidas) iniciar imediatamente a respiração artificial (ver em "Outras emergências"), até que o afogado respire normalmente. Em seguida, mantê-lo aquecido.

DESMAIOS — ASFIXIA — Ver em "Outras emergências".

CHOQUES ELÉTRICOS

Não encoste na vítima, senão elas serão duas.

A primeira providência a ser tomada é desligar a chave geral; se isso não for possível, afaste a pessoa do fio ou aparelho elétrico com auxílio de materiais isolantes, ou seja: um pedaço de madeira, corda, jornal, tapetes, toalhas secas ou objetos de borracha. Não usar objetos úmidos ou molhados.

Se o choque for leve, a pessoa ficará apenas atordoada; se houver queimaduras na pele (ver QUEIMADURAS) e se esta for grande ou extensa, levar ao pronto-socorro. No caso de choque grave, chamar urgentemente um médico ou pronto-socorro. Enquanto isso, soltar ou afrouxar a roupa da vítima, mantendo-a também aquecida.

Se as batidas do coração diminuírem, fazer respiração artificial, boca a boca (ver ASFIXIA em "Outras emergências").

Será inútil tentar reanimar uma pessoa atingida por choque elétrico fazendo fricções com álcool ou dando substâncias para cheirar.

Não tentar dar água, líquido ou qualquer alimento.

ENVENENAMENTO — INTOXICAÇÃO

Precauções: o que NÃO se deve fazer com o envenenado:
• NÃO dar álcool de qualquer espécie.
• NÃO deixar o envenenado andar, e sim transportá-lo, pois o esforço despendido por ele auxiliaria a absorção do veneno.
• NÃO deixe de aquecê-lo; isto poderá evitar ou minorar um possível estado de choque.
• NÃO o faça vomitar, se acaso o veneno for um corrosivo, ou se estiver sem sentidos.
• NÃO dar leite, se desconhecer a natureza do tóxico.
• NÃO dar azeite ou óleo comestível, porque poderá apressar a absorção dos venenos neles solúveis.

Lembramos: o sucesso no atendimento a um envenenado depende muito da rapidez da ação do socorrista.

COMO PROCEDER ANTE UM ENVENENADO — Quando alguém apresentar sintomas de envenenamento, é necessário que seja socorrido imediatamente.

Se o envenenado estiver inconsciente, não tentar dar líquido para beber; leve-o sem perda de tempo ao pronto-socorro mais próximo; se estiver consciente, provocar vômitos, e, se for o caso, mantê-lo acordado até que chegue o pronto-socorro.

O socorrista deverá levar consigo o frasco ou um pouco do veneno (ou do vômito) para o médico que for atendê-lo, o que virá facilitar a escolha rápida do antídoto.

NÃO provocar vômitos quando forem ingeridas as seguintes substâncias:

- Ácidos fortes — sulfúrico, nítrico etc.
- Amônia, cal, inseticidas líquidos.
- Limpadores de esgoto, líquidos de limpeza, líquidos para automóveis e móveis, soda cáustica, porque o retorno destes produtos queimaria e agravaria ainda mais as lesões já provocadas por estes tóxicos.

Para evitar aborrecimentos futuros, é recomendável a quem tiver crianças em casa manter guardados em lugares altos, ou longe do alcance delas, todos os produtos químicos, os de limpeza e também os remédios.

VOMITÓRIOS — É o que se dá para o intoxicado ou envenenado ingerir a fim de provocar vômitos, eliminando ou expulsando o veneno do estômago, quando isso for o mais indicado.

O vômito pode ser provocado: por excitação da faringe (com o dedo, cabo de uma colher, pena de ave); com água morna; água com sabão, e, conforme o caso, água albuminosa, ingeridas em grandes quantidades.

ÁGUA ALBUMINOSA — Bater 4 claras em neve e juntar mais ou menos 1 litro de água filtrada; dar para ingerir.

ÁGUA DE SABÃO — Raspar mais ou menos 10g de sabão de coco (ou outro sabão qualquer), espumar bem em 1 litro de água; coar e dar para beber.

MAGNÉSIA CALCINADA — Em 4 colheres (sopa) desta magnésia misturar sabão de coco raspado, espumar tudo em 1 litro de água e coar antes de sua ingestão.

Em qualquer dos três vomitórios, dar para beber 1 copo de cada vez, até que se consiga o efeito (o vômito).

ENVENENAMENTO POR:

ALIMENTOS — Ao sentir-se mal (enjôos, indisposição ou mal-estar), após ter ingerido qualquer alimento, procure imediatamente vomitar, a fim de expelir o mais rapidamente possível o que já estiver no estômago.

Esta providência poderá livrá-lo de uma intoxicação, ou ainda, o que é mais grave, de um envenenamento. Mas, se isso ocorrer, caberá ao socorrista provocar vômitos (lançar mão de qualquer dos vomitórios descritos), e dar sobretudo muito líquido (chás, leite, estimulantes), até a chegada do médico.

No caso de ter ingerido ostras, mariscos etc., proceder da mesma forma, dando também muito café para beber. Se o médico demorar a chegar, fazer uma lavagem intestinal.

CHICLETES — GOMA DE MASCAR — As crianças, os jovens e alguns adultos adoram ficar mascando chicletes; mas é bom saber que o material do chiclete, que permite a sua mastigação sem desgaste, não é digerível. Mascar não tem problema, assim como engolir um ou outro de vez em quando; porém, se o chiclete for ingerido continuamente, pode provocar uma obstrução intestinal impossível de ser eliminada. Por isso, é bom, desde já, advertir as crianças (as grandes engolidoras de chicletes) para que elas se acostumem a jogar o chiclete fora, quando não o quiserem mais.

FUMAÇA — Não dar leite ou qualquer outro alimento à vítima intoxicada com fumaça; a ação do leite é apenas sobre o estômago; este intoxicado precisa de remédio para as vias respiratórias (oxigênio em grande quantidade).

GASES (ÓXIDO DE CARBONO) — O socorrista de uma pessoa intoxicada com gás carbônico deverá, primeiramente, abrir todas as janelas ou carregar a vítima para um lugar bem arejado. Se for necessário, fazer a respiração artificial; se esta for feita boca a boca, o socorrista terá que ter cuidado para não ser envenenado também.

Fazer flexões ritmadas com a língua (puxar a língua para frente e para trás com o auxílio de um pano) também deve ser tentado.

PLANTAS VENENOSAS — É muito comum uma criança, brincando no jardim, ingerir o líquido branco (leite) existente no caule de algumas plantas, aparentemente saudáveis; ou mastigar algumas folhas venenosas, aparentemente inofensivas.

Algumas dessas plantas venenosas: comigo-ninguém-pode, espirradeira, trombeteira, mamona, dama-da-noite, jequiriti, figueira-do-inferno, asas-de-papagaio, e outras.

Se a ingestão for consumada, colocar o dedo na garganta da criança, provocando vômitos para eliminar o veneno, antes que seja absorvido; dar leite para beber, e levá-la imediatamente ao pronto-socorro.

TÓXICOS CASEIROS — Sem percebermos, armazenamos dentro de casa uma grande quantidade de tóxicos, contidos nos inúmeros produtos caseiros, quer sejam de limpeza, remédios ou produtos de maquilagem.

Alguns deles devem ser manipulados ou ingeridos mais cuidadosamente, mas todos eles deverão ser guardados em lugares bem fechados ou em prateleiras altas, fora do alcance das crianças.

A seguir, o nome de alguns tóxicos caseiros e a maneira de proceder, caso haja um envenenamento:

Ácidos e álcalis fortes — ácido acético; clorídrico; fênico; fosfórico; glacial; nítrico; sulfúrico; sulfúrico diluído; brometo de potássio.

S.O.S. — Não provocar vômitos e nunca dar água pura, pois facilitaria a dissolução dos ácidos, queimando ainda mais os tecidos. Poderá dar leite de vaca ou leite de magnésia.

Aguarrás; benzina; gasolina; óleo mineral; querosene; soluções alcalinas

S.O.S. — Dar vomitórios: 4 colheres de sopa de magnésia calcinada para 1 litro de água e sabão de coco; espumar e dar aos copos para beber, fazendo a vítima vomitar até que não tenha mais cheiro de veneno.

Ácido bórico: fosfato de sódio; perborato de sódio; tetrafosfato de sódio.

S.O.S. — Provocar vômitos, fazendo ingerir grande quantidade de solução de bicarbonato (3 colheres de chá) em 1 litro de água.

Álcalis cáusticos: álcool etílico, álcool butílico; álcool isotropílico; carbonato de sódio; potassa cálcica; soda cáustica; sulfetos solúveis; sulfitos de sódio; tioglicolatos.

S.O.S. — Não provocar vômitos. Dar para beber grande quantidade de água com vinagre, suco de limão ou de frutas cítricas; o leite também poderá ser dado. Se houver queimaduras externas nos lábios, devem ser umedecidas e lavadas com solução bórica de 1%.

Álcool: Álcool desnaturado; álcool metílico; metanol, e todos os alcoóis.

S.O.S. — Manter o doente aquecido no leito e proteger os olhos da luz excessiva. Caso houver síncope respiratória, fazer a respiração artificial. (A melhora da respiração é sempre bom sinal.)

Arsênico

S.O.S. — Dar vomitório preparado com uma colher de sal e outra de mostarda dissolvidos em água.

Cânfora ou mentol

S.O.S. — Provocar vômitos, conservar o paciente no leito e chamar rapidamente o médico, para evitar possíveis convulsões.

Cantaridina

S.O.S. — Provocar vômitos e dar leite em quantidade; manter o doente aquecido e colocar saco de água quente no abdômen.

Petróleo e derivados

S.O.S. — Provocar vômitos, dando água (1 litro) com bicarbonato (5 colheres de chá) até que desapareça o odor do veneno.

Fenol e derivados

S.O.S. — Fazer ingerir 200ml de aguardente, ou a maior quantidade possível, pois o álcool é dissolvente do fenol. Poderá dar também leite ou água albuminosa, provocando vômitos até a eliminação do cheiro do fenol.

Hexametafosfato de sódio; hidróxido de amônia; hipocloreto de sódio

S.O.S. — Provocar vômitos, após ter ingerido água morna; em seguida, dar leite à vontade como antídoto.

Iodo

S.O.S. — Provocar vômitos, dando água albuminosa ou água com polvilho doce.

Sais de alumínio

S.O.S. — Provocar vômitos com água morna; em seguida, dar água albuminosa, leite, e novamente provocar vômitos. Poderá dar o antídoto universal (ao final deste tópico).

Sais de mercúrio

S.O.S. — Dar água albuminosa.

Sal de azedas (ácido oxálico)

S.O.S. — Provocar vômitos com água açucarada, cal queimada, giz ou gesso.

Salicilato de metila; éteres de ácido parabenzóico

S.O.S. — Provocar vômitos. Dar antídoto universal ou carvão ativado. Manter o doente aquecido.

Sulfato de cobre; sulfato de ferro; sulfato de zinco

S.O.S. — Dar leite ou água albuminosa em grande quantidade.

Terebintina

S.O.S. — Provocar vômitos com água morna ou água albuminosa. Chá forte também poderá ser dado. Manter em repouso.

ANTÍDOTO UNIVERSAL — *Preparação* — Em 1 litro de água misturar: 200g de carvão em pó, 30g de magnésio e 40g de tanino. Na falta desses elementos, substituir: o carvão por pão torrado; o magnésio por leite de magnésia; o tanino por chá preto da Índia. Dar para tomar às colheradas.

FERIMENTOS

FERIMENTOS LEVES — Nunca se deve negligenciar um ferimento, por menor que seja; um arranhão que sangra, um corte superficial ou profundo devem ser medicados.

Aos pequenos ferimentos basta desinfetar com água oxigenada e colocar em seguida mercurocromo ou mertiolate; poderá então cobri-los com curativos transparentes, mas nunca colocar esparadrapo diretamente sobre um corte ou uma ferida.

Se o ferimento estiver sangrando, lavar com água gelada ou comprimir o corte com uma pedra de gelo. Se o sangue não estancar, queime com fogo um pedaço de tecido de algodão, ou mesmo um chumaço pequeno de algodão, deixe esfriar um pouco e coloque esse queimado sobre o ferimento.

Muito bom também para estancar o sangue é usar sabão em barra; vai cessar num instante.

FERIMENTOS GRANDES — Nos ferimentos grandes, com hemorragia (ver HEMORRAGIA, logo adiante), coloque sobre eles um chumaço grosso de gaze ou de pano limpo, pressionando o lugar, e siga para um posto médico.

É necessário muito cuidado com certos ferimentos, que, embora aparentemente inofensivos, são talvez os mais perigosos. Assim, as espetadas profundas de agulhas e alfinetes, espinhos de plantas ou de pregos e ainda farpas de madeira, sendo transmissores do tétano, exigem a ida imediata do ferido ao pronto-socorro, onde certamente lhes aplicarão o soro antitetânico.

Os ferimentos profundos produzidos por instrumentos cortantes ou pontiagudos também estão nesse mesmo caso.

FRATURAS

Uma pancada, queda ou uma simples brincadeira poderão resultar numa torção, luxação, ou numa fratura.

Verificadas a extensão e a gravidade do acidente, e se for constatada apenas uma torção (ou pancada), colocar no lugar atingido um punhado de sal umedecido com água fria, ou fazer compressas com água vegeto-mineral, mantendo o local umedecido por várias horas. Poderá, também, deixar sobre o local uma bolsa de gelo, por várias horas. Na falta desta, encher um saquinho plástico com gelo, amarrá-lo bem, interpondo uma flanela entre este e a região machucada.

Não aplique massagens e, em nenhuma circunstância, tente consertar uma suposta fratura, o que poderá ocorrer, se houver uma luxação; se a fratura existir, o osso poderá se deslocar, ficando assim mais difícil para o médico e mais doloroso para o paciente.

Como reconhecer algumas fraturas e o que poderemos fazer até a chegada de um médico ou a remoção do ferido para um pronto-socorro:

CABEÇA

Crânio — Suspeita-se de uma fratura do crânio pelo sangue que escorre dos ouvidos e do nariz; poderá também haver convulsões ou coma.

Toda pessoa que receber um golpe violento na cabeça deve ficar sob observação médica (deitada de lado e a cabeça bem calçada) para que possa ser diagnosticada uma fratura ou não do crânio.

Maxilar — Uma queda sobre o queixo provoca freqüentemente uma fratura exposta. Colocar um curativo sobre a ferida e manter o maxilar imóvel, por meio de uma atadura.

Se houver risco de sufocação, manter a boca do acidentado aberta, com ajuda de um lenço. Procurar imediatamente um médico ou hospital.

CLAVÍCULA

A dor é bem localizada. Sustentar o braço do lado atingido, com uma echarpe, lenço ou um pano grande, como se fosse uma tipóia, mas com esse braço agarrado ao corpo, apenas amarrado obliquamente, isto é, amarrar no ombro do lado oposto.

COLUNA VERTEBRAL

Nas fraturas provocadas por golpes violentos ou quedas sobre as costas, nádegas e calcanhares, sente-se violenta dor nas costas e membros inferiores, podendo estes se encontrarem paralisados ou insensíveis.

Nunca procurar fazer o ferido se sentar e jamais mexer ou virar sua cabeça. Se for necessário levantá-lo, fazer de uma só vez e por inteiro (com ajuda de duas ou mais pessoas): deitá-lo, imobilizando-o sobre uma superfície dura e reta (tábua, escada deitada etc.), envolvendo-o juntamente com a tábua em vários lugares do corpo. Somente após tomadas essas providências é que o acidentado poderá ser removido.

COSTELAS

A dor é intensa e a respiração, ofegante. Deixar o ferido na posição mais cômoda; cabeça alta e o corpo inclinado, meio deitado sobre a costela ferida.

MEMBROS

Braços — Na fratura ou luxação de um braço ou antebraço, imobilizar o local, usando talas de madeira, papelão ou jornal grosso dobrado, amarrando-os bem firmes e deixar os braços apoiados comodamente numa tipóia larga (desde a palma da mão até encobrir o cotovelo) amarrada no pescoço.

Na fratura de punhos e do polegar, imobilizar a mão toda; mas quando for o dedo, imobilizá-lo, amarrando-o juntamente com seus dedos vizinhos.

Pernas — Os fraturados ou luxados de articulação dos membros inferiores só devem ser removidos após a imobilização provisória, que deverá ser feita com talas de madeira, colocadas uma por cima e outra por baixo da perna; também poderá ser feito com jornal grosso ou revistas dobradas e amarrando com ataduras de crepe ou tiras largas de pano. A perna atingida deverá ficar esticada em posição elevada.

Nas fraturas expostas, quando o osso estiver à mostra, colocar uma gaze ou um pano limpo sobre o ferimento, mantendo a vítima deitada e imóvel. Se houver hemorragia, estancá-la (ver HEMORRAGIAS).

HEMORRAGIAS

Para se estancar uma hemorragia, num caso de emergência (tratamos de hemorragias externas), pode-se usar os seguintes procedimentos:

1) Compressão: pressionar o ferimento fortemente com pano limpo e espesso, ou com gelo.
2) Fazer torniquete ou garroteamento: amarrar um lenço dobrado ou uma corda grossa, comprimir com toda a mão ou mesmo com o punho, logo acima ou abaixo do ferimento, dependendo do caso.

Para se fazer um correto garroteamento, é necessário primeiramente verificar se foi uma artéria ou uma veia seccionada.

Numa artéria atingida o sangue (arterial) é de um vermelho-vivo, e sai em pequenos jatos, acompanhando as batidas do coração. Para estancar este sangue, fazer o torniquete ou garroteamento acima do ferimento, numa distância aproximada de 5 a 8 centímetros.

Quando for atingida uma veia o sangue (venoso) que escorre é vermelho-escuro, saindo normalmente, por igual. Neste caso, o torniquete ou garroteamento deverá ser feito logo abaixo do ferimento, também numa distância de 5 a 8 centímetros.

Em ambos os casos, os torniquetes ou garrotes deverão ser afrouxados a cada 10 ou 15 minutos para se evitar uma gangrena.

HEMORRAGIA NASAL — Introduzir na narina afetada um tampão de algodão embebido em água oxigenada, calcando-o ligeiramente; colocar compressas frias ou geladas sobre a testa, nariz e nuca. Manter a cabeça levantada, ligeiramente reclinada para trás.

INTOXICAÇÃO — Ver ENVENENAMENTO.

OBJETOS ENGOLIDOS OU INTRODUZIDOS — CORPOS ESTRANHOS

OBJETOS ENGOLIDOS — É muito comum, principalmente as crianças, engolirem pequenos objetos, como botão, moeda, caroço, alfinete de segurança, que geralmente atravessam a garganta facilmente.

Quando isso acontecer, basta observar a evacuação da criança durante alguns dias, a fim de verificar a saída dos objetos engolidos.

No caso de serem engolidos objetos pontiagudos (espinho, agulha, prego, por exemplo), em que a garganta ficará ferida pela deglutição, poderão também ocorrer vômitos e dores de barriga. Não se deve dar nada (nem mesmo um purgativo), apenas levar o ferido ao hospital ou pronto-socorro mais próximo.

Numa emergência terapêutica até a ida ao médico ou a chegada deste para eliminar o perigo, em 90% dos casos, isto é, quando o corpo estiver preso à garganta, fazer a pessoa engolir uma porção generosa de aspargos, pois, sendo estes fibrosos, costumam envolver os corpos estranhos, conduzindo-os a uma eliminação natural.

Os espinhos espetados na garganta não apresentam gravidade, mas, se estiverem incomodando muito, procure um médico.

OBJETOS INTRODUZIDOS — Estes objetos, quando introduzidos no nariz, provocam espirros, o que geralmente facilita sua retirada. Poder-se-á também comprimir com o dedo a narina que não está obstruída, e com a boca fechada tentar expelir o ar pela outra narina, onde se encontra o corpo estranho. Se em nenhum destes processos acontecer a desobstrução do nariz, o caso é da alçada do médico.

Se forem introduzidos no ouvido, o melhor é não mexer e procurar imediatamente um médico especialista. A tentativa que se faz para retirar o objeto nele introduzido poderá resultar numa introdução cada vez mais profunda, tornando um simples acidente num caso mais difícil e doloroso.

INSETOS DENTRO DO OUVIDO — Ver OUVIDO em "Outras emergências".

CORPOS ESTRANHOS NOS OLHOS — Não esfregue os olhos; procure agir da seguinte maneira:

1) Feche os olhos para que o próprio lacrimejamento cuide da expulsão do corpo estranho.
2) Pegue a pálpebra superior e puxe-a para baixo, trazendo-a sobre a pálpebra inferior para ajudar a deslocar a partícula.
3) Banhe os olhos (abrir e fechar o olho atingido dentro de uma xícara) com água filtrada ou soro fisiológico.

Caso o corpo estranho persista e continue grudado no globo ocular, não tente mais retirá-lo. Procure imediatamente um oculista, que ele facilmente resolverá este problema.

OUTROS SINTOMAS — Ver OLHOS em "Outras emergências".

QUEIMADURAS — PRODUZIDAS POR FOGO, INCÊNDIO

CUIDADOS — Prevenindo-se contra um possível incêndio em sua casa, estará protegendo todos os seus; um simples palito de fósforo mal apagado e atirado ao chão, junto ao tapete ou à beira de uma cortina, poderá dar início a uma catástrofe.

Nunca se deve deitar para dormir deixando um cigarro aceso à sua cabeceira; habitue-se também a não deixá-lo na beirada de uma mesa ou de um móvel.

Substituir, se possível, os produtos de limpeza inflamáveis por outros menos perigosos.

Reparar imediatamente qualquer defeito na instalação elétrica, evitando um curto-circuito ou um choque (ver CHOQUE ELÉTRICO) seguido de queimaduras.

Finalmente, não se aproximar de fogo quando estiver usando roupa de náilon ou sintética, que são tremendamente inflamáveis.

Quando suas vestes forem atingidas pelo fogo, não saia correndo em busca de socorro; neste caso, somente você poderá socorrer-se, deitando-se e rolando no chão para assim abafar e apagar o fogo. Se houver por perto cobertores ou cobertas grandes e grossas, enrole-se nelas, apertando-as bem contra seu corpo. (Esta providência poderá também ser tomada por um socorrista.)

Exterminado o fogo, procure auxílio para tratar das queimaduras, ou, se for um caso mais grave, providenciar a remoção para um hospital.

As queimaduras podem ser superficiais ou profundas. As profundas, embora mais demoradas e mais complicadas em seu tratamento, não são no entanto as que apresentam maior perigo e, sim, aquelas mais superficiais, que atingem uma grande extensão do corpo.

CUIDADOS — Não abafar os ferimentos; cobri-los apenas com gaze ou pano bem fino e bem vaselinado (sem amarrar).

Jamais fazer bandagem nos ferimentos (queimaduras) principalmente das faces, mãos ou órgãos genitais, pois além de o ar ser um elemento para a sua cura, estará evitando que surjam cicatrizes.

Uma queimadura, conforme sua extensão ou profundidade, poderá ser de 1º, 2º ou 3º graus.

QUEIMADURAS DE 1º GRAU — Também chamadas de "queimaduras leves", são as mais amenas e freqüentes, principalmente para quem lida e trabalha na cozinha; um pequeno descuido, uma distração, e... pronto, uma queimadura aconteceu... com a água fervente ou com seu bafo, ao pegar uma panela (que está "pelando") com a mão desprotegida, ou a gordura quente que espirrou de uma fritura que está no fogo, e mais... mais... são algumas das pequenas "tragédias" que acontecem no dia-a-dia de uma dona de casa. Por isso, é necessário ter na sua minifarmácia (e na cozinha também) alguma pomada para essa eventualidade. Porém, é sempre bom ser mais previdente, e ter mais à mão alguns produtos para serem colocados logo após uma queimadura (alguns deles se encontram na cozinha), que vão eliminar instantaneamente a dor, evitando também que empolem. Alguns desses produtos que você deve ter na cozinha:

- Álcool
- Vinagre
- Água sanitária
- Bicarbonato de sódio (usar ligeiramente umedecido com água)
- Essência de baunilha
- Leite frio misturado com óleo de cozinha
- Maisena ou polvilho doce, misturados com um pouquinho de leite gelado (papa)
- Colocar por cima uma rodela de cebola
- Óleo de babosa
- Água boricada
- Pasta de dente (de preferência a que contenha leite de magnésia)
- Leite de magnésia (em especial a parte grossa)
- A "neve" que se forma no congelador (não é o gelo)
- Cenoura crua ralada
- Vaselina, manteiga, óleo e azeite, e mais... mais...

Nas queimaduras maiores, ver QUEIMADURAS DE 2º E 3º GRAUS.

QUEIMADURAS DE 2º GRAU — Estas formam bolhas, mas não tentar rompê-las por menores que sejam; elas estão protegendo o ferimento. Usar vaselina esterilizada; quando arrebentarem, cortar a pele com uma tesourinha. É prudente procurar um médico.

QUEIMADURAS DE 3º GRAU — Estas são grandes e profundas; a dor é violenta e a primeira precaução a ser tomada é dar um analgésico para o acidentado (oral ou injetável), a fim de evitar um estado de choque. Em seguida, limpar muito bem a área com água e sabão de cozinha. Manter o doente hidratado (dar muito líquido), porém não dar bebidas alcoólicas; não aplique no local substâncias gordurosas. Enquanto isso, providenciar rapidamente sua remoção para um hospital.

QUEIMADURAS POR URTIGA OU POR INSETOS — Aplicar no local um algodão molhado em leite de magnésia.

QUEIMADURAS QUÍMICAS — ÁCIDOS CÁUSTICOS — SODA CÁUSTICA — POTASSA — AMÔNIA PURA etc. — Para as queimaduras causadas por ácidos, é necessário que se lave o local abundantemente com água fria ou, ainda, água bicarbonatada; em seguida, passar vinagre. Depois, proceder como numa queimadura normal.

Se for queimadura por substância alcalina, neutralizar o efeito com uma solução ácida mais fraca.

QUEIMADURA POR ÁGUA-VIVA — Sendo essa uma queimadura cáustica, deverá ser aplicada no local amônia ou água bicarbonatada. Em casos mais graves, pomadas antialérgicas ou anestésicas.

QUEIMADURA NOS OLHOS — Quando um ácido ou cáustico cair dentro dos olhos, a primeira providência a ser tomada é correr para onde haja uma torneira de água fria, inclinar a cabeça para trás, deixando a água cair sobre o olho atingido, mantendo-o aberto com ajuda dos dedos, durante 15 a 20 minutos, tempo necessário para evitar que o ácido queime mais profundamente o olho. Imediatamente após, procurar o pronto-socorro ou o oftalmologista (oculista).

Note bem: sem a primeira providência, dificilmente um médico poderá salvar a vista.

QUEIMADURA DE SOL — Usar polvilho umedecido com leite, leite de magnésia, ou qualquer linimento calcário.

Poderá ainda aplicar rodelas de batata crua, ou clara de ovo batida com azeite sobre a parte que estiver ardendo.

Nas queimaduras maiores, proceder como em qualquer queimadura de fogo.

INSOLAÇÃO — Ver em "Outras emergências".

~Outras Emergências

ASMA

Na falta do remédio apropriado (e da bombinha), os ataques de asma poderão ser acalmados usando uma mistura de 1 colher (sopa) de açúcar e gotas de essência de funcho. Ingerir.

AZIA

Nada melhor do que tomar meio copo de água com 1 colherzinha (café) de bicarbonato ou então sal de frutas.

Ingerir 1/2 copo de leite cru gelado.

Se tiver em casa um fogão ou fogareiro a carvão, experimente tomar, quando estiver com azia, 3/4 de um copo de água onde se colocou 3 pitadinhas de cinza branca, mas apenas a cinza branca que restou do carvão queimado. É tiro e queda.

BOCA

AFTAS — Esmagar folhas de saião e esfregar o sumo no local.

Bochechar com uma infusão forte de folhas de salva.

Esfregar no local leite de magnésia, deixando por algum tempo.

Colocar sobre as aftas um algodão embebido em vinagre é ótimo para exterminá-las.

FERIDAS — Para as feridas internas da boca, usar sumo de cebola no local, ou então mastigar cebola crua.

GENGIVAS — Quando inflamadas, usar os mesmos processos para as aftas.

MAU HÁLITO — Mascar as folhas, cascas ou raízes de aperta-ruão, para perfumar a boca. Outros conselhos: ver BOCA em "Beleza".

QUEIMADURAS POR PIMENTA — Lavar a área atingida da boca com açúcar.

RACHADURAS NOS LÁBIOS — Passar uma mistura feita com glicerina e mel.

BRONQUITE

Muito bom para bronquite é fazer o seguinte: cortar uma beterraba em sete fatias, colocar uma sobre a outra, intercaladas com uma colher (sopa) de açúcar. Arrumá-las assim sobrepostas em um prato fundo e deixar a descoberto no sereno. Pela manhã, tomar em jejum o caldo que dela escorreu. (Ver também VIAS RESPIRATÓRIAS em CHÁ em "Alimentos em geral".)

BOLSA DE ÁGUA QUENTE — Quando for usar a bolsa de água quente, coloque dentro dela, antes de fechar a bolsa, um punhadinho de sal. Isso vai fazer com que sua água se conserve quente por mais tempo.

E, para maior duração da bolsa de água quente, coloque-a dentro de seu próprio saco de embalagem, e mantenha-a guardada na geladeira.

BOLSA DE GELO — Para sua maior conservação, proceda como na anterior.

DESIDRATAÇÃO

É a perda excessiva de líquido do organismo. Ela é causada geralmente por longo tempo em exposição ao sol, subnutrição ou falta de higiene.

A desidratação poderá se manifestar por meio de vômitos, disenterias, suor excessivo ou grande perda de urina.

Nunca espere muito tempo para socorrer esses doentes, principalmente se for uma criança, pois a desidratação prolongada poderá pôr em risco a vida.

Quando alguém estiver vomitando continuamente (apenas água) e o médico demorar a chegar, dê ao doente refrigerante tipo cola às colherzinhas, devagar e espaçadamente.

Tal tipo de refrigerante é também indicado para suspender vômitos provocados por enjôos de mar, avião etc.

DIARRÉIA — A diarréia também poderá ser um começo de desidratação, se não for combatida logo. Para isso, prepare: em 1 litro de água colocar 1 colherzinha de sal e 1 punhado de açúcar; misturar bem e ir tomando aos poucos (2 a 3 golinhos de cada vez) continuamente, como se fosse soro.

Muito bom também, para se combater uma diarréia, é misturar 1 colherzinha de sal em 1/2 garrafa (pequena) de refrigerante tipo cola e bater até espumar bem. Tome imediatamente assim espumando.

Se a diarréia não melhorar com nenhum dos dois "remédios", procure imediatamente um S.O.S ou um médico.

DESMAIOS — ASFIXIA

DESMAIOS — Quando uma pessoa se sentir mal, vendo tudo girar à sua volta, poderá ocorrer um desmaio. Antes que isso aconteça, faça o paciente sentar-se com as pernas bem abertas e, entre elas, baixar bem sua cabeça até que a melhora se apresente. Dê-lhe então uma bebida estimulante, podendo ser mesmo um cafezinho forte.

Num desmaio poderá ocorrer a perda de consciência. Caso isso aconteça, antes de qualquer iniciativa verificar em qual dos três tipos seguintes se apresenta o rosto do desmaiado: se azul, branco ou vermelho.

Azul — É talvez o mais perigoso dos três, pois a pele azulada denuncia falta de oxigênio, tornando-se então um caso de asfixia. Providenciar imediatamente o médico.

Branco — Nota-se pela palidez do rosto. Providência a ser tomada: o doente deverá ficar deitado com a cabeça baixa, sem travesseiro, o qual deverá ser colocado embaixo das pernas e dos pés do doente, ficando estes mais elevados do que a cabeça, facilitando assim a circulação do sangue para cima. Friccionar os pulsos com álcool.

Vermelho — O rosto se apresenta avermelhado, congestionado pelo sangue que fluiu para a cabeça. Providências a serem tomadas: não baixar a cabeça e, sim, colocar sob ela um travesseiro para suspendê-la, ficando mais alta do que o corpo, sem contudo curvá-la muito para frente, a fim de não prejudicar a passagem de ar. Aplicar compressas frias na testa e nuca. Chamar o médico.

ASFIXIA — Providência: colocar o dedo dentro da boca do doente, para verificar se a língua não dobrou. Se isso aconteceu, puxe-a para voltar ao normal (use um lenço ou pano limpo), e sem perda de tempo iniciar a respiração artificial. Se houver parada do coração, fazer massagem cardíaca simultaneamente (logo abaixo). No caso de o socorrista encontrar dificuldade para fazer essa massagem, após 3 ou 4 respirações aplicadas, fechar a mão e bater com vigor no peito do doente (em cima da região do coração), também 3 a 4 vezes, compassada e lentamente. Esse é um meio rude de se provocar a batida do coração, mas sempre é melhor tentar fazer alguma coisa do que ficar de braços cruzados.

Lembre-se: nunca tentar dar alguma coisa para beber a alguém que esteja inconsciente; esperar que ela volte a si e que demonstre reconhecer tudo à sua volta. Só então deverá ser dada uma bebida estimulante.

ASFIXIA POR GASES (CARBÔNICO ou DE ILUMINAÇÃO) — Primeiramente, afastar o doente para um lugar bem arejado, deitando-o com a cabeça e o peito erguidos, e afrouxar a roupa.

Iniciar, então, rapidamente a respiração artificial.

MASSAGEM CARDÍACA

Para que esta seja feita, o socorrista deverá colocar suas mãos, uma sobre a outra, sobre o centro do tórax (osso esterno) do doente, pressionando-o para baixo, com movimentos rápidos e fortes (não violentos), compassadamente, o que deverá ser feito juntamente com a respiração boca a boca, auxiliada por outra pessoa. Alternar uma respiração a cada 5 pressões no peito.

Se o socorrista estiver sozinho, alterne a massagem (4 a 5 vezes) com a respiração boca a boca (também 3 a 4 vezes) a cada 15 segundos.

RESPIRAÇÃO ARTIFICIAL BOCA A BOCA

Antes de iniciar uma respiração artificial, coloque a vítima numa posição adequada (às vezes a respiração é interrompida pela posição errada em que o paciente se encontra). Deite-o de costas sobre uma superfície dura, inclinando seu queixo para cima (cabeça para trás). Se ele não reagir, inicie então a respiração boca a boca: tape as narinas do acidentado e abra-lhe a boca; inspire profundamente, passe o seu ar para o paciente, expirando (soprando) para dentro de sua boca. Faça isso até sentir a "expansão" dos pulmões da vítima. Espere então o ar ser eliminado (coloque o ouvido sobre a boca do paciente para ouvir a respiração) e recomece a operação. Para o adulto, repetir a seqüência por 12 vezes em cada minuto.

DOENÇAS CONTAGIOSAS

Estas doenças são mais comumente chamadas de "doenças infantis"; elas aparecem geralmente nas crianças.

Contra as doenças contagiosas aqui mencionadas é indicada, obrigatoriamente, a vacinação preventiva (Ver VACINAS, mais adiante.)

CAXUMBA, RUBÉOLA, SARAMPO — Para essas três doenças já existe uma só vacina: MNR. Qualquer uma dessas três doenças, quando contraída, requer muito repouso, resguardo contra ventos e muito líquido; chamar o médico.

CAXUMBA — Aplicar no local inchado o suco que se obtém das folhas de erva-cidreira misturado com um pouco de sal. Colocar, então, um chumaço de algodão e amarrar com um lenço para proteger e manter o local aquecido.

Quando a caxumba for contraída por um adulto, os cuidados deverão ser dobrados, principalmente se este for homem, pois a doença poderá atacar diretamente as suas glândulas testiculares.

RUBÉOLA — Além do repouso e resguardo, tomar chá de mil-em-ramas ou de flor de sabugueiro.

A rubéola só é perigosa para a mulher quando grávida, nos três primeiros meses de gestação; ela atinge o feto, sendo necessário fazer aborto.

Seria, pois, recomendável a toda mulher que deseja engravidar, se não estiver imunizada contra a rubéola, que o fizesse através da vacina, antes de conceber um filho.

SARAMPO — Destas três doenças que a vacina previne, o sarampo é considerado a pior, podendo mesmo ser mortal, se atingir uma criança desnutrida.

Independente do repouso e resguardo, para que o sarampo "estoure" mais rapidamente, dar chá bem quente de flor de sabugueiro.

Para evitar que o sarampo atinja os olhos, pendure no quarto onde estiver o doente um pano ou papel vermelho, mantendo o ambiente em meia-luz.

Poderá também fazer, com um batom vermelho, um círculo em torno dos olhos.

O doente só poderá tomar banho quando tiver alta. O sarampo é a única das três doenças em que a vacina poderá dar uma pequena reação (febre, de mais ou menos 38º) após decorridos 7 dias de vacinação.

MENINGITE — Esta moléstia tem maior incidência nos lugares frios e ataca principalmente no inverno.

Sinais e sintomas: febre alta, dor de cabeça intensa, rigidez da nuca, podendo atingir toda a coluna; a pessoa sentirá dificuldade em abaixar a cabeça. Respiração lenta, pulsação irregular, náuseas, vômitos, dores musculares e intolerância à luz. Providência: procurar imediatamente um médico. O diagnóstico não é difícil; a meningite pode ser confirmada pelo exame do liquor (punção lombar ou suboccipital). Prevenção: evitar aglomerações em lugares fechados; evitar contatos com pessoas gripadas; muita higiene pessoal e doméstica. *Vacine-se contra a meningite!*

VARÍOLA — Embora a vacina desta doença já esteja bem difundida e usada, há pessoas que ainda continuam expostas a ela por não terem sido imunizadas, isto é, não foram vacinadas contra essa moléstia.

Nos dias de hoje esta negligência é imperdoável, pois a varíola, quando não mata, causa grandes danos à pessoa que a contraiu, deixando marcas profundas e definitivas no corpo, principalmente no rosto.

DORES

DOR DE CABEÇA — O chá de camomila cura as dores causadas pelo excesso de sol. Usar folhas de guiné ou de erva-cidreira frescas: amassar as folhas, fazer fricção, esfregando sobre a testa, ou em compressas.

Também para eliminar as dores de cabeça é recomendável ficar em quarto escuro de olhos fechados, com a testa coberta de galhos de hortelã ou de folhas de cafeeiro.

DOR NAS COSTAS (LOMBARES) — Quando você for acometido de súbitas e fortes dores nas costas, na altura da cintura, procure deitar-se no chão, em decúbito dorsal (de costas), e, se possível, colocar um travesseiro ou um pequeno volume sob os joelhos. Tomar um analgésico, ficando nessa posição até que sinta melhora.

Se mesmo assim não conseguir se levantar, mande chamar um pronto-socorro.

DOR DE DENTE (COMUM) — Fazer bochechos com chá quente de erva-cidreira, ou, se o dente estiver aberto, colocar no local um algodãozinho embebido com sumo de hortelã. Poderá também colocar no local uma medicação líquida ou em pomada. Tomar um analgésico.

DOR DE OUVIDO — Ver logo adiante, em OUVIDO.

DORES REUMÁTICAS — Usar folhas de guiné (ver acima em DOR DE DENTE). Poderá também esfregar um pouco de álcool, de preferência canforado.

Ver também REUMATISMO em "Chá", em "Alimentos em geral".

ERISIPELA

Retirar o sumo das folhas de saião, por esmagamento, e aplicar diretamente no local.

FEBRE

Quando o termômetro marca 37° ou 37,5°, está acusando um estado febril, que deverá ceder ministrando-se um antitérmico.

Mas se a temperatura permanecer a mesma ou se elevar ainda mais, é sinal de que algo de anormal está acontecendo. É hora, pois, de chamar um médico.

É muito normal uma temperatura chegar a quase 40°, quando uma criança apresenta problemas com a garganta. Não se desespere, mas não deixe de tomar providências, pois certas crianças estão sujeitas a ter convulsões, devido à alta temperatura.

Se isso acontecer, tome cuidado para não deixar a criança morder ou revirar a língua; coloque um lenço ou pano dobrado entre seus dentes; mas se a língua enrolou, puxe-a (com auxílio do pano) para voltar ao normal. Esfregue vinagre no rosto, nos pulsos, e coloque panos frios na testa e nuca. Se for o caso, poderá dar um banho morno. Não deixe de avisar ao médico.

Ver também FEBRE em "Chá", em "Alimentos em geral".

FURÚNCULO

Uma maneira simples, mas muito eficaz (quando o problema não for alergia), para curar um furúnculo é assar uma cebola no forno, e, ainda bem quente (o máximo que se tolerar), colocá-la sobre o furúnculo.

Outro procedimento: cobrir o local com uma mistura de fumo (tabaco) e azeite quente.

INSOLAÇÃO

Um banho de sol é necessário e benéfico, quando bem dosado; o abuso dos raios solares poderá afetar tremendamente a saúde, podendo surgir um caso de insolação (poderá até aparecer câncer de pele).

Além da vermelhidão da pele, um princípio de insolação se anuncia com suores frios, mal-estar geral, por vezes acompanhado de enjôos e febres.

Em primeiro lugar, transportar a pessoa para um lugar fresco e arejado, recostando-a com a cabeça alta e as pernas em posição mais baixa. Fazer compressas frias no rosto, testa e nuca, que devem ser renovadas a todo instante; dar-lhe muito líquido frio (aos goles) e seguidamente.

Se o doente estiver inconsciente, não dar nada para beber.

Chamar o médico ou levar a um pronto-socorro.

MORDIDAS E PICADAS

CACHORROS e GATOS — Vacinando desde cedo contra a raiva os gatos e os cachorros (nossos bichos de estimação), estaremos protegendo toda a nossa família.

Quando ocorrer um ataque por cão ou gato e havendo mordida e arranhões com vestígios de sangue, proceder da seguinte maneira:

1) Isolar e observar o animal por 10 dias. Se dentro deste período apresentar sinais de doença, ou de comportamento estranho (atacando, se escondendo, com dificuldade de deglutir, alteração de som no latido, ou mesmo com paralisia do trem posterior), poderá ser considerado hidrófobo. Não sendo possível seu isolamento (por fugas, por exemplo), considerá-lo raivoso também. Procure um médico!
2) Após o isolamento do animal, lavar os ferimentos cuidadosamente com água e sabão.

3) Sendo positiva a hidrofobia no animal, dirigir-se imediatamente ao Serviço de Previdência à Raiva Humana.

Não retardar a procura do médico, para que possa ser iniciado o tratamento dentro do prazo previsto. A raiva declarada é uma sentença de morte, não tem cura.

MORCEGO e MACACO — No caso de uma pessoa ser mordida por morcego ou macaco, proceder da mesma maneira que foi citado em CACHORROS E GATOS.

ARANHA — Quem mora em sítios ou fazendas deve ter o seguinte preparado em casa, para um caso de emergência por mordida de aranha: em um vidro contendo álcool ou aguardente, deixar de molho (curtir) um pouco de guiné-pipiu. É só passar no lugar atingido; deve-se, porém, fazer, principalmente, um garrote acima do ferimento.

Se a mordida for de uma aranha-caranguejeira, além de ser muito dolorida, o inchaço e a dor que ela produz atingem o membro todo; se não conseguir logo um médico, além do garrote pegue um vidro de amoníaco e despeje (derrame mesmo) não só sobre a mordida, como também sobre toda a parte inchada e dolorida. Isso vai suavizar a dor. Mas não demore para procurar um pronto-socorro.

COBRA — As pessoas que vivem em sítios ou fazendas, chácaras ou casas de campo, ou, ainda, em casas dentro da cidade, mas rodeadas de matas e jardins, deverão fazer constar em suas minifarmácias os soros antiofídicos para uma eventual emergência. Os soros deverão estar acompanhados de suas próprias instruções.

É no meio de plantações e mata virgem, nos troncos velhos de árvores, em pequenos amontoados de lenha ou madeira, que facilmente se encontram cobras das mais variadas espécies (dependendo do lugar), venenosas ou não.

As cobras não-venenosas, embora nos assustem, não trazem perigo algum; elas são inofensivas e ao mesmo tempo úteis, pois se alimentam de muitos insetos que danificam os nossos jardins. Numa mordida de cobra venenosa, os socorros deverão ser providenciados nos primeiros 15 minutos. O ferido não deverá andar, nem se mexer, para não facilitar ou apressar a ação do veneno. Garrotear imediatamente — amarrando um pedaço de pano, corda grossa, ou o que puder substituí-los — uns 5 a 10 centímetros acima do ferimento.

Aplicar o soro antiofídico. Se não for possível, providenciar a remoção do ferido para um hospital mais próximo; se a ferida estiver sangrando, sugar com a boca, cuspindo em seguida (só poderá fazê-lo se a boca não tiver ferida alguma, do contrário o socorrista absorverá o veneno). Se não houver vestígios de sangue, dar rápidas e várias espetadelas (com alfinete, espinho, qualquer objeto pontiagudo que tiver à mão), ou então fazer uma pequena incisão no local, para facilitar a sucção do sangue e da sua serosidade, que saem com uma parte do veneno.

Se for reconhecida a espécie de cobra que atacou, mais fácil será a aplicação correta dos soros antiofídicos.

Tipos de soros antiofídicos:

- Antibotrópico — para picadas de jararaca.
- Anticrotálico — para picadas de cascavel.
- Antilaquésico — para picadas de surucucu.
- Polivalente — o mais usado, pois é aplicado contra quase todas as picadas, principalmente as da cobra-coral.

Se tiver plantado no seu quintal pau-d'alho, este deverá ser socado e aplicado em cima da picada de cobra. Isso ajudará a puxar o veneno e tirar a dor.

ESCORPIÃO — Sua picada provoca uma dor intensa e profunda; embora não seja mortal para um adulto, é, porém, em alguns casos, fatal em crianças.

Garrotear uns 10cm acima do ferimento; dar um analgésico, de preferência injetável, e levar o ferido imediatamente a um pronto-socorro, onde naturalmente lhe será aplicado o soro adequado.

Depois de ter tomado um analgésico, faça também no local compressas com água e amoníaco.

INSETOS — As mordidas ou picadas de insetos às vezes incomodam e doem muito mais do que um ferimento grave. Para não ser importunado por esses bichinhos durante um passeio, antes de sair de casa unte os braços e pernas com óleo de cravo e amoníaco (encontrado nas farmácias).

Quando um almoço for servido ao ar livre, coloque sobre a toalha uma xícara de leite açucarado com pimenta; esta mistura atrai os insetos para o local e os mata.

Se nenhuma providência foi tomada para afastá-los, e se eles já atacaram, antes de fazer qualquer curativo é necessário retirar o ferrão, que geralmente fica onde houve a picada. Quando o inseto deixar o ferrão, aplicar fumo de corda molhado em aguardente; alivia a dor e ajuda na retirada do ferrão.

Para as picadas de insetos, de uma maneira geral, incluindo os mosquitos, pode-se lançar mão dos seguintes meios:

1) Colocar sobre a picada uma pedra de gelo.
2) Aplicar suco de cebola ou alho esmagado; a dor cessará imediatamente (poderão ser também esfregados).
3) Machucar bem algumas folhinhas de salva e esfregar no local.
4) Esfregar no lugar da picada uma solução feita com: 1/4 de colher (chá) do emoliente de carne em 1 colher (sopa) de água.
5) Esfregar a parte dolorida com salsa esmagada.
6) Eis um ótimo preparado para se ter em casa, ótimo para tirar a dor das picadas de insetos: 1 litro de aguardente (menos 3 a 4 dedos), 2 pedrinhas de cânfora, mais ou menos 5cm de fumo de corda. Misturar tudo, deixando em infusão. Sacudir sempre que usar.
7) Passar no local picado um pouco de desodorante Avanço. É tiro e queda.

É bom saber que os *sprays* perfumados, os tônicos de cabelo, as loções após a barba etc. atraem os insetos.

Ainda para evitar que o local da picada de insetos fique inchado, basta apertá-lo bem com um objeto de metal.

Note bem: quando se manifestar uma reação a qualquer picada de insetos, deve-se procurar um médico sem demora.

ABELHAS e VESPAS — Use qualquer dessas medidas de emergências para minorar ou neutralizar o efeito de suas picadas:

1) Cortar 1 cebola ao meio e esfregar cuidadosamente no ferimento até a dor passar.
2) Após retirar o ferrão, esfregar o local com anil seco.
3) Fluido de isqueiro, aplicado logo em seguida à picada de abelha, tira instantaneamente a dor.
4) O mesmo efeito se terá com uma pasta feita com emoliente de carne e maisena.
5) Usar sobre a picada uma pedra de gelo.
6) Também poderá usar compressas de amoníaco diluído em água.

ABELHAS AFRICANAS — Quando uma pessoa for atacada por estas abelhas não cometa a imprudência de esmagá-la, pois esta desprenderá uma substância de cheiro ativo que atrairá toda a colmeia. Uma abelha africana morre logo após a picada. Então, tome as seguintes providências:

1) Procure retirar o mais rapidamente possível o ferrão com faca ou canivete esterilizados.

2) Em caso de mais de 20 picadas, tomar urgentemente uma injeção endovenosa (na veia) de cálcio (gluconato de cálcio a 20% em ampola de 20 cc), aplicada lentamente. Nos casos benignos, usar um anti-histamínico em drágeas, e nos graves, injeção intramuscular.
3) Se houver prostração, usar coramina-cafeína, ou apenas a coramina simples (30 gotas em um pouco de água açucarada), ou, em casos graves, 1 ampola de 1cc intramuscular.
4) Constatada a inflamação, aplicar gelo ou compressas no local da picada.

Para aliviar a dor, usar pomada anestésica, à base de novocaína.

A vítima com muitas picadas deverá ser removida imediatamente para um hospital, pois a grande quantidade de veneno poderá ser fatal. O veneno dessas abelhas age mais rapidamente do que o de uma mordida de cobra cascavel.

CARRAPATOS — Ao descobrir um carrapato grudado na pele, retire-o por uma das seguintes maneiras:

1) Pingar uma gota de álcool, gasolina, óleo ou vaselina no local.
2) Aproximar bem do local um cigarro aceso.
3) Colocar um chumaço de algodão embebido em amoníaco.
4) Cobrir o local com um pedaço de toucinho gordo, deixando por algum tempo.
5) Para tirá-lo facilmente, espetá-lo bem no meio com uma agulha quente.
6) Se o carrapato estiver agarrado na carne, mesmo que ali esteja por alguns dias, cobrir o local completamente com esmalte de unhas; é preferível, mas não indispensável, um esmalte branco. Deixar por várias horas ou por toda 1 noite. Ao ser removido, todo o carrapato sairá junto com o esmalte ressecado.

LAGARTA-DE-FOGO — Para as picadas, muito doloridas, deste inseto, aplicar amônia.

MARIMBONDO — Colocar no local da picada um pouco de gasolina ou amoníaco.

Também poderá comprimir o local, com um pouco de fumo em corda.

MOSCAS e MOSQUITOS — Além dos meios já citados no início, em INSETOS, as picadas das moscas e dos mosquitos são também aliviadas esfregando-se levemente no local uma mistura de azeite com suco de limão.

Vaselina descongestionante faz ceder rapidamente a coceira e a inflamação.

As moscas detestam o cheiro de lavanda; por isso, espalhe pela casa alguns chumaços de algodão embebidos neste perfume.

MOSCAS-VAREJEIRAS — Colocar sobre a picada destas moscas graxa mineral (dessas que se usam em rolamentos). Essa graxa serve tanto para picadas em pessoas como em animais.

BERNE — Produzido pela picada de um certo tipo de mosca; coloca-se sobre a picada um pedaço de toucinho, pois o berne, precisando respirar, sairá por ali.

PIOLHO — Aplicar um chá forte de arruda, ou usar o pó de suas folhas secas. Poderá também ser usado o maracujá do campo.

SARNA — Aplicar com algodão o chá forte de arruda, ou então aplicar folhas machucadas da planta do anil.

NARIZ

NARINAS ENTUPIDAS — Para se livrar desse incômodo, basta colocar um livro ou caderno grosso debaixo de um dos braços, bem junto às axilas, do lado contrário ao da narina entupida; aperte bem o braço, ajustando-o bem contra o corpo, impedindo o livro de cair.

Permaneça assim, e procure se distrair com alguma coisa. Após decorridos mais ou menos 10 minutos, sua narina estará respirando livre e normalmente.

Quando acordar durante a noite com o nariz tapado, por causa da gripe que o "pegou", não fique aflito, pensando que vai perder o sono por causa disso. Mantenha-se inteirinho bem coberto; tire seus sapatinhos ou meias de lã (não faz mal que esteja frio) e, com os pés nus, coloque-os para fora das cobertas, pelo lado da cama (só os pés). As narinas vão se abrir, quase que instantaneamente, e você... poderá sonhar com os anjinhos... E... bom sono.

ESPIRROS — Quando sentir vontade de espirrar, e quiser "cortar" o espirro, aperte imediatamente uma unha da mão, na extremidade de qualquer outro dedo da mão, até que a vontade de espirrar desapareça.

Ou então, assim que o espirro despontar, aperte a ponta da língua fortemente contra o céu da boca, até que a vontade de espirrar desapareça.

Mas, para que qualquer dos dois citados surtam efeito, é necessário que se "ataque" o espirro, assim que ele der o sinalzinho.

OLHOS

ÁCIDO NOS OLHOS — Ver em QUEIMADURAS QUÍMICAS.

CORPOS ESTRANHOS NOS OLHOS — Ver em OBJETOS ENGOLIDOS OU INTRODUZIDOS — CORPOS ESTRANHOS.

Na hora de tomar o seu banho de piscina, esfregue nos cílios um pouco de azeite de oliva. Isso evitará que os olhos ardam em contato com o cloro da água.

Se você gosta de nadar, passe também um pouco de vaselina ao redor dos olhos antes de cair na água. Ela evita que seus olhos fiquem vermelhos e irritados.

O ardor dos olhos que tomaram muito sol será minorado fazendo-se sobre eles uma compressa morna de chá de camomila.

CAL — Quando acontecer de cair cal nos olhos, certamente irá doer muito. Mas você terá que lavar imediatamente o olho (banho ocular) com água fria bem açucarada, que ela vai neutralizar completamente o efeito da cal, tornando-a inofensiva à vista.

CISCO — Não fique esfregando o olho tentando tirar um cisco que teima em não sair, pois poderá arranhá-lo e feri-lo; às vezes, o cisco fica preso na superfície interna da pálpebra superior.

Umedeça bem o dedo e esfregue-o em fumo de cigarro; em seguida, encoste-o no cantinho dentro do olho atingido (não colocar o fumo); a formação de lágrima facilitará a retirada do cisco.

Poderá, também, fazer um banho ocular (abrir e fechar o olho atingido imergindo-o em um copinho com água).

CONGESTIONADOS — Quando o olho estiver vermelho, lacrimejando (não sendo causa de alguma moléstia), faça o banho ocular mergulhando o olho num copinho com água fria bem açucarada; abrir e fechar o olho várias vezes, podendo mais tarde ser repetida a operação.

Para descongestionar, clarear, desinchar ou descansar a vista, use uma compressa fria de chá preto, mate ou camomila (bem frio e não pingar dentro dos olhos), mantendo a cabeça repousada com os olhos fechados. Renove de vez em quando o algodão.

CONJUNTIVITE — De repente, uma grande poluição causa quase que uma epidemia de conjuntivite. E, nessas horas, devemos tomar algumas providências para evitar que ela nos atinja, pois o contágio ocorre pelo contato direto, através dos dedos, toalhas, lenços etc. Embora a conjuntivite possa ser infecciosa ou virótica, qualquer delas requer o máximo cuidado, devendo a pessoa que estiver afetada procurar logo um oftalmologista.

Mas quem for contaminado pelo vírus da conjuntivite deve seguir os seguintes conselhos:

- Lavar as mãos sempre com água e sabão, evitando levá-las aos olhos.
- Não usar colírios sem indicação médica, especialmente os que contêm antibióticos e corticóides.
- Usar lenços apenas de papel (porque são descartáveis).
- Lavar os olhos com soro fisiológico e água boricada, sempre que possível.
- Usar óculos escuros, não só para impedir contatos com a secreção ocular, mas para evitar o desconforto causado pela claridade.
- Um colírio calmante para a conjuntivite: tintura de açafrão — 1g; água de rosas — 60cc; emprega-se em banhos oculares.

Externamente, poderá ser feita compressa fria de um chá feito com cerca de 15g de folhas de trevo-cheiroso para 1/2 litro de água.

TERÇOL — Quando no início, esfregar a sua própria saliva sobre ele, várias vezes ao dia.

Faça desaparecer o terçol amarrando um fio de linha de coser no dedo anular (do mesmo lado do terçol) e dando três nozinhos; deixe ficar assim, até sumir o terçol.

ÓCULOS — Ver em OLHOS em "Beleza".

OUVIDO

ÁGUA DENTRO DO OUVIDO — É comum, logo após um banho de mar ou piscina, as pessoas ficarem pulando, para fazer escorrer a água que ficou dentro do ouvido. Para que ela saia facilmente, basta pingar no ouvido afetado umas gotinhas de álcool absoluto ou éter. Deixe então a cabeça pender bem para este lado, deitando-a sobre o ombro, e num instante o ouvido estará desimpedido.

Pode também pingar no ouvido afetado umas gotinhas de mertiolate branco (incolor). O resultado é instantâneo.

DOR DE OUVIDO — Quando uma criança (ou adulto) sentir forte dor de ouvido, e não houver no momento qualquer remédio para aliviá-la, embeba um pequeno chumaço de algodão em azeite de oliva quente e esprema-o para sair o excesso; coloque então esse algodão umedecido dentro do ouvido afetado, sem contudo pingar dentro dele. Mantenha o local aquecido (flanela esquentada ou bolsa de água quente); poderá usar também um analgésico (o que estiver habituado a tomar).

Não deixe de procurar o médico (otorrinolaringologista), pois poderá ser o início de uma inflamação e certamente a dor voltará.

INSETOS DENTRO DO OUVIDO — Quando um inseto penetra no ouvido, provoca um enorme ruído, como se tivéssemos um tambor dentro da cabeça ou como se estivéssemos enlouquecendo. Não tente tirar o inseto com o dedo, nem fique cutucando o ouvido, pois de nada adiantaria. Para retirá-lo, recline a cabeça para o lado e pingue umas gotinhas de óleo ou azeite, aguardando alguns instantes, na mesma posição, até que o barulho cesse. Tombe a cabeça para o outro lado (reclinando para o mesmo lado do ouvido afetado) para o óleo escorrer, e com ele virá o inseto. É só limpar o ouvido sujo de óleo.

PÉ-DE-ATLETA

É uma infecção causada por fungos, contraída quando se anda descalço na rua, freqüenta-se piscinas, chuveiros de clubes ou institutos de fisioterapia.

O pé se apresenta com erupções vermelhas, pele descascando e "minando" água entre os artelhos, com fortes coceiras. Para aliviar esta irritação, use o vinagre de maçã (remédio caseiro) puro ou diluído em água.

PRESSÃO ALTA — Ver em "Chá", em "Alimentos em geral".

PRESSÃO BAIXA — Quando houver uma brusca baixa de pressão, dar ao doente imediatamente café forte quente, amargo (sem açúcar).

Poderá também fazê-lo ingerir um pouco de sal ou qualquer alimento bem salgado (batata frita, amendoim etc.). Colocar um pouco de sal embaixo da língua.

Ver também em "Chá", em "Alimentos em geral".

RESSACA

DE ÁLCOOL — Após uma noitada alegre, quando geralmente as pessoas se excedem na bebida, é comum no dia seguinte acordarem com uma tremenda ressaca.

Uma das inúmeras maneiras para se curar uma ressaca (todo bebedor conhece uma) é tomar em jejum um copo de cerveja, de preferência a cerveja preta, que, além de eliminar a ressaca, é boa para o estômago. E mais:

- Comer algumas ostras cruas (em jejum); são "tiro e queda".
- Tomar 2 comprimidos de vitamina C; vão não só cortar a ressaca, como também acabar com a fadiga.
- Cheirar sais "é batata" para se livrar das tonturas.
- Tomar água gasosa em pequenos goles.
- Dar para o beberrão um chá feito com folhas de boldo.
- Mas se ele recusar a tomar esse chá (é amargo...), ofereça-lhe um copo de suco de tomate; com certeza este ele não vai recusar.
- E, para um "ressaqueiro" requintado, o remédio é outro requinte: tomar... uma taça ou uma *flûte* de champanhe. Mas... cuidado, não vá emendar com outro pileque...

Quando se bebe continuamente, e o pileque se manifestar, corte-o imediatamente tomando, ou melhor, "chupando" dois ovos crus (furar o ovo dos dois lados) e, numa "chupada", engoli-los de uma só vez.

COMBINAÇÕES PERIGOSAS COM ÁLCOOL

O álcool é uma droga forte e poderosa; assim sendo, quando misturado com outras drogas, sua combinação poderá resultar em conseqüências graves e inesperadas. Por isso:

NÃO se deve misturar com álcool:

- Antabuse
- Antibiótico cloromicetina
- Anti-histamínicos (para alergia)
- Medicamentos usados no tratamento de disenteria amébica
- Remédios para tratamento de infecções por fungos
- Hidrato de cloral
- Pílulas soporíferas
- Medicações para o tratamento de perturbações vasculares
- Sedativos
- Tranqüilizantes

No caso de a pessoa estar fazendo um tratamento com diuréticos, remédios para baixar a pressão ou aqueles destinados a combater a depressão, somente poderão ser misturados com álcool com permissão médica.

Procurar evitar também a aspirina, mesmo que seja com a finalidade de se curar uma ressaca.

Todos os produtos ou remédios acima mencionados não deverão ser usados nem antes nem após a ingestão de álcool.

Recomenda-se também abolir o álcool quando em tratamento com qualquer tipo de antibiótico, pois pode modificar ou anular o seu efeito.

SOLUÇOS

Qualquer pessoa poderá ser acometida por soluços; quando isso acontecer faça-os cessar rapidamente, usando um dos seguintes processos: se é o bebê que soluça, após a mamadeira, arranque uns fiapinhos de sua roupinha de lã (que está vestindo), embole esses fiapos com os dedos umedecidos e coloque sobre sua testinha; pode-se substituir os fiapos por algodãozinho molhado.

Numa outra emergência, erguer o bebê, carregando-o de pé, colocando-o de encontro ao ombro (da pessoa que carrega), pois essa mudança de posição poderá ser suficiente para deter o soluço.

Aos adultos ou criança maiores:

1) Tomar 1 copo d'água em 10 goles seguidos, sem respirar.
2) Inspirar bem fundo com a boca fechada, em seguida tapar o nariz, apertando bem as narinas, para reter a respiração pelo tempo que puder. Expire então rapidamente, renovando a operação por 3 vezes. Se o soluço persistir, insista novamente, pois é provável que não tenha inspirado até o limite máximo.
3) Engolir, de uma só vez, 1 colherzinha cheia de açúcar, sem chupar ou mastigar.
4) Segurar sobre o estômago um jornal dobrado.
5) Respirar num saco de plástico ou de papel, durante cerca de 3 minutos.
6) Tomar 1 garrafa (pequena) de refrigerante tipo cola em goles contínuos.

UNHEIRO

Numa cumbuquinha cheia de água bem quente (o mais quente que suportar) misturar 1 colherzinha (chá ou café, dependendo do tamanho da cumbuca) de borato de sódio, e mergulhar o dedo doente. Cubra toda a mão e a cumbuca com pano grosso ou flanela para abafar, a fim de conservar a água quente; permanecer assim por 15 a 20 minutos.

Em seguida, faça com a mesma água (bem quente) uma compressa ao redor do dedo, cobrindo-o com pano para conservar o calor. Essa imersão deverá ser feita diversas vezes ao dia, durante alguns dias, até que o unheiro desapareça completamente.

REMÉDIOS

PRECAUÇÕES — Quando se toma um remédio, deve-se primeiramente ler a bula, para saber quais as possíveis reações ou contra-indicações, principalmente se o paciente for alérgico.

É também muito importante saber tomá-lo: se antes ou após as refeições; se pela manhã em jejum, à tarde, ou ao deitar-se.

Ocorre, também, em muitos casos, que remédios eficazes são neutralizados pela combinação de outros também eficazes. É o caso de quem ingere comprimidos de penicilina; não deverá ingeri-los com suco de frutas. Os antibióticos conhecidos por tetraciclíneos não deverão ser tomados com leite ou quaisquer de seus derivados, pois o cálcio é capaz de destruir os ingredientes ativos.

A aspirina não deverá ser usada quando em tratamento com diuréticos, anticoagulantes, ou remédios para diabetes, salvo permissão médica. Deve-se também evitar a aspirina quando se toma bebida alcoólica (embora muitos insistam em tomá-la para cortar uma ressaca).

FRASCOS DE REMÉDIOS — A maioria dos invólucros, frascos ou vidros que contêm remédios deve ser guardada em lugares frescos e secos, protegidos da luz, principalmente se os frascos forem de cor escura.

OUTROS CUIDADOS — É muito importante que um remédio seja tomado segundo as indicações. A menos que o médico dê outras instruções com relação a certos medicamentos, sigam o seguinte:

- Para serem tomados 1/2 hora antes das refeições: os remédios contendo beladona ou atropina (geralmente empregados nos tratamentos antiespasmódicos).

- Para serem tomados após as refeições (imediatamente) ou com qualquer alimento ou leite: todos os remédios que contenham aspirina, comprimidos para diabetes, drogas à base de cortisona, ferro e compostos que contenham potássio.
- Para tomar de estômago vazio, ou uma hora antes, ou três horas após as refeições: a grande maioria dos antibióticos, especialmente os relacionados à penicilina; também remédios usados para combater a depressão.

Tomar muita água quando ingerir preparados como os compostos de vegetais, os que são feitos com psilo e todas as drogas à base de sulfa; também os remédios usados no tratamento de gota.

FÓRMULAS — Alguns remédios que fazem parte da sua minifarmácia podem ser preparados em casa, desde que se adquiram os ingredientes necessários, em farmácias ou drogarias.

ÁGUA BORICADA — Para compressas nos olhos:

- ácido bórico — 30g
- água filtrada — 1 litro

Ferver a água, dissolver nela o ácido bórico e deixar esfriar (com tampa). Guardar em vidro tampado.

ÁGUA VEGETO-MINERAL — Para distorção, pancadas fortes etc.:

- alcoolato vulnerável — 80,0
- acetato de chumbo — 20,0
- água comum — até perfazer 1 litro

Misturar tudo num vidro, guardar tampado, e agitar sempre que usar, o que deve ser feito em compressas locais, mantidas molhadas por muito tempo; prenda com uma atadura de crepe.

ÁLCOOL CANFORADO — Para dores reumáticas, nevrálgicas etc.:

- álcool — 1 litro
- cânfora — 20g ou 8 pedrinhas

Esmigalhar as cânforas, jogar dentro do litro de álcool e tampar o vidro. Deixar dissolver bem as cânforas antes de usar.

Fazer fricções nos lugares doloridos.

VASELINA CANFORADA

Para cada 30g de vaselina, misturar 1/2 tijolinho de cânfora.

PASTA PARA ASSADURAS DE BEBÊ:

- ácido salicílico — 2,0
- óxido de zinco — 24,0
- amido de trigo — 24,0
- vaselina — 50,0

Misturar tudo muito bem, e guardar em potinhos ou latinhas bem fechados. É ótimo para aliviar e curar assaduras, especialmente de bebê.

VACINAS

VACINAÇÃO — De 0 (zero) a 8 anos de idade, uma criança deve ser vacinada contra doenças contagiosas, algumas graves, que poderão deixar danos ou marcas para a vida toda.

TABELA PARA VACINAÇÃO

Idade para vacinação	*Vacinas a serem aplicadas*
1 mês	BCG (tuberculose)
2 meses	Tríplice — DPT — 1ª dose (difteria — coqueluche — tétano)
2 meses	Sabin — 1ª dose (antipólio)
3 meses	Tríplice — 2ª dose — DPT
4 meses	Tríplice — 3ª dose — DPT
4 meses	Sabin — 2ª dose (antipólio)
6 meses	Sabin — 3ª dose (antipólio)
6 meses	Antivariólica
9 meses	Contra sarampo (uma única dose)
1 ano	Sarampo + rubéola + caxumba (dose única)
18 meses	Tríplice — DPT
18 meses	Sabin — (antipólio)
2 anos	BCG (tuberculose)
4 anos	Tríplice DPT
5 anos	Antivariólica
6 anos	BCG (tuberculose)
6 anos	Sabin (antipólio)
7 anos	Difteria e antitetânica
10 anos	Antivariólica
12 anos	BCG (tuberculose)
18 anos	BCG (tuberculose)

A partir de três meses, vacinar contra meningite. A partir de um ano, fazer a vacina MNR contra sarampo, caxumba, rubéola (tomar sob controle médico).

Em qualquer idade, contra: gripe, tifo, cólera, febre amarela e, em circunstâncias especiais, herpes e raiva.

Uma explicação sobre as vacinas:

Dupla = Difteria e tétano
Tríplice = Difteria, tétano e coqueluche
Sabin = Paralisia infantil
MNR = Sarampo, caxumba e rubéola

VITAMINAS E OUTROS ELEMENTOS DA SAÚDE

Todos nós sabemos que as vitaminas e os sais minerais são indispensáveis à saúde, e uma alimentação não-quantitativa, porém qualitativa, deverá fornecer as quantidades mínimas diárias de cada uma delas, para o equilíbrio e bom funcionamento do organismo.

Quando essas vitaminas ingeridas na sua forma natural forem insuficientes, é recomendável, como reforço, uma complementação em forma de comprimidos, drágeas, líquidos ou injetáveis; tudo sob a orientação médica.

É importante saber para que serve cada vitamina, e suas fontes de armazenamento.

Algumas delas:

VITAMINA A

Recomendada na fase de crescimento. É fundamental para a saúde dos olhos, dentes, bom funcionamento das células e de todo o epitélio.

Fontes: leite e seus derivados; peixe, ovos, carne magra; aipo, quiabo, cenoura, espinafre, batata-doce; melão, mamão e outros.

Quando for receitada essa vitamina em comprimidos ou semelhantes, seguir rigorosamente a dosagem indicada, pois o excesso poderá ser tóxico.

VITAMINA B (B1, B2, B6, B12)

Todas juntas formam o Complexo B.

Sem essas vitaminas, a pele, os cabelos e os olhos perderiam o brilho.

B1 — Desperta o apetite; é um verdadeiro supertônico. Recomendada para o bom funcionamento das glândulas e dos nervos.

Fontes: ovo, fígado, amendoim, feijão, levedura de cerveja etc.

B2 — Excelente para a saúde em geral; estimula o crescimento. Evita erupções da pele e é também indicada para as perturbações intestinais.

Fontes: leite, queijo, banana, fígado, carnes magras, amendoim, beterraba etc.

B6 — Imprescindível no metabolismo protéico. É de vital importância para o normal funcionamento do organismo. Sua falta provoca lesões na pele, convulsões em bebês, e certas formas de anemia.

Fontes: levedura, fígado, músculo, peixe, cereais completos e legumes.

B12 — Um poderoso tônico. É indispensável para o bom funcionamento do sistema nervoso e esgotamentos.

Fontes: fígado, ovo, peixe, carne, leite e derivados etc.

VITAMINA C

Fortalece ossos, dentes, gengivas, pele, unhas, vasos sangüíneos e é também indicada contra infecções e gripe.

Fontes: frutas cítricas, caju, melão, morango cru, vegetais de folhas verdes etc.

VITAMINA D

É essencial para a formação dos tecidos ósseos e musculares, cicatrização de feridas. Sua carência provoca hemorragias, gengivites e desprendimento dos dentes. Na infância, sua carência pode provocar raquitismo e deformação óssea.

Fontes: sua maior fonte é o sol (raios ultravioleta), em seguida o leite. Também no ovo, manteiga, peixe etc.

VITAMINA E

Necessária para a formação de células, produção de hormônios sexuais (favorece a fertilidade), para acelerar a cicatrização e ajuda a adiar o aparecimento de rugas. É conhecida como a vitamina "Fonte da Juventude".

Detém também a evolução da miopia.

Fontes: óleos vegetais, alface, ovo e cereais.

VITAMINA K

Essencial para a coagulação normal do sangue, por isso muito usada para prevenir hemorragia.

Fontes: essa vitamina é sintetizada pelas bactérias intestinais do próprio corpo humano. Eis por que, quando se tomam altas doses de antibióticos, deve-se comer iogurte, para restabelecer as bactérias por eles destruídas.

OUTROS ELEMENTOS — MINERAIS

CÁLCIO — Fortalece os ossos e dentes, principalmente quando em combinação com o fósforo.

É importante para músculos e nervos; ajuda a cicatrização, a calcificação de ossos quebrados. É também indicado para os que sofrem de bronquite e asma.

Fontes: leite e seus derivados, feijão, soja, farinhas de ossos, melado e vegetais verdes.

CLORETO DE SÓDIO e POTÁSSIO — Esses minerais regulam a retenção de água no organismo (o sódio na retenção); o potássio age como diurético.

Fontes: o sódio, no sal de cozinha; o potássio, nos vegetais verdes, grãos integrais, alimentos do mar e leite.

FÓSFORO — Oferece praticamente os mesmos benefícios do cálcio, além da formação de energia.

Fontes: carne, ovo, leite e derivados, cereais, lentilha, feijão etc.

IODO — Ajuda a produção de hormônios da tireóide, regula a produção de energia e evita o bócio.

Fontes: sal iodado e todos os produtos do mar; mas, para suprir uma deficiência de iodo, precisariam ser ingeridos em quantidade enorme.

MAGNÉSIO — Junto com o cálcio e a vitamina B6, o magnésio é um tranqüilizante natural; importante para a energia, fortalecer os dentes e aguçar a visão.

Fontes: ovos, leite, grãos integrais, nozes, ervilhas, e todos os vegetais verdes.

MINIFARMÁCIA

Os acidentes ou doenças são imprevistos que podem ser previstos. Organize, pois, em sua casa, uma minifarmácia, onde deverão constar alguns medicamentos simples e comuns, que poderão e deverão ser usados numa emergência.

Reserve para isso um pequeno armário ou prateleira em lugar alto, fora do alcance de uma criança.

Anote numa folha de papel os telefones e endereços do médico e do pronto-socorro, em lugar bem visível, pregando-a ou colando-a na parte interna da porta do armário de sua minifarmácia, ou junto ao telefone.

Verifique se os remédios estão com suas respectivas bulas, e guarde-os ordenadamente, evitando confusões ou demora quando deles necessitar.

Periodicamente, renove os produtos que não se conservam por muito tempo, ou que lá já estejam por vários meses; e também desfaça-se daqueles que trazem uma data-limite como prazo de validade (poderá usar estes remédios até a data indicada pela bula).

Ao jogar fora os remédios, derrame o conteúdo dos medicamentos líquidos numa pia ou ralo; quantos aos sólidos ou comprimidos, faça um embrulho bem amarrado antes de jogá-los na lata de lixo.

O QUE DEVERÁ CONSTAR EM SUA MINIFARMÁCIA:

- Água boricada (para os olhos)
- Água oxigenada
- Água vegeto-mineral (contusões, pancadas, torções etc.)
- Álcool 90º
- Álcool canforado
- Algodão
- Antiácidos efervescentes
- Amoníaco
- Analgésico
- Antialérgico

- Antidiarréicos
- Antiespasmódicos (cólicas)
- Ataduras de crepe (para luxações)
- Atadura de gaze (vários tamanhos)
- Bolsa de água quente
- Bolsa de gelo
- Colírio
- Coramina (para o coração)
- Descongestionante nasal
- Esparadrapo — Curativos transparentes
- Leite de magnésia
- Magnésia fluida
- Desintoxicante para o fígado
- Mercurocromo ou mertiolate
- Gotas para dor de ouvido
- Pomada contra queimaduras
- Seringa e agulhas (de preferência as plásticas, descartáveis)
- Medicação para enjôos
- Pomadas (penicilina, terramicina ou outra): infecção de ferimentos
- Pó de sulfa (secante dos ferimentos)
- Termômetro
- Pomadas ou gotas para dor de dentes

Se morar em sítio ou fazenda, inclua também soro antiofídico.

DE OLHO NA SAÚDE

METAIS QUE O ORGANISMO CONSOME

Tão necessários quanto as vitaminas são os metais (sais minerais). Como elas, terão que ser também dosados e ingeridos quando necessitamos e, naturalmente, sob ordem e controle médicos, o que é absolutamente necessário, pois alguns desses medicamentos em excesso (bem como suplementos dietéticos) poderão resultar em reações alérgicas.

O mapa abaixo não tem a função nem a pretensão de ser um diagnóstico, serve, sim, para alguma orientação e conhecimento.

Assim sendo, consulte antes seu médico; só ele a orientará corretamente.

Mineral	*Alguns sintomas de deficiência*
Ca/Cálcio	Dentes estragados, raquitismo, cãibra muscular
Cr/Cromo	Arterosclerose, intolerância da glicose nos diabéticos
Co/Cobalto	Anemia, por deficiência de ferro
Cu/Cobre	Fraqueza geral, anemia, colesterol elevado
Fe/Ferro	Anemia, língua ferida, unhas quebradiças
Li/Lítio	Desordem maníaco-depressiva
Mg/Magnésio	Pulso rápido, tremores, desorientação, confusão
Mn/Manganês	Falha de coordenação muscular, perda de audição
P/Fósforo	Perda ou excesso de peso, fadiga, respiração irregular
K/Potássio	Acne, pele seca, sede contínua, insônia
Se/Selênio	Toxidez do mercúrio, toxidez cardíaca por drogas
Si/Silício	Descalcificação dos ossos, tendinite
Na/Sódio	Perda de apetite, gás intestinal, retração muscular
Zn/Zinco	Fadiga, cegueira noturna, cura difícil a ferimentos

METAIS TÓXICOS — Alumínio, arsênico, berílio, cádmio, chumbo, mercúrio, níquel.

VITAMINAS e MINERAIS — Ver as páginas 353 a 356

ADITIVOS EM ALIMENTOS INDUSTRIALIZADOS

Todos os produtos alimentícios industrializados — enlatados, pacotes, garrafas, plásticos etc. — devem ter, obrigatoriamente, fixados em seus rótulos ou invólucros, as siglas dos componentes e aditivos químicos que necessariamente neles entraram, não só para a preservação e conservação desses alimentos, como também para fixar sabores, colorir, adoçar etc.

Ocorre, porém, que todos eles passam despercebidos pela maioria de seus consumidores, que nem sequer imagina a grande quantidade de aditivos químicos que ingerem diariamente, dos quais muitos são rejeitados pelo organismo. Assim sendo, os cuidados se farão necessários, porque eles poderão acarretar graves conseqüências ao consumidor, especialmente às pessoas alérgicas.

Para esclarecer e mais facilmente decifrar as siglas dos respectivos aditivos químicos, damos, a seguir, uma lista para ser consultada, antes que esses alimentos sejam ingeridos.

TÍTULOS DOS ADITIVOS

- Acidulantes
- Corantes
- Antioxidantes
- Edulcorantes
- Aromatizantes
- Espessantes
- Conservantes
- Estabilizantes
- Umectantes

ACIDULANTES

HI	Ácido adípico
HII	Ácido cítrico
HIII	Ácido fosfórico (mineral)
HIV	Ácido fumárico
HV	Ácido glicônico
HVI	Ácido glicólico
HVII	Ácido lático
HVIII	Ácido málico
HIX	Ácido tartárico
HX	Glucona delta lactona

Uso permitido em conservas de: picles, aperitivos, balas, biscoitos, bombons, maioneses, conservas, doces em massa, geléias, licores, pós para refrescos, coberturas de bolos, mingaus, refrescos, sorvetes, sobremesas, refrigerantes, xaropes, leite em pó acidificado, leite empregado na fabricação de margarinas, embutidos em geral.

ANTIOXIDANTES

AI	Ácido ascórbico
AII	Ácido cítrico
AIII	Ácido fosfórico
AIV	Ácido nerdiidroguaiarético
AV	Butil-hidroxianisol (BHA)
AVI	Butil-hidroxitolueno (BHT)
AVII	Citrato de monoisopropila
AVIII	Fosfolipídios (lecitina)
AIX	Galato de propila ou de duodecila ou de octila

AX Resina de guáiaco
AXL Tocoferóis
AXII Etileno-diamino-tetracetato de cálcio e de sódio (EDTA)
AXIII Citrato de monoglicerídio

Uso permitido em: conservas de carne, margarina, polpas e sucos de frutas, refrigerantes, farinhas, refrescos, leite de coco, óleos, gorduras, molhos e condimentos preparados, biscoitos e similares, emulsões à base de óleos cítricos.

AROMATIZANTES

FI Essências naturais
FII Essências artificiais
FIII Extrato vegetal aromático
FIV Flavorizantes quimicamente definidos

Uso permitido em: balas, biscoitos, bolos, bombons, geléias, leite aromatizado, iogurtes, licores, pós para mingaus, pudins, refrescos, sorvetes, refrigerantes, recheios de produtos de confeitaria, gelatinas, açúcar, margarinas, doces e pudins à base de leite, produtos derivados da soja.

CONSERVANTES

PI Ácido benzóico
PII Ácido bórico
PIII Ésteres de ácido p-hidroxibenzóico
PIV Ácido sórbico
PV Dióxido de enxofre e derivados
PVI Antibióticos — oxitetraciclina e clorotetracilina
PVII Nitratos
PVIII Nitritos
PIX Propionatos
PX Éster dietil pirocarbônico
PXI Ácido dehicroacético (dehicroacetato de sódio)

Uso permitido em: concentrados de frutas para refrigerantes, conservas, margarinas, molhos, refrigerantes, refrescos de leite fermentado, farinhas, leite de coco, óleos, gorduras, produtos de cacau, emulsões à base de óleos cítricos, chocolates, doces em massa, geléias, maionese, néctar de laranja, produtos de confeitaria, preparados de sucos, polpas, pastas ou pedaços de morango, pêssego e abacaxi, animais vivos, aves, produtos de frutas, vinagres, vinhos, xaropes, sucos cítricos, queijos.

CORANTES

CI	Corantes naturais (vegetais ou eventualmente de animais)
CII	Corantes artificiais (geralmente da hulha ou de petróleo)
CIII	Corantes sintéticos idênticos aos naturais
CIV	Corantes inorgânicos (minerais)

Uso permitido em: gelados, refrescos, refrigerantes, balas, gelatinas, leite aromatizado, pós para geléias, mingaus, pudins, iogurtes, condimentos, manteiga, margarina, queijos, xaropes, recheios de biscoitos, recoloração de frutas em caldas, licores.

EDULCORANTES

DI Sacarina

Uso permitido em: produtos dietéticos.

ESPESSANTES

EPI	Agar-agar
EPII	Alginatos
EPIII	Carboximetilcelulose sódica
EPIV	Goma adragante
EPV	Goma arábica
EPVI	Goma caraia
EPVII	Goma guar
EPVIII	Goma jataí
EPIX	Mono e diglicerídeos
EPX	Musgo irlandês
EPXI	Celulose microcristalina

Uso permitido em: conservas de carne, geléias artificiais, leite aromatizado, pós para pudins, refrescos, mingaus, sorvetes, recheios e revestimentos de produtos de confeitaria, sorvete de leite esterilizado e tipo *chantilly*, molhos, produtos dietéticos, cervejas, balas, gomas de mascar, aromas, emulsões à base de óleos cítricos.

ESTABILIZANTES

ETI	Fosfolipídios
ETII	Goma arábica
ETIII	Mono e diglicerídios

ETIV	Polifosfatos
ETV	Óleo vegetal bromado
ETVI	Citrato de sódio
ETVII	Lactato de sódio
ETVIII	Estearoil 2-lactil lactato de cálcio ou sódio
ETIX	Estearato de propileno glicol
ETX	Agentes tamponantes
ETXI	Monopalmitato de sorbitana
ETXII	Monoestearato de sorbitana
ETXIII	Triestearato de sorbitana
ETXIV a ETXVIII	Respectivamente polisor-bato 60, 65, 80, 20 e 40
ETXIX	Éster gum ou goma éster
ETXX	Celulose microcristalina
ETXXI	Goma guar
ETXXII	Acetato isobutirato de sacarose (SAIB)
ETXXIII	Estearato de poliosietileno glicol
ETXXIV	Fumarato de estearila e sódio
ETXXV	Diacetil de tartarato de mono e diglicerídios
ETXXVI	Alginato de propileno glicol
ETXXVII	Goma xantana
ETXXVIII	Fosfato dissódico
ETXXIX	Tartarato de sódio

Uso permitido em: bebidas não-alcoólicas engarrafadas à base de emulsão de óleos cítricos, geléia de mocotó dietética ou não, águas gasosas, doce de leite, leite aromatizado, leite desidratado, queijo fundido, pós para bolos, sobremesas, sorvetes, recheios e revestimentos de produtos de confeitaria, farinhas panificáveis, massas, balas e gomas de mascar, conservas, *ketchup*, mostarda, molhos, margarinas, concentrados para refrigerantes, creme de leite tipo *chantilly*, conservas de carne, emulsões à base de óleos cítricos.

UMECTANTES

UI	Glicerol
UII	Sorbitol
UIII	Dioctil sulfossuccinato de sódio
UIV	Propileno glicol
UV	Lactato de sódio

Uso permitido em: balas e produtos similares, chocolates, bombons, produtos dietéticos, recheios e revestimentos de produtos de confeitaria, doces, produtos de cacau, refrescos, pós para refrescos.

~Outras Emergências — Parte II

Dia destes, folheando e relendo um dos meus cadernões recheados de dicas, quebra-galhos e conselhos para as donas-de-casa, deparei com algumas anotações interessantes que se encaixariam perfeitamente no capítulo "Socorros de Emergência", pois tratavam de ensinamentos com várias plantas, algumas das quais, mesmo sem a classificação de "medicinais", eram como tais usadas na preparação de remédios e chás caseiros, plantas estas encontradas em hortas, pomares, jardins e gramados, de onde costumam ser arrancadas, como mato, para sua limpeza.

Certa de que alguns desses remédios e chás poderiam substituir com perfeição os medicamentos adquiridos em farmácias, achei que não deveria guardar tudo isso só para mim. Selecionei, então, rapidamente, alguns deles e os estou enviando à editora, a fim de que, a partir desta 32ª edição, passem a figurar como parte final do último capítulo do livro *Sebastiana quebra-galho.*

Abraço,
Nenzinha Machado Salles

❧Remédios e Preparados Caseiros:

Flores e frutas para apreciar, saborear e... curar.

Você nem imagina que aquelas flores que enfeitam a sua casa e as frutas que você tanto aprecia possam, de repente, se transformar em remédio caseiro. E, assim como elas, milhares de plantas, caules e raízes, depois de preparados, podem também fazer parte da sua minifarmácia caseira.

Além de estar cuidando da sua saúde, sem sentir você está fazendo a sua poupancinha doméstica.

Você vai ver, santo de casa também faz milagres.

Algumas plantas e suas curas:

AZIA

Em ½ copo de água filtrada, coloque ½ colherinha de café de bicarbonato de sódio e vá mexendo ao mesmo tempo que vai pingando gotas de limão, até que ele fique efervescente. Então, tomar rapidamente.

ASMA

Embora aqui não haja nenhuma planta, vale a sugestão para ajudar ou acabar sua asma.

Coloque todas as noites ao lado de sua cama, bem pertinho de você, uma gaiola contendo o pássaro curió. Coloque esta gaiola apenas à noite e só por alguns dias.

ANEMIA

1) Pegue um pouco de pó de giz, o tanto que couber na ponta de uma faca, dissolva em ½ copo de água filtrada e tome imediatamente. Fazer isto 3 vezes ao dia.
2) Coloque em um liquidificador um galho pequeno de espinafre (com as folhas) e três folhinhas novas (com os talos) e picadinhas de repolho. Jogue por cima ½ copo de água filtrada e bata muito bem. Coe e tome este líquido uns 5 minutos antes do almoço. Fazer isto no momento em que for tomar. Diariamente.

BOCA

AFTAS — Pegue um punhado de trançagem, amasse muito bem dentro de um recipiente até obter uma colher de sopa do seu suco. Faça então a mesma coisa com um punhado de alecrim. Misture os dois sucos obtidos e, de hora em hora, vá molhando as aftas com este líquido. Pode guardar na geladeira.

MAU HÁLITO (BAFO DE BEBEDEIRA)

1) Para terminar imediatamente este terrível odor, basta mastigar a fruta caju.
2) Para o mau hálito comum, misture quatro folhinhas de alfavaca e oito folhinhas de hortelã e três de anis-estrelado. Amasse muito bem todas elas e jogue em cima uma xícara de água filtrada. Mexa bem e tape, deixando descansar assim por umas quatro horas em lugar fresco. De hora em hora tomar uma colher de sopa deste líquido.

DENTES — DESINFLAMAR

1) Com uma folha de malva faça um chá bem forte e, depois de pronto, tape, deixando esfriar um pouco assim, abafado. Ainda quente, vá fazendo bochechos nos lugares inflamados.
2) (também para afecções na boca) Folha de batata-doce. Pegue uma folha bem grande, pique bem picadinha dentro de uma xícara de chá e jogue dentro água fervendo. Abafe e deixe esfriar um pouco. Faça então um bochecho.
3) Pegar oito brotos da flor esponjinha, fazer com eles um chá bem concentrado, abafar deixando esfriar e, ainda enquanto morno, colocar uma pitada de sal, fazendo bochechos nos lugares inflamados.
4) Pegar um pedaço da casca do tronco da árvore jacaré e levar ao fogo para ferver em um copo de água. Abaixar o fogo para deixar cozinhar um pouco, tampado, e assim que estiver mais amornado colocar uma pitada de sal e fazer o bochecho.
5) Pode também pegar um pedaço de casca de laranjeira, de preferência da laranja-da-terra, e proceder como o anterior.
6) Se achar mais fácil, proceda como anteriormente, apenas trocando pela casca do tronco da goiabeira.

BRONQUITE

1) Pegar um quilo de quiabos bem verdinhos, cortar todos ao meio de alto a baixo e retirar todas as sementes. Apenas as sementes serão usadas, da seguinte maneira: Coloque dentro de uma frigideira no fogo e vá mexendo até que as sementes fiquem torradinhas. Então soque muito bem até transformá-las em pó. Guardar em vidrinho bem fechado. Usar diariamente uma colher de café desse pó misturada à comida.
2) Descascar um abacaxi pequeno, ou, se for grande, usar a metade. Cortar pedacinhos bem pequenos dentro de uma panela e cobri-los completamente com mel puro de abelhas. Deixar então cozinhar em fogo lento até que o abacaxi esteja cozido e tenha formado uma calda grossa. Deixar esfriar abafado e, depois de frio, guardar num vidro bem fechado. Tomar então de 3 a 4 vezes ao dia: adultos, colher de sopa; crianças maiores, colher de sobremesa; crianças pequenas, colher de chá.

COLESTEROL

1) Em um litro de água fervendo, coloque um punhado de folhas de cajueiro secas ou frescas. Deixe ferver um pouco, abaixe o fogo para cozinhar um pouquinho. Apague o fogo e deixe esfriar assim, abafado. Depois de frio, vá tomando durante o dia como água, pelo menos uns quatro copos por dia. Pode guardar na geladeira. Fazer este chá diariamente com novas folhas.
2) Corte uma boa rodela de berinjela ou um pedaço grande. Dentro do liquidificador derrame um copo de água filtrada ou, se preferir, coloque suco de laranja. Bater muito bem, coar e tomar diariamente em jejum. Fazer isto até o colesterol baixar. Se preferir, substitua o suco por três xícaras de chá feito com o pedaço de berinjela.
3) Dentro de uma xícara de chá, corte um jiló bem verdinho (se este for pequeno, utilizar dois ou três), em sete pedaços. Cubra com água filtrada e deixe tampado até o dia seguinte de manhã. Tomar então em jejum apenas o líquido. Prepará-lo à noite, diariamente.
4) Tirar uma boa lasca do tronco do cajueiro. Levar a ferver e cozinhar um tempinho em um litro de água, abafado, até que reduza um pouco. Depois de frio tomar 2 copos por dia. Pode ser guardado na geladeira. Tomar diariamente, porém utilizar a cada dia uma lasca nova.

COBREIRO

— Se você não tem uma boa simpatia para curar o seu cobreiro, faça então o seguinte:

1) Pegue um bom talo de inhame, tire todas as suas folhas, segure-o por uma das pontas e, na chama do fogão, vá queimando a outra ponta, até que fique bem queimadinha e escura. Vá colocando o mais quente que puder sobre o cobreiro. Logo vai começar a aparecer uma agüinha. Continue queimando o talo e fazendo a mesma coisa até que o talo esteja bem queimado, bem pretinho. Jogar este talo fora. Fazer uma vez por dia, sempre com um novo talo, até que desapareça todo o cobreiro.
2) Pegar um punhadinho de pólvora preta (só pode ser a preta) e ir pingando neste pozinho gotas de limão e misturando bem até que forme uma pasta não muito mole e nem muito dura. Passar sobre o cobreiro 2 vezes ao dia. Fazer isto todos os dias, até sumir completamente.

CORRIMENTO VAGINAL

1) Fazer uma infusão bem forte com água e camomila (flores, folhas e talos), usando mais ou menos de um litro a um litro e meio de água. Deixar esfriar um pouco e fazer um banho de assento, usando a infusão o mais quente que puder. Fazer isto 2 vezes ao dia.

2) Em um litro de água fervendo colocar as pétalas bem lavadas de quatro rosas brancas (só podem ser as brancas), deixar cozinhar um pouco, abafado, e deixar esfriar, também abafado. Depois de frio, coar e tomar durante o dia como água. Pode deixar na geladeira. Serve também para o banho de assento.

CAXUMBA

— Pegue uma folha grande de bardana, esquente bem e coloque o mais quente que puder sobre o local da caxumba, cobrindo imediatamente com um pano ou flanela para manter a quentura. Enquanto estiver com a caxumba, tomar cuidado com o vento e a friagem, principalmente as pessoas adultas.

CÓLICA MENSTRUAL

— Você nem vai acreditar, mas experimente:

1) Quando começar esta cólica, tome um chá-preto bem forte, bem quente e sem adoçar, juntamente com um analgésico. Fique então em repouso e coberta, e dentro de mais ou menos meia hora tenha a certeza que você vai exclamar: "Ufa, que alívio!"
2) Colocar dentro de um liquidificador meia xícara de salsa, meia de alecrim e um tomate vermelho picado. Bater com meio copo de água filtrada, coar e tomar meia hora antes do almoço. Preparar sempre na hora em que for tomar.

CORAÇÃO (fortalecer)

— Usar as flores ou as folhas da planta colônia. Em 2 copos de água faça uma infusão com uma folha dessa planta. Depois de pronta, deixe esfriar e divida em três porções que serão tomadas durante o dia. Uma porção de cada vez, ou seja, três vezes ao dia. Se preferir, poderá substituir as folhas por flores, que são até mais fortes, porém poderá tomar tanto um quanto outro. Ambos são muito bons.

CHÁS E CALMANTES

— Dentre as grandes qualidades de chás calmantes que existem, enumeramos aqui alguns deles, que poderão ser tomados a qualquer hora, principalmente na hora de dormir, que vão trazer um bom sono: chá de camomila, erva-doce, erva-cidreira, hortelã, capim-limão, folha de tangerina, folha de laranjeira, folha ou casca de maracujá, além de outros.

DIABETE

1) Se você tomar diariamente em jejum ½ xícara de café de suco de laranja-da-terra, certamente seu açúcar irá baixar logo. Porém, como esta qualidade de laranja só dá uma vez por ano, no inverno, aproveite esta ocasião para armazenar

o seu suco, enchendo algumas garrafinhas plásticas, tapando muito bem e guardando no congelador.

2) Se achar mais fácil, substitua esta laranja pela planta pata-de-vaca, que é uma árvore que dá várias qualidades de flores com diferentes cores. Porém, para diabete você vai escolher a árvore que dá flores brancas. Só que estas flores não serão usadas. Desta árvore você vai utilizar apenas as folhas. Pegue então 3 destas folhas e leve a cozinhar em um litro de água em fogo brando, até reduzir um pouco. Deixe então esfriar bem abafado e vá tomando durante o dia como água. Pode guardar na geladeira. Tomar deste chá diariamente com novas folhas até baixar o açúcar.
3) Jamelão. Proceder da mesma maneira que o anterior. Porém desta planta você vai usar apenas as folhas bem novinhas e ir tomando também como água.
4) Urucum. É uma boa opção também para baixar o açúcar do seu diabete. Em ½ litro de água filtrada ponha para ferver apenas 6 caroços dessa fruta, deixando abafado e cozinhando um pouquinho. Deixar esfriar e depois tomar como água durante todo o dia.
5) Carambola. Além de comer a fruta (muito gostosa e também muito boa para baixar o açúcar do seu diabete e para baixar o colesterol), você também vai tomar um chá feito com um punhado das suas folhas, preparado da mesma maneira que os anteriores, só que usando um litro de água. Depois de frio, tomar como água durante todo o dia, diariamente, e a cada dia com novas folhas.
6) Folhas de insulina. Em um litro de água fervendo coloque dez folhas desta planta, deixando ferver e cozinhar um pouco, abafado. Depois deixar esfriar bem. Então tomar durante o dia todo como água. Pode deixar na geladeira. Sempre renovando as folhas.
7) Flor camarão. Ponha para cozinhar (só servem as flores amarelas) em um litro de água dez destas flores, procedendo da mesma maneira que os anteriores.

ERISIPELA

— Pegar uma abóbora daquelas compridas e cortar um bom pedaço do seu pescoço ou então um bom pedaço da abóbora, sem as fibras. Descascar e picar dentro de uma panelinha, colocando bem pouquinha água, tapar e deixar cozinhar em fogo lento até que esteja bem cozidinha e desmanchando como se fosse um purê. Colocar então este purê bem quente sobre uma tira de gaze dobrada ao comprido e pôr o mais quente que puder sobre a erisipela. Fazer com a gaze uma volta na perna, cobrindo imediatamente com um pano grosso ou flanela para manter a quentura, e deixar assim durante muito tempo. Mesmo depois de retirada a gaze, manter o lugar coberto para não perder o calor. Fazer isto 2 vezes ao dia.

FERIDAS

1) Para as feridinhas que saem na pele, no corpo tanto de crianças como de adultos (não são machucados), usar a planta carobinha. Em um litro de água fervendo,

colocar 2 pezinhos de carobinha inteiros (com raiz e tudo), bem lavados, deixar ferver e cozinhar um pouco, tampado. Ainda quente, fazer banho nos locais afetados. Porém, enquanto estiver dando esse banho, deve-se tomar um golinho do chá (apenas um golinho), senão o efeito não será total. Após o banho, não usar toalhas, deixando secar normalmente. Fazer isto 1 vez por dia.

2) Erva-de-passarinho. Proceder da mesma maneira que o anterior, porém só servirá aquela retirada de árvores que não tenham espinhos. Por exemplo, não serve a retirada da árvore laranjeira.

FURÚNCULOS

1) Pode-se usar o mesmo processo que em ERISIPELA.
2) Cortar ao meio um tomate grande e maduro, esquentar bem a sua polpa e colocar, o mais quente que puder, sobre o furúnculo. Fazer isto várias vezes ao dia, mantendo o lugar sempre coberto para segurar o calor.
3) Folha de maravilha. Lavar bastante algumas destas folhas, secar e untar com azeite. Esquentar bem as folhas e colocar sobre o furúnculo, mantendo o lugar coberto para segurar a quentura. Fazer algumas vezes ao dia.
4) Folha de malva. Fazer o mesmo que o anterior. Não esquecer que o azeite que vai usar nessas folhas deve ser o de oliva.
5) Farinha de mandioca. Não pense que é para sua peixada; porém, mesmo não sendo folha, é excelente para furúnculo ou abcesso, facilitando a expulsão do carnegão. Faça, com água e farinha de mandioca, um pirão consistente e, depois de pronto e bem quente, espalhe sobre uma gaze dobrada ao comprido ou um pano fino. Dobre e coloque sobre o local, cobrindo com um pano quente ou flanela e deixando assim até que esfrie. Mesmo depois de frio, mantenha o lugar aquecido com um pano seco. Esse pirão também é muito bom para se usar sobre o peito, quando a pessoa estiver com catarro preso, procedendo da mesma maneira que o descrito acima.
6) Poderá também fazer o seguinte. Prepare uma xícara de chá de camomila bem forte, tape e reserve. Em uma panelinha coloque ½ xícara de farinha de linhaça, ½ xícara de repolho bem picadinho e jogue sobre eles a xícara de chá de camomila que estava reservada. Acenda então o fogo e vá mexendo sempre até formar uma pasta. E, ainda bem quente, proceda da mesma maneira que o anterior, usando a gaze ou um pano bem fino. Fazer 2 vezes por dia.
7) Poderá usar também o mesmo processo da abóbora, que está em ERISIPELA.

ESTÔMAGO

GASTRITE — Dentro de uma xícara de chá, bater muito bem 3 folhinhas de saião e, depois de bem socadas, encher a xícara com leite bem quente e tapar um pouco. Ainda quente, tomar todo o leite e o saião também. Fazer isto diariamente, em jejum. Se preferir, pode bater tudo no liquidificador. Verá que dentro de uns 10 dias você nem vai se lembrar que teve gastrite.

GASES — Quando os gases estiverem incomodando muito e provocando um pouco de dor, tome um chá bem quente e forte de erva-doce, colocando sobre o local uma bolsa de água quente e deitando de bruços sobre ela. Fique assim até os gases se espalharem e passar a dor.

ENJÔO

1) Poderá usar os seguintes chás: boldo, camomila ou erva-doce.
2) Se o enjôo se manifestar após uma refeição, tome então um chá bem quentinho feito com folhas de louro e casca de cebola. O enjôo passa logo, logo.
3) (especial para gestantes) Dentro de uma xícara de chá amasse muito bem um pedacinho de gengibre e encha a xícara com água fervendo filtrada. Abafe e deixe esfriar um pouco. Tome logo em seguida e verá que o efeito é quase instantâneo.

GARGANTA

1) Fruta romã. Se você come os carocinhos desta fruta na passagem do ano para trazer dinheiro, use-a também para trazer saúde. Pegue uma romã, lave-a muito bem, corte em 4 pedaços e ponha para ferver e cozinhar um pouco, em um copo de água, apenas uma parte dessa romã. Então apague o fogo, deixe esfriar um pouquinho e faça um gargarejo com essa água. É ótimo para dor de garganta. Fazer 4 vezes ao dia, usando cada vez uma parte da romã. Não fazer quente. Deixar bem morninho. Se estiver com a garganta ardendo, poderá ficar mascando a casca da romã, que alivia muito.
2) Em dois copos de água, ponha para ferver e cozinhar um pouco, abafado, 2 pés pequenos ou um pé grande da planta trançagem. Lavar muito bem, com raiz e tudo. Deixar então esfriar abafado e, depois de frio, fazer gargarejo. Fazer 2 vezes por dia. Esta infusão é muito boa para desinflamação não só de garganta como também de qualquer ferimento na boca, porque a trançagem é uma planta desinflamatória e antibiótica.
3) Pegar um galhinho de jequiri (é uma planta espinhosa, tanto no galho como nas folhas), preparar e usar da mesma forma que o anterior, mas retirar o máximo de espinhos que puder.
4) Poderá fazer o preparado com essas duas plantas, meio a meio, usando da mesma maneira que os anteriores.

GRIPE

— Três coisas são muito importantes para obter bons resultados no tratamento de uma gripe: primeiro, repouso; segundo, tomar muito líquido, e terceiro, boa alimentação, não só de frutas e legumes como também de alimentos que contenham mais calorias.

1) Preparar um chá com folhas de pitanga e tomar, de preferência, frio, pois quente o chá só poderá ser tomado à noite, quando a pessoa estiver deitada. Preparo do chá: em ½ litro de água fervendo, colocar um galhinho com as folhas da pitanga, tampar, ferver um pouco e deixar esfriar tampado. Então tomá-lo 3 vezes ao dia. O chá quente é muito bom para baixar febre.
2) Outro chá que se pode tomar durante a gripe é o de folhas de tangerina, laranja-azeda ou daquele limão parecido com uma tangerininha. De qualquer um deles tomar 3 xícaras bem quentinhas, incluindo uma à noite, na hora de dormir.
3) Canela em pau ou em folhas. Um chá feito com as folhas verdes do pé de canela além do sabor delicioso é ótimo para combater uma gripe e é também um ótimo calmante. Se preferir usar a canela em pau, coloque-a dentro de uma panelinha com água fervendo, deixando cozinhar um pouco abafado e tomando bem quentinho. Se você substituir a água desse chá por leite, também é ótimo para gripe. Porém ele ficará mais delicioso e mais forte se você primeiramente caramelar um pouco de açúcar e aí então colocar o leite e a canela, deixando cozinhar um pouquinho. Tomar bem quente, de preferência à noite, já debaixo das cobertas.
4) Chá de orégano: Em uma xícara de chá, coloque 1 colher de chá, ou 2 de café, de orégano e derrame em cima água fervendo, tampando imediatamente e deixando assim apenas um pouco. Coar e tomar ainda quente, 2 vezes ao dia.

HEPATITE

— Pegar dois pezinhos inteiros (com raiz e tudo) da planta picão-preto, levar a ferver e cozinhar um pouco em um litro de água, abafado, e deixar esfriar muito bem. Depois de frio, tomar de vez em quando ½ copo desse chá durante o dia todo. Porém, cada vez que tomar um pouco do chá, terá que comer um suspirinho (esses feitos em casa mesmo). Se não comer o suspiro, não terá efeito só o chá. Fazer diariamente um novo chá, até a hepatite ceder.

HEMORRAGIA NASAL

— Quando isto acontecer, coloque a cabeça bem para trás e pingue umas gotas de limão no lado que tiver a hemorragia.

INTESTINOS

DIARRÉIA

1) Em um copo grande com água filtrada, esprema bastante suco de limão, ou seja, faça uma limonada bem forte e nela misture uma colher cheia de maisena. Mexa bem e deixe ficar um pouco parado, para assentar o pó. Tome em seguida.

Para crianças, pode-se colocar um pouquinho de açúcar. Vá tomando os goles como se fosse um soro caseiro.

2) Diarréia com vômitos — Em ½ copo de água filtrada coloque uma colher de café de araruta, mexendo muito bem. Em seguida vá também tomando como se fosse um soro caseiro. Se não tiver parado ainda, vá repetindo estas doses quantas vezes forem necessárias.
3) Um chá feito com os brotos da goiabeira e tomado bem morninho é ótimo para fazer passar a diarréia.

FLORA INTESTINAL — Numa panelinha coloque um copo e meio de água e jogue dentro um quiabo de bom tamanho cortado em rodelinhas (se for pequeno, coloque de 3 a 4), deixe ferver e cozinhar um pouco em fogo brando, tampado. Depois de cozido, passar ainda quente pela peneira, espremendo bem com uma colher e deixando passar um pouco da baba. Tomar então este líquido (uma xícara de chá) 3 vezes ao dia.

PRISÃO DE VENTRE

1) Flores do pé de mamão-macho (mamão-de-corda, aquele que fica pendurado no talo e não grudado no tronco). Botar para ferver ½ litro de água e, quando estiver fervendo, apagar o fogo, jogar dentro um punhadinho destas flores e tampar imediatamente, deixando assim abafado até esfriar. Então tomar durante o dia todo como água.
2) Rale um pouco de noz-moscada, o tanto que dê para ½ colherinha de café. Coloque esse pó numa panelinha e leve ao fogo, mexendo sempre até que esteja torradinho, e reserve. Ferva então um copo de água filtrada e, quando estiver fervendo, jogue o pó da noz-moscada torrada e deixe ferver um pouco em fogo brando, abafado. Apague o fogo e deixe esfriar. Coar e tomar ½ xícara de café durante o dia até terminar tudo.

INSÔNIA

1) Se tiver dificuldade para dormir à noite, pegue uma maçã dessas vermelhas, bem madura e bem cheirosa, dê uma furadinha com um garfo ou palito e coloque esta maçã bem perto de você, próximo ao travesseiro. Verá que até é capaz de sonhar com os anjos.
2) Pique numa xícara de chá uma folha grande de alface e jogue por cima água fervendo e filtrada. Tape e espere esfriar um pouco. Tome assim quentinho na hora de deitar. Se quiser, pode adoçar.

MENOPAUSA

— Ponha para ferver, em ½ litro de água, 5 a 6 folhinhas bem verdinhas de chuchu e deixe esfriar abafado. Tomar durante o dia, como água, pelo menos 3 copos. Você vai ver que o efeito não demorará a chegar.

OUVIDO

DOR

1) Usar a flor trombeta. Esquentar bem essa flor e, com ela bem quentinha, espremer dentro do ouvido para caírem as gotinhas. Cobrir muito bem o local com um pano quente ou uma bolsa de água quente.
2) Esquentar bem umas folhinhas de arnica e proceder da mesma maneira que o anterior.
3) Folha de moleque. Esquentar muito bem essa folha e proceder como as anteriores.
4) Fazer a mesma coisa com folhinhas de arruda.
   Em todos os casos, as folhinhas deverão ser aquecidas em panelinhas secas.
5) Se uma dor de ouvido chegar de repente durante a noite e não tiver nada para acalmar, esquente um pouquinho de azeite de oliva, molhe um algodão, esprema um pouco para retirar o excesso e, com ele ainda bem quentinho, coloque dentro do ouvido, sem espremer, cobrindo imediatamente com um pano ou bolsa de água quente. Poderá também tomar um analgésico.

ORELHA FURADA PARA BRINCO — Quando o furinho estiver inflamado, pegue um galhinho fresco de orégano, retire as folhas e enfie este galhinho no buraquinho, deixando ali até que desinflame.

OLHOS

CONJUNTIVITE

1) Fazer compressas frias várias vezes ao dia com chá-mate forte. Não pingar no olho. Substitui perfeitamente a água boricada e é até mais eficaz. Fazer até desaparecer a conjuntivite.
2) Em ½ litro de água fervendo, ponha para ferver, deixando cozinhar um pouco, um punhadinho de sálvia. Depois de bem frio, vá fazendo compressas, mas sem pingar no olho.
3) Coloque em uma xícara de chá algumas pétalas de rosas brancas bem lavadas (só podem ser brancas), derrame em cima água fervendo, e filtrada, e abafe. Depois de bem frio, vá usando como compressas ou para lavar os olhos, sem pingar dentro do olho. Fazer isto várias vezes ao dia, cada vez com novas pétalas de rosa.

IRRITAÇÃO NO OLHO — Quando seu olho aparecer irritado e vermelho, incomodando muito, faça então um banho ocular com água filtrada, fria e bem açucarada. Abrindo e fechando o olho várias vezes dentro dessa água, logo sentirá um grande alívio. Porém, isso só poderá ser feito se a irritação não for devido a alguma moléstia nos olhos.

PNEUMONIA

— Pingue dentro de uma xícara de chá o sumo de 3 folhinhas da planta cardo-santo, despeje em cima água fervendo filtrada e coloque uma pitada de sal. Abafe, deixando assim até esfriar. Tome então esse chá, repetindo umas 2 ou 3 vezes ao dia.

PANARÍCIO

— Ponha uma cebola inteira sem casca dentro de uma panelinha, cubra bem com água e leve ao fogo para cozinhar um pouco, tampado. Quando estiver cozida, retire a cebola da água, corte-a ao meio e coloque o mais quente que puder uma das partes sobre o panarício, cobrindo imediatamente com uma flanela ou um pano quente, para manter a quentura. Fazer isto 2 ou 3 vezes ao dia.

PRESSÃO ALTA

— Pegue um chuchu verdinho, lave muito bem, corte-o ao meio de alto a baixo sem tirar casca nem caroço. Coloque então uma metade dentro do liquidificador e ponha um pouquinho de água filtrada, o tanto que dê para bater. Então, coe e tome esse líquido pela manhã, em jejum. Faça o mesmo com a outra metade no dia seguinte e vá procedendo assim até baixar a pressão. Logo, logo a sua pressão vai chegar ao normal.

PIOLHO E SARNA

— Amasse e soque muito bem um punhadinho de agrião, para extrair o seu suco. Esfregue então na cabeça, no lugar onde estão os piolhos. A cabeça, porém, deverá estar raspada para que as lêndeas não proliferem. Fazer isto 2 vezes ao dia, deixando ficar por muito tempo. (Use este mesmo processo para sarnas.)

PÉS

CALOS — Pegue um pouco de bicarbonato e vá pingando álcool até formar uma pasta. Coloque então sobre o calo, deixando ficar por algum tempo. Fazer isto de manhã e à noite.

FRIEIRA

1) Pegue um talo de inhame de mais ou menos um palmo e meio e vá procedendo sobre a frieira como explicado em COBREIRO. Quando o talo estiver todo queimado, deixe-o coberto e amarrado sobre a frieira por algum tempo. Depois jogue fora o talo. Fazer isto 2 a 3 vezes ao dia, sempre com talo novo, até curar a frieira.

2) Misture 1 colher de sopa de polvilho em pó com ½ colher de café de pó de pedra-ume bem fininha e coloque no local 2 vezes ao dia.

CALCANHAR RACHADO

1) Passe sobre o calcanhar rachado, generosamente, a pomada Hipoglós e coloque uma meia para manter a pomada no lugar. Fazer isto à noite.
2) Pegue um vidrinho de água oxigenada 20 vols. e passe-a para um vidro maior. Dissolva dentro 10 comprimidos de Melhoral e misture também um vidrinho pequeno de glicerina. Tape muito bem. Pode ser guardado para usar quando necessário, passando no calcanhar 2 vezes ao dia.

UNHA DO PÉ — Quando estiver com micose numa dessas unhas (parece um pozinho branco), é só pingar sobre ela umas gotas de Novalgina 2 vezes ao dia, que logo a micose irá desaparecer.

RINS

— Pegue mais ou menos ½ metro de cana-do-brejo, corte em pedaços e soque-a para amolecer bem (não é para extrair o sumo), coloque dentro de uma panela e derrame em cima um litro de água fervendo, deixando cozinhar abafado até reduzir um pouco. Em seguida deixe esfriar, ainda abafado. Depois de frio, vá tomando como água durante o dia todo. Se quiser que fique mais forte, é só colocar um pouco das folhas da cana.

CISTITE

1) Para quando a urina estiver pingando e com dor, e também sangrando. Ponha para ferver um litro de água. Quando a água estiver fervendo, coloque dentro um pezinho de picão-preto (com raiz e tudo), bem lavado, e um galho de pitanga (com as folhas), também bem lavado. Apague o fogo e tape imediatamente (não é para ferver). Depois de frio, vá tomando durante o dia, como água.
2) Usar a planta panacéia. Fazer um chá com uma folha dela que dê para 2 copos. Tomar frio durante o dia todo, por vários dias.
3) Ponha para ferver num litro de água um punhadinho de folhas de quebra-pedra, um punhadinho de cabelos de milho e um pedaço de cana-do-brejo ligeiramente amassado, deixando cozinhar um pouco, abafado. Depois de frio, vá tomando durante o dia. Tome pelo menos ½ copo de cada vez, por alguns dias, até que melhore a cistite.

SARNA

1) Leve ao fogo ½ litro de água e coloque dentro um punhadinho das flores do pé de abóbora, juntamente com umas 2 ou 3 folhas desse pé, deixando cozinhar

um pouco, abafado. Depois deixe esfriar um pouquinho e banhe os lugares afetados.

2) Usar o mesmo processo do agrião, que está em PIOLHO E SARNA.

SARAMPO, CATAPORA E RUBÉOLA

— Use um chá quente feito com as folhas e flores do sabugueiro, 2 a 3 vezes ao dia. Para que essas doenças aflorem mais rapidamente, coloque no quarto um lenço ou um pedaço de pano vermelho, ou mesmo use uma peça de roupa vermelha. Mantenha-se em repouso, resguardando-se de ventos e friagens.

SOLITÁRIA

— Mascar durante o dia todo pedaços de casca de romã. Tomar conjuntamente 2 a 3 xícaras de chá feitos com a casca dessa fruta.

SINUSITE

— Quando estiver incomodando muito no nariz, ferva um copo de água filtrada com uma colherinha rasa de sal e deixe esfriar bem e guarde em vidro tapado. No momento de usar, pegue um conta-gotas e, com a cabeça para trás, coloque na narina com um único jato. Fazer o mesmo na outra narina.

TOSSE

— Xarope 1) Dentro de um pratinho meio fundo, cortar uma cebola em rodelas não muito finas, cobrir com 2 rabanetes, também cortados em rodelas, e derramar por cima mel puro de eucalipto que dê para cobrir tudo muito bem. Tapar e, no dia seguinte de manhã, coar e tomar durante o dia. Adultos, uma colher de sopa; crianças maiores, uma colher de sobremesa; crianças menores, uma colher de chá.

Xarope 2) Bater no liquidificador um punhadinho de agrião (com raiz e tudo), bem lavado, com dois copos de água filtrada. Coar e reservar. Numa panelinha, pôr para caramelar ligeiramente ½ xícara de açúcar e derramar dentro o suco coado, deixando ferver em fogo baixo, até reduzir um pouco para que a calda fique grossinha. Então, misturar 2 colheres de mel puro. Deixar esfriar e guardar em vidro tapado. Tomar como o anterior.

Xarope 3) Com um maço de hortelã bem lavado (com raiz e tudo), proceder da mesma maneira que o anterior. Apenas não caramelar o açúcar.

Lembrete 1) Cuidado para não engrossar muito a calda, senão irá açucarar depois de frio.

Lembrete 2) Sempre que usar o mel, terá que ser o mel puro, adquirido em lugares próprios. Jamais usar os de supermercados ou camelôs.

Para saber se o mel é puro, basta colocar num pires um pinguinho de álcool e uma gota do mel, misturando bem com os dedos. Se endurecer, é porque o mel é bom; se não, é falsificado.

Xarope 4) Abacaxi — Ver em BRONQUITE.

VARIZES

1) Numa xícara de chá, amasse muito bem 2 a 3 folhinhas de saião e, depois de bem socadas, encha a xícara com água fervendo, abafe um pouco e tome ainda quente, em jejum, apenas a água.
2) Coloque no fogo um litro de água filtrada e, quando ferver, apague o fogo. Coloque imediatamente dentro da água 2 colheres de chá cheias de sementes de linhaça (não serve o pó) e vá tomando o dia todo, como água, pelo menos ½ copo de cada vez.

VERRUGA

— Passar sobre a verruga, várias vezes ao dia, um pincel molhado em suco de cebola, até que a verruga caia. Ou esfregar a parte interna da casca da banana, várias vezes ao dia.

TORÇÕES, CONTUSÕES, BATIDAS ETC.

1) Fazer um chá bem concentrado com um maço de hortelã (com raiz e tudo), deixando ferver e cozinhar um pouco. Depois de esfriar um pouquinho, colocar dentro 2 colheres de sopa de vinagre e, com ela ainda quente, fazer compressas no local ou colocar a parte machucada dentro dessa infusão. Ficando assim de molho, logo melhorará.
2) Receitas para guardar e usar: (1) Em um vidro alto de boca larga, colocar um galho ou várias folhas de arnica, derramar dentro mais ou menos 1 litro de álcool e colocar 4 tijolinhos de cânfora. Tapar muito bem o vidro, deixando macerar durante uma semana, sacudindo-o de vez em quando. Usar como compressas nos lugares machucados. (2) No fundo de um vidro de boca larga, colocar um caroço de abacate, lavado, com a casca e cortado em quatro, juntamente com uns raminhos de arnica. Derramar por cima uns 700 ml de álcool. Tapar e proceder como o anterior.

Quando em alguma das receitas estiver terminando o álcool, pode completar com mais álcool e, no primeiro caso, colocar mais 2 tijolinhos de cânfora.

Este livro foi composto na tipologia Minion,
em corpo 11/13, e impresso em papel
off-set 75g/m² no Sistema Digital Instant Duplex
da Divisão Gráfica da Distribuidora Record.